张涤华文集

第四集

张涤华 著

安徽师范大学出版社

图书在版编目(CIP)数据

张涤华文集·第四集 / 张涤华著.— 芜湖：安徽师范大学出版社，2010.12

ISBN 978-7-81141-120-1

Ⅰ.①张… Ⅱ.①张… Ⅲ.①张涤华（1909~1992）—文集②毛主席诗词—鉴赏③汉语—语言学—文集 Ⅳ.①C53②A841.4③H1-53

中国版本图书馆 CIP 数据核字（2010）第 234500 号

张涤华文集·第四集

张涤华 著

出 版 人:张传开
责任编辑:汪鹏生
装帧设计:丁 明

出版发行:安徽师范大学出版社
芜湖市九华南路 189 号安徽师范大学花津校区 邮政编码:241002
发 行 部:0553-3883578 5910327 5910310(传真) E-mail:asdcbsfxb@126.com
经 销:全国新华书店
印 刷:芜湖新欣传媒有限公司
版 次:2011 年 5 月第 1 版
印 次:2011 年 5 月第 1 次印刷
规 格:965 × 1270 1/32
印 张:11 插 页: 3
字 数:296 千
书 号:ISBN 978-7-81141-120-1
定 价:38.50 元

张涤华先生像

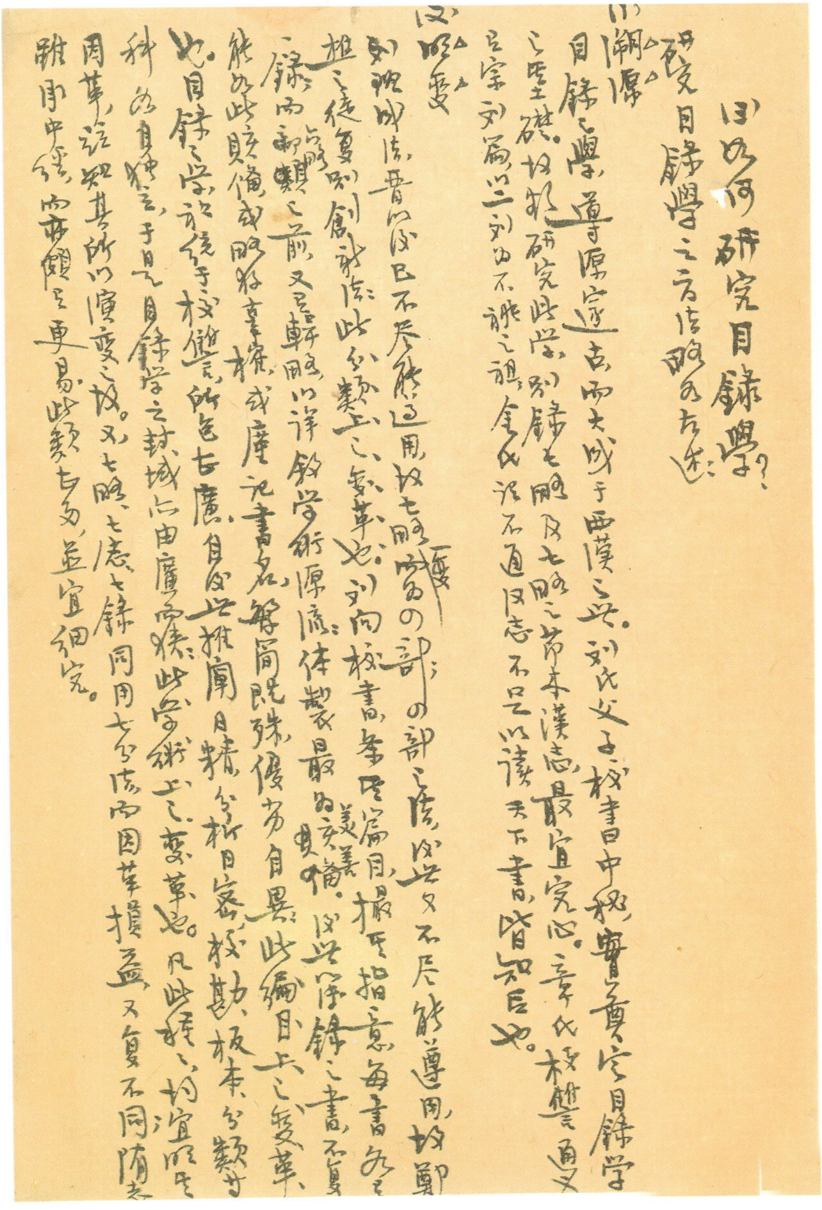

(四)如何研究目录学？

研究目录学之方法，略如下述：

(1)溯源

目录之学，导源远古，而大成于西汉之世。刘氏父子校书中秘，实为目录学之基础。故欲研究此学，别录、七略及七略之节本汉志，最宜究心。章氏校雠通义首列宗刘篇，以二刘为不祧之祖；金氏谓不通汉志不足以读天下书，皆知言也。

(2)明变

如魏晋以后，已不尽能适用七略，故七略一变而为四部；四部之法，以后又不尽能遵用，故郑樵之徒复别创新法，此分类之变革也。刘向校书，每书条其篇目，撮其指意，每书各为之录，而汇为别录，类之前又冠解题，以详叙学术源流，体制最为完美。以后录之书，不复能如此赅备，或略存书名，或仅记书名，解题既殊，优劣自异，此编目之变革也。目录之学，元统于校雠，所包至广，自后世推阐日精，分析日密，校勘、板本，分为专科，而目录学之封域，亦由广而狭，此学术之变革也。凡此种种，均宜明其因革，知其所以演变之故。又七略、七志、七录，同用七分法，而因革损益，又复不同，随者[illegible]中[illegible]，而[illegible]更易，此类甚多，并宜细究。

张涤华先生手迹之一

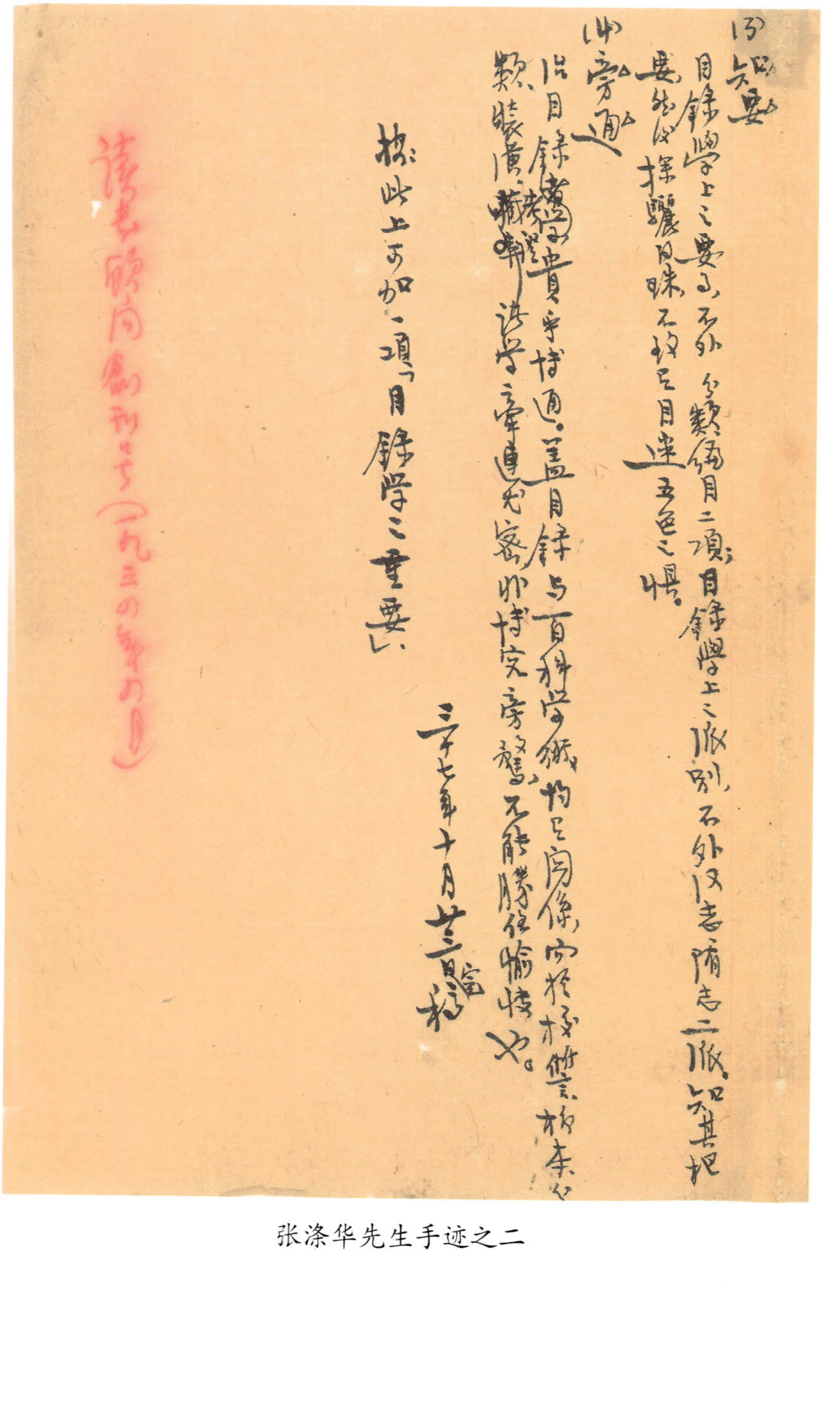

(3) 知要

目録學上之要點，不外分類編目二項；目録學上之派別，不外七志、隋志二派。知其旨要，然後擇讀目録，不致目迷五色之懼。

(4) 旁通

治目録學貴乎博通，蓋目録與百科學術均有關係，宜於校讎、版本、類書、叢書、藏書諸學，靡不兼通，非博究旁騖，不能勝任愉快也。

據此，上可知一項目録學之重要。

三十七年十月廿三日 滌華

讀書顧問創刊號（一九三四年四月）

张涤华先生手迹之二

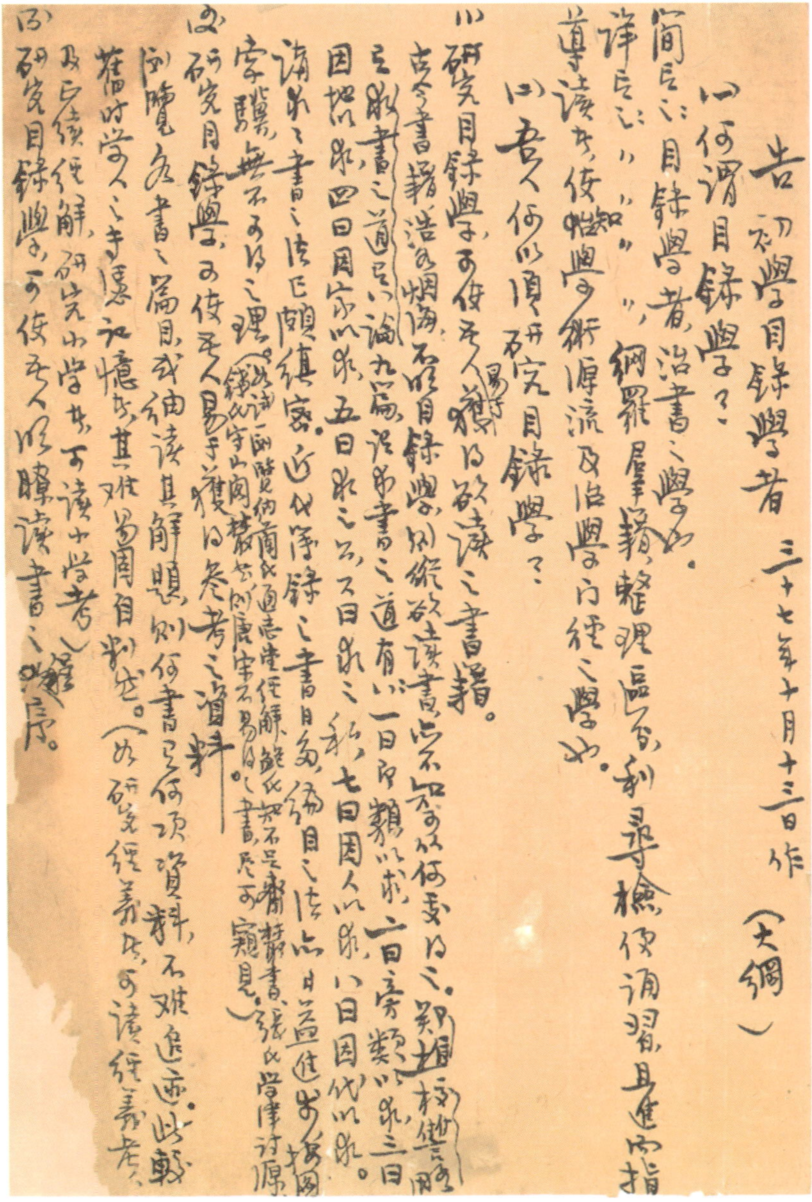

告初学目录学者　三十七年十月十三日作　（大纲）

(1) 何谓目录学？

简言之，目录学者，治书之学也。

详言之，目录学者，网罗群籍，整理区分，利寻检，便诵习，且进而指导读者，使知学术源流及治学门径之学也。

(2) 吾人何以须研究目录学？

(3) 研究目录学，可使吾人获得（易于）欲读之书籍。

古今书籍，浩如烟海，不明目录学，则纵欲读书，亦不知当于何处得之。郑樵校雠略言求书之道有八：一曰即类以求，二曰旁类以求，三曰因地以求，四曰因家以求，五曰求之公，六曰求之私，七曰因人以求，八曰因代以求。论求书之法已颇缜密。近代簿录之书日多，编目之法亦日益进步，按图索骥，无不可得之理。（如读一部[illegible]纳兰氏通志堂经解、鲍氏知不足斋丛书、张氏学津讨原、钱氏守山阁丛书所刻唐宋不易得之书，尽可窥见。）

(4) 研究目录学，可使吾人易于获得参考之资料。

浏览各书之篇目，或细读其解题，则何书有何项资料，不难追迹。此较旧时学人之专凭记忆者，其难易又何自判也。（如研究经义者，可读经义考，及正续经解；研究小学者，可读小学考。）

(5) 研究目录学，可使吾人明瞭读书之次序。

张涤华先生手迹之三

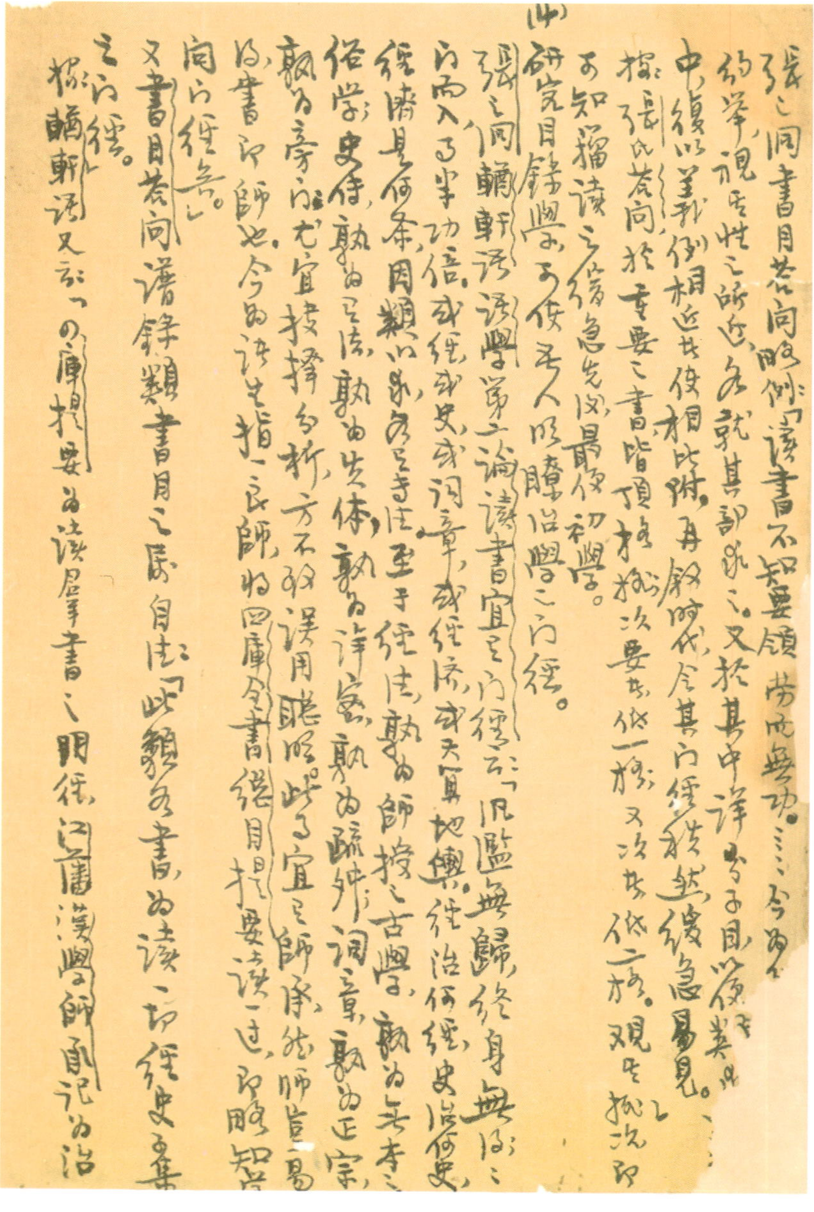

(四)

張之洞書目答問略例：「讀書不知要領，勞而無功。……今為分別條流，慎擇約舉，視其性之所近，各就其部求之。又於其中詳分子目，以便類求；一類之中，復以義例相近者使相比附，再敘時代，令其門徑秩然，緩急易見。」

據張氏答問於重要之書皆頂格，次要者低一格，又次者低二格，觀其挑次即可知誦讀之緩急先後，最便初學。

研究目錄學可使吾人明瞭治學之門徑。

張之洞輶軒語語學第二論讀書宜有門徑云：「汎濫無歸，終身無得；得門而入，事半功倍。或經，或史，或詞章，或經濟，或天算地輿，經治何經，史治何史，經學是何家法，因類以求，各有專門。至于經注，孰為師授之古學，孰為無本之俗學；史家，孰為有法，孰為失體，孰為詳密，孰為疏舛；詞章，孰為正宗，孰為旁門，尤宜抉擇分析，方不致誤用聰明。此事宜有師承，然師豈易得？書即師也。今為諸生指一良師，將四庫全書總目提要讀一過，即略知學問門徑矣。」

又書目答問譜錄類書目之屬自注：「此類各書，為讀一切經史子集之門徑。」

據輶軒語又云：「四庫提要為讀群書之門徑。」江藩漢學師承記為治

张涤华先生手迹之四

目录

毛泽东诗词小笺

目 录

毛泽东诗词小笺

沁园春·长沙

一九二五年

独立寒秋[1]，湘江北去[2]，橘子洲[3]头。看万山[4]红遍，层林[5]尽染；漫江[6]碧透，百舸[7]争流。鹰击长空[8]，鱼翔浅底[9]，万类霜天竞自由[10]。怅寥廓[11]，问苍茫[12]大地，谁主沉浮[13]？　携来百侣曾游[14]，忆往昔峥嵘岁月稠[15]。恰[16]同学少年[17]，风华正茂[18]；书生意气[19]，挥斥方遒[20]。指点江山[21]，激扬文字[22]，粪土当年万户侯[23]。曾记否，到中流[24]击水，浪遏[25]飞舟[26]？

【注释】

[1] 寒秋：就是深秋、晚秋。秋深已有寒意，所以说是“寒秋”。

[2] 湘江北去：湘江，一名湘水，是湖南省的一条大河，源出广西壮族自治区兴安县南的海洋山，长876公里。湘江流经长沙，北入洞庭湖，所以说“湘江北去”。

[3] 橘子洲：也简称橘洲，又名水陆洲（水鹭洲），俗名下洲，是长沙城西湘江中一个狭长的洲，靠近岳麓山。南北长约11里，东西最宽处约1里。自唐代以来，就是游览胜地。据宋祝穆《方舆胜览》，洲上多产美橘，故名。

[4] 万山：长沙对面有有名的岳麓山，此外，湘江两岸也还有一些山。毛泽东同志在长沙时，常和同志们在岳麓山一带游览。

[5] 层林：一层层的树林。从江边遥望山上，重重叠叠的树林随着

山势一层层高上去，所以说“层林”。

[6] 漫江：漫(mān)，满的意思。漫江就是满江。

[7] 舸(gě)：大船。扬雄《方言》卷九：“南楚江湘，凡船大者谓之舸。”也用以指称一般的船。《三国志》卷五十四《吴志·周瑜传》：“又预备走舸，各系大船后。”

[8] 鹰击长空：击，搏击，形容鹰飞的迅捷矫健。“鹰击长空”，是说鹰飞于空中，用有力的翅膀扑击着大气。

[9] 鱼翔浅底：翔，本指鸟的盘旋，这里用来形容鱼游的活跃。浅底的“浅”是清莹澄澈的意思。由于水清，所以觉得浅，并不是真浅。《水经注》卷三十八《湘水》引古谚云：“昭潭（长沙附近湘江最深处）无底橘洲浮。”又引《湘中记》云：“湘川清照五六丈，下见底石如樗蒱矢，五色鲜明，白沙如霜雪。”这些记载都说明了湘江是深不是浅。唐储光羲《钓鱼湾》诗：“潭清疑水浅。”也可作旁证。所以“鱼翔浅底”决不能解释为“鱼游在浅水里”。

[10] 万类霜天竞自由：万类，指一切生物。霜天，这里是指秋天，也就是寒秋。由于避复，所以改换了字面。杜甫《季秋江村》：“白首望霜天。”“万类霜天竞自由”，是说一切生物在秋天里都像是竞争似的自由自在地生活着。

[11] 寥廓：就是辽阔。寥与辽通。寥廓指广阔的宇宙。

[12] 苍茫：旷远迷茫的意思。

[13] 谁主沉浮：主，主宰，支配。沉浮，犹言升沉。按：沉浮二字，可指沉没在水底的鱼和浮游于空中的鹰，但并不只限于二者，实泛指“万类”，即指一切升沉兴废。“谁主沉浮”是说：“是谁主宰这一切升沉兴废呢？”也就等于说：“谁是大地上一切的主宰呢？”

[14] 携来百侣曾游：“来”，助词。百侣，形容伴侣之多。古典文学作品里所用百、千、万等字，往往只是说多，不一定是确数。（上文“万山”、“百舸”、“万类”都是如此）

[15] 忆往昔峥嵘岁月稠：峥嵘(zhēng róng)，本指山的高峻，这里是不平凡、不寻常的意思。稠，有“多”义，与“岁月”连用，也就是说“长”。“忆往昔峥嵘岁月稠”，是说回忆过去那段相当长的不平凡的

岁月。

[16] 恰:恰值、正当的意思。恰,是词里所谓“领字”(有领起作用的字),直贯下面四句,即从“同学……”到“……方遒”。

[17] 同学少年:毛泽东同志在湖南第一师范读书时,他的同学蔡和森等年龄都在二十左右,所以说是“同学少年”。

[18] 风华正茂:风华,风采才华。《南史》卷十九《谢晦传》:“时谢琨风华,为江左第一。”茂,丰满旺盛的意思。

[19] 意气:意态气概。《史记》卷一〇九《李将军列传》:“广意气自如。”

[20] 挥斥方遒:挥斥,《庄子·田子方》:“挥斥八极。”注:“挥斥,犹纵放也。”又,《后汉书》卷九十一《左周黄列传论》:“来轸方遒。”注:“遒,急也。”“挥斥方遒”,是说纵放正急,也就是说意气奔放,劲头正足。

[21] 指点江山:指点,用手指着点着。毛泽东同志等来游时,欣赏风景,谈论国事,往往对着江山,用手指示比画,所以说“指点江山”。

[22] 激扬文字:激扬,有人解为激浊扬清(就是说“除恶奖善”),有人解为慷慨激昂。宋林正大《沁园春》云:“万世清风更激扬。”“激扬”等于说“扇扬”、“宣扬”。这里的“激扬文字”,也就是以文字宣扬革命的意思。

[23] 粪土当年万户侯:万户侯,汉制:列侯,大者食邑万户。万户侯就是食邑万户的侯。《史记》卷一〇九《李将军列传》:“万户侯岂足道哉!”这里的“万户侯”是借用,指当时先后盘踞湖南的反动军阀汤芗铭、傅良佐、张敬尧之流(也可扩大指当时中国的一切军阀)。粪土,做动词用,是说把这些反动派看成粪土一样。

[24] 中流:水流之中。

[25] 遏(è):阻挡。

[26] 飞舟:如飞之舟,形容船行的迅速。

【赏析】

这首词是毛泽东同志在长沙时记游之作,在1963年12月出版

《毛主席诗词》单行本时编在卷首，创作的时期较早。据萧三同志《毛泽东同志的青少年时代》等书所记，毛泽东同志 1911 年就来长沙，直到 1918 年 9 月才离开。但在 1925 年又回韶山，住了半年，积极从事农民运动。这首词就是在这一期间写的。

全词分前后两段。前段一开头就点出来游的时地，时是寒秋，地是湘江里的橘子洲。“独立”句的“独”字又点明这一次是作者一个人来游。这句要跟后段第一句“携来百侣曾游”合看。游的是同一地方，而过去却是集体来游，因而独立时很自然地就引起回忆。两段虽然分开，但仍有紧密联系，这种地方读词时必须注意。

“看万山……”七句，写独立时眺望所见。“万山”二句是向高处望，是山景。岳麓山靠近湘江，山上枫树极多，红叶自古有名。山腰有爱晚亭，也正是由唐朝诗人杜牧咏枫叶的名句而得名[①]。寒秋霜降，山上一层层的枫树，叶子全红了，简直像染了色似的，多么鲜明！“漫江”二句，是向低处望，是江景。湘江是一条大河，常有成百的船只往来行驶，只一句就写出江上热闹情况。万山的红叶和满江的碧波上下照映，构成一幅又阔大又绚烂的图画。“万山红遍，层林尽染”纯是静境，“漫江碧透，百舸争流”却又静中有动。这就使得画面更为复杂，更为生动。“红遍”、“碧透”都与“寒秋”相应，遍字透字正说明确已到了寒秋。“鹰击”句写天上所见，“鱼翔”句写水中所见，一是仰观，一是俯察。击字、翔字都极精炼。“长空”、“浅底”也切合“寒秋”，无一虚设。足见作者不但体物精工，用字也经过锤炼，不可移易。“万类”句总写所见的一切。“万类”包括很广，不只是上文所写的枫树、鹰、鱼等，许多未写出的也统统在内。这是独立眺望时所得到的总的印象，也是高度的概括，写得新奇生动。《诗经·旱麓》篇说：“鸢飞戾(至)天，鱼跃于渊。”朱熹注这两句诗，说是形容“怡然自得”[②]。鸢飞鱼跃也确乎描写出一个活泼自由的完美的境界。毛泽东同志在这一段里写鹰击，写鱼翔，也有这种意味，但又推广到“万类”，并说“竞自

① 《樊川诗集》外集《山行》：“停车坐爱枫林晚，霜叶红于二月花。”(湘南书局刻本)

② 朱熹《诗集传》卷十六：“盖鸢之飞全不用力，亦如鱼跃怡然自得而不知其所以然也。”(明经厂刊本)

由”,有自由生活须由竞争取得的意思。这就比《旱麓》更进一步,看得也就更深远了。

“怅寥廓”三句,写独立时所生感触。“寥廓”就是“辽阔”,上文所写原是辽阔的境界。“怅”字有人解为“惆怅”,并认为“问苍茫……主沉浮”是提出一个富有哲学意味的问题。我们认为,这里的“怅”决不是什么消极情绪,而是用来表示一种郁勃而又激动的心情;这里所提出的也不仅是一个具有哲学意义的问题,而实在是一个关系到祖国和人民的命运的实际问题。当时诗人看到眼前一片美景,一片生机,不禁引起种种联想,联想到在国内外反动派重重压迫之下,祖国多灾多难,人民呻吟挣扎于水深火热之中,一时还未能管领江山,也不如万类之自由自在。这样,自然也就会进一步想到谁是大地上一切的主宰这一根本问题。当然,“主沉浮”的应该是劳动人民,应该是无产阶级的革命斗士,这问题作者当时是已经解决了的,但这里用设问的形式为前段作结,一方面有激起下文的作用(后段所出力描写的正是一些具有伟大抱负以“主沉浮”为己任的革命青年),一方面也为读者留下深入思索的余地,最是跌宕有味。

以上是前段,写今日之游。“携来”以下,是后段,写昔日之游。由现在写到过去,层次是很清楚的。

“携来百侣曾游”句的“游”,“忆往昔峥嵘岁月稠”的“忆往昔”,都贯串整个后段,点明以下所写即是追忆往昔来游情事。今日是独游,昔日却是集体来游,作者之外,还有许多同学少年。“峥嵘岁月稠”只用五个字就概括了当时的情况。毛泽东同志1911年就来长沙,光是在第一师范就有八年。为了进行革命活动,毛泽东同志广泛地结识了一些同志,并领导他们与广大人民相结合,干出许多惊天动地的大事,这一段岁月确是极不平凡而又相当之长的。“恰同学……”以下七句,出力描写当时游侣。毛泽东同志早年的革命同志绝大多数都是第一师范的同学,其中包括蔡和森、何叔衡、张昆弟等烈士——一些坚贞的、卓越的、不朽的战士。他们当时正值青春年少,一个个风度翩翩,才华喷溢,意态气概也非常奔放。“指点……”三句,写来游之时,大家指点着江山,议论着国事,还传诵或研讨彼此所写的宣扬革命的文章，把当时的显贵看得直如粪土一般。这几句突出地形象地写出这些“同学少年”的革命热情和英雄气概。同学如此，作者是他们的组织者、领导者，胸襟抱负，更可想而知。这里写的是同学，但也有作者自己在。这是我们应该体会到的。“粪土”句，写出对当时那些祸国殃民的反动军阀的痛恨和鄙夷。“曾记否”三句，临了又举出一件可以表现少年意气的事来，以见一时豪兴。“到中流击水，浪遏飞舟”，有人说是写在江中游泳，可能是的，因为毛泽东同志和他的战友蔡和森等人年青时就是经常借游泳来锻炼身体的。这几句不但写得活泼生动，也似乎象征着那时与反动势力相搏的艰苦斗争，细玩可见。这一段也用问语作结，跟前段一样。但前段结句只是“住”不是“断”，这里才真正到了收束处，却又收得余味盎然，令人寻绎不尽，这是手法高妙处。

前段描绘当前风物，是写景，是实写；后段追忆往昔游侣，是叙事，是虚写，通篇都是记游，但上下却不犯复。这种地方最能见出意匠经营，读时不可轻易放过。

这首词总共只有 114 字，可是，却把来游时所看到的、所感到的以及所回忆到的，统统描写了出来；有些没有明写的，也给读者以充分的暗示，真是丰富多采！上文曾说这首词是记游之作，从这方面说，毛泽东同志也确乎用韵语为我们写出一篇绝妙的“长沙游记”。但是，如果我们只把它当做一篇流连风景、模山范水的游记来读，那就是探骊而未得珠，理解还是很不够的。我们读这首词，至少有以下几点必须特别注意：第一，它描写了祖国壮丽的江山，描写了到处是美是动是力的南国之秋，通篇洋溢着高度的爱国主义的精神；第二，它歌颂了中国革命和初期的革命战士，生动地写出了他们在五四时代的革命活动和光辉形象；第三，它最早地透露了革命导师的伟大抱负，也最早地表现了无产阶级战士的革命激情和战斗精神；第四，它的思想感情是健康饱满的，风格是清新爽朗的，它一扫过去古典文学传统中那种陈陈相因的衰飒的悲秋情调，使旧的文学形式获得了新的生命，放出了光辉灿烂的异彩。以上这几个方面不是孤立的，而是巧妙地融合在一起，成为一个完美和谐的统一体，成为一篇划时代的杰出的革命史诗。

这首词先写江山的壮丽，次写万类的自由自在，这些都是明写。国内外反动派的飞扬跋扈，广大人民的灾难深重，这些没有写出，是暗写。由于这些，自然激起革命的责任感，因而提出要旋乾转坤主宰沉浮的革命誓言，也因而忆起同具革命壮志、一直并肩作战的战友们——这是意念上的线索。摸清了这条线索，上下两段的布置和联系就容易理解了。

这首词是长调[①]。古代豪放、婉约两派词家都常用长调。大约豪放派的长调，以奔放雄健见长，其末流则失之粗率滑易；婉约派的长调，以缛丽精密见长，其末流则失之萎靡琐细。毛泽东同志的词是豪放的，但又有了新的发展，远非豪放派的传统所能范围；最难得的，是一气浑灏流转之中，还能操纵自如，兼有缛丽精密的好处。即如此词，前段“看万山红遍”以下，一直到“万类霜天竞自由”，气势如骏马注坡，锐利无前；“怅寥廓”三句，陡然一锁，便有顿挫，深得词家所谓“留”字诀，即留有余不尽之意，耐人寻味。后段“恰同学……”以下七句，也是串联而下，沛然不可当。“粪土当年万户侯”，说到这里，仿佛已经到了尽头，无可再说。“曾记否”三句，却以一件小事作点染，轻轻接上，毫不费力，并且摇曳生姿，别有韵味，真是善于控驭。全词有写景，有叙事，也有抒情；写景叙事之中，又有许多层次。句子有整有散，有长有短，有对仗工稳的，也有不对的（凡词四字对句必密丽，对句之后，承以单句必疏宕。这都是词调本身具有的形式的美）。这些，都深得错综之妙。有人说，这首词是美与力的无间的溶合。这正道出了毛泽东同志作品的艺术上的特色。其实也不仅这一首如此，毛泽东同志的其他诗词，也都具备这种特色的。

【备考】

据萧三同志所记，毛泽东同志在第一师范读书时，常和同学蔡和森、何叔衡、陈章甫、罗学瓒、张昆弟等到水陆洲一带来游览和游

① 词有小令、中调、长调之分，见本书《关于词牌及其他》。

泳，并畅谈人生国事，慷慨激昂。毛泽东同志那时就已爱好诗词，偶有所作，同学们争相传诵。又，1917 年，毛泽东同志发起组织新民学会，1918 年 4 月 18 日正式成立，后来发展到七八十人，大多数也都是第一师范的同学（参看《毛泽东同志的青少年时代》第 3 章、第 4 章）。这些记载，都可与此词相印证。

菩萨蛮·黄鹤楼[1]

一九二七年春

茫茫[2]九派[3]流中国[4]，沉沉[5]一线[6]穿南北。烟雨莽苍苍[7]，龟蛇[8]锁大江。　　黄鹤知何去[9]，剩有游人处。把酒酹[10]滔滔[11]，心潮逐浪高[12]。

【注释】

[1] 黄鹤楼：在湖北武汉市武昌黄鹤矶（一作黄鹄矶，又作黄鹤山或黄鹄山）上，始建于三国孙吴时，南朝以后就很著名，有“天下绝景”之称。楼本因矶得名，但也有人说起于神话，又有两说：一说，古代仙人子安曾乘黄鹤过此楼，因而得名（《南齐书》卷十五《州郡志》下）；一说，蜀汉费祎登仙，每乘黄鹤到此楼休息，故名（宋乐史《太平寰宇记》卷一一二）。这些神话，唐代以前已经很流行，所以著名诗人崔颢登楼赋诗，就把这种材料写了进去。崔诗是古代名作，流传以后，黄鹤楼就更为著名。

[2] 茫茫：广大的样子。又，远的样子。

[3] 九派：派是水的支流。古地理书说长江流入荆州（主要是今湖南、湖北两省）境内后，分为九道。九派就是九道支流。但这个“九”，也不是确数，不必拘泥。

[4] 中国：就是国中。《孟子·公孙丑下》：“我欲中国而授孟子室。”赵岐注：“王欲于国中而为孟子筑室。”按：“国中”倒过来说“中国”，古代文献里常有这种说法。如“中田”就是“田中”，“中林”就是“林中”（见《诗·小雅·信南山》郑玄笺及《周南·兔罝》毛亨传）。但这里的“中国”，就是用通常的意义来解说，把“流中国”解为“流于中国境

内”，也可通。

[5] 沉沉：也作沈沈，深远的样子。《文选》卷十一司马相如《上林赋》：“沈沈隐隐。”李善注：“沈沈，深貌也。”

[6] 一线：指今京广铁路。当时南段叫粤汉铁路，北段叫京汉铁路。

[7] 莽苍苍：“莽苍”，本指郊野之色，见《庄子·逍遥游》注。这里用做形容词，是迷茫的意思。陆游《哀郢二首之一》：“云梦风烟旧莽苍。”按：莽苍苍就是莽苍，不过是多一个音节罢了。

[8] 龟蛇：龟指龟山，蛇指蛇山。龟山在汉阳东北，一名大别山，又名鲁山。蛇山在武昌东，一名高冠山，两山隔江对峙，形势雄伟。

[9] 黄鹤知何去：唐崔颢《黄鹤楼》诗，有“昔人已乘黄鹤去”及“黄鹤一去不复返”等语。这里的“黄鹤知何去”，即用崔颢诗意。

[10] 酹（lèi）：用酒祭地叫酹。《后汉书》卷九十五《张奂传》：“以酒酹地。”苏轼《念奴娇·赤壁怀古》：“一樽还酹江月。”这是此词酹字所本。但“把酒酹滔滔”只是说持酒对着滔滔的江水，不一定是“祭”，必须活看。

[11] 滔滔：《诗·小雅·四月》：“滔滔江汉。”毛传：“滔滔，大水貌。”按：这里用“滔滔”代“江水”，是用修饰语来代替被修饰的中心词语，古典文学作品中常有这种说法。例如晏几道《梁州令》：“泪湿当年金缕。”“金缕”后省去“衣”字。毛文锡《喜迁莺》：“碧纱窗晓怕闻声，惊破鸳鸯暖。”“暖”后省去“梦”字。以“金缕”代“衣”、以“暖”代“梦”正同这里用“滔滔”代“江水”一样。

[12] 心潮逐浪高：心里的思想感情不断起伏，像是潮水一样，所以说是“心潮”。“心潮逐浪高”，是说心潮澎湃，好像追逐着浪潮同它争高似的。

【赏析】

这首词是毛泽东同志在武汉时所作，具体时间大约在蒋介石发动四·一二反革命政变前夕①。

① 近见周振甫《毛主席诗词浅释》，考定此词的写作时间与我所揣测的不谋而合。

这首词的题目是“黄鹤楼”，实际上是写登黄鹤楼时所见所感。全词分两段。前段写登楼所见景物。“茫茫”二句，是远景。九派分流，一线横贯，从水陆两方面写出武汉形势，雄伟开阔，气象恢弘。两句是对句，不但对仗工稳，而且笔力劲健，使一起就非常得势。凡是到过武汉的人，都知道黄鹤楼是个著名的高大建筑物，耸立在江边的石矶上，视野很远。所以这两句是写实，不是夸大。“茫茫”、“沉沉”都与下文“烟雨”句相应，由于是在烟雨中远眺，所以看来茫茫然沉沉然，不很分明，但却愈觉其远其大。“一线”二字，用得极新，也极恰当。京广铁路横贯南北，凭高下望，确是“一线”。“烟雨”两句，是近景。龟蛇二山，隔江紧紧相对，在莽苍苍的烟雨里，看来更觉接近，简直像是把大江封锁了起来。一个“锁”字，下得多么自然，又多么精炼！以上四句有两点值得注意。第一，从表面看，这四句仿佛只是写武汉形势，但其实是写黄鹤楼，因为楼高，所以才见到如此壮阔景象。切合题目，一丝不走，最是细密。第二，古典诗词名作中的写景部分，往往不是单纯描写景物，而是寓情于景，即景寄情，巧妙地把两者糅合在一起。毛泽东同志的诗词，更不是为写景而写景，而是为高度的思想内容服务的。因此，我们读时必须透过一层，看出寄托在景物描写中的思想感情来，这才能够领会作品中所表现的完整美妙的情景交融的境界。即如此词，上段所描写的形象，开阔深远之中又有苍茫沉重的意味，这就恰同当时的心情相应（这种心情，下文就要谈到）。在毛泽东同志的诗词中，凡是写景的部分都可作如是观，这里不过是一例罢了。

后段写登楼时的感触。“黄鹤”两句，是怀古。黄鹤楼本来跟古老的优美的神话和诗人的著名作品密切地联系着，因此，到黄鹤楼来游览，自然就会联想到这些。不过，这里还有一层意思，那就是：仙人跨鹤飞向何处，尽可不必管它，我们还是注意“游人处”也即是现实的人间吧，人间目前正在发生翻天覆地的大变化哩。“把酒”二句，就是写由于这种大变化而引起了许多怅触。“心潮”两字妙于形容，心事如潮，正说明了一时万感纷来，郁勃激荡，不能自已。毛泽东同志没有写出“心潮”的具体内容，我们要了解它，那就有必要简单地讲一下写词时的时代背景。

原来在第一次国内革命战争期间，武汉建立了革命政府(1927年1月),蒋介石也在南京成立了反动政府(同年4月),于是宁汉分裂,形成了革命和反革命双方对峙之局。当时武汉革命政府处在四面包围之中,东西南北都有敌人[①];而党内由于陈独秀执行右倾机会主义的错误路线,起初既没有坚决打击蒋介石的反动气焰,后来又没有及时清洗隐藏在武汉政府内部的反革命分子如汪精卫之流,而只一味地妥协退让，甚至还收缴工人纠察队和农民自卫军的武器,拒不接受毛泽东同志和其他许多同志的正确主张,这样,就给革命带来了严重的危机。

但是,这只是事情的一面,还有更重要的另一面。当时,在城市的革命群众已经从帝国主义手里收回了汉口、九江的租界,上海工人正在轰轰烈烈地举行三次起义;在农村,以湖南为中心的全国农民运动也已广泛地开展起来。只要革命政权正确地加以领导,那正如毛泽东同志在《湖南农民运动考察报告》里所说的:“很短的时间内,将有几万万农民从中国中部、南部和北部各省起来,其势如暴风骤雨,迅猛异常,无论什么大的力量都将压抑不住,他们将冲决一切束缚他们的罗网,朝着解放的路上迅跑。一切帝国主义、军阀、贪官污吏、土豪劣绅,都将被他们葬入坟墓。”[②]所以,总的说来,那时的革命形势还是十分有利的。

“把酒酹滔滔,心潮逐浪高”二句就是在这样错综复杂波澜壮阔的时代里写下来的。“心潮”的内容,大概说来,该是包括了作者对中国整个局势的乐观展望，对工农革命行动的热情赞扬，以及对反动派、党内右倾机会主义分子的无比愤怒。当然,当时可能还想到了更多的东西,但有一点是肯定的,那就是作者登楼眺望,决不会像一般文人那样,只是单纯地怀念往昔,“发思古之幽情”;也不会像崔颢那样,对景思家引起淡淡的羁愁[③]。他所念念不忘的是当前的惊天动地

① 当时蒋介石在东,广东军阀在南,杨森在西,张作霖在北。

②《毛泽东选集》第1卷第13~14页,人民出版社1951年版。

③ 崔诗结尾:“日暮乡关何处是?烟波江上使人愁。”可见所写只是羁旅怀乡之感。

的革命斗争，是伟大祖国和几亿人民的未来命运，他的思想感情是同这些关系重大的问题紧密地联系在一起的。思深虑远，热血沸腾，心情是激动而又沉重，因此思潮起伏，有汹涌澎湃之观，简直可与江潮比高，这不就充分说明了伟大革命家的伟大胸襟和伟大抱负吗？“心潮逐浪高”，五个字义蕴弘深，却妙在含蓄不露，戛然而止，耐人寻味。这一结也极其有力，与起处对看，更觉必须如此收束，才能前后相称。

黄鹤楼是历史上的名楼，自古以来，不知有多少人登临过、歌咏过，可是自从崔颢题诗之后，许多人都搁笔不敢再题，就连伟大的天才诗人李白也有“眼前有景道不得，崔颢题诗在上头”①之叹。可见写黄鹤楼要想不落前人窠臼，确是十分困难。毛泽东同志此词，字数比崔诗还少（崔诗是七律，七言八句，共56字。毛泽东同志此词，只有44字），然而，如椽大笔，只那么稍一挥洒，就给我们勾出雄浑高华的另一境界。它不仅把黄鹤楼的胜概、武汉的莽苍苍的景色出色地描绘了出来，而且也把作者自己的伟大抱负和整个祖国整个民族的气魄与力量生动地展示在我们的面前，使人读了在不知不觉之中就开拓了心胸，扩大了眼界，仿佛分得一些作者所特有的那种高瞻远瞩、恢恢有容的气概，这就远远超出一般的写景、一般的抒情，也就远远不是崔颢的诗所能比拟的了。名作当前，却能不受它的局限，自出杼机，凌驾其上，如果不是伟大人物的凌云健笔，又如何能够办到呢？

《菩萨蛮》是小令。小令只有寥寥几十个字，一般说来，仅仅适宜于写小场面，正像文章里的小品，诗里的绝句，绘画里的条幅。前人如辛稼轩，偶有豪放之作，如《菩萨蛮·书江西造口壁》②之类，算是别开生面，但并不多见。毛泽东同志的小令，却同长调一样，都是黄钟大吕，大声镗鞳，而且题材多式多样，气象境界也各各不同。这是毛泽东同志词的显著特点之一。我们必须注意。

【备考】

崔颢，唐汴州人，事迹略见《新唐书·艺文志》、宋计有功《唐诗纪

①《李太白全集》卷二十一《登金陵凤凰台》诗王琦注引宋刘后村说。

②《稼轩词》卷四，汲古阁刊《宋六十名家词》本。

事》和元辛文房《唐才子传》等书。他的《黄鹤楼》诗(见《全唐诗》卷一三〇),前人推为唐代七律第一。兹附录于后,以供读者欣赏:

昔人已乘黄鹤去,此地空余黄鹤楼。
黄鹤一去不复返,白云千载空悠悠。
晴川历历汉阳树,芳草萋萋鹦鹉洲。
日暮乡关何处是?烟波江上使人愁。

西江月·井冈山[1]

一九二八年秋

山下旌旗在望[2],山头鼓角相闻[3]。敌军围困万千重,我自岿然[4]不动。　早已森严壁垒[5],更加众志成城[6]。黄洋界[7]上炮声隆[8],报道敌军宵遁[9]。

【注释】

[1] 井冈山:位于罗霄山脉的中段,在湘赣两省的宁冈、酃县、遂川、永新四县之交,周围550里。山中峰峦环抱,林木茂密,形势险要。1927年9月,湖南秋收起义后,毛泽东同志即率领参加起义的革命武装进驻井冈山。1928年4月,与朱德同志所部会合,于是就建立了第一个红军根据地。

[2] 在望:在眼前。

[3] 山头鼓角相闻:鼓角,军鼓和警角。古代军中用擂鼓和吹角记时刻,又进军也用鼓。这里的鼓角,指鼓号。"山头鼓角相闻",是说各个山头的鼓号声可以互相听到。

[4] 岿然:高高地独立的样子。岿(kuī),《文选》卷十一王延寿《鲁灵光殿赋序》:"而灵光岿然独存。"

[5] 森严壁垒:森严是严整的意思。壁垒是古代军营中的围墙,也就是防御工事。"森严壁垒",是说戒备严密,不可侵犯。

[6] 众志成城:是说军民一心,抗击敌人,成为坚固的城堡。本作"众心成城"。《国语·周语下》:"众心成城。"韦昭注:"众心所好,莫之

能败，其固若城也。”

[7] 黄洋界：又称汪洋界、望洋界。在井冈山北，是当年红军五大哨口中的主要哨口（五大哨口是黄洋界、桐木岭、朱砂冲、双马石和八面山），距井冈山的中心茨坪 25 里，只有一条羊肠小道通往宁冈。黄洋界地势雄峻险要，有“一夫当关，万夫莫开”之概，红军曾在此几次痛歼国民党军。

[8] 隆：大，响。

[9] 宵遁：乘夜逃跑。

【赏析】

毛泽东同志的诗词，就已发表的 27 首看来，有许多是以革命战争为题材的，《西江月》就是其中最早的一首。

1928 年春，毛泽东同志率部和朱德同志部胜利会师之后，井冈山根据地日益巩固，革命力量日益扩大，红色区域也日益推广，到了 6 月间，湘赣边界就进入了全盛时期。这时的斗争形势本来极为有利，可是，当时湖南省委派代表杜修经来，坚决主张红军毫不犹豫地向湘南发展，只留二百支枪会同赤卫队保卫边界，并说这是“绝对正确”的方针。7 月中旬，杜修经强使红军主力二十八团以及二十九团进攻郴州。8 月，战斗失败。改编后的二十八团退往桂东。毛泽东同志（时任红四军党代表）听到这个消息就亲自带了三十一团的第三营前去迎接大队，井冈山只有人数不足的第一营留守。这时，湘敌吴尚第八军及赣敌之一部，见我内部空虚，于是就以比我们多十几倍的兵力向山上进犯，我军凭借黄洋界天险奋勇抗拒，终于击退了敌人。这就是黄洋界保卫战。毛泽东同志这首词即作于此次战役以后。

这首词的题目是“井冈山”，但内容却不是描写山景，而是写保卫井冈山根据地的一次惊心动魄的武装斗争，是一幅生动鲜明的战场速写，是一首雄壮真实的革命史诗。

全词分两段：前段写我军严整的部署和昂扬的士气；后段写军民万众一心，粉碎敌人的围攻，取得战争的胜利。

前段用对仗领起。“山下”句是写远处，是写“见”；“山头”句，是写近处,是写“闻”。眼前招展着漫山遍野的旌旗,耳边喧阗着动地震天的鼓角,这确是如火如荼、紧张严肃的战场景象。但在描写这种景象的同时,作者也把我军严阵以待、从容不迫的意度突出地表现了出来,并逗起下文,与后段开头处两两相应。这两句不但整饬流美,并且写得极有声势。“敌军围困万千重”句,有两个意思:一是写数量上占优势的敌人已经深入根据地,并把我军重重围困起来,可见局势确是异常严重;一是为下句作垫笔,衬托出我军的坚定和英勇。这后一意思更为重要,因为这里不是长敌人的威风,而是为了更出色地描写我军。“我自岿然不动”,一个“自”字,一个“岿然不动”,充分地写出我军胜算在握,屹立如山,有着高度的自豪感和对敌人的轻蔑感。“岿然”,在古典文学作品里通常只是形容建筑物之类的高峻,这里用来写红军作战,居高临下,沉着顽强,就不仅点明战场形势,连无产阶级战士的伟大气魄也表现出来了。驱遣旧词而又赋予以新的意义,这正是毛泽东同志的善于点化,如果仍照原义来理解,那就不够了。这一段只用 25 个字,就把一幅敌我战争图形象地展开在读者面前,这是多么简括有力!

在这次黄洋界保卫战中,敌我军力相差很远,而我军却能从容肆应,取得光辉胜利。这是什么原因呢?后段开头两句,就回答了这个问题。“早已森严壁垒”,是说作战准备完成得早,布置得好;“更加众志成城”,是说广大军民在党的领导下,同仇敌忾,万众一心,具备足够的精神条件。“早已”、“更加”,呼应极紧,且遥承上文,脉络分明。“森严壁垒”、“众志成城”,是前段特别是头两句的绝好注脚,也是整个根据地和保卫根据地的革命战士的绝妙赞语,8 个字概括了一切。在有形的和无形的长城业已筑成的情况下,既得地利又得人和的我军哪有作战不胜的呢?“黄洋界”两句,点出敌人在我军猛烈的炮火中仓皇溃退,这正是必然的结果。“宵遁”,写敌人连逃跑也只敢乘黑夜进行,一方面道尽了敌人的无用,一方面也见出我军声威震赫,一笔而两面俱到;妙在全词就在这里结束,更显出这一仗打得兴会淋漓、痛快之至。

毛泽东同志在建立井冈山根据地的初期就曾经指出:“巩固此根据地的方法:第一,修筑完备的工事;第二,储备充足的粮食;第三，建设较好的红军医院。”[①]杨至诚同志的回忆录说：“我们早已做好了守山的准备：山上储备好了粮食，哨口上挖好了工事，哨口下面的山坡上，溪沟里埋上了尖尖的竹钉子。敌人一攻，不是被我们的机枪和手榴弹打死，便是滚到沟里被竹钉子戳坏了手脚，哪里攻得上？”[②]又，刘型同志的回忆录也说：当秋收起义部队进入井冈山以后，毛泽东同志就非常重视建立根据地中心区域坚实基础的工作，许多事务都亲自抓，而且抓得很紧。部队在毛泽东同志的直接领导下战斗力大大加强；群众经过宣传教育，阶级觉悟大大提高；党的政策，不仅得到农民的拥护，连中小商人也齐声道好；由于坚决执行三大纪律，军民关系也是团结一致的[③]。这些记述，都可以帮助我们理解“早已”二句的具体内容。这次的战斗是8月30日开始的，我军弹药不多，就兼用大石块做武器，把它推滚下山，砸死砸伤敌兵，使之无法前进。这样，激战了一昼夜之后，31日中午，我军又由茨坪调来迫击炮一门，两发命中，敌人伤亡很大，于是乘夜逃回酃县[④]。在这一次战役中，迫击炮是建了奇功的，所以“炮声隆”句大书特书。我们也必须注意这是纪实，不是泛写。

黄洋界保卫战虽然不是一次大规模的战斗，但它的意义却非常重大。就在保卫战开始的前一天下午，党代表何挺颖同志召集连级以上的干部开会，向大家说：“目前是全国革命低潮时期，广州暴动失败了，海陆丰苏维埃区、湖北黄（安）麻（城）、湘东、湘南暴动都暂时受到了挫折，湘西未发动起来，全国目前只剩下井冈山这一小块红色政权。现在湘赣两省敌人全面向我进攻，企图乘我主力不在之际拿下井冈山，我们必须以生死与共的决心坚守井冈山。只要这一小块根据地还保存着，这面红旗不倒，就向全国人民证明，反动统治阶级永远消灭不了革命！”[⑤]这段话简括有力地

---

①《毛泽东选集》第1卷第58页，人民出版社1951年版。

②《井冈山上的故事》，《星火燎原》上册第324~325页，人民文学出版社1958年版。

③ 参看《黄洋界保卫战前后》，《红旗飘飘》第14集第41~43页，中国青年出版社1960年版。

④ 参看兰宇《井冈山访问记》，见1961年6月25日《人民日报》。

⑤ 参看《黄洋界保卫战前后》，《红旗飘飘》第14集第46页，中国青年出版社1960年版。

说明了黄洋界保卫战的重要性。毛泽东同志对这次战役也予以很高的评价,他说:“8 月 30 日井冈山一战,湘敌始退往酃县,赣敌仍盘踞各县城及大部乡村。然而山区是敌人始终无法夺取的……”①又说:“边界的红旗子,业已打了一年,虽然一方面引起了湘鄂赣三省乃至全国豪绅阶级的痛恨,另一方面却渐渐引起了附近省份工农士兵群众的希望……边界红旗子始终不倒,不但表示了共产党的力量,而且表示了统治阶级的破产,在全国政治上有重大的意义。”②这些话说得更是深切著明。当时我军本来驻在茨坪,一听到敌军进攻黄洋界,就于 8 月 21 日星夜兼程撤回井冈山。由于山下平原已经尽落敌手,战士们只能翻山越岭赶到黄洋界。尽管山间崎岖难走,荒无人烟,可是我军士气却极为高涨,一路谈笑歌唱不绝③。这些事实说明了早期的革命战士对这次保卫战的重大意义也是具有充分认识的。

根据历史记载,在井冈山革命斗争初期,由于物质条件比较艰苦,也有小部分人意志不坚,信心不足,对革命前途抱悲观,甚至还有逃跑主义的思想。在这一时期中,毛泽东同志曾经写了《中国的红色政权为什么能够存在?》、《井冈山的斗争》、《星星之火,可以燎原》等有名的文章,对斗争形势和革命前途作过详尽的科学分析,指出最后胜利必然到来,对千千万万的人起了巨大的教育作用;同时,毛泽东同志也写了旧体诗词,体现了无比坚定的革命信念和高度的革命乐观主义精神,健笔豪情,鼓舞斗志,成为时代的号角。这首词就是这样的典范作品之一。全篇只有 8 句, 也没有用多少词藻,可是,素朴的笔调和精炼的语言已经把当时战争的实况、伟大领袖的思想感情以及革命战士的精神风貌无比清楚地勾勒出来,具有极大的感染力量。古人说:“成如容易却艰辛。”像这首词,就正是这种情况了。

---

①《毛泽东选集》第 1 卷第 66 页,人民出版社 1951 年版。

②《毛泽东选集》第 1 卷第 86 页,人民出版社 1951 年版。

③ 参看《黄洋界保卫战前后》,《红旗飘飘》第 14 集第 46 页,中国青年出版社 1960 年版。

清平乐·蒋桂战争

一九二九年秋

风云[1]突变，军阀[2]重开战。洒向人间都是怨，一枕黄粱[3]再现。　　红旗跃过汀江[4]，直下龙岩[5]上杭[6]。收拾金瓯[7]一片，分田分地真忙。

【注释】

[1] 风云：风起云飞，形态多变，比喻变幻莫测的局势。这里指时局。

[2] 军阀：指拥兵干政，只图扩张地盘，发展个人势力，而不顾国计民生的军人或军人集团。阀，本作"伐"。伐阅，原是古代仕宦人家大门外的左右柱，后来用来指称仕宦人家。

[3] 一枕黄粱：黄粱是黄色的小米。一枕黄粱，用卢生事。唐沈既济《枕中记》，记卢生在邯郸（今河北省邯郸市）客店中遇道士吕翁，生自叹穷困，吕翁给他一个枕头，说："枕了它就可以称心如意。"其时店主人正在蒸黄粱，生枕后就入梦，梦中出将入相，子孙繁昌，享尽了荣华富贵，并登高寿。可是等他一梦醒来，黄粱还没有熟。吕翁笑着对他说："人世上的事正同你的梦一样啊！"旧时消极的人因谓人生为"黄粱梦"。《枕中记》，是唐代最著名的传奇之一，见《文苑英华》卷八三三、《太平广记》卷八十三及鲁迅《唐宋传奇集》（《鲁迅全集》卷十）；《太平广记》题作《吕翁》。

[4] 汀江：也叫汀水，又名鄞江。源出福建省宁化县西南与江西省交界处的观音岭，曲折南流，经长汀、上杭二县，入广东省境。

[5] 龙岩：县名，在福建西南部。

[6] 上杭：县名，在龙岩西，是第二次国内革命战争时期红军的根据地之一。著名的"古田会议"就是在上杭的古田镇召开的。

[7] 金瓯：瓯（ōu），小盆，见《说文》瓦部。也叫升瓯，见《方言》卷五。又，酒杯茶杯也叫瓯。金瓯，用金子制造的瓯，比喻疆土完固。《南

史·朱异传》:“(梁武帝)尝夙兴至武德阁,口独言:‘我国家犹若金瓯,无一伤缺。’”这里指国土。

【赏析】

这首词与《采桑子·重阳》、《减字木兰花·广昌路上》、《蝶恋花·从汀州向长沙》、《渔家傲·反第一次大“围剿”》及《渔家傲·反第二次大“围剿”》等篇,总题为《词六首》,发表于1962年《人民文学》5月号上。同时刊登毛泽东同志《关于词六首的一封信》,信里说:“这六首词,是一九二九—— 一九三一年在马背上哼成的,通忘记了。《人民文学》编辑部的同志搜集起来寄给了我,要求发表。略加修改,即以付之。一九六二年四月二十七日。”这首词是《词六首》的第一首,郭沫若同志认为作于1929年9、10月之交[1]。我们在下面《如梦令》小笺里就要提到,1929年红四军曾三次进入闽西。第一次,由江西瑞金出发,沿赣闽交界处的木杉岭,经牛犊坪,于二月下旬入闽。3月,消灭敌军郭凤鸣旅,占长汀。第二次,4、5月间,再由瑞金附近插入闽西。5月下旬,大败敌军陈国辉旅,占龙岩。6月中旬,再占龙岩[2]。9月21日占上杭,消灭敌军卢新铭旅。第三次,10月间,红四军出击广东梅县、蕉岭等地。12月初,回师闽西,再克长汀[3]。词中有“红旗跃过汀江,直下龙岩上杭”之语,显见作于攻占上杭之后,所以郭沫若同志的说法是可信的。

词的上段,写军阀重启战端,荼毒人民,白区内是怨气冲天,一团混乱。开头两句“风云突变,军阀重开战”,点出由于军阀混乱,又闹得乌云翻滚,人心惶惶。“重”字说明了军阀之间战争的频繁,也说明了人民受害的深重。自辛亥革命以后,在一个相当长的历史时期中,祸国殃民的军阀一直是飞扬跋扈,横行一世。他们之中,有大军

① 郭沫若:《喜读毛主席的词六首》,1962年5月12日《人民日报》。

② 游击队和当地群众配合,也曾攻入龙岩一次,在这一年的六月间。若连这一次计算,那就是三占龙岩。

③ 此据邓子恢、张鼎丞《闽西暴动与红十二军》,见《星火燎原》第1卷第1集上册第379~406页,人民文学出版社1958年版。毕占云《三战闽西》,则谓10月占上杭为第三次,与此不同。毕文见上引书第343~355页。

阀，也有小军阀；有旧军阀，也有新军阀。他们之间，经常发生战争。远的且不说，即就距写词较近的两三年来说，规模较大的，就有：1927年10月，蒋介石、李宗仁和武汉汪精卫、唐生智的战争；12月，蒋介石和广东军阀争夺广东的战争；1928年4–5月间，蒋介石、李宗仁、冯玉祥、阎锡山对奉系军阀的战争；1929年3–4月间，蒋介石和广西军阀争夺华中的战争；8月，蒋介石和冯玉祥、阎锡山的第一次战争[①]。此外，云南、贵州、四川等省军阀还有一些规模较小的战争，尚未计算在内。在这两三年中，军阀混战的次数之多，以及战祸波及的地区之广，在近代历史上都是空前的，人民所受的苦难也是空前的[②]。毛泽东同志在写这首词的前一年就指出："中国内部各派军阀的矛盾和斗争，反映着帝国主义各国的矛盾和斗争。故只要各国帝国主义分裂中国的状况存在，各派军阀就无论如何不能妥协，所有妥协都是暂时的。今天的暂时的妥协，即酝酿着明天的更大的战争。"[③]这一段话正确地分析了军阀混战的性质。懂得这一点，那就可以进一步认清当时的形势，也就可以进一步理解这首词的时代背景。

"洒向人间都是怨"，怨是怨恨，是水深火热中的人民对军阀的怨恨。"洒"字用得精警而又新奇，可以说是戛戛独造。这一句把广大人民数不清说不尽的怨恨形象地表现了出来，使人仿佛看到这弥天的无所不在的怨气，比起通常所用的"怨气冲天"、"怨声载道"一类的成语来，艺术效果是更强了。"一枕黄粱"句，写当时军阀争权夺利，互相斫杀，只是为了个人的荣华富贵；他们正在做着同卢生一样的迷梦。"再现"是他们的主观幻想，事实上，在人民已经觉醒、特别是在红色政权已经存在、红军已经逐渐成长的时候，这种幻想是注定要破灭的。即以当时闽西三个著名的土著军阀——郭凤鸣、陈国辉、卢新铭而论，在写这首词的时候，不是就已经被红四军先后彻底打垮了么？这一段极写军阀的残民以逞，画出旧中国的阴暗面，寥寥

① 蒋和冯、阎的第二次战争，在1930年4月，已在此词写作之后。

② 参看何干之《中国现代革命史讲义》第131页，高等教育出版社1954年版。

③《毛泽东选集》第1卷第51~52页，人民出版社1951年版。

数语，形容曲尽，概括力是很强的。

邓子恢、张鼎丞在《闽西暴动与红十二军》一文里说："闽西（包括原汀州府属的长汀、宁化、清流、归化、连城、武平、上杭、永定8个县和龙岩州属的龙岩、漳平、宁洋3个县，共11个县），层峦叠嶂，山深林密。北自宁化、清流，南至永定、漳平，近二百万勤劳、智慧的人民，在这广阔的山区里劳动生息。封建地主、军阀、官僚以及帝国主义势力，像一群吸血的水蛭，通过重租、高利贷、苛捐杂税、囤积居奇、贱买贵卖和充斥市场的洋货，吮吸着闽西人民的鲜血。于是原来就是分散的、落后的农业，便越发减产，灾荒频仍；条丝烟、纸张、木材、茶叶和其他的土特产等手工业，也越发凋零。大批人口外流，到南洋各地做苦工，少数人则当兵为匪铤而走险。这些兵匪为地主恶霸所利用，又形成地方土军阀，各踞一方，残民以逞。灾难深重的闽西和全国各地一样，在帝国主义和军阀、地主的残酷榨取下，日渐消瘦贫瘠；另一方面，人民反抗的怒火也像火山的岩浆一样，喷薄欲出。"①这一段记载，说明了闽西的具体情况，也可以看成当时整个白区的缩影，正可与这里所写的相印证。

下段开头"红旗跃过汀江"，破空而来，极有声势，仿佛是在沉沉的阴霾中射出耀眼的金光。上引的邓、张的文章说："一九二九年三月间，一个惊人的喜讯传来了：红四军下了井冈山，在四都打败了郭凤鸣军，消灭他三千多人，把郭凤鸣也打死了，并乘胜占了长汀城。这一胜利，迅速地改变了闽西的整个形势，动摇了反动统治，大大地鼓舞了当地党组织和人民的斗争情绪。闽西人民在红军入闽的影响下，积极展开了各种革命活动。"②这又恰恰是这一句的绝好注脚。当时红四军吊民伐罪，进军闽西，确实振奋人心，影响巨大。上段着重描写阴暗面，到了这一句，划然改变了局面，也使人有耳目一新之感。"红旗"字，在毛泽东同志的词中屡见不鲜；像《元旦》词的"风展红旗如画"，《六盘山》词的"红旗漫卷西风"，《减字木兰花》词的"风卷红旗过大关"，《渔家傲》词的"不周山下红旗乱"，就都是的。但这

① 《星火燎原》第1卷第1集上册第379页，人民文学出版社1958年版。
② 《星火燎原》第1卷第1集上册第393页，人民文学出版社1958年版。

几处只是写红旗本身(当然都有象征意义)。这里的"红旗"却是说打着红旗的人,也就是红军。这是修辞上所谓"借代"[1],情况稍有不同。"跃"字极有精神,一个字就生动地写出红军旺盛的士气和英发的雄姿,要是说"渡过汀江"或是其他什么的,那就差远了。"直下龙岩上杭"紧承上一句,写天兵东征,迭克名城,势如破竹,闽西局势从此大定。这一句是拗句[2],但句拗而气盛,语势流走,使人不觉其拗。《元旦》词"直指武夷山下",同这句都用"直"字,也都写得酣畅饱满,有力如虎。

"收拾"二句,像是全词的总结—— 一个兴会淋漓的总结。"金瓯一片",指的就是闽西。祖国的疆土,原是完整的,正如坚固而美好的金瓯一样。可是,多少年来,由于万恶军阀的作祟,它已经被搞得支离破碎了。现在,红军东征,解放了大片土地,拯救了多灾多难的人民,建立了新的革命根据地和游击区,组织了几十万人的地方武装,并为后来的中央革命根据地创立了巩固的基础[3]。由此可见,这"一片金瓯"的"收拾",意义是十分重大的,"收拾"一词的含义也是十分丰富的。大片土地解放了,紧接着进行的就是土地改革。红军入闽以前,在地方党组织的领导下,闽西也曾实行过分田分地,但都是局部的,小规模的,这一次是全面开展,又是在获得巨大的军事胜利之后开展的,因此更是如火如荼,有声有色。"分田分地真忙",只一句就活画出这一紧张、热闹的场面。而且,不仅如此,翻了身的农民的高涨情绪和伟大领袖对闽西解放的高度喜悦,也都隐隐地从这里透露出来。红军第二次入闽后,毛泽东同志在闽西召开的第一次党代表大会上,指出巩固新根据地的三大基本方针,其中第一项就是深入地进行土地革命[4]。"分田"句正是突出地描写了这件大事。毛泽东同志的诗词,结句都收束得特别好,这一句看似平易,其实却极精工。这是需要我们细加体会的。

① "借代"是修辞学上的辞格之一。不直指其物,而用有关联的他物来代替,叫做借代。

② 这一句,按词谱规定,应该是平平仄仄平平(《会昌》《六盘山》二词,此句都与谱合)。这里作仄仄平平仄平,平仄不同,所以说是拗句。

③ 参看上引毕占云文。

④ 参看上引邓子恢、张鼎丞文。

上下两段,一写“洒向人间都是怨”的军阀统治,一写红军到来后的一片欢欣活跃的景象,对比鲜明,感染的力量是很强的。郭沫若同志说:毛泽东同志的诗词是革命的诗史①。的确,中国革命史上的许多大事,差不多都在毛泽东同志的笔下得到有力的表现。即如闽西战役,有了这首词和《元旦》词,这一著名战役就又留下了不朽的艺术写照了。

采桑子·重阳

一九二九年十月

人生易老天难老[1],岁岁重阳[2]。今又重阳,战地黄花[3]分外[4]香。　　一年一度秋风劲[5],不似[6]春光。胜似春光,寥廓[7]江天[8]万里霜。

【注释】

[1] 人生易老天难老:即人生有尽、宇宙无尽之意。李贺《金铜仙人辞汉歌》:“天若有情天亦老。”(《李长吉歌诗》卷二)这里反用其意,而义蕴更深。

[2] 重阳:节令名。阴历九月九日叫重阳,又叫重九。因“九”为阳数,两阳相重,故名重阳。

[3] 黄花:《礼·月令》:“鞠有黄华。”鞠,古菊字。黄华,就是黄花。后来因称菊为黄花。这里指野菊。野菊,一名苦薏,是一种多年生草,叶似菊叶,缺刻较深,花黄,原野中多有之。

[4] 分外:格外。

[5] 劲:有力,猛烈。

[6] 不似:不像。这个“似”是“类似”之似,下句“胜似”是“胜过”,“似”有超过意。两个似字意义不同。

[7] 寥廓:见《沁园春·长沙》词“怅寥廓”句注。

① 见《喜读毛主席的词六首》,1962年5月12日《人民日报》。

[8] 江天：江和江上的天空。杜甫《滟滪》："江天漠漠鸟双去。"

【赏析】

这首词描写重阳节的战地风光①，里面有许多写景的成分。但是，正像毛泽东同志的其他诗词一样，写景只是手段，主要目的则在于透过写景来抒写心情。这首词抒写的是什么样的心情呢？从全词看来，应该说，它是表现战争胜利后的喜悦和对革命前途的乐观。

上段第一句"人生易老天难老"，"天难老"三字笼罩下文，可以说是一篇纲领。我们读这一句，有三点必须注意：首先，"人生易老"只是与"天难老"对比着说，丝毫不含有消极、感伤的意味，千万不可误会。其次，"天难老"是说宇宙间一切事物在不断地发展、变化，生生不已，光景常新。"天"是宇宙间一切事物的总称，"难老"就是指发展、变化的过程无穷无尽。三个字简直就是马克思列宁主义宇宙观的诗的说明，不可轻易看过。又次，"人生易老"，不但不是慨叹人生的短促，恰恰相反，而是说正由于人生易老，所以必须把美好的青春献给壮丽的革命事业，让"小我"为"大我"多发些光和热。这样，才会感到生命的充实和宝贵，也才会理解"小我"是易老的，但同时又是不朽的。总之，这句话的意义是丰富的，情绪是昂扬的，它揭示了永恒的真理，体现了革命的乐观主义精神，像格言一样的精警，真是耐人寻味。作者把这一句放在全词的开头，给以突出的地位，使一起就非常得势。发端之工，也是词中少见的。

"岁岁重阳"以下进一步申说"难老"。岁岁年年，都有重阳节，重阳节是过不完的；每年的重阳节也各不相同。即如今年的重阳节，就别有一段风光。可见"天"是"难老"的。《采桑子》词上下段的三四两句，词家常用叠句，如辛稼轩的"爱上层楼"、李易安的"阴满中庭"之类就是②。这里的"岁岁重阳，今又重阳"，和下段的"不似春光，胜似

① 郭沫若同志认为"词为重阳看菊而作"（见《喜读毛主席的词六首》，1962年5月12日《人民日报》），与我意微有不同。

② 辛词见《稼轩词》卷一，李词见《漱玉词》。

春光”，都似叠非叠，有反复又有递进，语势流宕，音节浏亮，风调韵致也都美极了。

“战地黄花分外香”，这一句更值得仔细玩味。“待到重阳日，还来就菊花”①，诗人写重阳节总是同菊花联系在一起，所以这里写菊花是很自然的。“黄花”为什么“分外香”呢？这同“战地”二字大有关系。战地是经过艰苦的军事斗争夺取的。凡是经过斗争得来的东西，总使人愈觉其可爱可贵，人们对它也愈为珍惜。野菊本来是很平常的花，可是，它却能在炮火连天中顽强地挺立着、开放着，绽黄吐香，把战地的重阳点缀得异样美丽。看见了它，就叫人对当前所取得的胜利感到加倍的喜悦。开在战地上的黄花是同胜利联系在一起的，胜利可喜，黄花因之也觉得可喜；黄花可喜，连它的香气也似乎远胜平时了。“分外香”只有三个字，可是，却把以上这些意思曲曲传出，这是多么精炼！毛泽东同志在《菩萨蛮·大柏地》词里描写留在前村壁上的弹痕，说是“装点此关山，今朝更好看”；这首词里又说“战地黄花分外香”。这两处正可合参。从表面看，似乎只是赞美“弹痕”，赞美“黄花”，其实却是歌颂斗争，歌颂革命，歌颂胜利。这是需要透过词句进一步加以体会的。

下段起句“一年一度秋风劲”，紧承上段“岁岁”二句来。岁岁有重阳，岁岁有秋风，今年又到重阳，秋风也依然劲厉。“秋风劲”除了写景以外，还有象征意味，大约是指革命形势的不断发展和革命力量的不断壮大而言，一个“劲”字就把这些都暗示出来了。“不似”二句，同上下文都有关联。重阳佳节，丛菊正开，战地风光，十分鲜丽，因而使人有“不似春光”而又“胜似春光”的感觉。这是与上文关联处。江天寥廓，万里秋霜，眼前景致，壮阔而又清美，也使人有“不似春光”而又“胜似春光”的感觉。这是与下文关联处。把上下文合起来看，这两句的意思就格外清楚了。“黄花”句是近景，是细小的景；“江天”句是远景，是阔大的景。不管是近是远，是小是大，都能体观出“胜似春光”的特点，所以它们是统一的。这样一写，也就把无处不佳

① 孟浩然《过故人庄》，见《全唐诗》卷一六〇。

的秋色突出地表现出来了。

“江天”句也有寓意。战争胜利之后，革命前途更觉光明，对革命必胜的信心也更坚定了。“寥廓江天万里霜”，正是前程远大、如花似锦的具体描写，形象是多么美！郭沫若同志解释“霜”字，以为“这并不是普通的霜雪之霜，而是秋色的代字，是‘霜叶红于二月花’的霜。但‘霜叶’不限于‘红’，还有黄叶。秋色也不限于霜叶，还有各种果实以及天高气爽的寥廓景象。”[①]这是很精到的。霜是白的，但古典文学作品中却有丹霜、紫霜、青霜等字面[②]，这就说明了古人用霜字有时不是指霜的本身，而是指经霜变成红紫等颜色的草树之类。所以“万里霜”不是白茫茫一片，而是五彩斑斓，各种色调都有。理解这一点，那就会觉得这一句所写的秋色，十分鲜明，十分绚丽，说它胜似春光不是非常确切吗？“万里霜”就是“万里秋”，作者选用了霜字，不仅由于押韵的关系，也是由于霜字既响亮，又含义丰富。在这里，我们又碰到炼字的范例。

这首词，诗情画意，最为浓郁，特别是两段的结句，写得尤其出色。郭沫若同志认为上下两段的前三句，别人也可能写得出，而“战地”、“江天”两句却不是任何人所能容易做到的。又指出“战地”句表现了伟大革命家的高度乐观主义精神，而“江天”句则不仅表示了作者天空海阔的气度，也表示了他的含英咀华的修养[③]。这些话也都说得非常中肯，对我们理解这首词是极有帮助的[④]。

毛泽东同志的词有好几首描写秋天。这一首之外，还有《长沙》、《六盘山》、《北戴河》等等。这几首写法各不相同，但也有共同之处，那就是：都写得鲜明爽朗，气度恢宏，有着鼓舞人心的巨大力量。我们读时，如把这几首合起来看，那也是很有意思的。

---

①《喜读毛主席的词六首》，1962 年 5 月 12 日《人民日报》。

② 李商隐《代赠弘文馆诸校书》：“崇文馆里丹霜后，无限红梨忆校书。”用“丹霜”字。梁武帝《金丹曲》：“紫霜耀，绛雪霏。”用“紫霜”字。羊士谔《王起居独游青龙寺玩红叶因寄》：“十亩苍苔绕画廊，几株红树过青(一作清)霜。”用“青霜”字。

③《喜读毛主席的词六首》，1962 年 5 月 12 日《人民日报》。

④ 我认为“人生易老天难老”也不是别的人所能写得出的，只这一点与郭沫若同志小有不同。

如梦令·元旦

一九三〇年一月

宁化、清流、归化[1]，路隘[2]林深苔滑。今日向何方？直指[3]武夷山[4]下。山下山下，风展[5]红旗如画。

【注释】

[1] 宁化、清流、归化：都是福建省的县名。宁化位置最西，距武夷山最近；清流在宁化东南；归化在清流东北。归化，1933 年改为明溪县，1956 年与三元县合并，又改称三明县。

[2] 隘(ài)：狭窄。

[3] 直指：一直指向。

[4] 武夷山：也作武彝山，在福建和江西两省的交界上，绵亘 120 里，有三十六峰、三十七岩。武夷山是主峰，在福建崇安县南 80 里，海拔 2120 米。

[5] 展：有吹动使其开展之意。

【赏析】

这首词的题目是“元旦”，内容是写红军在闽西行军的情况。过去有人认为作于 1929 年，并说当时的行程是从宁化经过清流再到归化。这种说法是不正确的。考 1929 年红军曾经三次入闽。第一次，在第一季度；第二次，在第二季度。第三次，10 月间，红四军由江西浔邬出发，经福建武平进入闽西。这月下旬，败敌军卢新铭部，克上杭。12 月，在上杭县的古田镇召开了红四军第九次党的代表大会，这就是历史上有名的古田会议①。在会议进行期间，蒋介石组织了“三省会剿”，纠集江西的金汉鼎、福建的刘和鼎、广东的陈维远等部向闽西苏区进逼。当时，福建的敌人占领了龙岩城，先头部队进抵小池

---

① 红四军 1929 年三入闽西，其具体的时间，各书所记略有参差，此据毕占云《三战闽西》，见《星火燎原》第 1 集第 343~355 页，人民文学出版社 1958 年版。

（离古田只30里）；广东敌人进到武平、永定县城；江西敌人也占领了长汀城。为了粉碎敌人的“围剿”，会议刚结束，党就决定把部队转到敌人后面去，转移敌人的目标。1930年初，红四军的四个纵队从古田出发，向北经连城、清流、归化、宁化，西越武夷山，去江西开展游击战争，这首词就是在这次进军途中写的①。

红四军三战闽西，所向无前，最后一次，也即这首词所描写的一次，在取得辉煌的胜利之后，又成功地作了战略转移，使敌人声势浩大的“三省会剿”归于失败，闽西局面也因之大为开展，军事上政治上的成就尤其巨大。行军途中恰值新年，军心士气，倍觉欢畅。这首词充分地表现了这种欢畅的心情，笔触是有力的，调子是轻快的，读了真叫人精神振奋。

词的起句，一连举出了三个地名，接着下一句就提到行军时所遇到的三种困难——路隘、林深、苔滑。这两句要合在一起看，并要注意以下几点：一是当时红军经过的地方不止宁化等三县，所以只举三县者，有几个做代表也就够了，用不着把所有地名统统开列出来，像写游记似的。二是三个地名的排列，完全出于音节方面的考虑，不是按照实际经行的先后。上文提到有人认为这次行军是从宁化经过清流再到归化，这显然是把方向完全搞错了②。三是这次的行军，起初为了要尽快地甩开敌人，取得战略转移的胜利，于是就得隐蔽地急行军，走小路，攀山越岭，“路隘”句正是描写这种行动神速，克服了前进中重重困难的急行军的。四是公历的元旦，就农历说，还是隆冬。这时候，在狭窄的路上行走，仍然到处是深密的树林和润滑的苔藓，这就写出确是气候温暖的闽西山区，要是在北方，那就不会

① 此据邓子恢、张鼎丞《闽西暴动与红十二军》，见《星火燎原》第1集第379~406页，人民文学出版社1958年版。

② 这次进军的方向是由东向西，不是由西向东。我们只要打开地图，就可以看到：清流居中，宁化在清流西北，归化在清流东北，而武夷山位于闽赣两省交界处，又在宁化的西面。如果当时真是从宁化到清流再到归化，那就是由西向东，应该越走离武夷山越远，怎么还能“直指武夷山下”呢？我们说三个县名的排列完全出于音节方面的考虑，这是因为这一句的二、四两字，照词谱规定，必须一仄一平，要是写成“清流、归化、宁化”，第二字平，第四字仄，那就与律不合。又，第五字以用平声为宜，“宁”、“归”虽然都是平声，但前者不如后者响亮。这样，最好的安排自然就是“宁化清流归化”了，从这里也可以看出毛泽东同志填词，对音节方面的讲究，实在是非常精密的。

这样了。五是“宁化”句是三个名词并列,有三个停顿;“路隘”句是三个主谓句并列,也有三个停顿。这是两句结构上的特点,读起来使人感到明快简劲。两句的二、四、六字都是仄平仄,曼声与促节相间相重[①],音节的组合也极为巧妙。从这种巧妙的音节组合上,可以使读者联想到山区地带的高低不平和红军步伐的矫健轻快。情景相应,这里又是一例。总之,这两句不仅写出了闽西山区的地理特征、季节特征,还暗示了大军初发时的行动特征,声音节奏间又富于音乐之美。寥寥十二字,有这么丰富的内容,有这么多的妙用,我们必须细加玩味。

“今日”句,点明元旦。这一句也要与下句合看。两句一问一答,呼应极紧。上句有意一问,逼出下句,也更显得有力。这两句,中间没有停顿,都是一气到底,音节较为舒长,结构也显得与前面两句不同。全词句末的字都是仄声,只有“今日”句末尾的“方”字是平声,读到这里使人很自然地生出“划然变轩昂”[②]的感觉。这些地方,都见出错综变化的好处。红军向武夷山进发的时候,已经把敌军远远地甩开,取得了战略转移的胜利,也用不着再隐蔽地急行军了,因此可以一直对着目标——武夷山——前进。“直指”句有振旅长驱、从容不迫之意。凯旋归来的红军的昂扬的战斗意志和革命的英雄气概,从这里完全表现出来了。

“山下、山下”,在词里本来算两句,但就语法结构上看,只是一句的两顿。句中有停顿,却与开头的两句不同,这又是句法变换处。“山下”字与第四句最后两字字面全同,紧相衔接;用叠字,以唱叹出之,也极有韵致。“风展”句,表面上只是写红旗,可是实际上写的决不仅仅是红旗,它表现了军容壮盛、军心欢畅的热烈而又严整的场面,也表现了伟大领袖对革命事业的坚强信心和对战士的高度赞赏,此外还有已经到达目的地的轻松快适之感;蕴涵的意义可以说是丰富极了。全首词明白如话,极为朴素,这一句却设色浓丽,深得浓淡相衬之妙;有此一结,也使通篇精神俱振。

---

① 词家管平声叫“曼声”,仄声(特别是入声)叫促节。

② “划然变轩昂”,韩愈《听颖师弹琴》诗中句,见《昌黎先生集》卷五(《四部丛刊》本)。

全词六句,一二两句写出发时的经历,是元旦以前的情况;三四指明“今日”的行军方向,五六写到达目的地,都是“元旦”的事。篇幅虽短,却部署井然,极有层次。毛泽东同志十分谦虚,曾说自己所作“诗味不多”①,这是领袖伟大处。其实,他的作品全是世间第一等真诗、第一等好诗,就是文学史上的伟大作品也难相提并论。即就这一首词来说,短短的33个字,不但诗意葱茏,而且有绘画美,像一幅鲜明的行军图;有音乐美,像一支雄壮的进行曲。姑且不论政治性,就是艺术性,又有哪一个作家哪一种作品能够这样地兼有众美呢?

减字木兰花·广昌路上

一九三〇年二月

漫天[1]皆白,雪里行军情更迫[2]。头上高山[3],风卷红旗过大关[4]。　　此行何去,赣江[5]风雪迷漫[6]处。命令昨颁[7],十万工农下吉安[8]。

【注释】

[1] 漫天:满天。韩愈《晚春》:“杨花榆荚无才思,惟解漫天作雪飞。”

[2] 情更迫:原作“无翠柏”,后改。

[3] 高山:指江西雩都、宁都一带的山。

[4] 大关:雄壮的关隘。元迺贤《行路难》:“嵯峨虎豹当大关,苍崖壁立登天难。”

[5] 赣江:也叫南江,是江西省的主要河流,长约900公里。上游为章、贡二水,至赣州市北合而北流,才叫赣江,注入鄱阳湖。

[6] 迷漫:迷离莫辨的意思。

[7] 颁(bān):宣布。

[8] 吉安:市名,江西中部经济文化中心,位于赣江中游西岸。井

① 毛泽东同志《关于诗的一封信》,见《诗刊》创刊号。

冈山即在市西,相距90公里。

【赏析】

这首词是写雪里行军的,作于1930年红军攻打吉安时。郭沫若同志说:“红军攻打吉安,在1930年一共有九次之多。第一次在2月,第二次在4月初旬,第三次在4月下旬,第四次在5月,第五次在6月,第六、七两次是在6、7月间,第八次是8月下旬,第九次是在9、10月间。就只有第一次是在冬末,可以下大雪,其余的八次都不可能下雪。故可以推定:这首《减字木兰花》是作于1930年2月。”[①]又说:“参加第一次战役的有红四军和六军。红军于2月5日到达赣西后,连克雩都、宁都和永丰。2月24日上午10时在吉安东南不很远的水南与敌军唐云山旅接触,半小时后结束战斗。缴获颇多,残敌逃窜。这首词是行军途中作的,当作于2月24日以前。”[②]郭沫若同志的考订很为细密,对我们理解这首词的时代背景极有帮助。

词的上段,写行军途中所见。第一句“漫天皆白”,只用四个字就把一场纷纷扬扬的大雪形象地展开在读者的眼前,简括遒劲,增减不得。不说“满地”而说“漫天”,便见出雪花仍在飞舞,不是已止;而且天空如此,则地上早已一片白皑皑,更可推想而知。这正是用意造语精妙处,读时最须注意。“雪里”句,前四字点明一篇主旨,虽很重要,却比较容易理解;后三字看似寻常,但却充分表达出红军急于行军、急于完成战斗任务的迫切心情。(当然,这也包括骑在马上的诗情澎湃的毛泽东同志在内。)一个“更”字,说明心情比雪更急,细玩可见。

“头上高山”,“头上”二字,极通俗,却又极奇。江西的山很多,全省大部分的地区都是山。这里所说的“高山”,郭沫若同志认为大约是指雩都、宁都一带的山岳,或许是雩都西北的云山[③]。考雩都、宁都两县境内各有高山十几个,但都没有“云山”。郭文的“云山”疑系“雩

①《喜读毛主席的词六首》,1962年5月12日《人民日报》。

②《喜读毛主席的词六首》,1962年5月12日《人民日报》。

③《喜读毛主席的词六首》,1962年5月12日《人民日报》。

山”。“云”的繁体与“雩”字形相近，所以排印致误[①]。雩山是江西比较著名的山，在雩都县北三十五里。地理书上说它“高耸干霄，盖古望祭之山也。雩水出其下，因以名。”[②]“高耸干霄”，必须仰头才可望见，所以说“头上高山”。这样一说，高山的形象就鲜明地表现了出来，可谓形容入妙。“风卷”句，写出红军雄赳赳气昂昂的英姿，声容并茂，较之唐人“红旗半卷出辕门”、“风掣红旗冻不翻”、“半卷红旗临易水”等句[③]，气象显然更胜。“大关”承“高山”来。雩都有平田、左坑、牛岭诸隘，宁都有东陇、田埠、白鹿、长胜、排云、秀岭、石涂岭诸隘，都以险峭著称[④]。“大关”大约即指此类关隘，但具体的地名很难确定。好在这种地方也不必深求，我们只要知道这是类似娄山关的“雄关”就行了。“过大关”三字，还有承前启后的作用。“漫天”三句是过关以前的情事。过关以后怎样呢？这就是下段所要描写的了。

下段写行军所向。“此行何去”，与《元旦》词“今日向何方”句相似，都是故意一问，逼出下文，有欲擒故纵之妙。“直指武夷山下”，那里回答得斩截明快；“赣江风雪迷漫处”，却似说穿而又未说穿，含蓄有致。“迷漫”与上“漫天皆白”句相应。行军途中已是风雪交加，行军所向之处，又是一片迷漫，写当时出征，苦极同时也壮极。两句点出行军目的地，可以说是画龙点睛。“十万工农下吉安”句，“工农”二字入词，从前还未曾有过，有之自毛泽东同志始。这一句写得声势赫赫，其气象之雄伟，也是振古所未有。“下吉安”的“下”，有泰山压顶、坚城指日可下之意，用字极响极劲。吉安紧靠着赣江，也即是上文所说的“风雪迷漫处”。但那里是暗说，这里才是明点。“命令昨颁”，说明行军的原由。昨日才颁命令，今日即在大风雪中行军，红军号令之严明，士气之振奋，以及战斗生活之艰苦，于此俱见。十万工农红军迈步向吉安挺进，挟着风威雪势，愈觉其壮。郭沫

① 江西临川县有“雩山”，在县北35里。但这次红军行军并未经过临川县境，所以“头上高山”的“高山”不可能指此。

② 顾祖禹《读史方舆纪要》卷八八，刻本。

③ “红旗半卷出辕门”，王昌龄《从军行五首》中句。“风掣红旗冻不翻”，岑参《白雪歌送武判官归京》中句。“半卷红旗临易水”，李贺《雁门太守行》中句。

④ 见《嘉庆重修一统志》卷三三一，刻本。

若同志说:“这首词是一幅雄壮的雪里行军图。漫天风雪中,红旗在翻舞,人马在飞腾,山岳在动摇。”①这几句话也是很能够说明当时红军的拔山盖世的气概的。

前人论词,认为起结最难,而结又难于起。毛泽东同志的词,结束处无一不佳,而又各有胜处。大概说来,有的飘逸流丽,如“曾记否,到中流击水,浪遏飞舟?”(《沁园春·长沙》)“今日长缨在手,何时缚住苍龙?”(《清平乐·六盘山》)有的含蓄蕴藉,如“把酒酹滔滔,心潮逐浪高。”(《菩萨蛮·黄鹤楼》)“山下、山下,风展红旗如画。”(《如梦令·元旦》)有的兴会飙举,如“战士指看南粤,更加郁郁葱葱!”(《清平乐·会昌》)“收拾金瓯一片,分田分地真忙。”(《清平乐·蒋桂战争》)有的奇崛排奡,如“惊回首,离天三尺三。”(《十六字令三首》)“奔腾急,万马战犹酣。”(同上)“天欲堕,赖以拄其间。”(同上)有的雄放豪迈,如“太平世界,环球同此凉热。”(《念奴娇·昆仑》)“俱往矣,数风流人物,还看今朝。”(《沁园春·雪》)“狂飙为我从天落。”(《蝶恋花·答李淑一》)有的感慨淋漓,如“神女应无恙,当惊世界殊。”(《水调歌头·游泳》)“萧瑟秋风今又是,换了人间!”(《浪淘沙·北戴河》)有的清新绵邈,如“苍山如海,残阳如血。”(《忆秦娥·娄山关》)“寥廓江天万里霜。”(《采桑子·重阳》)这里只是举例,并没有把毛泽东同志词的结句全数列举出来(各类之间的界限也不是很严格的),但仅以上举的这些而论,也就可以看出结得不拘一格,而无不工妙。“十万工农下吉安”,也是雄放豪迈一路,但与“太平世界”等句又不同。这种细微的区别,读者可以自去领会,这里用不着多所疏说了。

蝶恋花·从汀州向长沙

一九三〇年七月

六月天兵[1]征腐恶[2],万丈长缨[3],要把鲲鹏[4]缚。赣水[5]那边红一角,偏师[6]借重[7]黄公略[8]。　百万工农齐踊跃[9],

① 《喜读毛主席的词六首》,1962年5月12日《人民日报》。

席卷[10]江西，直捣[11]湘和鄂。国际悲歌[12]歌一曲[13]，狂飙为我从天落[14]。

【注释】

[1] 天兵：唐代有天兵军，以张嘉贞为天兵使，见《唐书·张嘉贞传》。这里指红军。

[2] 腐恶：腐朽丑恶的人。这里指国民党势力。

[3] 长缨：见《清平乐·六盘山》词“今日长缨在手”句注。

[4] 鲲鹏（kūn péng）：古代神话中的大鱼和大鸟。《庄子·逍遥游》：“北冥有鱼，其名为鲲；鲲之大，不知其几千里也！化而为鸟，其名为鹏；鹏之背，不知其几千里也！怒而飞，其翼若垂天之云。”杜甫《泊岳阳城下》：“图南未可料，变化有鲲鹏。”林逋《赠煅药秀才》：“鲲鹏懒击三千水。”都本此。这里指国民党头目。

[5] 赣水：即赣江，见《减字木兰花》词“赣江风雪迷漫处”句注。

[6] 偏师：指全军的一部分，以别于中军或主力而言。《左传·宣公十二年》：“彘子以偏师陷。”潘岳《关中》诗：“旗盖相望，偏师作援。”

[7] 借重：借人之力以为重，即借助、倚重之意。

[8] 黄公略（1898～1931）：湖南湘乡人。1927年参加中国共产党。次年7月，发动并参加著名的平江起义，成立中国工农红军第五军，历任红五军十四师第二团党代表、副师长、副军长、红三军军长等职，屡立战功。1931年10月，在粉碎国民党第一次“围剿”后，红三军开赴瑞金，路过吉安东固地区时，遇敌机袭击，黄公略不幸中弹负伤，不久光荣牺牲。

[9] 踊跃（yǒng yuè）：欢欣鼓舞的样子。《诗·邶风·击鼓》：“击鼓其镗，踊跃用兵。”（用兵，是说操练武术。兵，兵器。）又，争先恐后的样子。《资治通鉴·晋元帝建武元年》：“众皆踊跃前进。”两义相近，而后一义实由前一义引申而来。这里两义均可通。

[10] 席卷：像卷席子一样地包举无遗。贾谊《过秦论》：“有席卷天下……之心。”（《史记》卷六）

[11] 直捣：捣本作摀，舂谷、捶衣都叫捣，引申为攻打。直捣，长驱

直入，攻击要害。《宋史·岳飞传》：“直捣黄龙府，与诸君痛饮耳。”

[12] 湘和鄂：湖南、湖北两省的别称。

[13] 国际悲歌：指《国际歌》。《国际歌》是国际无产阶级的革命歌曲。歌词出巴黎公社社员鲍狄埃（Eugène Potier 1816～1887）手笔，作于1871年，1887年发表。法国的狄盖特（Pierrede Degeyter 1848~1932）作曲。1888年6月，在法国里尔的一个工人集会上第一次演唱了这个歌。以后逐渐流传到各国，成为国际无产阶级革命的公用歌曲。

[14] 狂飙为我从天落：飙（读 biāo），疾风、暴风。杜甫《乾元中寓居同谷县作歌七首》：“悲风为我从天来。”句式与此正同。

【赏析】

毛泽东同志在《星星之火，可以燎原》里曾经提到，1929年4月红军有争取江西的计划①。1930年4月，蒋介石和冯玉祥、阎锡山之间又爆发了第二次战争，国内形势有利于革命，于是当时的党中央就决定向江西进军，并以南昌为主要目标。6月22日，红军第一军团奉命率所属红四军和红十二军由闽西入赣，首先在会昌集中。7月11日，由兴国进攻樟树。7月20日，又由永丰向麦斜集中。这是进攻南昌的主力。黄公略烈士时任红三军军长，也奉命率部由湘赣接壤处的根据地东进，作为进攻南昌的右路军。两军在永丰会师。7月下旬，进抵南昌城外的牛行车站。其时红军第三军团攻入湖南省会长沙，不久退出。为了增援，第一军团改变计划，由南昌赶往湖南。8月，两个军团在浏阳会师，成立了中国工农红军第一方面军（毛泽东同志任总政治委员，朱德任总司令），准备再攻长沙。但因敌人兵力业已加强，乃撤离湖南，转入江西，攻入吉安。在赣江两岸的几十个县的境内更加深入地发动土地革命。此词写这一次的出征，大约作于进攻南昌以后②。

“六月天兵征腐恶”，开门见山，特笔大书天兵出征，堂堂正

① 见《毛泽东选集》第1卷第111页，人民出版社1951年版。
② 参看郭沫若《喜读毛主席的词六首》，1962年5月12日《人民日报》。

正，威棱震慑，气象便与一般征战不同。红军是人民的军队，是党所培养教育的革命武装，为解放全中国而战，品质最优，风格最高，所以称为“天兵”；国民党反动派腐朽透顶，丑恶透顶，所以称为“腐恶”。下字都经过称量，铢两悉称，精确不移。“六月”点明时令，但只是说开始出征的时刻，下文席卷江西、直捣湘鄂，便不是6月间事，这一点需要看清。“万丈”句，写出征的目的。“鲲鹏”指国民党大头目，但也可以扩大一些，用来指称一时还相当强大的反动势力。用鲲鹏字，不是长敌人的威风，而是写出红军有擒贼擒王的雄心大志；“万丈长缨” 就说明了我军有缚得住敌人的强大力量。《清平乐·六盘山》词：“今日长缨在手，何时缚住苍龙？”同这两句比起来，字面有的相同，意思也很相近，但风调韵味彼此却不相同。那里故用设问，语势流宕；这里则说得又斩截，又从容，把红军的决心和气度都表现出来了。运笔变化处，正可从两两比勘中参会出来。

“赣水”二句，换笔另写。从“偏师”二字可以看出上面两句是写主力。“要把鲲鹏缚”是重大任务，因此，除了依靠主力之外，还要借重偏师。黄公略烈士在革命史上有着不可磨灭的功绩，毛泽东同志对他是器重的，在这首词里特别标出他的名姓，显得十分郑重，不朽的烈士因不朽的词而名益彰，真是异乎寻常的光荣！“赣水那边”，点出“偏师”所在。黄公略烈士当时率部在赣西北活动，从南昌这边望去，黄部正在赣水的那一边（当时主力军和右路军，成东西夹击南昌之势）。“红一角”，一角即指赣西北；红的象征意味很丰富，主要是说军事、政治等方面都搞得如火如荼。三个字也就把烈士的功绩形象地写出来了。

“百万工农”句，合上段所说的主力军和偏师两方而言，但也可以包括响应红军、支持红军的广大劳动人民。“齐踊跃”，写出士气昂扬、群情振奋的热烈场面。这一句与《减字木兰花》的“十万工农下吉安”，都是词中从古未有之句，也是从古未有之境。“席卷”二句，写革命形势发展迅猛，斗争的怒火不仅燃遍了江西，而且一直烧到湖南、湖北。“席卷”、“直捣”，一气连贯而下，锐不可当，用字造语，也恰能传出当时红军凌厉无前的声势，真是酣畅极了。

“国际”二句，以《国际歌》入词，也是过去所未有。“国际悲歌”就是《国际歌》，为什么要加上一个“悲”字呢？郭老说是“因为那歌词是很悲壮的”①。这是不错的。但另外也还有两个原因：一是这里需要用四个字，而《国际歌》只有三个字，因此必须加上一个；又一是成语里有“慷慨悲歌”的话，“悲”是高亢激越、动人心弦的声音，悲歌之人，其心情是激昂慷慨的，所以这里用“悲”字也有描写红军高昂的情绪的作用，这同全词的气氛是一致的。“狂飙为我从天落”，一方面写千百万工农齐声歌唱《国际歌》，响彻云霄，像是蓦地掀起的狂飙；一方面也是“当年的革命发展的酣畅的形象化。这是说共产党所领导的红军，在江西、湖南等地，卷起了一次特大的风暴，就像从天而降的一样”②。“为我”两字用得入妙。这是“拟人化”的写法。这样一写，“狂飙”也就显得很有情致。“我”字也可解释为无产阶级。风是无产阶级刮起来的，也是为无产阶级而吹的。在这无产阶级的风暴的震撼下，反动统治眼看就要摇落了！

郭沫若同志曾说：“毛泽东同志的词，不但非普通的词人所能企及，就是著名的豪放派词人苏轼、辛弃疾也要望尘却步。”③我们读《昆仑》、《咏雪》等词时，有和郭沫若同志同样的感觉；现在读到这首词，也仍然有和郭沫若同志同样的感觉。

渔家傲·反第一次大“围剿”

一九三一年春

万木霜天[1]红烂漫[2]，天兵怒气冲霄汉[3]。雾满龙冈[4]千嶂[5]暗，齐声唤，前头捉了张辉瓒[6]。　　二十万军重入赣[7]，风烟[8]滚滚来天半[9]，唤起工农千百万，同心干，不周山[10]下红旗乱。

---

① 参看郭沫若《喜读毛主席的词六首》，1962 年 5 月 12 日《人民日报》。

② 参看郭沫若《喜读毛主席的词六首》，1962 年 5 月 12 日《人民日报》。

③ 参看郭沫若《浪漫主义和观实主义》，《红旗》1958 年第 3 期。

【注释】

[1] 霜天:见《沁园春·长沙》词"万类霜天竞自由"句注。但那里指秋天,这里则指冬天。秋冬都有霜,所以统可说是"霜天"。

[2] 烂漫:光采分布的样子。张衡《思玄赋》:"烂漫丽靡。"(见《文选》卷十五)

[3] 冲霄汉:霄汉,高空。《后汉书·仲长统传》:"可以凌霄汉,出宇宙之外矣。"按:霄,云气;汉,天汉(即天河)。云气和天汉都在高空,所以古人用来表示高旷至极的天际。冲霄汉,也就是冲天。

[4] 龙冈:龙冈头墟的简称,在江西省宁都、吉水、吉安、泰和、兴国诸县之间,地属兴国县。山峦重叠,形势极险。

[5] 千嶂:嶂(zhàng),高险的山。千嶂,形容险峰峻岭之多。宋范仲淹《渔家傲》:"千嶂里,长烟落日孤城闭。"

[6] 张辉瓒:国民党十八师师长,时任前线总指挥。

[7] 二十万军重入赣:敌人发动第二次"围剿"时,总兵力为20万。

[8] 风烟:犹风尘。杜甫《秋兴》:"万里风烟接素秋。"

[9] 天半:半空。李白《观山海图》:"瀑水洒天半。"

[10] 不周山:用共工头触不周山的故事。原注:《淮南子·天文训》:"昔者共工与颛顼争为帝,怒而触不周之山,天柱折,地维绝。天倾西北,故日月星辰移焉;地不满东南,故水潦尘埃归焉。"《国语·周语》:"昔共工弃此道也,虞于湛乐,淫失其身,欲壅防百川,堕高堙庳,以害天下。皇天弗福,庶民弗助,祸乱并兴,共工用灭。"(三国时吴国韦昭注:"贾侍中(按指后汉贾逵)云:共工,诸侯,炎帝之时,姜姓也。颛顼氏衰,共工氏侵陵诸侯,与高辛氏争而王也。")《史记》司马贞补《三皇本纪》:"当其(按指女娲)末年也,诸侯有共工氏,任智刑以强,霸而不王,以水乘木,乃与祝融战,不胜而怒,乃头触不周山崩,天柱折,地维绝。"毛按:"诸说不同。我取《淮南子·天文训》,共工是胜利的英雄。你看,'怒而触不周之山,天柱折,地维绝。天倾西北,故日月星辰移焉;地不满东南,故水潦尘埃归焉。'他死了没有呢?没有说,因而没有死,共工是确实胜利了。"按:共工本是古代的官名

（周代以后改为司空），主管水利，后来以官名为人名。他的时代，古籍中主要有两种说法：其一种认为共工在伏羲之后、神农之前；又一种认为在神农之后。但也有一些书认为共工不止一人，只是同以“共工”为号。详可参看吴则虞《共工触不周疏证》（1962 年 6 月 11 日《光明日报》）。

【赏析】

这首词写的是第一、第二两次反“围剿”战役。关于这两次战役，根据毛泽东同志自己的记述，其经过大致是这样：1930 年初，革命形势有了很大发展，党在赣、闽、湘、鄂、皖、豫、粤、桂等省已经建立了许多大小不一的革命根据地，全国红军总数达到 6 万人，稍后更扩充到 10 万人。蒋介石大起恐慌，于是在结束与冯玉祥、阎锡山的第二次战争后，即纠集了 10 万兵力，以当时的江西省主席鲁涤平为总司令、师长张辉瓒为前线总指挥，从江西吉安延至福建建宁一线，分八个纵队，由北而南，进犯建立在赣南、闽西的中央根据地。这就是第一次“围剿”。其时，红军不足 4 万人，集中于江西宁都县的黄陂、小布地区。敌军的部署，则以罗霖师防卫吉安，在赣江之西；公秉藩、张辉瓒、谭道源三师进占吉安东南、广昌宁都西北的富田、东固、龙冈、源头一带；毛炳文、许克祥两师进至广昌、宁都之间的头陂、洛口、东韶一带；刘和鼎师在建宁策应。其中张、谭两师是鲁涤平的嫡系部队，是“围剿”的主力军，共约 1 万 4 千人。张师主力在龙冈，谭师主力在源头。龙冈与红军集中地接近，人民条件好，且有优良阵地。于是红军集中了最大兵力，进攻张辉瓒部，俘师长以下官兵 9 千人。旋攻谭道源部，又歼灭其一半。5 天内（1930 年 12 月 27 日至 1931 年 1 月 1 日）打了两个大胜仗，余敌闻风逃窜，第一次反“围剿”胜利结束。但蒋介石并不死心，在失败之后，准备了 4 个月，又发动了第二次“围剿”，以其嫡系何应钦为总司令，统率蔡廷锴、孙连仲、朱绍良、王金钰等部，总兵力 20 万人。时红军人数虽较上次略减（3 万余），然有几个月的养精蓄锐，士气旺盛。反“围剿”从 1931 年 5 月 16 日开始，30 日结束，又取得了巨大的胜利[①]。这首词的收尾还未说到战役的结束,与另一首《渔家傲》对看,知是第一次反“围剿”胜利以后第二次反“围剿”胜利以前之作,大约成于4、5月间[②]。

上段写第一次反“围剿”。“万木霜天红烂漫”,点时令,也写出战场景物,设色鲜浓。这一次战役发生在冬天,可是,战场上依然万树参天,红叶满眼,这确是南方的特有景象,要是在北国,这时候很可能已经“千里冰封,万里雪飘”,另是一种风光了。“天兵”句,写我军对蒋军公然进犯中央根据地感到极大的愤怒。“冲霄汉”三字是这种愤怒的具体描写,虽是用了夸张的手法,但恰能描绘出当时万千战士同仇敌忾,忠勇奋发的激情和斗志,使人不觉其夸张。“红烂漫”是写霜天的万木,可是,同时也写了地面的红军,因为漫山遍野的红军,红旗招展,如火如荼,也是同样地“红烂漫”的。天上地下,一片鲜红,你看,这一开头,作者就为我们勾出了一幅多么壮丽的景象!

“雾满龙冈千嶂暗”,又是设色,但却写出另一种景象。“龙冈”是这一次战役的主要战场。就在这里,我军干净利落地消灭了敌军的主力第十八师,活捉了敌人的前线总指挥,取得了决定性的胜利。词里写到它,是很自然的。龙冈多山,所以说是“千嶂”;当时进攻是在拂晓,而拂晓正是雾气最为浓重的时候,所以说是“雾满”。“暗”是承“雾满”来的。大雾弥天,因而千嶂俱暗。这一句同“万木”句比照起来看,显然可见两处所写不但是两种景象,而且也是两个不同的地点、不同的时间[③]。具体说来,“万木”句是写战斗开始前红军集中的黄陂、小布一带,而“雾满”句则是写战斗将近结束时的龙冈一处。我们读词时只要能够搞清时间空间关系,那么,作者意念上的线索也就易于捉摸了。

---

① 参看《毛泽东选集》第1卷第216~218页,人民出版社1951年版。

② 敌军总司令何应钦4月率部入赣,第二次反“围剿”于5月下旬结束。此词写何军入赣,而未谈到战役结束,故知作于4、5月间。

③ 词中的时地,有时明写,有时暗点。明写的易明,暗点的就需要细心探索。这里姑举一例。如《忆秦娥》词,上段写红军向娄山关挺进的途中,时间是清晨;下段写娄山关,时间是傍晚。时地关系是通过写景来表示的。暗点的远比明写为多,此词写时地也是用暗点。

第一次反“围剿”，第一仗就打得特别漂亮[①]，而尤以活捉张辉瓒为最出色。“齐声”二句，恰好巧妙地摄下了这一出色的镜头。“前头”即是前军，但如用“前军”，神味就要差得远。这是因为“前头”是口语，以口语入词，便能使读者如闻其声，如见其人，更觉逼真、生动。“齐声唤”三字极妙，妙处有三：其一，这是垫笔，垫上这么一笔，就显得下句更有声势。其二，“前头捉了张辉瓒”，是写“后头”听得“前头”传呼也随之大声叫唤，前后喊成一片，震撼山岳。说“齐声唤”，便把两头都包括在内，而且把人声鼎沸、一片欢腾的景象也准确地表现出来了。其三，当时作战，是在千嶂暗雾之中，只有“齐声唤”，才能彼此联系，才能把辉煌的战果迅速地传遍全军。战地的特点也从这里隐隐逗出。综括以上三点，可知这三个字写得壮极了，同时也细极了。

下段写第二次反“围剿”。“二十万军”二句，写敌军又大举进犯，而且来势比第一次更猛。“风烟滚滚来天半”，形象地说明了局势的严重。毛泽东同志一向主张在战略上藐视敌人，在战术上重视敌人。这两句也正说明了在战役开始以前，毛泽东同志对敌人的实力并未予以低估。正由于在战术上重视敌人，所以我军就在作战准备上做了充分的工作。“唤起工农千百万，同心干”，指出依靠群众，发动群众，军民同心，奋起抗击，我们的人数是“千百万”，这就比敌人不知要强大多少倍！敌人来势虽凶，然而注定是要失败的，我军的必然胜利也是无可怀疑的。

“不周山下红旗乱”，作者在这里用了一个典故，用这个典故是有深刻的寓意的。关于共工的神话，古书中有不同记载，毛泽东同志独取《淮南子·天文训》之说，并且加以推阐，得出“(共工)没有死，共工是确实胜利了”的结论，这确是石破天惊的创见！共工与颛顼相争，一怒而触不周之山，使天柱折地维绝，日月星辰、水潦尘埃都起了绝大的变化，这真是翻天覆地的斗争，旋乾转坤的伟力！斗争的结

① 毛泽东同志说：“我们的第一仗就决定打而且打着了张辉瓒的主力两个旅和一个师部，连师长在内九千人全部俘获，不漏一人一马。一战胜利，吓得谭师向东韶跑，许师向头陂跑。”(《毛泽东选集》第1卷第217页，人民出版社1951年版)这一段话就是这次漂亮仗的最好说明。

果是日月星辰之类就各得其所，可见旧有的天柱地维是要不得的，彻底摧毁了这些要不得的东西，建立了新的秩序，这不是胜利是什么？共工不是胜利的英雄是什么？古老神话中的共工，具有强烈的反抗精神，取得巨大的斗争成果，反映了广大群众改造自然、改造世界的共同愿望，因而故事就一直流传下来，共工在人民的心里原是“没有死”的。联系到今天，党所领导的红军和劳动人民，正在“同心干”着翻天覆地、旋乾转坤的革命大业，正在有力地冲击着反动统治阶级的“天柱地维”。古代的共工只有一个，而现代的共工则是成千成万的。这样，他们必将取得胜利，而且这一胜利也必将比共工所取得的更为巨大，意义也更为深远。“物虽胡越，合则肝胆”，毛泽东天才地发现古代人民的幻想同今天的伟大现实之间的精神联系，从而发掘了神话中深闷的蕴藏，使它射出异样的光辉，给人以有益的启发和指引。“这确是妙绝千古的灵感，妙绝千古的比喻，是对于共工这个典故的最富于创造性的运用。”①灵心妙手，化腐朽为神奇，这样的艺术构思，真是最值得学习的。“红旗乱”之“乱”，不是“混乱”、“紊乱”，而是“缭乱”的意思。在我军奋勇争先投入战斗中，漫山遍野的红旗翻飞挥舞，使人眼花缭乱，所以说是“乱”。一个“乱”，不但生动地描写了红旗，而且也把战场上纷然杂陈的千态万状传神地刻画出来了。除了“乱”字，试想还有什么字能够用来这样的贴切、准确，意义丰富呢？在这里我们显然是又一次地碰到炼字的好例了。

渔家傲·反第二次大“围剿”

一九三一年夏

白云山[1]头云欲立[2]，白云山下呼声急。枯木朽株[3]齐努力，枪林[4]逼，飞将军[5]自重霄[6]入。　七百里驱十五日[7]，赣水苍茫闽山[8]碧。横扫千军[9]如卷席[10]，有人[11]泣，为营步步[12]嗟何及[13]！

---

① 张光年《共工不死及其他》，《文艺报》1962年第7期。本段论不周山，多采张说。

【注释】

[1] 白云山:《嘉庆重修一统志》卷三三〇:“在会昌县北八十里,峰峦特出,常有白云蒙其山顶。”按:定南县也有白云山,在县东三十里,与广东接壤,但与此无涉。

[2] 云欲立:风起云涌,如人欲立。

[3] 枯木朽株:邹阳《自狱中上梁孝王自明书》:“有人先谈,则枯木朽株,树功而不忘。”(《文选》卷三十九)司马相如《谏猎疏》:“枯木朽株,尽为害矣。”(同上)按:前一篇《文选》题为《狱中上书自明》,后一篇则题为《上书谏猎》。此从通称。

[4] 枪林:枪械如林,言其多。

[5] 飞将军:《史记》卷一〇九《李将军列传》:“广(李广)居右北平,匈奴闻之,号曰汉之飞将军。”后来用以指称矫健勇决的武将。汉末吕布,隋末单雄信,都有飞将之称。这里指红军。

[6] 重霄:见《蝶恋花·答李淑一》词“直上重霄九”句注。

[7] 七百里驱十五日:是说 15 日中长驱 700 里。当时红军从吉安附近的富田打起,一直打到闽赣交界的建宁、黎川、泰宁地区,东西约 700 里。

[8] 闽山:指赣闽的界山武夷山(福州市的乌石山,也叫闽山,但与此无涉)。

[9] 横扫千军:东西叫横,急掠而过叫扫。当时红军从西向东打,追亡逐北,行动神速,消灭了大量敌人,所以说是横扫千军。

[10] 如卷席:像卷席子一样,极言收拾得干净利落。

[11] 人:指国民党。

[12] 为营步步:军垒叫营。古代安营之法,每一大营,有四十子营,营与营之间距离若干步,均有规定。步步为营,是说层层设防,部署严密。这里指国民党的碉堡政策。

[13] 嗟何及:《诗·王风·中谷有蓷》:“何嗟及矣。”嗟(juē,又读 jiē),悲叹。朱熹《诗集传》卷四:“何嗟及矣,言事已至此,未如之何,穷之甚。”据朱注,可知此句就是穷途末路、悲叹无及的意思。

【赏析】

这首词写第二次反“围剿”，作于战役胜利结束以后。我们在上一首《渔家傲》的分析里已经提到，第一次“围剿”失败后，蒋介石死不甘心，又于1930年4月发动了第二次“围剿”。这一次，蒋介石调集了兵力20万，以何应钦为总司令，驻南昌指挥进攻。参加进攻的有蔡廷锴的第十九路军、孙连仲的第二十六路军、朱绍良的第八路军和王金钰的第五路军等，全部是蒋的非嫡系部队。其中蔡、孙、朱三部实力较强；王金钰部从北方新到，表示恐惧，其左翼郭华昌、郝梦麟两师大体相同。当时敌军鉴于第一次张辉瓒、谭道源冒进深入的失败，便采取了“步步为营，稳扎稳打”的办法，从江西吉安到福建建宁，筑成一道八百里战线，向中央苏区进犯。我军兵力3万多人，仍然采取集中兵力、各个击破的方针，于5月16日首先攻击驻在吉安附近而实力较弱的王金钰部，一举歼灭了王金钰和公秉藩两个师，然后回师东向，一直打到江西与福建的边境。战役于5月30日胜利结束[①]。

这首词先写第二次反“围剿”战役将近结束时的白云山战斗，然后倒笔追叙战役的整个过程。词的上下两段就是根据这样的布置来写的。

“白云山头云欲立，白云山下呼声急”，白云山以白云著称，所以首先就从“云”写起。“山头”、“山下”点出敌我两军的形势和战地的严紧气氛。两句叠用“白云山”，音节和畅，大有古乐府风味。敌军第二次“围剿”时，烧杀淫掠，无所不为，激起了红军和根据地广大人民的无比愤怒。“云欲立”，写山头的云也愤怒得要站立起来向敌人进行斗争，这是拟人化的写法。三个字，写出云的态势，也表现了云的意志，“欲”字用得极活。云尚同仇敌忾，人的愤怒可以想见，所以这三个字也写出了我军民蓄怒以待、不可遏抑的激情。唐代著名诗人元稹有句云：“有时水畔看云立。”[②]也用“云立”，但只是单纯的写景，

① 参看《毛泽东选集》第1卷第217~218页，人民出版社1951年版。

②《过襄阳楼呈上府主严司空，楼在江陵节度使宅北隅》，《全唐诗》卷四一三，中华书局1960年版。

就远不如这里的饱含感情和涵义丰富了。“呼声急”是说敌人进犯时的呐喊,“急”字有愈喊愈紧的意味,可见敌人逐渐接近我军阵地,大战已经是一触即发了。

“枯木朽株齐努力”,“枯木朽株”是成语,用在这里究竟表示什么,必须搞清楚。对于这四个字郭沫若同志曾经作过多次解释,起初说:“这似乎可以从两方面来解释。一方面是说调动了所有的力量,动员了广大的工农群众,‘斩木为兵,揭竿为旗’。另一方面也可以说是敌人在败逃中,‘风声鹤唳,草木皆兵’。我看似乎两方面都可以包含。”[①]后来又说:“‘枯木朽株’在司马相如是用来表示‘为害’的敌对力量,而在邹阳则是用来表示‘为万乘器’的友好力量。虽然同是四个字,而可以用为友,可以用为敌。”[②]那么,毛泽东同志《渔家傲》中的“枯木朽株齐努力”到底是友,还是敌呢?后来有人请教过毛泽东同志。毛泽东同志说:“努力”是好字眼,不能属于腐恶的敌人。“枯木朽株”不是恶意,可以解为老人病人都振作起来,一齐努力[③]。

“枪林逼”一方面是说明枪声逼近,敌人已愈益接近我方阵地;一方面也是垫笔,垫出下一句,便显得我军的突然出击更有声势。“飞将军自重霄入”,要了解这一句,诚如郭沫若同志所说,必须了解战役的形势。据参加白云山战斗的同志的回忆,当时红军是在白云山上,敌军在山下,由三路进攻。红军从山头攻下,以高屋建瓴之势,粉碎了敌人的进攻,真犹如飞将军自天而降[④]。“飞将军”是用李广的典故,但在这里用得特别贴切。“自重霄入”是形象化的写法。有这四个字,白云山的高峻、红军的勇决,以及由山头攻下时来势的凌厉猛骤,就都形象地表现出来了。

“七百里驱十五日,赣水苍茫闽山碧,横扫千军如卷席”,三句是第二次反“围剿”战役的总的描写。上文说到红军从白云山头飞驰而下,投入战斗,照说下面就要描写白云山的战斗实况了。可是,作者

---

①《喜读毛主席的词六首》,1962 年 5 月 12 日《人民日报》。

②《温故而知新》,1962 年 7 月 12 日《人民日报》。

③ 郭沫若《关于<毛主席诗词>的两封信》。

④ 参看《枯木朽株解》。1962 年 6 月 8 日《人民日报》。

并没有顺着写下去，却倒过来从战役开始写到战役结束。这种写法很奇特，好处是灵活而不板滞，从这里可以悟出运笔的变化。第二次反“围剿”，我军系从吉安东南80里的富田镇打起，一路向东横扫，打到白云山，战场就已经移到赣闽交界处。吉安在赣江中游西岸，所以说是“赣水苍茫”；白云山距武夷山不远，登高可以望见，所以说是“闽山碧”。用“赣水”和“闽山”就把战役的起讫地点清楚地点出。“苍茫”和“碧”都是静态，写动的战争却用静态的描写来映衬，使读者对当时的战场有鲜明的印象，点染极妙。“七百里”、“十五日”以及“横扫”等等，都是纪实。毛泽东同志在记述这一次的战绩时曾说：“十五天中（1931年5月16日至30日），走七百里，打五个仗，缴枪两万余，痛快淋漓地打破了‘围剿’。”①这一段话正可与这里的三句相印证。“痛快淋漓”四字也恰是最好的说明，因为这三句确是写得痛快淋漓极了。

“有人泣”，“人”指国民党，特别是指国民党大头子蒋介石。第二次“围剿”较之第一次兵力较多，规模较大，又是以嫡系何应钦为总司令，并且采取了步步为营、稳扎稳打的办法，而结果仍是惨败，国民党安得不哭？蒋介石安得不哭？“为营”句，是说国民党在作向隅之泣时，怨天怨地，悔恨交集，可是，这有什么用呢？败局已定，嗟叹也已来不及了。写我军发扬踔厉，意气风发，写敌人则垂头丧气，萎靡不振，这一对比是多么鲜明啊！

这首《渔家傲》与上一首词调相同，所描写的战役，时间也相衔接。取来合读，第一、第二两次反“围剿”战役的形象就清楚地生动地呈现在我们的眼前了。

菩萨蛮·大柏地[1]

一九三三年夏

赤橙黄绿青蓝紫[2]，谁持彩练[3]当空舞？雨后复斜阳[4]，

①《毛泽东选集》第1卷第218页，人民出版社1951年版。

关山阵阵苍[5]。 当年[6]鏖战[7]急，弹洞前村壁[8]。装点[9]此关山，今朝更好看。

【注释】

[1] 大柏地：地名，在江西瑞金县北50里。

[2] 赤橙黄绿青蓝紫：这七种颜色是太阳光谱的基本色。虹由天空中的小水珠经日光照射发生折射和反射作用而成，也具备这七色。

[3] 彩练：彩色的绸子。这里用来比喻七色的虹。

[4] 雨后复斜阳：复，又。"雨后复斜阳"，是说雨后又出现斜阳。谓语动词"出现"(或其他意义相近的词)省去。

[5] 关山阵阵苍：关山，本指关隘山岳，这里只是说山。阵阵苍，一阵阵现出青翠的颜色。

[6] 当年：指1929年。

[7] 鏖战：鏖(áo)，激烈而较持久的战斗。

[8] 弹洞前村壁：洞，有人解作名词，即洞穴，"弹洞前村壁"，是说子弹的洞还残留在前村的墙壁上。有人解作动词，即洞穿之意，弹洞句，是说子弹洞穿了前村的墙壁。两说均可通。

[9] 装点：装饰点缀。

【赏析】

1929年1月中旬，毛泽东同志和朱德同志率领红四军由井冈山向赣南、闽西进军。2月10日(农历元旦)到达大柏地，大败尾追的国民党赣军独立第七师刘士毅部，俘敌团长萧致平、钟桓以下八百余人，缴获大批武器，这就是有名的"大柏地战斗"。此词有"当年鏖战急"之语，即指这一战斗而言。根据历史记载，自从这次战斗以后，革命形势日益发展，红色区域(特别是赣南根据地)日益巩固，1931年11月，中央工农民主政府便在瑞金成立。当时的工农革命政权进行了土地革命，恢复和发展了农村生产，改善了人民的生活，并在1932年6月到1933年2月这一期间击溃了蒋军的第四次围攻。此词系毛泽东同志1933年重过大柏地时所作，已在第四次反围攻胜利以后了。

词由写景起笔。“赤橙黄绿青蓝紫”，用7个单词组成一句，而且都是颜色，开头便给人一个极不平凡的印象，仿佛把许多鲜艳夺目的色彩展开在读者的眼前似的。诗词曲中有“独词句”，都由词组构成，像温庭筠诗“鸡声茅店月，人迹板桥霜”[①]，又《菩萨蛮》词“宝函钿雀金鸂鶒”[②]，以及马致远小令“枯藤老树昏鸦，小桥流水人家”[③]之类，就是比较著名的。但这些句子都与这里平列几个单词不同。所以，这样的句式在过去还很少有过[④]，这样的发端，词里更是创格，可算得别开生面。这一句的下面很不容易接，“谁持”句却接得出人意外的好。雨后的彩虹像是有谁在天空中挥舞着彩色的绸带，这是多么新奇美丽的想象！上一句比较方重，紧接上这么一句，语势就动宕流美，连上面的也带动起来了。

一二两句是写天空，“雨后”两句，接着从天空写到地上。一场雨过后，天边又出现了红日，草木新浴，分外青苍。可是，天气乍晴，还不够稳定，有时云霞掩映，日光又收敛了。因此，在夕阳明灭中，眼前关山的色调便也不是固定不变的：它一忽儿一片苍翠，扑人眉宇；一忽儿又暗淡起来，浸沐在迷茫的烟霭中。“阵阵苍”，只用三个字，就曲曲传出景色变换的复杂过程，静中有动，精炼而又细腻，真是入神之笔。

以上四句，描写自然景物，明丽之色，现于毫端，可谓诗中有画（“阵阵苍”，连画也难到）。这些都是当前所见。“当年”二句，又由现在写到过去，由写景转入叙事。回忆当年，正是在这宁静优美的地方，曾经展开过一场动魄惊心的战斗。前村墙壁上残留的弹洞，是历史的见证，它说明了今天的巩固的根据地及其和平景色不是轻易得

---

① 《商山早行》，《温飞卿诗集》卷七，《四部备要》本。

② 《花间集》卷一，《四部丛刊初编》本。

③ 陈乃乾《元人小令集》第391页，古典文学出版社1958年版。

④ 只有相传为汉武帝时所作的《柏梁台》诗，有“枇杷桔栗桃李梅”之句（见《全汉三国晋南北朝诗》卷一，无锡丁氏校刊本），韩愈《陆浑山火和皇甫湜用其韵》诗，有“鸦鸱鵰鹰雉鹄鹍”之句（见《昌黎先生集》卷四，《四部丛刊初编本》）。此外，便不多见。

来的，而是经过艰苦的斗争从激烈的炮火中夺取的。“装点”二句，更由叙事转到抒情，由过去再写到现在。“好看”是作者的感觉，也是上面所描写的自然景物的总赞。“更好看”的“更”字值得玩味。当年的弹痕，在今天看来只是美丽的点缀，看见了它，很自然地就引起往事的回忆，使人想到大柏地有着不平凡的革命经历，有着丰富的历史内容，不是单纯地具有自然美而已。联想到这些，自然觉得眼前景物分外可爱，因此说是“更好看”。简短的两句话，充分表现了毛泽东同志对革命事业的乐观和对革命根据地的热爱。一种激动而又愉快的心情，从字里行间是可以体会出来的。

这首词只有 8 句，44 字，但却写出大柏地的景物、经历，以及作者对大柏地的感情，不仅有写景，有叙事，有抒情，而且情景交融，形象生动，给人以极大的美的享受。有人说，这首词是把革命斗争和自然景色融成一片的颂词，这是不错的。

这首词和《井冈山》、《元旦》、《会昌》等三首都是歌颂中国农村革命根据地的。在这四首词里，毛泽东同志描写了红军的战斗、行军，以及开辟根据地的英雄气概和反围攻胜利后的和平景象，联系起来看，就是第二次国内革命战争时期前一阶段的伟大史诗。读了这些词，中国革命的一段光辉历程就无比清楚、无比生动地展示在我们面前了。

清平乐·会昌[1]

一九三四年夏

东方欲晓，莫道[2]君[3]行早。踏遍青山人未老，风景这边[4]独好。　会昌城外高峰，颠连[5]直接东溟[6]。战士指看南粤[7]，更加郁郁葱葱[8]！

【注释】

[1] 会昌：县名，在江西省南部，东接福建，南连广东，红军曾在这里开辟赣南根据地。

[2] 莫道:道,说。莫道,不要说。

[3] 君:旧体诗词中常用的代词,相当于白话里的“你”或“你们”。这里指红军战士。

[4] 这边:词本起于民间,接近口语,后人填词,也常用一些口语词。如王衍《醉妆词》:“者边走,那边走。”“者边”,即这边。

[5] 颠连:连绵不断之意。

[6] 东溟:王维《华岳》:“天地忽开坼,大河注东溟。”(《王右丞集》卷二)李白《古风五十九首》:“黄河走东溟,白日落西海。”(《李太白诗集》卷一)旧注均引《文选》卷二十二颜延之《车驾幸京口侍游蒜山作》诗注,说东溟即东海。

[7] 南粤:古代也作“南越”。汉初,封赵佗为南越王,有今两广之地。这里的“南粤”,只指广东。

[8] 郁郁葱葱:《后汉书》卷一《光武帝纪》:“气佳哉,郁郁葱葱然!”旧注说是气盛的样子。这里用来形容树木茂盛,气象壮美。

【赏析】

1931年会昌建立红色政权后,毛泽东同志曾多次前往视察。1934年7月,又来会昌。23日晨,偕一些同志登上岚山岭,察看长征路线,归来在文武坝(在会昌城东,中共粤赣省委会[一说是粤坪政府]所在地)写了这首词①。这年10月,长征即开始。

全词写清晓行军情事。上段第一句“东方欲晓”,点出大军出发的时间。“欲晓”是天要亮而还未亮,既写得活,也说明了这次出发,确实很“早”。“莫道”句紧接着上句而又翻进一层,意思是说:你不要自以为早,实际上已经不早。你没有看见吗?有人更早哩!两句只有9个字,可是,却表达了许多意思:一是写出行军的辛苦。据革命战士的回忆录所记载,初到会昌时正值农历岁尾,当时风雪交加,天气很冷,许多战士脚都冻破了②。在这种寒冷的冬天,“欲晓”时就已出发,

① 据毛泽东同志手迹,此词题目原作《一九三四登会昌山》。

② 见《星火燎原》第1卷第1集上册第331—337页《向赣南闽西进军》一文,人民文学出版社1958年版。

行军的辛苦可以想见。一是写出旺盛的士气。当时各个部队奋勇开往前线,都想赶早,因而便像开展竞赛似的争先恐后,这种昂扬的斗志,也从字里行间表现了出来。又一是还有寓意。"东方欲晓",不仅描写实景,而且也有象征中国革命形势的意味。毛泽东同志在著名的《星星之火,可以燎原》一文里,描写快要到来的革命高潮,说"它是立于高山之巅远看东方已见光芒四射喷薄欲出的一轮朝日"[①]。正可与这一句互参。在这篇文章里,毛泽东同志又提到1928年末至1929年初湘赣军阀对井冈山第三次进犯时,党内有一部分同志提出"红旗到底打得多久"的疑问,有些人并认为中国革命高潮只是有到来之可能,完全没有行动意义,是一种可望而不可即的空的东西[②]。抱有这种悲观思想的人,可能认为向革命进军的行动太早了。"莫道君行早",也许就是对这种悲观论者的答复。读毛泽东同志的诗词,固然不能穿凿附会地追求每一首乃至每一句的政治意义,但是文学作品是客观事物的反映,它的内容,与作家的立场、观点、生活、斗争等等都是分不开的。毛泽东同志领导中国革命几十年,他的一切都同革命事业紧密地联系在一起,中国人民的惊天动地的斗争,跳动着的革命的脉搏,也就必然要在他的作品中反映出来。郭沫若同志说:"对于诗词,读者在合理的范围内是可以有解释的自由的,读者在诗词中可以创造新的意境,所谓'仁者见之谓之仁,智者见之谓之智',各人的解释可以不必相同,甚至可以和作者的原意不一定完全若合符契。"[③]对于这最后一层意思,也许就可以这样看吧?

"踏遍"句再进一层,也有两个意思:一是许许多多的"青山"都"踏遍"了,可见转战各地,历时已久,行军辛苦也非止今天这一次。毛泽东同志在《中国革命战争的战略问题》一文里曾经指出:"红军作战的显著特点之一,就是没有固定的作战线。"[④]"踏遍青山"恰恰就是作战线不固定和战争具有游击性、流动性的具体说明。一是尽

①《毛泽东选集》第1卷第112页,人民出版社1951年版。
②《毛泽东选集》第1卷第112页,人民出版社1951年版。
③《郭沫若同志给本刊编辑部的信》,见《星星》1958年第10期。
④《毛泽东选集》第1卷第228页,人民出版社1951年版。

管“踏遍青山”而“人”仍“未老”，这个“未老”，不仅仅说年龄，而是兼指士气。“人”字既指战士，也包括作者自己。人正当英年，士气正旺，对革命斗争的前途也正具有无限信心：这些就是“人未老”的全部涵义，而说来却含蓄不露。“风景”句紧接着上一句，扣到本题（题目是“会昌”）。“这边”即指会昌。“踏遍青山”，看过无数“风景”，而终觉“这边独好”，这是抬高会昌处，也是对新开辟的赣南根据地的高度赞美。作者无限喜悦的心情也于此可见。“风景”，指自然景色，但不限于自然景色，根据地的群众条件、物质资源以及作战地形等等，都可包括在内。革命斗争有了发展，广大战士斗志昂扬，新的根据地在种种方面又十分有利，这样，自然就会感到“这边独好”了。郭沫若同志在上引一文里又说：“‘踏遍青山人未老’，表征中国人民追求革命道路一百年，而今在党的领导下找到正确的道路却仍然年青。我们是属于方生力量的，所以我们有前途。这就是‘风景这边独好’。”当然，读者也可以作这样的理解。

“会昌城外”以下四句，一气直下，神完力足，音节也和谐响亮，一片宫商。上段末了说“风景这边独好”，只是虚写；这里的四句便具体地形象地描写了所谓“独好”。据地理书记载，会昌城周围有许多高山，像明山、芙山、羊山、龙归山、白云山、紫云山、四望山、盘固山、君山等等就是，白云山以下都在会昌东南两面，有的与福建武平相接，有的与赣粤之间的著名界山九连山和大庾岭毗连。这些山都是峰峦起伏，草木葱茏的[①]。作者用“颠连直接东溟”写赣闽交界处群山直趋海滨的气势，用“郁郁葱葱”写岭南气象的壮美[②]，都极有精神。层层递进，新意络绎，也极能引人入胜。这样的描写，既写出会昌外围形势的雄伟，也见得祖国河山无处不好，到处都可以开辟根据地，一种强烈的革命乐观主义的精神跃然纸上。“战士”句最可注意。“战士”即上文所说“踏遍青山”之人；“颠连”云云，“南粤”云云，都是战士攀登“城外高峰”时眺望所见。“指看”是指点着看，看了东面又看

---

① 见《江西通志》卷五六《山川略》第8119页。

② 广东是革命的摇篮，许多著名的革命活动都是与广东密切相联系的，它具有种种有利条件，所以这里的“郁郁葱葱”也有兼指革命形势的意味，不仅限于描写自然景色。

南面，只用两个字就传出战士们兴高采烈的神情。这些情景，又都是从作者眼中看出的，可见当时作者也登上高峰同战士们一道远眺。四句脉络很清，但却需要细看。

毛泽东同志诗词有一个特点，就是：有的句子好像是写别人，却又是在写自己；有的句子好像是写自己，却又是在写别人。即如此词，“踏遍青山人未老”，是前一种例子；“会昌城外”四句，是后一种例子。这种情况，在别的诗词里也有，这里举此示例，别处就不再指出了。

忆秦娥·娄山关[1]

一九三五年二月

西风烈[2]，长空雁叫霜晨[3]月。霜晨月，马蹄声碎[4]，喇叭[5]声咽[6]。　雄关[7]漫道[8]真如铁，而今[9]迈步[10]从头越[11]。从头越，苍山如海，残阳如血。

【注释】

[1] 娄山关：在贵州遵义市北的娄山上，是由黔入川的要道。娄山一名大娄山，又名大楼山，横亘于遵义、桐梓间，是乌江与长江的分水岭。

[2] 烈：猛烈，劲厉。

[3] 霜晨：有霜的早晨。

[4] 碎：繁杂，碎乱。

[5] 喇叭：一种管乐器，即军号。

[6] 咽(yè)：呜咽，幽咽；声音因阻塞而低沉。

[7] 雄关：雄壮的关隘，即指娄山关。

[8] 漫道：徒然说。

[9] 而今：如今。

[10] 迈步：跨步，大踏步。

[11] 从头越：从山头越过。

【赏析】

1934年10月,毛泽东同志率领中央红军(第一方面军)从江西雩都附近铜锣湾出发,迈开了震惊中外的"长征"的第一步。之后,接连突破了敌人的四道封锁线,于12月进入贵州省境。1935年1月6日,克遵义(8日克娄山关),召开了历史上有名的遵义会议。2月下旬,由滇边转师而北,大败国民党黔军王家烈部,再克娄山关及遵义。此词写大军越过娄山关情况,当即作于这一战役之后。

娄山关是红军在长征途中所遇到的著名天险之一。旧的记载上说它"万峰插天,中通一线"[①]。革命战士的回忆录也说它"雄踞娄山山脉的最高峰……周围山峰,峰峰如剑,万丈矗立,插入云霄。中间是十步一弯、八步一拐的汽车路。这种地势,真所谓一夫当关,万夫莫开"[②]。可见这地方确是一个极其险要的去处。红军在一个多月中两次打这里经过,并且同黔军王家烈和国民党中央军吴奇伟等部先后作过拉锯式的壮烈的搏斗。《娄山关》词就是红军越过这天险时的艺术写照,可以当作一幅战地的素描看。毛泽东同志在长征途中曾经写过六七首诗词,就成篇的时间说,这一首要算是最早了。

词的上段,写大军向娄山关进发时途中情况。一二两句,写西风凄紧,雁声嘹唳,霜华满地,残月在天,着墨虽无多,但已把战地的那种紧张严肃的气氛鲜明地表现了出来。"霜晨"两字,点明这次行军又在拂晓,可是,写来却与"会昌"词绝不犯复,比照自见。第三句是叠句。就音律上说,类似"和声"[③],有连锁作用。它一方面紧接着上句,一方面又唤逼出下面的一个韵脚来,仿佛有两个人递唱联吟似的,极为和谐美听。就意义上说,也有强调意味。小令中语句本不多,所以竟然需要重叠者,正是由于这是最关重要处。"霜晨月"有什么重要呢?第一,如上面所说,它有点出行军时刻的作用;第二,它还为

① 《续遵义府志》卷五:"大娄山,为自郡入重庆第一险要,《明史》所谓'万峰插天,中通一线,刘綎从间道攀藤毁栅入陷焉'者也。"(1936年刻本)

② 《娄山关前后》,见《中国工农红军第一方面军长征记》第149页,人民出版社1955年版。

③ 和声是歌唱时群相随和之声,古乐府和古词中均有之。

下面的“马蹄”二句设色，有烘托背景的意味。第三，有这么一个字面相同的句子居中，又把上段的前后两部分联系起来了。它给我们一种暗示：不仅叠句的本身是设色，是烘托，就是“西风”句、“长空”句也有同样的效用，都为点染“马蹄”二句而设。三个字有这么多的妙用，我们必须从反复吟诵中多加玩味。

风吹声、雁叫声、马蹄声、喇叭声，这些都是行军之人所听见的。长空、浓霜、残月，这些都是行军之人所看见的。这一段没有一个字说到人，但句句都有人在。这里着重描写几种声音，也值得注意。当时是急行军，千军万马，浩浩荡荡，兼程前进，但由于任务紧迫和军令森严之故，途中听不到一点人声。也正因为如此，所以风吹、雁叫等等声音才清楚地听得。这是从动中写静，极有神理。《诗·小雅·车攻》：“萧萧马鸣，悠悠旆旌。”《毛传》说：“言不喧哗也。”颜之推非常赞赏毛传的这一解说，认为解得有情致①。我们读这一段，还应该深入一层看，因为这里不仅写出战地的肃穆气象（也就是“不喧哗”），而且写出红军战士慷慨赴敌的英雄气概和坚毅沉着的革命精神。这样一写，也就为下一段预蓄了气势。

词的下段，写越过娄山关时所感所见。“雄关”句，点出娄山关。“雄”字下得精当。上段无一语说到娄山关，而所写的气氛却与娄山关之“雄”十分协调。“漫道真如铁”五字有三层意思：雄关之坚如铁，一也；如铁之誉并非浪传，二也；即使真正如铁，在攻无不克的红军面前也只是虚语，三也。“而今”句，紧承上一句，意思是说：过去总是听说娄山关如何如何，可是，今天呢？这一雄关，恰同长征途中已经度过的那些天险一样，也被大无畏的红军战士所征服了。“迈步从头越”五个字，写得兴会淋漓。有了上一段的描写，读到这五个字就觉得分外有力。这里面，歌颂了红军战士的英勇顽强，也抒写了胜利后心情的兴奋愉快；另外，对敌人的鄙夷与蔑视，也可于言外得之。“从头越”，也用叠句，作用与“霜晨”句相同，但唱叹的意味似乎更多一些。这句以下很难着笔，“苍山”二句却写得又阔大，又劲健，且神韵

①《颜氏家训·文章篇》，《四部丛刊初编》本。

悠然，有有余不尽之意，结束最妙。“如海”形容山势的起伏，“如血”形容夕照的殷红，也都形象鲜明，给人以不平凡的印象。“残阳”句是晚景，同上段“霜晨”句合看，可知从早到晚，已经辛苦行军一日了。前后照应线索分明，结构实在是非常细密。

这首词悲壮苍凉，声情激越，在已发表的27首诗词中风格独异。有人认为整首词的气氛是壮的，可是这壮里也多少带一点凄清的意味。我以为这也要进一层看。词的题目是“娄山关”，娄山关是天险，是古战场，这次经过又是在严寒季节，因此，在景物的描写上多少带点凄清意味，这是很自然的。但这点凄清不但没有给人以衰飒的感觉，反而更能衬托出红军战士的英勇豪迈，更能表现出旺盛的革命乐观主义的精神。这也就是说，正因凄清，更觉其壮。作者的用意所在，也许就在这里吧？

唐代大诗人李白，相传也曾写过一首《忆秦娥》词，被后人推为千中数一的神品①。这首词的结尾两句“西风残照，汉家陵阙”，王国维尤其推崇，说是“太白纯以气象胜……寥寥八字，遂关千古登临之口”②。然而，李词写的是闺情，不脱伤离念远的窠臼，境界甚小；就气象论，实在远远不能与毛泽东同志的这一首相比。就是“西风”八字，也结得真正衰飒③，哪里能及“苍山如海，残阳如血”的豪壮呢？

十六字令三首

一九三四年到一九三五年

山！快马加鞭未下鞍。惊回首，离天三尺三[1]。
山！倒海翻江卷巨澜[2]。奔腾[3]急，万马战犹酣[4]。
山！刺破青天锷[5]未残。天欲堕，赖以拄[6]其间。

① 李白此词，宋黄升《花庵词选》首载之，邵博《闻见后录》也定为太白作，明胡应麟则疑为晚唐人所伪托。其词云：“箫声咽，秦娥梦断秦楼月。秦楼月，年年柳色，霸陵伤别。乐游原上清秋节，咸阳古道音尘绝。音尘绝，西风残照，汉家陵阙。”

②《人间词话》，人民文学出版社1960年版。

③ 胡应麟评此词，即认为衰飒，见《少室山房笔丛》卷四一《庄岳委谈》下，中华书局1958年据明刊本重印本。

【注释】

[1] 离天三尺三:原注:"民谣:'上有骷髅山,下有八宝山;离天三尺三。人过要低头,马过要下鞍。'"按:骷髅山,未详。八宝山,在贵州省雷山县。据《贵州通志》记载,八宝山与太平山"相连如屏,三面绝壁,无路可登,惟南面稍平,鸟道羊肠,人迹罕至"。

[2] 卷巨澜:卷起巨大的波浪。

[3] 奔腾:马急跑得飞跃起来。

[4] 战犹酣:酣(hān),畅快。战犹酣,鏖战正激烈。

[5] 锷(è):刀尖,剑锋。

[6] 拄(zhǔ):支撑。

【赏析】

1934年12月,中央红军进入贵州。15日,一举攻克黎平,随后又大败黔军王家烈、侯之担等部,占领锦屏、剑河、台拱、镇远、施秉、黄平、余庆、瓮安等县城。其另一支部队则经过雷山。八宝山在雷山县境。此词第一首原注引民谣有"下有八宝山"之语,当是作于入黔时。其他二首,估计为红军转战黔、滇、川三省边界地区时所作。

《十六字令》是只有16个字的小令,篇幅短窄,很难装进许多内容,尤其是豪放之作,更不容易利用这一形式。古代作品流传至今的,只有蔡伸、袁去华、张孝祥、周玉晨等人所作的几首,也都不甚出色。这也难怪,字数过少,没有回旋余地,虽有长才,也无所施其技,写不好是很自然的。

然而,毛泽东同志这三首却是例外。它以雄伟刚劲的笔触,描绘了莽莽群山的奇特形象,也写出了作者和红军战士的伟大气魄;每一首各有独特的意境,合起来又构成一幅完整的绚烂的画面,奇情壮采,词约义丰,真是自有《十六字令》以来所未有。毛泽东同志所写的长调,像《沁园春》、《念奴娇》、《水调歌头》等篇,都是大气磅礴、力能扛鼎之作;写小令,到《十六字令》,可以说是最短了,却也能纳须弥于芥子之中,以少许胜人多许。由此可见,才大的人无施不可,决不是任何形式所能局限的。

三首都是咏山。山,是红军在二万五千里长征中所遇到的自然环境所造成的主要困难之一。当时红军曾越过许许多多大山,其中尤其重要的是西延山脉的高峰老山界,五岭山地的越城岭,云贵高原的苗岭、娄山,横断山脉中的夹金山、梦别山、长板山、仓德山、打鼓山、拖罗冈等雪山,以及岷山、六盘山等等,都以奇险著称。这三首所写的是云贵高原的高山,气象峥嵘,自具一种特色。

第一首写纵马登山的情况。十六字令的第一句,是一字句,这里只用一个山字(二、三两首同),提起下文,极有精神。"快马"句,看似寻常,却耐人寻味。攀登崇山峻岭,照说只宜按辔徐行,现在却反而"快马加鞭",便写出豪情胜概,与众不同。"未下鞍"的"未"字用得极妙。所以说妙,下了鞍再"回首"看,就毫无意味,正是未及下鞍就已为祖国的奇丽的山景所吸引,然后才显出下文的"惊"字极有神理。这是一。一阵奔驰之后,勒马回望,已到群峰最高处,据鞍顾盼,有"一览众山小"的感觉,也从"未下鞍"三字隐隐逗出。这是二。民谣:"人过要低头,马过要下鞍。"而今竟未下鞍,可见也未低头。革命的英雄气概,藐视困难的大无畏精神,都跃然纸上。这是三。"惊回首"二句,应作一气读,"惊"是"吃惊"。为什么吃惊呢?"离天三尺三",提出了解答。纵马登山时,一意向前,倒未觉察究竟跑了多少路、到达了什么样的高度,等到猛然回首一看,原来离地平面已经如此之远、离天已经如此之近。只一句便把山的巍峨、人的豪迈、马的骏利,同时写出,可谓异样出色。《辛氏三秦记》有"城南韦杜,去天尺五"的话[①],也是民谣,可见人民群众是喜欢用具体的数字来形容事物与天之间的距离的。如果说已经到了天上,反倒是普通的说法,不大能引起注意。现在说"离天三尺三",点明相距只有这么一点儿,而且像是经过测量似的,一点都不含糊,这就把高山的形象非常具体地表现了出来,给人以深刻的印象。毛泽东同志常常教导我们要学习人民群众的语言,这里正是善用群众语言的一例。"天"、

①《辛氏三秦记》所说的"天",还另有寓意,即比喻皇室贵族。

“三”、“尺”三字，照词谱应该是仄仄平，但却换成平平仄。这是由于采用民谣的成句，不便改动字面。再者，用拗句也能暗示山势的峭折不平来，更显出音乐之美。

第二首写千山万壑，逶迤起伏，争趋竞走，正是勒马峰顶所见。这一首里用了两个比喻：一个是翻江倒海的巨澜，一个是酣战中奔腾的万马。“翻江倒海”、“万马奔腾”，文学作品里常见，但把它们同山联系起来，却是毛泽东同志的创造，过去还未经人用过。“倒”字、“翻”字、“卷”字以及“奔腾急”、“战犹酣”等词语，酣畅淋漓地写出山的动态，既雄伟，又生动，就是画也画不出。山，本来是静物，可是，经过毛泽东同志这样一写，就把它写活了。唐代著名文人韩愈的《南山诗》，以善于刻画山的动态见称，其中“或连若相从，或蹙若相斗”、“或决若马骤”、“或浮若波涛”等句。也约略与这一首所写的相似[①]。但韩诗只是琢句工巧，境界气象，仍然相差很远，才人之作与伟人之作原是不能相提并论的。《长征》诗：“五岭逶迤腾细浪，乌蒙磅礴走泥丸。”“腾细浪”和“走泥丸”也是写动态，而写法又有不同[②]，真可说是异曲同工了。

第三首也是写眼前所见的山，但与第二首并不一样。第二首写的是许多山，是山的集体的形象；这一首写的是个别的突出的山，是特殊的形象。同是描写山景，而又有变化，这种地方必须细加辨认。

这一首也用比喻，把山比成刀剑。“刺破”句，只有7个字，却有几层意思：山势高耸，上入云霄，这是一；由于山峰锋利，竟把天都刺破了，这是二；尽管刺破了天，而锋刃依然完好无缺，这是三。这么多的意思，只用几个字就曲曲传出，这是多么大的笔力！“天欲”二句，紧接着上句。天被刺破，简直要“堕”下来了。然而，不要紧，有山能够把它支撑住。把这两句和上句合看，就可以见出这刀剑般的山，不但锐不可当，而且坚挺有力。这两句显然还有寓意。在长征的当时，支撑中国大局的是党和党所领导的红军。人民大众就是依靠这个擎天柱而转危为安，终于推倒了压在头上的三座大山。联想到这些，就可

① 《昌黎先生集》卷一，《四部丛刊初编》本。
② 参看《长征》诗小笺。

以知道这两句的象征意味实在是非常丰富的。

这三首，形式上虽然分开，联系却非常紧密，可以看成一个整体。三首都写山，但第一首是叙事，是总起；二、三两首是描写，是分承。第一首的“惊回首”三字是三首词的关键，“离天三尺三”和下面两首所写的景象，都是“回首”后所见，“惊”字也直贯到底。山势如巨澜，如奔马，山峰如刀剑，刺天欲堕，这些景象都是可惊的。作者在一览之下，就把山的这些特征捕捉住，并把它们鲜明地描绘出来，这种敏锐的观察力和高度的表现力也是同样可惊的。三首处处写山，也处处使我们想到长征中革命领袖和工农红军的伟大形象。从某种角度上看，这三首也可以说是咏物的词。第一流的咏物词总是既能尽题中精蕴，又能有题外远致，而这三首恰恰兼具二者，各到好处。小令有此，真可算得古今绝唱了。

七律·长征

一九三五年十月

红军不怕远征难，万水千山只等闲[1]。
五岭[2]逶迤[3]腾细浪[4]，乌蒙[5]磅礴[6]走泥丸[7]。
金沙[8]水拍云崖[9]暖，大渡[10]桥[11]横铁索[12]寒。
更喜岷山[13]千里雪，三军[14]过后尽开颜[15]。

【注释】

[1] 等闲：寻常，无足轻重的意思。

[2] 五岭：一称南岭，指横亘在江西、湖南、广东、广西（今壮族自治区）四省区间的许多山岭而言。最大的是五个岭，即大庾岭、骑田岭、萌诸岭、都庞岭和越城岭。中央革命根据地即在五岭的北面。1934年10月，中央红军自江西雩都（今于都）出发，即沿五岭北坡，先后渡过信丰河及章、潇、湘诸水；旋又越过越城岭，西进湘黔。

[3] 逶迤（wēi yí）：曲折而长的样子。

[4] 腾细浪：像是细浪的腾跃。

[5] 乌蒙：山名，在云南省禄劝县东北280里，北临金沙江，上有十二峰，雄拔陡绝，盘旋七十余里。东北走入贵州，称七星山，至湖南界而止，通称乌蒙山脉。红军经过乌蒙山脉，在1935年4月间。

[6] 磅礴（páng bó）：广大无边、气势雄伟的样子。

[7] 走泥丸：像是泥丸的跳动。

[8] 金沙：指金沙江，即长江上游自青海省玉树到四川省宜宾的一段，以产金沙故名（或云因江中沙土都是黄色得名）。红军渡金沙江，在1935年5月初。

[9] 云崖：金沙江两岸，除几个渡口外，都是高耸入云的悬崖绝壁，所以说是“云崖”。

[10] 大渡：河名，源出青海和四川交界处的赖楚山，上游叫大金川，南流到乐山县入岷江，长1200公里。大渡河两岸也都是高山峻岭，水流湍急，其险恶又过于乌江、金沙江。红军强渡大渡河，在1935年5月下旬。

[11] 桥：指大渡河上的泸定桥，在泸定县西。泸定桥是由四川通往西藏的重要桥梁。1935年5月30日，红军击溃扼守之敌，夺取此桥。

[12] 铁索：铁链。泸定桥是由13根铁索组成的桥。铁索粗如饭碗，每根相距在一尺以上。这样的铁索九根并列地紧系在两岸石壁上，作成桥身，上铺木板；其余的四根，作为扶手。桥长约30丈，下为激流，桥上距水面也有数十丈。人走到桥的中间时，桥身左右摆动，非常难走。红军到达桥边之前，敌人派重兵扼守对岸，并把木板全部烧掉。红军派了二十几名抢桥英雄，冒着炮火，攀缘着铁索，抢过去消灭了敌人，掩护大军安全渡河。

[13] 岷山：北岭的一段，在四川盆地的西北，是四川和青海、甘肃、陕西等省分界的山脉，岷江即发源于此。岷山山脉的最高峰在5000米以上，终年积雪，居民称之为大雪山。山上空气稀薄，从来很少有人由此经过。就孤立的山峰说，岷山在四川松潘，不是大雪山。

[14] 三军：军队的通称。《论语·子罕》：“三军可夺帅也。”这里指全军。

[15] 开颜：高兴，欢笑。

【赏析】

本篇所说的“长征”指1934年10月至1935年10月间中国工农红军主力军团从江西、福建根据地向陕北的大规模战略转移[①]。在这次长征中，红军经过了福建、江西、广东、湖南、广西、贵州、四川、云南、西康（1928年建省，辖地包括今四川西部及西藏东部地区，1955年撤销）、甘肃、陕西等11省，击溃了敌人的多次围攻堵击，连续行军一万八千余里，战胜了军事上、政治上和自然界的无数艰险。终于胜利地到达目的地，与陕北红军会合。

本篇最后两句描写红军越过岷山。据历史记载和革命战士的回忆录，1935年9月18日红军突破岷山天险腊子口，进入甘南，占岷州。10月2日，占通渭。占通渭时，毛泽东同志曾为战士亲自朗诵此诗[②]，则此诗当作于10月2日以前。

“长征”是一次震惊中外的大进军，在中国革命史上有着极其重大的意义，毛泽东同志曾经予以极高的评价，他说：“长征是历史记录上的第一次，长征是宣言书，长征是宣传队，长征是播种机。”[③]这首诗正是这一大进军的光辉的写照和热情的颂歌。它集中地表现了红军的英勇豪迈的气概，同时也生动地描写了长征的壮阔艰险的场面。它是一篇不朽的革命史诗，是革命浪漫主义和革命现实主义相结合的杰出典范。

诗的第一句“红军不怕远征难”，首先就把全篇的中心思想鲜明地提示出来，不但开门见山，直截了当，而且笼罩下文，极有气势。长征的“难”，确是历史上从来未有的，毛泽东同志说：“自从盘古开天地，三皇五帝到于今，历史上曾经有过我们这样的长征么？十二个月光阴中间，天上每日几十架飞机侦察轰炸，地下几十万大军围追堵截，路上遇着了说不尽的艰难险阻，我们却开动了每人的两只脚，长

---

① “长征”，一般是指1934年至1936年中国工农红军从长江南北各根据地向陕甘一带的战略大转移。其中走得最远的部队，一共走了二万五千多里，所以通称二万五千里长征。

② 参看《解放军文艺》1959年2月号《毛主席给我们朗诵诗》一文。

③ 《毛泽东选集》第1卷第147页，人民出版社1951年版。

驱二万余里，纵横十一个省。请问历史上曾有过我们这样的长征么？没有，从来没有的。”①

对于这些说不尽的困难，红军是怎样看待的呢？毛泽东同志在这里替万千革命战士作了坚决响亮的回答：不怕。毛泽东同志在《论反对日本帝国主义的策略》一文里说：“谁使长征胜利的呢？是共产党。没有共产党，这样的长征是不可能设想的。中国共产党，它的领导机关，它的干部，它的党员，是不怕任何艰难困苦的。”②诗里的“红军”包括上引一段中所说的“党的领导机关”以及“干部”、“党员”，因为当时大家都在军中。我们读这首诗，对“红军”的涵义应该这样理解，不能认为只指部队。有着高度的政治觉悟、有着高度的革命乐观主义精神，久经锻炼，久经考验，在战略上藐视敌人，在实际行动中勇往直前，不向任何困难低头，这是红军最主要最突出的特点，也是长征取得伟大胜利的根本原因。这里抓住这一点加以描写，并把它放在开头的地方，使通篇精神俱振，这是高度的艺术技巧，布置得极为巧妙。

第二句“万水千山只等闲”承第一句来。“万水千山”说明长征之“远”（“难”也包括在内）；“等闲”是说看得平常，也就是进一步说明“不怕”。万水千山虽远，但在红军看来，却稀松平常，根本算不了什么。这就见出红军非但“不怕”，而且从容不迫，应付裕如，有着高度的自豪感。这句同第一句合成起联，总写红军的革命乐观主义的精神和革命浪漫主义的风格，是全篇纲领。

第三句以下是分写，也就是“不怕远征难”的具体描写。红军长征，纵横11省，经过许许多多名山大川关隘沼泽，说是“万水千山”，也不算夸张。但这首诗是七律，只有八句，不可能也不必要把所有经过的地方统统列举出来。因此，诗里面只提出五岭、乌蒙、金沙江、大渡河、岷山等几处具有典型意义的天险，用来概括一切。天险红军尚且不怕，其他可想而知。这是极其经济的写法。这里一连举了5个地名，写法又各各不同。既有气魄，又有变化，确非大手笔不办。

---

①《毛泽东选集》第1卷第147页，人民出版社1951年版。

②《毛泽东选集》第1卷第147~148页，人民出版社1951年版。

“五岭”二句，近人解说有分歧[①]。其实，只要读时注意以下四项，那末这两句的意义就比较容易理解：第一，诗是最经济的语言，多用紧缩句，凡是可省的词语往往尽量省去。即如这两句，原意是说五岭虽然逶迤，但在红军看来，却只像细浪在腾跃；乌蒙尽管磅礴，可是在红军眼中，也只像小小的泥丸在跳动。把省去的话补出来，意思就明白了。第二，用“逶迤”形容五岭的绵延千里，用“磅礴”形容乌蒙的广被四塞，都极力往大处说；而“细浪”、“泥丸”，又尽量往小处说。愈说得大，愈见远征之难；愈说得小，愈见不怕难的红军的顽强、豪迈。两句有映衬，又有抑扬，笔曲而达，深得高下相形之妙。第三，“逶迤”和“磅礴”又是交错着用的。这就是说，逶迤不仅形容五岭，也形容乌蒙；磅礴不仅形容乌蒙，也形容五岭。这种错综写法，旧诗里有其例[②]。如果理解为五岭只逶迤而不磅礴，乌蒙只磅礴而不逶迤，那就很不全面了。第四，山本来是静止的，但毛泽东同志写山却往往化静为动，也就是从静态中看出动态来。像《忆秦娥》的“苍山如海”，《十六字令》的“倒海翻江卷巨澜，奔腾急，万马战犹酣”，《沁园春·雪》的“山舞银蛇”等等，就都是如此。五岭、乌蒙都是大山脉，连绵不断，一望无际，特别是从高处看，它们的高低起伏，更容易给人以动的感觉。“腾细浪”、“走泥丸”就是这种动的感觉的描写。有人认为山不能“腾”不能“走”，“腾”和“走”的主语是红军，是就红军说的。这样说，显然是没有了解化静为动的写法。如果依照这种说法，那末，不但五

---

① 主要是对“腾细浪”和“走泥丸”的说法不同，基本上可分三种：一种认为指物，也就是说“腾细浪”、“走泥丸”是描写五岭和乌蒙山脉的；一种认为指人，也就是把“腾细浪”解释为“红军越过五岭时，看上去像小的波浪忽高忽低”，把“走泥丸”解释为“红军行列翻过高峰下山时，快得像泥弹子在山坡上滚下去”；一种认为兼指人物，也就是说“细浪”、“泥丸”指山，而“腾”、“走”则是人的动作（这就是说，红军攀登五岭时，像是腾跃于细浪之上；跨越乌蒙山脉时，则如走过泥丸一样）。三说之中，第一说较妥，因为：一、解释为指物，便与上面的“逶迤”、“磅礴”一贯，联系起来比较紧密自然；二、用细浪腾跃、泥丸滚动来形容红军眼中所看到的五岭和乌蒙山脉也更能传神。关于以上三说，可参看《毛主席诗词讲解》以及《语文教学》1959 年 4 月号、《文学知识》1959 年 5 月号、《语言文学》1959 年 4 月号、1960 年 1 月号、2 月号有关各文。

② 这种错综写法，前人谓之“互文”。如唐王昌龄《出塞》诗：“秦时明月汉时关。”清沈德潜《说诗晬语》云：“防边筑城，起于秦汉。明月属秦关属汉，诗中互文。”（卷上，《四部备要》本）这就是说，“明月”和“关”都兼属秦汉，不是一个只属秦，一个只属汉。毛泽东同志《沁园春·雪》：“千里冰封，万里雪飘。”也是互文。

岭一联讲不通，就是上引“苍山如海”等句也都讲不通了。

“金沙”二句，也有两点值得注意。一是句式与上两句不同。上两句只是偏正复句的紧缩，这两句的语法结构却可以有一些不同的分析。由于对结构的分析不同，大家对这两句的意义也就有不同的理解①。我们认为暖寒虽然与气候、时间等有关②，但主要是写人的感觉。一暖一寒写出了在不同的场面和气氛中，亲历其境的人有着不同的感觉。通过这些感觉，作者描写了长征途中所碰到的两种异乎寻常的困难，也描写了红军对这些困难的藐视和征服困难的愉快而又自豪的心情。这后一意思在句子里虽未明写（上文的“不怕”、“只等闲”已经点出，因而用不着再写），但其实更为重要。所以这里仍是着重写人，不是单纯写景。这一点是同上两句一致的。

最后两句，写红军越过岷山以后的喜悦。岷山是四省交界的大山脉，越过岷山，红军就最后脱离了行军极其艰苦的“雪山草地”，进入西北新阵地；同时，北上抗日的目的即将实现，与陕北红军即将会师，“新局面”也即将开始③。这些都是令人十分兴奋、十分鼓舞的，因此，三军开颜欢笑，显得更加乐观了。上文写艰险的长征，有惊心动魄之观，这里却以一片欢笑作结。刻画红军高度的革命乐观主义精神，也真可说是酣畅饱满、淋漓尽致了。

长征是个大题目，这首诗大气磅礴，笔力雄健，与题目十分相称。篇中有许多出色的描写，但红军本来具有高贵的品质和崇高的风格，他们在长征途中所通过的名山大川又确乎雄伟奇险，通过时

---

① 有人认为这两句是连环句的紧缩，补出来应该是：“金沙水拍云崖，云崖暖；大渡桥横铁锁，铁锁寒。”重复的字面都省去了。有人认为这两句本应作：“金沙水拍暖云崖，大渡桥横寒铁锁。”“暖”、“寒”两个修饰语也本应分别在中心语“云崖”和“铁锁”之前，却因迁就平仄和韵脚的关系而倒置在后了。这一种旧诗中也有其例。如韩愈《学诸学士作精卫衔石填海》诗：“口衔山石细。”陆龟蒙《丁隐君歌》：“盘烧天竺春笋肥，琴倚洞庭秋石瘦。”“细”、“肥”、“瘦”都倒置在后，与这里的“暖”、“寒”相同。又有人以为这两句的语法结构可以分析成：“金沙水拍云崖——暖，大渡桥横铁锁——寒”。“暖”、“寒”分别是两个主谓结构的谓语；就表现手法上说，它们是描写两个总的印象的。以上三说，我原来赞同第二说的，近来又倾向于第三说，因为依照这种解释，这两句的义蕴似乎更丰富些。

② 红军渡金沙江、大渡河在 1935 年 5 月，这一带的气候，春夏间常是昼暖夜寒（早晚有时也很凉）。又，红军渡江在白天，抢占泸定桥则在五更前后（参看《中国工农红军第一方面军长征记》第 237 页，又第 284—285 页）。所以“暖”、“寒”与气候、时间都有关。

③ 毛泽东同志说：“长征一完结，新局面就开始。”（《毛泽东选集》第 1 卷第 148 页，人民出版社 1951 年版。）

所经历的无数次战斗（包括与敌人战以及与形形色色的困难战）更是超出想象之外的艰辛和壮烈，所以作者所描写的都有客观现实作基础，与某些文学作品中虚诞无根的夸张截然不同。从这里，我们可以看到革命浪漫主义和革命现实主义最自然的结合。毛泽东同志说："长征又是宣言书。它向全世界宣告，红军是英雄好汉，帝国主义者和他们的走狗蒋介石等辈则是完全无用的。长征宣告了帝国主义和蒋介石围追堵截的破产。"①同长征的本身一样，这首诗也是一篇豪迈的宣言书。这样的作品只有在毛泽东同志的笔下才能出现。苏联作者艾德林说："只有诗人兼战士，诗人兼战略家才能写出这些诗篇，因为只有备尝行军和作战的全部艰辛的战士才能这样观察到和感受到所经历的一切，只有战略家才能具有这样广阔的视野，才能这样充分地概括艰苦作战的整个画面以及随之展现的远景。这是一个诗人兼思想家写下的诗篇。"②艾氏这段话不是专指《长征》说的，但就《长征》说来，这一评论显然是更为适合的。

念奴娇·昆仑[1]

一九三五年十月

横空出世[2]，莽[3]昆仑，阅尽[4]人间春色。飞起玉龙三百万[5]，搅得[6]周天[7]寒彻[8]。夏日消溶[9]，江河横溢[10]，人或为鱼鳖[11]。千秋功罪，谁人[12]曾与[13]评说[14]？　而今我谓昆仑：不要这[15]高，不要这多雪。安得倚天抽宝剑[16]，把汝裁为三截。一截遗[17]欧，一截赠美，一截还东国。太平世界，环球[18]同此凉热。

【注释】

[1] 昆仑：山名，在新疆于阗河上源。也指昆仑山脉，是我国最大的山脉，从帕米尔高原起，沿新疆、西藏边界向东伸入内地，又分北、

① 《毛泽东选集》第1卷第147页，人民出版社1951年版。

② 《论毛泽东诗词》，译文见《世界文学》1959年第3期。

中、南三支。最高峰公格尔山海拔7719米。前注中提到的岷山，属昆仑山脉中支。

[2] 横空出世：横空，横亘空中，言其长大；出世，超出人世，言其高峻。

[3] 莽：莽苍高大之意。昆仑山是庞然大物，故用莽字来形容。

[4] 阅尽：看尽、看足。

[5] 飞起玉龙三百万：原注："前人所谓'战罢玉龙三百万，败鳞残甲满天飞'，说的是飞雪。这里借用一句，说的是雪山。夏日登岷山远望，群山飞舞，一片皆白。老百姓说，当年孙行者过此，都是火焰山，就是他借了芭蕉扇搧灭了火，所以变白了。"按宋胡仔《苕溪渔隐丛话》前集卷五十四引《西清诗话》云："华州狂子张元，天圣（宋仁宗年号，1023至1031）间坐累终身，每托兴吟咏。如雪诗："战退玉龙三百万，败鳞残甲满空飞。"（按：宋洪迈《容斋三笔》卷十一"战退"作"战死"，"三百万"作"三十万"，"残甲"作"风卷"。）这里所谓"前人"，即指张元。岷山、昆仑山经夏积雪不消，都有雪山之称。又按：孙行者借芭蕉扇搧灭火焰山的火，见《西游记》第六十一回。

[6] 搅得：闹得，搞得（今语的"搞"，早期白话作品中都作"搅"）。

[7] 周天：普天，整个天空。

[8] 寒彻：冷透。

[9] 消溶：消融，溶化。

[10] 江河横溢：横溢是横流，泛滥。长江、黄河都发源于昆仑山脉，夏天昆仑山积雪消融，水量大增，所以江河都泛滥起来。

[11] 人或为鱼鳖：洪水成灾，人也许为鱼鳖所食。《左传·昭公元年》："微禹，吾其鱼乎！"按这句话的意思是说：如果没有大禹治水，我们恐怕就要变成鱼了。

[12] 谁人：何人。

[13] 与：介词，同"为"。《汉纪》卷一《高祖纪》："汉王与义帝发丧。"按："与义帝发丧"即为义帝发丧（《汉书》卷一《高祖纪》，"与"即作"为"）。

[14] 评说：评论。

[15] 这:这里用如“这么”。这高,这么高(下句“这多雪”,义即“这么多的雪”)。

[16] 安得倚天抽宝剑:安得,怎得,哪得。倚天抽宝剑,本李白《大猎赋》:“于是擢倚天之剑。”(《李太白全集》卷一)按:擢(zhuó),抽的意思,这句是说抽出一头倚在天上的长剑。李赋又本宋玉《大言赋》;“长剑耿耿倚天外。”(《古文苑》卷二)按:耿耿,一作耿介,都是光亮、明净的意思,这句是说晶莹耀眼的长剑倚靠于天空之外。天外,指天的极远处。“安得倚天抽宝剑”,是说哪得倚着天抽出宝剑。一说,倚天,是宝剑的修饰语,形容其长。全句是倒装句,顺说是“安得抽倚天宝剑”,也通。

[17] 遗(wèi):赠送。

[18] 环球:也作“寰球”,指整个地球,即全球之意。

【赏析】

此词写于长征途中。词中“飞起玉龙三百万”句原注有“夏日登岷山远望”的话,又引当地居民的传说,估计可能是到达岷山时远眺昆仑之作。(红军长征未经过昆仑。)

“昆仑”,是个大题目。自古以来,诗词里还没有拿昆仑山来做描写对象的①。这也难怪,这样的大题目,确实不易下笔;特别是词,字数又少,更是难于铺叙。可是,毛泽东同志却写了,而且写得异样出色,气魄之大,笔力之雄,真使人有前无古人后无来者的感觉。

“横空出世”,开头4个字就概括而又形象地写出昆仑山赫赫严严的气象和大气磅礴的声势。这4个字,只有昆仑山才当得起,也只有毛泽东同志才想得到、写得出。把这样的一句话放在最显著的地位,奇峰从天外飞来,一入手就惊心动魄,精神百倍,真是工于发端。“莽昆仑”的“莽”字也下得精当不移。莽字给人的印象是莽苍苍一片,又高又大,但却有些臃肿,这恰与昆仑切合;后文“裁为三截”这一层意思,也隐隐从这里逗出。因为唯其臃肿,所以才需要裁为三截

① 只有陶潜的《读山海经》诗中有几句描写昆仑山的话。

也。“阅尽”句，涵义极为丰富。“人间春色”不仅指人间的春光，而且包括世界上一切盛衰兴废。“阅尽”是说看得多、看得久。昆仑山雄踞一方，不知已几千万年，它昂首天外，俯瞰下界，人世间多少沧桑，都逃不出它的视野。它的伟大存在（这又包括占据空间之广和经历时间之久两方面），毛泽东同志只用六个字就说尽了。李白《塞下曲》“春色未曾看”[①]，是说天山终古积雪，从未看过春色，这里翻用其意，却显得极其新鲜，与李诗有异曲同工之妙。昆仑山的特点是高寒，起二句已经出力描写了“高”。“飞起”二句，接着就描写“寒”。“飞起玉龙三百万”，原指雪花飞舞，这里用来形容雪山的蜿蜒夭矫，这是典故的活用。这样一写，“群山飞舞，一片皆白”的奇丽景象就如在目前，真是生动极了。“搅得”句是说把整个天空都搞得冷透了，写寒威之烈，无以复加，可谓力透纸背。“夏日”以下三句，写昆仑功罪。昆仑山是我们伟大祖国的脊梁，内地的许多崇山峻岭都是它的分支；孕育我国古代文化的黄河和长江也都从它发源，所以它又是我们伟大祖国的摇篮。它满身披覆的冰雪，到了夏天，部分溶化，源源不断地流入江河，使祖国人民得到灌溉之利和航行之便，这是功；可是，它毕竟太高了，雪也太多了，因而有时水量过大，水势过猛，长江黄河容受不了，统统泛滥起来，于是人畜漂没，葬身鱼鳖之腹，这是罪。“罪”是实写，“功”是虚写，用笔变化，绝不板滞。“千秋”二句，总束上举两层，简括有力。这里提出功罪问题，前人还未曾道及。昆仑山有功也有罪，不管从哪一方面说，都对国计民生有绝大关系。可是，自古以来，有谁关心民瘼，把昆仑山同人民生活密切地联系起来；又有谁站在人民的立场上为昆仑山作一公平的评论呢？这种感慨是深沉的，特别是放在上段的结束处用设问的形式表示出来，更觉耐人寻味。

上段除最后两句以外，都是铺叙，即用赋体；下段却用对话体，竟然对昆仑山讲起话来了。作者不仅要评论昆仑的功罪，而且要对昆仑加以处置、加以改造，创意设想的奇特，浪漫主义色彩的浓重，

① 《李太白全集》卷五，《四部备要》本。

以及艺术魅力的强烈,都使人惊叹!“而今”两字,承上段的“千秋”来,联系极紧。在过去漫长的时期中,从来无人评说;如今呢,作者却要向昆仑直接发号施令了。两字也领起下文。“不要这高,不要这多雪”,一方面要同上文描写高寒处合看,一方面也要同下面的分三截、同凉热等句参照,这样,才见出脉络之细。两个“不要……”想法已经够奇了,“安得”以下七句,愈出愈奇,更是匪夷所思。写昆仑这样的大题目,容易把这一名山写得特别伟大,相应地,便显出人的渺小。毛泽东同志这首词,却既写出了昆仑的伟大,也写出了人的伟大,而且还写出后者较前者更为伟大。在词里面,读者所看到的,不是硕大无朋的昆仑压倒了诗人,而是巨大的诗人的形象征服了那横空出世的昆仑。试想,倚天抽剑,把“莽昆仑”斩为三截,并拿来做为礼物分赠欧美,使环球凉热相同,这是多么宏伟的气魄!多么宏伟的襟怀!多么宏伟的愿望!这样的巨人,不是比昆仑更为伟大吗?

“太平世界,环球同此凉热”,显然不是仅仅指自然气候的改造说的,它表现了实现世界大同,让全人类都过着和平幸福生活这样一个崇高远大的共产主义的理想。这样的结尾,不仅说明了所以要裁为三截、遗欧赠美的原因,而且也使整个的词具有更多更大的思想光辉和政治意义。革命现实主义和革命浪漫主义相结合的作品,本来不是照抄现实、照抄生活,而是突破现实和生活的局限,以新奇美丽的想象和生动鲜明的形象描绘出极为完美的境界,让读者得到最大的美的享受。这种境界又不是空中楼阁,想入非非,而是有着充分的根据,在现实世界中可能实现的(即如此段所说把昆仑裁为三截,虽是实际上不会有的事,但在党和毛泽东同志的领导下,广大人民发挥冲天的干劲,改造昆仑,变有害为有利,就是完全可能的)。毛泽东同志的诗词正是这样的作品,它把革命的理想和革命的现实统一起来,使我们读了,自然心胸开拓,眼界扩大,受到巨大的鼓舞,增长向上的勇气。毛泽东的诗词所以具有浓郁的时代色彩和强大的艺术生命,正是由于如此;它跟过去一切现实主义和浪漫主义相结合的作品所以根本不同,其原因也就正在这里了。

词中的“还东国”,原作“留中国”,后改。东国,指东方诸国。昆仑山不全在我国境内。这样一改，就更符合实际了。

清平乐·六盘山[1]

一九三五年十月

天高云淡，望断南飞雁[2]。不到长城[3]非好汉[4]，屈指[5]行程[6]二万！　　六盘山上高峰，红旗[7]漫卷[8]西风。今日长缨[9]在手，何时缚住苍龙[10]？

【注释】

[1] 六盘山：指六盘山脉，在甘肃、陕西和宁夏回族自治区交界处，六盘山是主峰，在固原县西南，隆德县东北，海拔3500米。山路曲折险窄，盘旋六道，才达顶峰，故名，古谓之络盘道。自元代以后，常为用兵之地。

[2] 望断南飞雁：望断，望到看不见。“望断南飞雁”，是说目送雁向南飞，以至看不见了。

[3] 长城：即万里长城。

[4] 好汉：勇敢有为的人。钱大昕《恒言录》卷一：“好汉，《旧唐书·狄仁杰传》：‘（武）则天尝问狄仁杰曰：朕要一好汉任使，有乎？’”陈鳣《恒言广证》卷一：“《询刍录》：匈奴闻汉兵，莫不畏者，称为汉儿，又曰好汉。”

[5] 屈指：弯着指头计算。

[6] 行程：路程。程是“道里”、“路途”的意思。

[7] 红旗：此词在1957年1月《诗刊》创刊号上发表时，红旗本作“旄头”。旄（máo），古时旗竿头上用旄牛（即犛牛，也作牦牛）尾做装饰，后来因称有这种装饰的旗子叫旄。旄头，是旄的上端。文学作品中也常用来指旗子。1961年秋毛泽东同志的手书稿在《宁夏日报》上发表时，“旄头”改为“红旗”。此从改定稿。

[8] 漫卷：随意舒卷。

[9] 长缨：长的绳子。《汉书》卷六十四《终军传》：“南越与汉和亲，

乃遣军使南越,说其王,欲令入朝,比内诸侯。军自请,愿受长缨,必羁南越王而致之阙下。”

[10] 苍龙:东方7个星宿的总称。古时用星宿来指称区域,这里的“苍龙”,郭沫若同志原疑指日本,后经问过毛泽东同志,才知是指蒋介石。

【赏析】

1935年9月中旬,长征中的红军进入甘南(今宁夏回族自治区南部),夺取天险腊子口,进占岷县、通渭。10月初,连续突破会宁、静宁间的封锁线和平凉、固原间的封锁线,击败了追击的敌军4个骑兵团,胜利到达六盘山。此词写攀越六盘山情事,当即作于此时。

词由写景开头。一二两句,写天高云淡,旅雁南飞,这些都是能够表现北方秋季特征的典型景物,捕捉入词,便能以寥寥的几个字为当时的六盘山勾勒出一幅清新的画面。北方的秋天,晴朗的日子多。在这种日子里,金风送爽,天宇澄澈,虽有云也很少很薄,因此说“淡”。碧空如海,只有纤云点缀,愈觉迢迢无极,因此说“高”。高字淡字,都下得极为贴切。雁是候鸟,秋深则由北而南,写雁更是关合时令。当时看到过雁,还曾引起许多联想。这从“望断”二字可以参会。“望断”是望得远,望得久,望到雁影都不见了还在望。为什么如此?正因凝神遐想,而所想又非一端。大概说来,红军长征由南而北,恰与雁飞的方向相反,但两者都跋涉长途,同样地有着艰辛的经历。这是一。雁飞向之处,正是红军的老根据地,那里有着光荣的革命历史,有着同红军血肉相连的劳动人民,有着留下来坚持游击战的英勇战士,这些都多么值得怀念啊!这是二。古老的传说常说雁足传书,现在看到雁,能不能把中央红军已经胜利到达六盘山、即将与陕北红军会合的好消息带给远在南方、日夕悬望的劳动人民和革命战士呢?这是三。当然,当时所想到的可能还要丰富得多、复杂得多,以上云云,也许只是其中的一小部分。但是,即从我们所推想的这一些看来,也就不难体会出伟大的领袖对老根据地的人民和战士是多么关切和热爱,从“望断”两字所流露出来的感情又是多么深厚和真挚！诗词中写景，大都为抒情而设，不是单纯描写背景，所以往往情景交融，耐人寻味。这种实例，在毛泽东同志诗词中经常可以遇到，我们以前也已经指出，这里又是一例。

三四两句是壮语，而且是诗词中从来少见的壮语，真是惊人之句！用“不……非”双重否定的句式，表现了坚强的意志，语气也极斩截有力。“屈指”句，承上“望断”来。“望断”是远，由远自然就想到计算行程。“二万”是个大数目，但就红军来说，却是纪实。从1934年10月开始长征，到攀越六盘山，历时已有一年；所过的地方有福建、江西、广东、湖南、广西、贵州、四川、云南、西康、甘肃十省；其间迂回曲折地经历了万水千山，有些地方还曾来回跋涉过好几次。所以，“二万”里决非夸张。不夸张而自然惊人，愈觉其壮。过去的词人中辛弃疾最喜作壮语，但像“八百里分麾下炙，五十弦翻塞外声”①之类，比起毛泽东同志的这两句来，气魄显然差远了。

红军走了二万里，战胜了途中所遇到的一切严重困难，事实已经证明红军是英雄好汉。可是，毛泽东同志又提出了进一步的要求：“不到长城非好汉”，这是一个响亮的口号，它集中地体现了当时红军的共同愿望，它也鼓舞了所有的战士，使他们更加坚定信心，鼓足勇气，在已经取得辉煌胜利的基础上争取更大的胜利。特别值得注意的是，这一口号在当时还有着极其重大的政治意义。这里需要简单地讲一点历史。原来1935年1月遵义会议以后，毛泽东同志率领中央红军继续北上，经过许许多多的战斗，终于在6月中旬，与川陕区的第四方面军在川西懋功（今小金）会合。这时在第四方面军工作的张国焘坚持右倾机会主义的逃跑路线，不接受毛泽东同志的多次教导和劝告，不服从党中央北上抗日的命令，擅自率领一部分红军向川康边境退却，后来甚至宣布成立伪中央，进行叛党活动和分裂阴谋。几经挫折，使红军受到了重大损失。当时，党中央和毛泽东同志同张国焘进行了坚决的斗争，坚持北上抗日的主张，终于取得了胜利。“不到长城非好汉”，就这一斗争来说，是一个伟大的号召，因

① 这是《破阵子·为陈同父赋壮词以寄之》里的两句，词见《稼轩长短句》卷八，古典文学出版社1957年影印本。

为长城有一部分蜿蜒于陕北一带，而陕北正是抗日的前线，也正是红军预定要到达的目的地，所以“不到”句就是说不到陕北，不坚决贯彻北上抗日的主张，就不能算真正的英雄好汉。由此可见，这句话有着具体的政治内容和巨大的教育作用。如果仅仅看成一般的壮语，那就是对它的深刻涵义还没有很好地理解了。

以上四句，已经说到攀越情事，但还是暗写。“六盘山上高峰”句才点明本题，补出攀越之处。这一句同《会昌》词的换头极其相似，但下一句却完全不同。那里就山写去，这里不再说山，而以特笔描写红旗，显得非常突出。“漫卷西风”的“漫”字，有丰富的涵义，值得细加体会。“漫”是自由自在的意思。当时红军战士，千军万马，云集六盘山一带，把红旗高高地插在山的顶峰，让它舒卷自如，这说明了什么呢？红旗是革命的旗帜，是胜利的象征，红旗从井冈山一直打到六盘山，这就说明了革命正在发展，长征已经取得重大胜利，马克思列宁主义具有不可战胜的力量，而帝国主义及蒋介石等辈则是完全无用的；这也说明了党所领导、教育的红军有着顽强的革命乐观主义精神，即使经历了千辛万苦，仍然胸怀坦荡，屹立不摇，充分地表现了高度的自豪感。这些意义都从“漫”字逗出，这又是词约义丰的一例。“红旗漫卷西风”，有人译成“红旗在西风中自由自在地舒卷着”，有人则译为“红旗随意地卷着西风”。后一译法，把“西风”看成是被“红旗”卷来的，这就更显出红旗的威力，句子也似乎更为劲健有力了。

“长缨”象征坚强的革命力量；“在手”是说有信心，有把握；“苍龙”指当时的敌人。这两句是说红军到达六盘山，打开了新局面，胜利已经在望，这好像是有了长缨在手，就不愁缚不住苍龙了。“何时”句，故用问句，推宕有味。这一句不是对革命终将取得胜利还有什么疑问，而是表示战士们奋勇争先渴望杀敌的急切心情。“革命力量”、“反动势力”一类的词语写进旧体词里都不容易，毛泽东同志用“长缨”、“苍龙”等字面来表示，既贴切，又新鲜。这种创造性地使用固有词语，也是非常值得学习的。

全词雄浑豪放，磊落英多，充分表现了伟大领袖和红军战士坚定的革命意志和豪迈的思想感情，是一首极富感染力量的杰作。有人说:词中充满着革命乐观主义情绪、远大的预见和坚强的自信。它是战斗前进的胜利鼓吹曲,是振奋人心、激扬斗志的宣言书。读了它,一种无坚不摧、奋发有为的意志不禁油然而生①。又说:当时的"苍龙"早已被我们缚住,帝国主义、封建主义、官僚资本主义在中国的反动统治早已被我们推翻。但是,对于崇高伟大的共产主义事业来说,这还只是万里长征的第一步。在我们面前,还有一个一个的"六盘山"等待我们去攀登,还有大大小小的困难需要我们去征服。现在,重温毛泽东同志这首词,就好像面聆毛泽东同志的教导一样。毛泽东同志充满革命乐观主义的伟大豪语,依然像二十几年前激励着我们、鼓舞着我们②。这两段话说得很好,我读《六盘山》词,也有同样的感想。

【备考】

1961年9月30日,《宁夏日报》刊载了毛泽东同志手书的《六盘山》词,并在词后加了一个《编者注》;此外,还刊出了以《毛主席走过的地方》为题的专页,介绍六盘山的各项情况。读此词时,可取以参考。

沁园春·雪

一九三六年二月

北国[1]风光[2],千里冰封[3],万里雪飘。望长城内外,惟余莽莽[4];大河[5]上下,顿失滔滔[6]。山舞银蛇[7],原驰蜡象[8],欲与天公[9]试比高。须[10]晴日,看红装素裹[11],分外[12]妖娆[13]。　　江山如此多娇,引无数英雄竞折腰[14]。惜秦皇[15]汉武[16],略输文采[17];唐宗[18]宋祖[19],稍逊风骚[20]。一代天骄[21],成吉思汗[22],只识弯弓[23]射大雕[24]。俱往矣[25],数风流

① 1961年10月8日,《中国青年报》刊登毛泽东同志为宁夏回族自治区同志所写的此词手稿,后附报纸编者所加按语。这里所引就是按语里的话。

② 也是上引按语里的话。

人物[26],还看今朝。

【注释】

[1] 北国:北方。

[2] 光:风景;景色。

[3] 冰封:为冰所封闭。

[4] 莽莽:无边无际的样子。

[5] 大河:指黄河。古代以“河”为黄河的专称,也称大河。

[6] 滔滔:大水滚滚流动的样子,也用来形容水势的盛大。

[7] 山舞银蛇:披覆着白雪的群山,蜿蜒夭矫,宛如银色的长蛇在舞动。

[8] 原驰蜡象:原注:“‘原’指高原,即秦晋高原。”按:这句话是说为白雪掩盖的秦晋高原,丘陵起伏,好像蜡色的象群在奔驰。秦晋高原,“秦”指陕西,“晋”指山西。陕西省的大部分和山西省的全部都是高原地带(属黄土高原),地理书上称为秦晋高原。又按:“蜡象”,毛主席手稿原作“腊象”,“腊”指古代的真腊国(今柬埔寨及越南、泰国各一部),其地产象,故云“腊象”。后改“蜡象”,指白色的象。此从改定稿。

[9] 天公:本指天帝,这里指天。

[10] 须:待,等到。

[11] 红装素裹:红装本指女子盛妆。古乐府《木兰诗》:“当户理红妆。”这里是说太阳的红光。素裹本指穿着素色的丝绢。这里是说白雪包裹着大地。“红装素裹”,指红日和白雪上下交辉的艳丽景色。

[12] 分外:格外;特别。分,读 fèn。

[13] 妖娆:娇媚艳丽。

[14] 折腰:原谓拜揖,引申为倾倒、崇敬之意。

[15] 秦皇:指秦始皇嬴政(公元前 259——前 210)。秦始皇只称秦皇,这是所谓“节缩”,古书中常有此例。如荣启期只称荣期,东方朔只称东朔(或方朔),诸葛亮只称诸葛之类就是。下文汉武、唐宗、宋祖,也与此同。

[16] 汉武：指汉武帝刘彻（前157——前87）。

[17] 略输文采：才华稍为差一些。文采，本指辞采、才华。这里就秦皇、汉武说，兼有文治的意味。文治包括政治、经济、文化等方面的成就。

[18] 唐宗：指唐太宗李世民（598——649）。

[19] 宋祖：指宋太祖赵匡胤（927——976）。

[20] 稍逊风骚：与"略输文采"意义大致相同。风骚，本指《诗经》和《楚辞》（"风"是《诗经》里的十五国风，"骚"是《楚辞》里的《离骚》，后来用以代表这两部书），引申来用做文学作品的代称。这里指文藻，也含有兼指文治的意味。

[21] 天骄："天之骄子"的略语。汉朝人称北方的匈奴为天之骄子，意思是说匈奴为天所骄纵宠爱，故能如此强盛。《汉书》卷九十四《匈奴传》："胡者，天之骄子也。"胡，指匈奴。以后相承指与汉族相对抗的外族为天骄。

[22] 成吉思汗：即元太祖（1155——1227），姓乞颜特·博尔济锦，名铁木真。成吉思汗是他的尊号。汗是"可汗"（kè hán）的略语，本读平声，这里读去声。

[23] 弯弓：引弓，拉满弓准备放箭。

[24] 射大雕：雕一作鹛，是一种比鹰更猛的鸟。《史记》卷一〇九《李将军列传》："生得一人，果匈奴射雕者也。"又北魏秦王干、北齐斛律光、隋长孙晟、唐高骈等都有射雕事，分见各史本传。按：雕鸟飞得又高又快，不易射中，所以古代每以射雕为能手。

[25] 俱往矣：都已过去了。

[26] 风流人物：本指举止潇洒、富有才华的人。这里指杰出的英俊人物，如战斗英雄、劳动模范之类。

【赏析】

1945年秋，毛泽东同志在重庆与国民党进行和平谈判，柳亚子先生索句，毛泽东同志手书此词以赠，有人因认为即作于此时。然考柳先生和词手稿云："次韵和毛润之初行陕北看大雪之作，不能尽如原意也。"[1]润之，毛泽东同志字。据此，则实作于初到陕北时。那时毛泽东同志率领中央红军与陕北红军会合还只有几个月，所以说是"初行"，若是作于1945年，那已是相隔10年，决不能说是"初行"了[2]。

这首词的题目是"雪"，词中描写了北方的大雪。北方下雪是不同于南方的。作者首先抓住了这个区域性的特色，一开始就写出了一个漫天飞雪，遍地坚冰的壮伟的场面。首句指明地点，虽是泛说，却有笼罩全局的作用。二三两句紧承起句，写得十分开阔，有了这两句就把第一句所说的"风光"落实了。"千里"、"万里"，极言降雪地区之广；"冰封"、"雪飘"，极写严冬寒威之烈。这八个字是对北方大雪的特殊景象作总的描写，有很强的概括力，语势也错落有致。"望长城"以下七句，进一步描写"北国风光"的具体内容。"望"字是领字[3]，从"长城"一直贯到"试比高"，表明这些都是眺望所见。作者眺望时，想是置身高处，站得高所以望得远。当时望见了长城，可是它已改变了本来面目，内外相连，形成苍莽无尽的白茫茫一片；望见了黄河，可是它的上下游全结了冰，也已失去了过去那种滔滔滚滚的气势；又望见了一些山和秦晋高原的丘陵，它们连绵起伏，有的像银色的长蛇在舞动，有的像蜡色的象群在奔跑，而且都一眼看不到边际，望去像是同远处的天空比高似的。这几句没有一个字说雪，但却句句是雪，而且句句是北方的大雪，他处挪移不得。"银蛇"、"蜡象"是形象化的比拟，给人以鲜明生动的感觉。"余"字"失"字"舞"字"驰"字，也都下得贴切精工，一字抵人千百。这几句不但写出了雪的外貌，同时也写出了雪的气魄，雪的精神。静止的大自然，一经诗人妙笔点染就活起来了。前人常说：诗中有画。其实毛泽东同志的诗词与其拿画来比拟，还不如拿电影来比拟。就像这里的几句不就是一些极其逼真、极其动人的镜头吗？

当前的雪景，上面几句已经写足。"须晴日"以下，妙在又从雪后

---

① 见《柳亚子诗词选》卷首影印的柳亚子先生手迹。

② 1961年10月22日《文汇报》，有《渝州叶正黄》一文，对毛泽东同志此词的写作年代有较详细的考证，可以参看。

③ 领字是一句或几句领头的字。用以提起下文。如柳永《八声甘州》词"对潇潇暮雨洒江天"、"渐霜风凄紧"、"叹年来踪迹"等句里的"对"、"渐"、"叹"等字就都是领字。

着笔，设想出红日白雪交辉互映的奇丽景象，使人仿佛看见溶溶漾漾的一片晴光。这三句同上面的十句比起来，一实一虚，一详一略，用笔灵活变化，绝不板滞。“分外妖娆”四字，极赞景色之美，这是指雪晴而言，但也连带地赞美了大雪正落时。因为已晴之后既然“分外妖娆”，那末，未晴之前当然也是“妖娆”的。我们读到这里，还可以进一步推想：冬天的景色如此，那末，春天更可知；北方的景色如此，那末，南方又可知。作者对祖国大好河山的无限热爱，正是从这些地方可以参会出来。

换头“江山如此多娇”，一方面总束上段，一方面又领起下文，是一篇中关键性的句子，过渡得极为巧妙。“引无数”句的“引”字，也接得又自然，又挺劲。江山既然如此多娇，英雄们倾倒备至，是当然的结果，因此说“自然”。上面是写景，此句转入评论人物，更端另生新意，有异军特起之势，因此说“挺劲”[①]。“无数英雄”四字，包括了历史上所有的杰出人物，下面所举的秦皇、汉武等人只是几个代表而已，但也已经足以概括其他。“惜”字也是领字，以下接连铺叙七句，而又分三层，同上段“望长城”七句结构相同。但那里是空间的描写，这里是时间的叙述；那里是静中有动，这里是夹叙夹议。就笔势论，都是气盛言宜，累累如贯珠，各极兴酣墨饱之致。秦皇以下几个人，都是旧时代的英雄，他们在当时虽说雄才大略，不可一世，但拿今天的眼光来看，文采风流仍觉不足；成吉思汗有武功而无文治，那就更差一些。“略输”、“稍逊”和“只识”，同是评价古人，而意存分别，造语遣词，极有分寸。“俱往矣”一句，撇开过去，用虚字“矣”以唱叹出之，韵致绝佳。“数风流”二句，折入今天，热情洋溢地歌颂了新时代，歌颂了新时代的风流人物，从这里可以看出作者对祖国的伟大未来的坚强的自信。全词至此结束，结得兴会淋漓，有余不尽，更是意味深长，精神振动。

这首词是咏雪的词，也就是所谓“咏物词”。咏物词向来公认难作。如宋张炎就说：“诗难于咏物，词为尤难。”[②]清彭孙遹说：“咏物词

① 况周颐《蕙风词话》卷一：“换头另意另起，笔宜挺劲。”（人民文学出版社 1960 年排印本）。

②《词源》卷下，《词话丛编》本。

极不易工。"[①]吴衡照也说:"咏物虽小题,然极难作。"[②]为什么难作难工呢?第一,咏物总要刻画,总要写得像这个"物",不能可彼可此,咏白梅的也可以移来咏梨花。但是,如果刻画的太多了,太像了,却又不好。这是因为过于刻画,过于求"像",就不免堆砌典故,堆砌词藻,寸步不离,唯恐失之,结果雕绘满纸,写得像谜语一样,毫无韵味。清况周颐说:"问:咏物如何始佳?答:未易言佳,先勿涉呆。一呆典故,二呆寄托,三呆刻画、呆衬托。去斯三者,能成词不易,矧复能佳?"[③]邹祗谟说:"咏物固不可不似,尤忌刻意太似。"[④]这些话正好说明这个道理。第二,咏物词写得不即不离,不粘不脱,似此物又不似此物,已经很不容易,但即使到此地步,也还不是上乘。这是因为只在圈子里打转,没有跳出圈子外,能"取形"还不能"取神"[⑤],所以读起来总觉气度局促,意尽于词,没有弦外之音,味外之味。况周颐说,"名手作词,题中应有之义,不妨三数语说尽,自余悉以发抒衿抱。"[⑥]又说:"题中之精蕴,佳;题外之远致,尤佳。"[⑦]刘熙载说:"昔人词……咏物隐然只是咏怀,盖其有我在也。"[⑧]这些话恰好又说明了另一道理,那就是咏物词必须既能尽"题中精蕴",又能有"题外远致";而要有题外远致,又必须把咏物咏怀打成一片,描写抒情合而为一,使咏物之中隐然有作者的思想感情志趣个性乃至整个人格在。这样,主客观完全统一,咏物而不为物所拘,意境气魄自然就深厚阔大,韵味丰神也自然就隽永闲远了。

我们拿上面所引词家的理论来比照毛泽东同志的这首词,显然可以看出它完全符合咏物词的传统要求。它的上段描写北方雪景,工丽而又阔大,已把题中精蕴抉发无遗;下段由江山谈到人物,不再

---

①《金粟词话》,《词话丛编》本。

②《莲子居词话》,《词话丛编》本。

③《蕙风词话》卷五。

④《远志斋词衷》,《词话丛编》本。

⑤"取形不如取神",也是《远志斋词衷》里论咏物词的话。

⑥《蕙风词话》卷一。

⑦《蕙风词话》卷五。

⑧《词概》,《词话丛编》本。

拘泥于咏雪，而意气风发，议论纵横，作者的识见、衿抱、理想都从字里行间很自然地流露出来，题外远致更令人挹之不尽。尤其难得的是，“雪”是个极熟的题目，咏雪之作，光是词也就有不少脍炙人口的作品。可是，毛泽东同志此词，脱尽前人窠臼，精工而不纤巧，豪放而不粗疏，且全词一气呵成，组织绵密，又有新思想贯串其中，读了使人奋发向上，得到极大的鼓舞。在咏物词中达到了最高最美的境界，可以说是无上上乘。此词一出，即流传万口，被推为古今绝唱，柳亚子先生在和词中也盛致推许①，这实在不是偶然的。

【备考】

《柳亚子诗词选》有柳亚子先生和毛泽东同志词，附录于次，以资读者并玩：

沁园春

次韵和毛主席咏雪之作，不能尽如原意也。

廿载重逢，一阕新词，意共云飘。叹青梅酒滞，余怀渺渺；黄河流浊，举世滔滔。邻笛山阳，伯仁由我，拔剑难平块垒高。伤心甚，哭无双国士，绝代妖娆。　才华信美多娇，看千古词人共折腰。算黄州太守，犹输气概，稼轩居士，只解牢骚。更笑胡儿，纳兰容若，艳想秾情着意雕。君与我，要上天下地，把握今朝。

七律·和柳亚子先生[1]

一九四九年夏

饮茶粤海[2]未能忘，索句[3]渝州[4]叶正黄[5]。
三十一年还旧国[6]，落花时节[7]读华章[8]。
牢骚[9]太盛防肠断[10]，风物[11]长宜[12]放眼量[13]。
莫道昆明池水[14]浅，观鱼胜过富春江[15]。

---

④ 见《备考》。

【注释】

[1] 柳亚子先生(1887——1958):江苏吴江人,初名慰高,后更名弃疾,字安如,改字亚庐、亚子。早年积极参加旧民主革命,为南社(清末著名文学社团之一,1909年成立)发起人之一。后又参加新民主主义革命,奔走颇力。1949年,中华人民共和国成立以后,当选为中央人民政府委员和全国人民代表大会常务委员会委员。一生尽力于诗词的创作。早年所作,声情激越,富有爱国精神。后期颇多反对旧统治、歌颂新社会、赞扬无产阶级革命战士的作品。曾著《磨剑室诗集·词集·文集》,有《柳亚子诗词选》行世。

[2] 粤海:广州。广州,古粤(字又作越)地,又滨海,故称粤海。

[3] 索句:求毛泽东同志的作品。

[4] 渝州:重庆。隋唐时置渝州,即今重庆地。

[5] 叶正黄:指秋天。

[6] 三十一年还旧国:毛泽东同志第一次到北京,在1918年9月间,到1949年3月再到北京,相隔已31年。旧国,旧都。古时称都邑叫"国"。时北京尚未建都,故称"旧国"。

[7] 落花时节:指春天。杜甫《江南逢李龟年》诗:"落花时节又逢君。"

[8] 华章:华美的篇章,对别人作品的敬称。

[9] 牢骚:烦闷;抑郁不平。

[10] 肠断:形容极度悲伤。江淹《恨赋》:"行子肠断,百感凄恻。"

[11] 风物:景物。陶潜《游斜川》诗:"天气澄化,风物闲美。"

[12] 长宜:常应。

[13] 放眼量:放眼,扩大眼界,放宽尺度;量,衡量。

[14] 昆明池水:昆明,指北京西郊颐和园内的昆明湖,本名西湖,清乾隆时改今名。昆明湖的取名,本于汉武帝时在京城长安穿凿的昆明池。杜甫《秋兴八首》之七:"昆明池水汉时功。"所以这里也称"池水"。

[15] 富春江:浙江省的主要河流,在桐庐、富阳两县间的一段,

叫富春江，下接钱塘江。东汉初，隐士严光（字子陵，余姚人）曾游钓于此。诗里的富春江是用来比柳亚子先生的家乡吴江的分湖的。柳先生诗有“分湖便是子陵滩”之句，所以毛泽东同志就用富春江来作比。

【赏析】

柳亚子先生是一位典型的诗人，他有热烈的感情，豪放的才气，卓越的器识，一生写了许多好的诗词。尤其难得的是，他不仅是诗人，而且还是革命家。从清末以来，他就积极参加革命活动，早年追随过孙中山先生，后来又倾向马克思主义，特别景仰毛泽东同志①，思想能够随着时代不断进步。他对帝国主义和国民党反动派深恶痛绝，一直不屈不挠地进行着坚决的斗争。这样的诗人，不是一般吟风弄月的文士，而是爱国的、进步的、有骨气的、爱憎分明的战士。他大节凛然，有着可贵的性格。毛泽东同志很看重这样的诗人，因而同他有交往，有唱酬；这首诗就是赠给他的。

谈到交往，应该约略地叙述一下毛泽东同志和柳亚子先生之间的一段友谊，因为这同理解这首诗很有关系。

到这次赠诗的时候为止，毛泽东同志和柳亚子先生一共有过三次聚会。第一次在广州，时间是1926年的春天。那时毛泽东同志正主持著名的农民运动讲习所，积极从事革命活动，柳亚子先生也因参加国民党的中央会议而来广州，所以彼此见了面。第二次在重庆，时间是1945年抗日战争胜利以后。当时，毛泽东同志为了满足全国人民的喁喁热望，抱着大无畏的精神，由陕北飞到重庆，同国民党进行和平谈判。而柳亚子先生恰巧也在重庆，于是又见了面。这一次，柳亚子先生曾写了一首七律呈毛泽东同志并索句，毛泽东同志也手书有名的《沁园春·雪》词送他，后来还约他到红岩村八路军办事处

---

① 柳亚子先生在与毛泽东同志会见的前两年，即1924年，曾有《空言》一诗云：“孔佛耶回付一嗤，空言淑世总非宜，能持主义融科学，独拜弥天马克思。”（《柳亚子诗词选》第53页，人民文学出版社1959年版）可见柳亚子先生很早就倾向马克思主义了。毛泽东同志到陕北后，他又多次寄诗延安，尤见景仰之深。

谈过一次话。在这两次会晤的中间一段时间以及第二次会晤以后，柳亚子先生有好几次寄诗给毛泽东同志，毛泽东同志也有回信，双方文字上的来往是不少的。1949年2月底，柳亚子先生应毛泽东同志电召由香港北上，3月18日到北平（时尚未建都改名），25日，毛泽东同志莅平，柳亚子先生到机场迎迓，这就第三次会见了毛泽东同志。这天夜里，毛泽东同志宴客于颐和园益寿堂，柳亚子先生也应邀参加，归后写了三首诗，里面有几句说："二十三年三握手，陵夷谷换到今兹。珠江粤海惊初见，巴县渝州别一时……"[①]这几句话恰好地把三次会晤都说到了。过了几天，柳亚子先生写了一首《感事呈毛主席》[②]。4月29日，也就是写诗的一个月之后，游园归来，就得到毛泽东同志赠他的诗。这就是这首七律[③]。

诗的起句，首先就提到第一次聚会。柳亚子先生1941年寄诗给毛泽东同志，有句云："云天倘许同忧国，粤海难忘共品茶。"[④]也提到"品茶"，也说"难忘"，可见这一次双方留下的印象都是很深的。到过广州的人都知道那里有许多茶楼，可以品茗谈心。毛泽东同志和柳亚子先生大概就是在这种茶楼里欢会高谈的。次句接着写第二次聚会。这一次，毛泽东同志在重庆耽搁了40多天，同柳亚子先生交往较多，柳亚子先生写了好几首诗，其中一首云："阔别羊城[⑤]十九秋，重逢握手喜渝州。弥天大勇诚能格，遍地劳民战倘休。霖雨苍生新建国，云雷青史旧同舟。中山卡尔[⑥]双源合，一笑昆仑顶上头。"[⑦]诗里对毛泽东同志赤心为民为国、毅然来渝谈判的伟大精神极为推崇，可以说是"情见乎辞"。又一首云："后车载我过磻溪，骏骨黄金意岂迷……最难鲍叔能知管，倘用夷吾定霸齐。心上温馨生感激，归来絮

---

① 《柳亚子诗词选》第194页，人民文学出版社1959年版。

② 《柳亚子诗词选》第197页，人民文学出版社1959年版。

③ 柳亚子先生有《四月二十九日上午，偕鲍德作园游，归得毛主席惠诗，即次其韵》诗（《柳亚子诗词选》205页）。据此，知毛泽东同志赠诗在此时。

④ 《柳亚子诗词选》第108页，人民文学出版社1959年版。

⑤ 广州古称五羊城，也简称羊城。

⑥ 中山、卡尔，指孙中山、马克思。

⑦ 《柳亚子诗词选》第143页，人民文学出版社1959年版。

语告山妻。”[1]又一首云：“得坐光风霁月中，矜平躁释百忧空。与君一席肺肝语，胜我十年萤雪功……”[2]此外，柳亚子先生还有几首诗，有的是得到毛泽东同志手书之后写的，有的是题毛泽东同志绘像的[3]，有一诗里面说：“冠裳玉帛葵丘会，骥尾追随尚许从。”[4]从这些诗里显然可以看出毛泽东同志对柳亚子先生的极为深刻的影响，也可以看出柳亚子先生对毛主席的五体投地的倾倒。这些都是在重庆时的事，可见“索句渝州”句可以连带地引起许多回忆，有着丰富的内容，不是仅仅指手写《沁园春》词相赠一事而言。这一句的“叶正黄”，明点出秋天。第一句没有说时间，但据柳亚子先生一首诗里的自注“1926 年春夏之交，余与季恂、绍裘暨超弟先后赴广州”[5]，又据何香凝先生《纪念柳亚子先生》一文所记“一九二六年中山舰事件发生之后，蒋介石暴露了他背叛革命的阴谋，当时会议（指国民党二届二中会议）尚未闭幕，亚子先生就离开广州了”[6]；可知毛泽东和柳亚子先生在广州会晤，大约在 3、4 月间，至迟在 5 月。因为 5 月下旬国民党的会议就闭幕了[7]。

三四两句，写第三次聚会，用流水对法[8]，语势流走，最是律诗中高格。上文提到，柳亚子先生 3 月 28 日曾经写了一首《感事呈毛主席》，“华章”大概即指此[9]。这首诗说：“开天辟地君真健，说项依刘我大难。夺席谈经非五鹿，无车弹铗怨冯驩。头颅早悔平生贱，肝胆宁忘一寸丹！安得南征驰捷报，分湖便是子陵滩。”自注：“分湖为吴越

---

①《柳亚子诗词选》第 148 页，人民文学出版社 1959 年版。

②《柳亚子诗词选》第 148 页，人民文学出版社 1959 年版。

③《柳亚子诗词选》第 148 页，第 149—151 页有《十月六日得毛主席书问佩宜无恙否，兼及国事，感赋二首，再用溪中韵》、《十月六日题毛主席之绘像》及《十月七日，毛主席书来，有“尊诗慨当以慷，卑视陈亮、陆游，读之使人感发兴起”云云，赋赠一首》等三首。

④《柳亚子诗词选》第 151 页，人民文学出版社 1959 年版。

⑤《柳亚子诗词选》第 207 页，人民文学出版社 1959 年版。季恂，姓朱；绍裘，姓侯。

⑥ 1959 年 6 月 21 日《人民日报》第 8 版。

⑦ 柳亚子先生自己虽说是“春夏之交”，但据何香凝先生此文，实在春季。

⑧ 诗中属对的上下两句，意思连贯而下的，叫流水对。

⑨ 柳亚子先生在北上途中以及到平以后，写了很多的诗。这些诗也许都送给毛泽东同志看过。但玩“牢骚太盛”之句，“华章”似只指《感事呈毛主席》一诗。

间巨浸，元季杨铁崖曾游其地，因以得名。余家世居分湖之北，名大胜村。第宅为倭寇所毁，先德旧畴，思之凄绝！”[①]诗题中的“感事”，不知何指，但就全诗来看，却是大发牢骚，很有情绪。柳亚子先生多年奔走革命，向往中国共产党和毛泽东同志，这次真个到了北平，看到全国即将解放，革命大业即将完成，照说应该欢欣鼓舞兴高采烈的——柳亚子先生在北上途中写了许多诗也确乎表现了这种心情。可是，到写这首诗的时候，不知为什么，心里忽而有了另外的想法。细玩诗中“说项依刘我大难”以及“无车弹铗”、“头颅早悔”等句，似乎对自己的政治待遇还不够满意。末句“分湖便是子陵滩”，更是明白说出要回家乡做隐士，大有怏怏之意。这大约仍是旧知识分子患得患失的常态，心胸既狭隘，眼界就不广，对当时的大好形势没有足够的认识；对自己也缺乏恰如其分的衡量。这样，思想上有些问题想不通，是很自然的[②]。

五六两句，正是针对柳亚子先生的这种思想情况而发的。“牢骚太盛防肠断”，是说不要感情易于冲动，遇到小不如意就发牢骚以致影响健康(当时柳亚子先生已经是63岁的高龄，健康状况并不好)；“风物长宜放眼量”，是说对于一切事物都要看得远些，看得全面些，不要只把眼光局限于个人的得失和眼前的利益上。事事能从大处着想，从几亿人民出发，小我的一切自然就渺小不足道了。这两句，特别是后一句，不但对柳亚子先生是很好的箴规和开导，就是对一切思想还没有改造好的人也都有深刻的教育意义，简直是可以当做座右铭的。

结尾两句又针对柳亚子先生归隐的想法提出劝告。吴江分湖的风景虽然比得上富春江，但严子陵式的人物已经不是今天所需要的了。毛泽东同志电召柳亚子先生北上，是要他参加人民政治协商会议共襄大计的，柳亚子先生在政协里大可施展长才，何必回去垂钓

① 《柳亚子诗词选》第197页，人民文学出版社1959年版。

② 柳亚子先生有《次韵和必武见寿新诗，分寄毛主席及伯渠、玉章、特立、弼时、恩来、颖超诸同志》诗，里面说：“平生管乐衿期在，倘遇桓昭试一匡。”(《柳亚子诗词选》第134页，人民文学出版社1959年版)他自比管仲、乐毅，希望遇到像齐桓公、燕昭王那样的人，能把大权交给他，让他试一试一匡天下的本领。这样的想法显然是对时势、对自己都没有作出正确的估计，自然也就不能实现；既不能实现，于是发牢骚，想回乡，可见这些都是思想问题。

呢？国家初建，经纬万端，又哪里是隐居的时候呢？这两句是诗的语言，它只拿昆明湖和富春江来作对比，就把上面这些意思又具体又委婉地表现出来；孰得孰失，何去何从，也显然说得再明白没有了。柳亚子先生得诗之后，接连和了好几首，其中有句云："昆明湖水清如许，未必严光忆富江。"①又云："昌言吾拜心肝赤……风度元戎海水量。倘遣名园长属我，躬耕原不恋吴江。"②又云："名园真许长相借，金粉楼台胜渡江。"③这些句子都说明了柳亚子先生对毛泽东同志十分感戴、十分心折，南归之意很快地就打消了。

这是一首友朋间来往的诗，可是，却不同于一般酬应之作。诗中有往事的追忆，有友谊的叙述，有深厚而真挚的感情，有精邃而透辟的哲理，读了使人自然眼界开阔，心气和平。感染力和说服力之强，可以说是各造其极。对这种诗，多读，多领会，它的好处是会终身受用不尽的。

浣溪沙·和柳亚子先生

一九五〇年十月

一九五〇年国庆观剧，柳亚子先生即席赋《浣溪沙》[1]，因步其韵奉和[2]。

长夜[3]难明赤县[4]天，百年魔怪舞翩跹[5]，人民五亿不团圆[6]。　　一唱雄鸡天下白[7]，万方[8]乐奏有于阗[9]，诗人兴会更无前[10]。

【注释】

[1] 即席赋《浣溪沙》：即席，当场。赋，是写作的意思。文人作诗填词也有时说"赋"。柳亚子先生所写的词，见"备考"。

---

①《柳亚子诗词选》第 205 页，人民文学出版社 1959 年版。

②《柳亚子诗词选》第 208 页，人民文学出版社 1959 年版。"名园"指颐和园，时柳先生寓居园内。

③《柳亚子诗词选》第 208 页，人民文学出版社 1959 年版。

[2] 因步其韵奉和：步韵是和韵的一种。和韵就是用别人诗词中的原韵，又分三种：(1)依韵，即与原作同在一韵中而不必用原字；(2)次韵，即用原韵，连先后次序也相同；(3)用韵，即用原韵而不依照它的次序。步韵就是次韵，一步一趋，像人行步相随，所以叫步韵。奉和，奉是敬称，用于动词前。和，指作和词。

[3] 长夜：漫长的黑夜。宁戚《饭牛歌》："长夜漫漫何时旦？"(《古诗源》卷一，《文选》卷十八《啸赋》注，"漫漫"作"暝暝"。)

[4] 赤县：《史记》卷七十四《孟子荀卿列传》："中国名曰赤县、神州。"后来因用为中国的别称。

[5] 百年魔怪舞翩跹：百年，从 1840 年鸦片战争起到 1950 年已经有一百多年，"百年"是举成数。魔怪，指帝国主义及国内各式各样的反动统治者。翩跹(读 piān xiān，也作蹁跹，跰跹)，舞的样子。《文选》卷四左思《蜀都赋》："纡长袖而屡舞，翩跹跹以裔裔。"

[6] 人民五亿不团圆：我国人口，据 1954 年 11 月国家统计局公布，共六亿一百九十三万余人。1950 年尚未全面调查，所以这里根据当时的估计数说是"五亿"。不团圆，是说各族人民在国内外反动势力统治之下，不能亲密地团结在一起，过着美好幸福的生活。

[7] 一唱雄鸡天下白：李贺《致酒行》："雄鸡一声天下白。"(《李长吉歌诗》卷二)

[8] 万方：过去指万国万族，这里是说各地、各族。

[9] 于阗(yú tián)：汉代西域诸国之一，在今新疆维吾尔自治区。这里指新疆文工团演奏的音乐。

[10] 兴会更无前：兴会，兴致、兴趣。无前，没有比它上前的，即达到极点之意。"兴会更无前"，是说兴致好极了。

【赏析】

1950 年国庆节，是中华人民共和国成立以后的第一个国庆节，首都开展盛大的庆祝活动。10 月 3 日，各少数民族的文工团在怀仁堂联合举行歌舞晚会，毛泽东同志和老诗人柳亚子先生都出席观看。柳亚子先生当场填了一首词，描写当时的盛况。毛泽东同志也和了一首，这就是上面的这首《浣溪沙》。

词从旧中国多灾多难的时代写起。“长夜难明赤县天”，只一句就既写出过去那一段历史时期的漫长和黑暗，也写出广大人民盼望光明的焦急和殷切，“长”字“难”字表现了多么深沉的感慨！自1840年鸦片战争以来，中国人民在帝国主义和国内反动统治势力的双重压迫之下，一直过着水深火热的生活，号叫呻吟，痛苦达于极点。中间虽然经过不断的挣扎、反抗、斗争，但都归于失败。这“夜”确实是太“长”了。“百年”句，紧承着“长夜”来。“百年”正是“长夜”的具体说明。“魔怪”是妖魔鬼怪，是吃人无厌的东西。这些东西就是骑在人民头上的国内外反动派。在旧中国，反动派多得很。就国外说，有来自欧美的，来自日本的，大大小小的帝国主义；就国内说，有清王朝，有北洋军阀，有蒋帮等等。在一百多年的历史时期中，这些东西，有时此起彼伏，有时串通一气，但不管怎样，它们总是飞扬跋扈，横行霸道，穷凶极恶，肆无忌惮，做尽了一切坏事。毛泽东同志用“魔怪舞翩跹”五个字穷形尽相地描绘了这些东西的罪恶勾当和狰狞面目，使我们仿佛看到了一幅“群丑跳梁图”，真够怵目惊心的！这些东西既然如此猖狂得意，人民的灾难自然异常深重。“人民五亿不团圆”，正是说明了这一点。“不团圆”可以作三种解释：一是指各族之间不能和睦相处；一是指全国分崩离析像一盘散沙，团不到一块儿；一是指人民被压迫被剥削不能安居乐业，也享受不到民主、自由。就填词的实际情况说，也许侧重第一种，因为当时看到各民族的文工团欢聚一堂，既歌且舞，因而想到过去不可能如此，这是很自然的。但这三种意思并不互相排斥，倒是结合起来，才可以更全面地看出“不团圆”的涵义。从清王朝到蒋帮，都是实行民族压迫政策的，对许多兄弟民族一直是歧视和迫害，有时还制造借口，挑起事端，从而残酷地进行镇压。这样，各族之间自然是不会“团圆”的。至于人心涣散，民生憔悴，更是旧中国的显著的症状，可以不消再说了。一部中国近百年史，千头万绪，从何说起，可是，毛泽东同志只用三句话21个字，就把旧时代的主要特点形象地勾画了出来，这实在是高度的艺术的概括！一二两句，富有象征意味和暗示力量，第三句则用直说，这些地方显出用笔的变化,也值得我们注意。

"一唱雄鸡天下白"七字含有极其丰富的意义,可谓精警绝伦!这一句遥接上段"长夜"句来。"雄鸡"是报晓的,是在长夜的最黑暗的时候就开始叫的。"难明"的漫漫"长夜"在鸡唱不已中终于过去了,光明终于到来了,"天下白",不就是晴光滉漾的黎明景象吗?这一句是从唐代天才诗人李贺的"雄鸡一声天下白"脱化来的,但这不是因袭,而是飞跃性的点化,具有高度的创造性。郭沫若同志说得好:"(李贺)这句诗是在象征个人一旦得志便可以名满天下。诗句虽然雄奇、有气魄,但只是在个人名利里打圈子。然而一落到主席的词里,那就完全不同了。……到1949年,在党领导下的人民革命终于胜利了,使全中国人民从一百年的漫漫长夜中得见了天日。这就是'一唱雄鸡天下白'。这里的'雄鸡'已经不是李贺诗句里的个人英雄主义的'雄鸡',而是象征着以马克思列宁主义为旗帜的党。'雄鸡'的'一唱'也就象征着党所领导的人民革命的凯歌。这意思是多么深远宏阔啊!所谓'点石成金',要拿来比拟这一番的点化过程,显然是不那么恰当的。因而我们把这一点化说为飞跃性的点化,这里表现着时代的飞跃、思想的飞跃、艺术的飞跃。"①这是非常正确的说明,可以帮助我们很好地理解这一句。"万方"句可以同上段"人民"句合看。旧中国是各族不能团圆,新中国则是所有的兄弟民族都团结在一个革命大家庭里,亲密无间,融融泄泄。这是几千年历史上从来没有的事,这是党的民族政策的伟大胜利。"万方"指的是各族,"于阗"则只指新疆的少数民族,但举一也就概括了其余。"乐奏"是眼前风光(当时文工团在演奏音乐),通过这一项的描写,也就把晚会上的热闹场面和欢乐气氛表现了出来。"诗人"句,点到柳亚子先生,点到填词。"兴会更无前"是赞诗人,是赞诗人所写的兴会淋漓的词,但也可以扩大一点。郭沫若同志说:"'诗人',从词的产生过程上看,固然是指柳亚子先生,但我认为可以解释得更活脱一点。我认为可以解释为毛主席自己,也可以解释为所有能够歌颂革命的诗人或者文艺

①《一唱雄鸡天下白》,《文艺报》1958年第11期。

工作者。文艺工作者是号称为‘灵魂工程师’的,他应站在时代的最前列,做时代的前茅。时代是空前未有的时代,诗人就应该更提高着兴会来歌颂这个时代。毛主席在日理万机之余,却以诗词来表达了更高度的空前未有的兴会,我们专门从事文艺工作的人就应该以主席为师,乘风破浪,使自己不愧为新时代的歌手。”①前人曾经说过:有作诗之意,有说诗之意。这就是说,作诗的人有自己的意思,解说诗的人也可以引申推阐,提出自己的看法。这种看法也许符合作者原意,也许不一定符合。但只要不是穿凿附会,对读者都有启发作用,都有好处。上引郭沫若同志的话就是很有启发作用的,我们照他所指点的来理解,一定就会觉得“诗人兴会更无前”这句话的意义非常丰富了。

这首词,上下两段,一写旧中国、旧时代,一写新中国,新时代,两两对比,非常鲜明,写法同《送瘟神》很相似。但《送瘟神》是两首诗,这是一首词,又有不同。《送瘟神》的浪漫主义的气氛很浓重,这一首则是写实的,尽管也用了象征手法。这一点,也是两者不同的。

【备考】

柳亚子先生所作的词,见《柳亚子诗词选》第246页,兹附录于后,以供读者参考。

浣溪沙

10月3日之夕,于怀仁堂观伊南各民族的文工团、新疆文工团、吉林省延边文工团、内蒙古文工团联合演出歌舞晚会,毛主席命填是阕,用纪伟大团结之盛况云尔!

火树银花不夜天,弟兄姊妹舞翩跹,歌声唱彻月儿圆(新疆哈萨克民间歌舞有《圆月》一歌云)。 不是一人能领导,那容百族共骈阗,良宵盛会喜空前!

又有一首,题云《叠韵呈毛主席》(见上引书第247页),并录如下:

落魄书生戴二天,每吟佳句舞翩跹。愿花长好月长圆。 平

①《一唱雄鸡天下白》,《文艺报》1958年第11期。

等自由成合作，匈奴南诏更于阗，骅骝开道着鞭前。

浪淘沙·北戴河[1]

一九五四年夏

大雨落幽燕[2]，白浪滔天[3]，秦皇岛[4]外打鱼船。一片汪洋[5]都不见，知向谁边[6]？ 往事越千年[7]，魏武[8]挥鞭[9]，东临碣石[10]有遗篇[11]。萧瑟秋风[12]今又是，换了人间[13]！

【注释】

[1] 北戴河：河北省东北部的大镇，在临榆县南，秦皇岛西。地当榆河入渤海处，山明水秀，风景极好，是避暑胜地。

[2] 幽燕：河北省古称幽燕。幽指幽州，燕指燕国。今河北省一带，唐以前属幽州，春秋战国时属燕国。

[3] 滔天：滔是弥漫的意思。滔天，满天，漫天，形容水势盛大，上与天接。《尚书·尧典》："浩浩滔天。"

[4] 秦皇岛：在临榆县西南，三面环海，冬季不冻，是渤海沿岸很好的商港和渔港。相传秦始皇曾因求仙来此，故名。

[5] 汪洋：水又深又广，无边无际的样子。

[6] 谁边：何处；哪里。

[7] 往事越千年：汉献帝建安十二年(公元207)，曹操北征乌桓(鲜卑人的一支，汉末，占领南匈奴的旧地，成为北方的强敌)，路过碣石，距写此词时已1600多年，千年是举成数。

[8] 魏武：指魏武帝，即曹操(155——220)，汉末谯(今安徽亳县)人，是历史上著名的政治家、军事家，又是杰出的诗人。

[9] 挥鞭：摇动马鞭。这里是说骑马经过。

[10] 碣(jié)石：山名。碣石山的所在，古书中有许多不同的说法。这里指《汉书·地理志》所记的骊成(今河北省乐亭县西南)的大碣石山。这座山汉代还在渤海边，北魏时沦入水中。今河北昌黎县北的碣石山，是另一山。

[11] 遗篇:遗留下来的诗篇,指曹操的《观沧海》,见“备考”。

[12] 萧瑟秋风:萧瑟,秋风吹动竹树之类的声音。一说,是秋风吹拂的样子。“秋风萧瑟”,是《观沧海》的句子。

[13] 人间:人世间。这里指时代、社会或世界。

【赏析】

1957年1月29日,北京《工人日报》影印了毛泽东同志《北戴河》和《游泳》两词手稿,词的前面有致黄任之(炎培)先生的亲笔信,信里说:“去年和今年各填了一首词,录陈审正,以答先生历次赠诗的雅意。”《北戴河》这首词是1954年毛泽东同志在北戴河避暑时写的①。

词的上段写大风雨中的海上景象,劈头第一句,破空而来,起得极为劲健。不说“幽燕大雨落”或“幽燕落大雨”,而说“大雨落幽燕”,突出“大雨”,把它放在显著的地位,使人读了自然会觉得这是一场豪雨,它突然倾盆而下,有着雷霆万钧的声势。“白浪”句,接着写海上“洪波涌起”的巨观。这句表面上似乎只写波浪,但实际上写了大风,这从“滔天”二字可以看出。正因风雨齐来,所以波涛汹涌,海天莫辨,看来一片混茫。这两句形象地写出眼前的壮阔景象,声容并茂,气魄雄伟,9个字便抵得上一篇《海赋》②!

“秦皇”以下三句,换笔写渔船。秦皇岛是渔港,平时渔船很多。在这场风雨未起之前,这些渔船大约也正在海上活动。风雨既作,它们也许早已安全归去,也许还在同惊涛骇浪相搏斗;只是一片汪洋,已经无法看见了。“知向谁边”四字,充分表现了伟大领袖对人民生活的关切和系念,这里面流露的感情是多么深厚啊!渔船在大海里,给人的感觉主要的不是船的渺小,而是海的伟大。这里写渔船,写它消失在迷蒙的海面,也使人感到海的寥阔和浩瀚,对整段的气氛来说,是有着衬托作用的。

---

①《诗刊》创刊号发表了毛泽东同志的18首诗词和一封信,信后,编者加了一段《编后记》,里面说:“这十八首诗词是按照创作时期的先后排列的。”

② 木华《海赋》,是古代描写大海的名篇,见《文选》卷十二。

这一段写大风雨，从陆上写到海上，好像与题目无关，但这些都是从北戴河眺望所见，实际上就是北戴河的景色。北戴河的胜处在观海，出力地描写了海，也就把最主要的特征抓住了。

作者登高望远，看到了许多景物，但等到“一片汪洋都不见”之后，思想活动便又从空间联系到时间，想到历史上一个著名人物也曾来此观过海，而且来时的情况也约略相同。郭沫若同志说；“这里有种种联想，大雨，地望，沧海，秋风，和曹操征乌桓时是相同的……毛主席在写词时因种种客观事物的相同而想到曹操的北征乌桓，这是很值得注意的。”[①]郭沫若同志指出这些，很能帮助我们理解上下两段意念上的联系。篇中“东临碣石有遗篇”一句也为我们提供了线索。当时毛泽东同志想把眼前所见写成韵语，于是忆起了《观沧海》这首名作，这样，自然就想到曹操以及他的一些事迹了。

下段抒写了怀古的心情，也写了因怀古而引起的感想。第一句“往事”二字领起下文。下面的“挥鞭”、“东临碣石”等等，就是“往事”的具体内容。曹操是一个才兼文武的杰出人物，他在建安年间率领大军北征三郡乌桓，5月，到无终(今河北蓟县)；7月，出卢龙寨(今喜峰口、冷口一带)，堑山堙谷，五百余里，过檀河(今河北承德市西)、平刚(今河北平泉县)；8月，越白狼堆(今辽宁凌源县东南)，走九百余里，直达柳城(今辽宁朝阳县南)，旋在凡城(也在平泉县境)大败乌桓和袁尚、袁熙兄弟的联军，斩蹋顿单于，俘获了胡汉二十余万人；9月，胜利班师[②]。这次出征是历史上的一件大事，所获得的胜利也是很巨大的。在班师途中，还曾登临碣石，纵观沧海，写下了千古传颂的诗篇[③]。对于这些，这首词里只用“魏武挥鞭，东临碣石有遗篇”两句来写，这是由于小令不容铺叙的缘故。但有这两句，也就把这位“一世之雄”[④]的武功文事完全概括了。试看，挥鞭跃马，登高赋诗，这不是就把历史上的曹操的形象活画出来了吗？

①《替曹操翻案》，《曹操论集》第52—53页，三联书店1960年版。

② 详可参看《三国志·魏志》卷一《武帝纪》。

③ 指《步出夏门行》里的《观沧海》。《步出夏门行》包含四章诗，《观沧海》是其中的第一章。

④“固一世之雄也”，是宋苏轼《赤壁赋》里描写曹操的话。

“萧瑟”句有三点值得注意：一是描写节序、风物，这一点显而易见；一是点出现在和历史的关合——节序、风物相同，并借这种关合来暗示其他方面的相同；又一是用来反逼出下一句，说明尽管种种客观事物相同，但却有一件最大的不同，那就是“换了人间”。两句一叫一应，联系极紧。这一句和“东临”句都用曹操原诗，只各加了三个字，这样，就使得读过《观沧海》的人更容易引起联想，文学趣味也更加浓厚了。

“换了人间”是说曹操当时是一个时代，而今天又是一个时代，两者完全不同了。曹操当时是一个什么样的时代呢？曹操自己在《蒿里行》一诗里说：“铠甲生虮虱，万姓以死亡。白骨露于野，千里无鸡鸣。生民百遗一，念之断人肠。”[①]与曹操同时的诗人王粲在他的《七哀》诗里也说：“出门无所见，白骨蔽平原。”[②]又说：“百里不见人，草木谁当迟？”[③]这些描写正是当时社会的写照，读了真叫人怵目惊心！解放以后，在党的领导下，人民干劲冲天，意气风发，到处是一片欣欣向荣的景象，社会主义建设正以惊人的速度突飞猛进，中国社会经过改造，也已经变为社会主义社会。这种情况，不但远远不是一千六百多年前的封建社会所能比拟，就是同解放前半封建半殖民地的社会比起来也起了根本的变化。就说北戴河吧，在写这首词的六七年前，它还是帝国主义和官僚买办花天酒地挥霍享乐的魔窟，它的每一寸土地都遭受过污辱和践踏。现在呢，它已恢复了青春，正以优美多姿的风貌，年年迎接到它这儿来休养的劳动人民。这又是多么不同啊！“换了人间”是作者对新时代新社会的歌颂，也是全篇的主题思想所在，4个字热情洋溢，义蕴弘深，尤妙在即以此作结，更觉余味曲包，含蓄不尽。《水调歌头》结句云：“神女应无恙，当惊世界殊”；“世界殊”就是“换了人间”。两词结得约略相似，但却绝不犯复，这是用笔变化处，我们拿来对照着读，自然就会体会出来了。

---

①《曹操集》第4页，中华书局1959年版。

②《全汉三国晋南北朝诗》卷三，中华书局1959年版。

③《全汉三国晋南北朝诗》卷三，中华书局1959年版。这里的“迟”，与“治”同，是料理的意思。

此词同《菩萨蛮·黄鹤楼》词都是上半写景，下半抒情，下半又都由怀古写到现实，结构上也有相似之处。但两篇所表现的思想、情调又有不同。这些地方，互相比勘，对我们读词是会有启发、帮助的。

【备考】

曹操的《观沧海》，见丁福保编《全汉三国晋南北朝诗》上册第119页，原诗云：

东临碣石，以观沧海，
水何澹澹，山岛竦峙。
树木丛生，百草丰茂。
秋风萧瑟，洪波涌起。
日月之行，若出其中；
星汉灿烂，若出其里。
幸甚至哉，歌以咏志。

这首诗，郭沫若同志认为是曹操北征乌桓回军凯旋时作的（见上引《替曹操翻案》一文）；余冠英则认为作于初秋，即建安十二年七月（见《三曹诗选》第60页，人民文学出版社1957年版）。按：初秋正在行军紧张时期，恐无游览风景的余暇，加之“秋风萧瑟”等句也不像初秋景色。所以二说之中，似以郭说为妥。

水调歌头·游泳

一九五六年六月

才饮长沙水，又食武昌鱼[1]。万里长江横渡，极目[2]楚天[3]舒[4]。不管风吹浪打，胜似[5]闲庭[6]信步[7]，今日得宽余。子在川上曰：逝者如斯夫[8]！　风樯[9]动，龟蛇[10]静，起宏图[11]。一桥飞架南北，天堑[12]变通途。更立西江石壁[13]，截断巫山云雨[14]，高峡出平湖。神女[15]应[16]无恙[17]，当惊世界殊[18]。

【注释】

[1] 才饮长沙水,又食武昌鱼:《三国志》卷六十一(《吴志》卷十六)《陆凯传》,记吴主孙皓迁都武昌,老百姓怨声载道,凯上疏谏阻,引当时童谣云:“宁饮建业水,不食武昌鱼。”建业,吴国旧都,故城在今南京市南。

[2] 极目:纵目,放眼,就是就眼力所及,向远处眺望。

[3] 楚天:楚地的天空。武昌,春秋战国时属楚。

[4] 舒:舒展,宽阔。

[5] 胜似:胜过。

[6] 闲庭:清闲的庭院。

[7] 信步:“信”是随意的意思(信手、信口的“信”,都是此义)。“信步”,就是随意散步。

[8] 子在川上曰,逝者如斯夫:二语见《论语·子罕》,原文下面还有一句:“不舍昼夜。”子,指孔子。郑玄注:“逝,往也。言凡往者如川之流也。”皇侃疏:“逝,往去之辞也。孔子在川水之上,见川流迅迈,未尝停止,故叹人年往去,亦复如此,旧我非今我,故云逝者如斯夫者也。斯,此也。夫,语助也。日月不居,有如流水,故云不舍昼夜也。”(《论语义疏》卷五)按:这几句译成白话,就是:“孔子在河边说:一切逝去的都像这样啊,昼夜不停!”

[9] 风樯:风里的帆樯。樯(qiáng),桅杆。

[10] 龟蛇:指龟蛇二山。长江大桥的两端就建筑在龟山和蛇山上。

[11] 宏图:伟大的建设规划。

[12] 天堑:天然的濠沟。《南史》卷十七《孔范传》:“长江天堑,古来限隔。”堑一作壍(qiàn)。

[13] 更立西江石壁:西江,即长江。唐杜牧有《西江怀古》诗(《樊川诗集》卷四),旧注云:“楚人指蜀江为西江,谓从西而下也。”更立西江石壁,是说在三峡地方修筑一道拦水坝。

[14] 截断巫山云雨:指把长江上游的雨水拦住。巫山,在四川巫

山县东南,是巴山山脉的最高峰,因形如巫字,故名。长江由巫山中穿过,就成为巫峡。

[15] 神女:《文选》卷十九有宋玉《高唐赋》、《神女赋》,都记楚襄王梦见神女事。李善注引《襄阳耆旧传》,说神女"自称是巫山之女"。又,陆游《入蜀记》卷六、范成大《吴船录》卷下都说巫山下有神女庙。《吴船录》并引庙中石刻,说神女协助夏禹治水有功,所以人民立庙奉祀。这当是民间传说,与宋玉赋不同。

[16] 应:想象推度之词,相当于"大概"、"大概是"或"大概要"。唐宋人用应字多是此义。如王维《偶然作六首》之六:"宿世谬词客,前身应画师。"白居易《上阳白发人》:"外人不见见应笑,天宝末年时世妆。"苏轼《新城道中》:"西崦人家应最乐,煮葵烧笋饷春耕。"

[17] 无恙:无忧无病的意思。古代多用劳问之词,如"别来无恙"。这里是说安好,健在。

[18] 殊:改变,不同。

【赏析】

1956年五六月间,毛泽东同志曾在武汉江面游泳过三次。这首词写的是6月里从汉阳到武昌的一次游泳。手稿中本题"长江",1957年1月交《诗刊》创刊号发表时改题"游泳"。

词分上下两段:上段写横渡长江时的豪情逸兴,下段写看到武汉长江大桥的兴建,联想到三峡水库计划,从而歌颂了祖国宏伟的社会主义建设。自词体兴起以来,千余年中,名作如林,但以游泳为题的还从未有过。毛泽东同志此词,不但在取材方面别开生面,而且辞采瑰丽,想象新奇,气魄雄伟,实在是革命现实主义和革命浪漫主义相结合的又一光辉典范。

上段开头点明从长沙来到武昌。不说"才别长沙市,又到武昌城",而说饮水、食鱼云云,这就值得玩味。两句原由古童谣点窜而成。为什么要点窜?作者此次由长沙来到武昌,与建业无关,当然要加以变动。这是一。原语有安土重迁的意味,这里排除了这个意思,只用以说明行踪，且有祖国到处是名城，风物也到处可爱之意。“饮水”、“食鱼”，表明同这两个城市有着深厚的关系[①]，不只是来到而已，说来亲切有味。古为今用，也必须变动。这是二。除了这两点之外，用“才……又”这样的句式表示时间紧紧相接，从这里也见出伟大领袖为了建设祖国，造福人民，巡视各地，席不暇暖，与普通的游览迥然不同。毛泽东同志运用古语，大都加以创造性的发展，不是生搬硬套，这里正是一个极好的例子。

这次游泳是以武昌为终点，所以提到武昌，接着便描写游泳。“万里长江横渡”，写出长江奔流到海的气势，也写出横渡的壮举，一笔两面俱到，极为雄健有力。“极目楚天舒”，是说放眼望去，只觉楚地的天空舒展无尽。楚字切合武昌。宋代著名诗人宋庠诗：“展尽江湖极目天。”（《重展西湖二首》）意思大略相似，但却不如毛泽东同志这五个字的简炼遒劲。横渡时，下面是万里长江，上面是舒展无尽的楚天，写得境界阔大，作者的胸襟开阔也于此可见。

“不管”三句，正面描写游泳。上面说横渡长江，本来已经点出游泳，但读者也许还可以解释为乘船。“不管风吹浪打，胜似闲庭信步，今日得宽余”，便确乎是游泳，丝毫不可移易了。武汉的江面本来很宽，斜游过去，距离更长（约 26 华里）；据报刊记载，游泳的那一天江上的风浪又相当大。毛泽东同志以六十多岁的高龄，花了 2 个小时完成了“横渡”，照说应该是很劳累的。可是，作者却用“闲庭信步”来同这种游泳作对比，并说后者胜过前者。“宽余”就是舒畅。舒畅之感不从“闲庭信步”得来，而从与风浪相搏中得来，这就写出健壮坚实的体魄、酣畅淋漓的兴会和藐视困难的战斗精神，都是迥然不同寻常的，真是异样出色！

上段末尾引用了《论语》的两句话而又截去一句。所以要截去一句，固然由于字数和押韵的关系（“夫”字是韵脚），但也由于只此已足，截去了反而更觉含蓄些。上文点窜古童谣，这里又剪截《论语》，足见毛泽东同志运用古语是多式多样的，决非限于一格。从这里我

① 毛泽东同志在长沙住过 8 年，1927 年大革命前，在武汉也勾留了一个时期，可见同这两个城市也有着深厚的历史关系。

们可以学到许多法门。“逝者如斯夫”，“斯”指流水，“逝者”指类似流水的一切过而不留的事物。这中间，最相像的自然是时间，因为时光不再，正如流水之一去不返。前引郑玄注和皇侃疏就说明了这个意思。但孔子喜欢“观水”，倒不是单纯地由于流水可以比喻岁月的迁流，而是由于它可以说明许多道理，给人们以许多启发①。毛泽东同志在这里引用孔子的话，也不是要发抒什么“时日易迈”的感慨，而是用来说明一切事物不断改变，新中国在解放后的短短几年中也已经起了根本的变化，远远不是以前的老样子了。这就巧妙地过渡到下段，因为下段正是着重地描写解放后伟大的社会主义建设的。

下段先写游泳时所见江景。“风樯”二句，同“起宏图”句都是三字句，从结构和意义上说，都应该联系起来看。风樯往来，龟蛇静穆，江上景物本来够美的；在这样美的自然环境里，兴建许多巨大的工程，就显得更美了。“宏图”二字领起下文。长江大桥和三峡水库就都是“宏图”的具体项目。新中国的伟大建设太多了，提出这两项也就概括了一切，而且都与长江有关。武汉长江大桥建成于1957年，游泳时还未完工，但毛泽东同志已经想象大桥沟通南北，使自古以来的天堑变成来往无阻的通路。“飞架”的飞字，形象地写出大桥形制的飞动、结构的雄奇和建造的迅速，含义极为丰富，可以说是惊心动魄，一字千金！毛泽东同志诗词中用飞字很多②，都非常工巧，这里用得尤其精警，一个字就把武汉长江大桥写活了。

长江大桥是近处所见，“更立”以下三句，作者天马行空般的想象又把我们带到遥远的地方——计划中的三峡水库；一实一虚，交相映发。不说兴建拦水坝，而说“更立西江石壁”；不说拦住上游的江水，而说“截断巫山云雨”；不说形成人造湖，而说“高峡出平湖”。这都是不平常的说法，有着高度的表现技巧；立字、截断字、出字也都炼得极精，再也找不出别的字可以掉换。“神女”二句，更是匪夷所

①《孟子·离娄》、《荀子·宥坐》以及《大戴礼记·劝学》等篇，都记孔子喜欢观水，并认为流水有丰富的象征意义，可参看杨树达《论语疏证》卷九（科学出版社1955年版）。

② 本篇之外，如《沁园春·长沙》“浪遏飞舟”、《念奴娇·昆仑》“飞起玉龙三百万”、《蝶恋花·游仙》“泪飞顿作倾盆雨”等等都是。

思。平常形容事物美好,总说像是神话世界,这里却说神话中的人物——神女——也要惊叹于新中国的巨大改变。这就不仅给作品涂上一层革命浪漫主义的色彩,使意境格外优美,而且把古典文学作品里业已用滥的典故创造性地加以运用,从而收到化腐朽为神奇的艺术效果。这种手法,尤其值得我们很好地学习。

后段主要写社会主义建设——已经实现的和即将实现的。“一桥”以下七句,生动地形象地告诉我们,长江大桥如何如何,三峡水库如何如何,一件又一件,作者愈说愈高兴,我们也愈读愈神往。从这里,可以看出伟大领袖对新中国建设的满腔热情和满怀信心,也显示出从事建设的六亿五千万人民的无穷无尽的力量。就文字论,音节响亮,高唱入云,也最是词中胜境。题目是“游泳”,说了许多社会主义建设工程,似乎超出了范围,但实际上这些都是游泳时所见到、所想到的,而且都是毛泽东同志自己所经营擘画的,写进来正是非常自然的事。游泳是小事,毛泽东同志把它同国家建设联系起来,就显得内容丰富而重要,不是仅仅描写生活细节了。古人说:“作诗必此诗,定知非诗人。”可见天才横逸的大作家,从来也就不是题目之类所能束缚得住的。

这首词和《菩萨蛮·黄鹤楼》词都是以武汉为背景,但写来却毫不犯复。《菩萨蛮》所描写的是解放以前的旧武汉,所抒发的是复杂的感时忧国的心情;它给人的印象是沉郁苍凉,篇中所用的茫茫、沉沉、烟雨莽苍苍、龟蛇锁大江等词句,也同这种情调十分相称。这首词所描写的是解放以后的新武汉,所抒发的是“宽余”之感;它给人的印象是爽朗豪放,篇中所用的万里长江、横渡、楚天、风吹浪打以及“一桥”以下七句,都是气象阔大的,也同全词的情调非常一致。时代不同,感受不同,写出来的词也就迥然不同。但两首词各有精神面目,可以说是异曲同工。如果不是大手笔,显然这又是很不容易办到的。

【备考】

毛泽东同志自幼爱好游泳,经常用来锻炼自己,美丽的湘江就是他同青年时代的战友们常去游泳的地方。《沁园春·长沙》词中的“曾记否,到中流击水,浪遏飞舟?”也就是描写游泳的。萧三《毛泽东同志的青少年时代》第三章曾谈到这一方面,可以参看。又,本篇所写的这一次的游泳,经过的情况报刊多有记载,这里只介绍一篇,也可参看:《毛主席横渡长江》(《中国青年》1957 年 10 期)。此文又收入《毛主席关怀着我们》一书中,上海文化出版社 1958 年版。

毛泽东同志曾说:“游泳是同大自然作斗争的一种运动,你们应该到大江大海中去锻炼。”(1964 年 6 月《畅游十三陵水库时对青年的谈话》)又说:“长江,别人都说很大,其实大并不可怕。”(1966 年 7 月 25 日《人民日报》《毛主席畅游长江》)又说:“大风大浪也不可怕,人类社会就是从大风大浪中发展起来的。”(1966 年 7 月 26 日《人民日报》《跟着毛主席在大风大浪中前进》)这些话都可以与此词印证。

蝶恋花[1]·答李淑一[2]

一九五七年五月十一日

我失骄杨[3]君失柳[4],杨柳轻飏[5]直上重霄九[6]。问讯[7]吴刚[8]何所有[9],吴刚捧出桂花酒[10]。　寂寞嫦娥[11]舒广袖[12],万里长空且为忠魂[13]舞。忽报人间曾伏虎[14],泪飞顿作倾盆[15]雨。

【注释】

[1] 蝶恋花:毛泽东同志《给李淑一同志的信》:“有《游仙》一首为赠。”即此词。原题《游仙·赠李淑一》。

[2] 李淑一:柳直荀烈士的爱人,解放后在长沙市省立第十中学任语文教员。

[3] 骄杨:骄是壮健的样子。杨,指杨开慧烈士,她在 1930 年红军退出长沙后,为反动派何键所杀害。骄杨是说杨开慧烈士生前是壮健的。

[4] 柳:指柳直荀烈士。柳直荀(1898——1933),长沙人。1923 年

加入中国共产党,1926年任湖南省政府委员，并被选为农民协会秘书长。1927年大革命失败后,辗转南北各地,坚持革命斗争。1933年9月在湖北洪湖战役中牺牲，事迹详见李淑一《柳直荀同志传略》(《湖南革命烈士传》第95～98页,湖南通俗读物出版社1952年版)。

[5] 杨柳轻飏:轻飏是轻轻飘飏。这里的“杨柳”字面上是说杨花柳絮,但也兼指杨开慧、柳直荀二烈士。这是修辞学上所谓“双关”。

[6] 重霄九:即九重霄,因押韵而颠倒。古代韵文中常有这一种，例如“玲珑”倒为“珑玲”、“丁东”倒为“东丁”、“慷慨”倒为“慨慷”、“江湖”倒为“湖江”之类就是,前人称之为“倒押韵”或“颠倒韵”,可参看宋孙奕《履斋示儿编·诗说》及清顾嗣立《寒厅诗话》。九重霄就是九重天。古代传说以为天有九重,见《汉书》卷二十二《礼乐志》所载《郊祀歌》注。九重霄也省作九霄或九重,都指天的极高处。

[7] 问讯:也作讯问,就是询问,这里兼有问候之意。

[8] 吴刚:唐段成式《酉阳杂俎》卷一:“旧言月中有桂,有蟾蜍。故异书言月桂高五百丈,下有一人常斫之,树创随合。人姓吴名刚,西河人。学仙有过,谪令伐树。”

[9] 何所有:有什么。所,助词。

[10] 桂花酒:酒名,也作桂酒。《楚辞·九歌·东皇太一》:“奠桂酒兮椒浆。”王逸注:“桂酒,切桂置酒中也。”按:桂花酒是说以桂花酿酒,取其芳香。

[11] 嫦娥:本作姮(hèng)娥,也作恒娥,汉代避文帝(刘恒)讳,改为嫦娥。《淮南子·览冥训》:“羿(yì)请不死之药于西王母,姮娥窃以奔月。”高诱注:“姮娥,羿妻。羿请不死之药于西王母,未及服之;姮娥盗食之,得仙,奔入月中为月精。”按:羿指后羿,相传为尧时人,见《淮南子·本经训》。

[12] 舒广袖:舒展宽长的袖子,形容舞蹈时的姿态。

[13] 忠魂:指杨、柳二烈士的精魂。二烈士对革命无限忠诚,生死以之,所以说是“忠魂”。

[14] 伏虎:降伏猛虎。古代佛家、道家都有用法力制服猛虎的故事。这里用来比喻中国人民在党的领导下打垮反动派,取得革命胜利。

[15] 倾盆：大雨倾注，好像翻倒盆水一样。苏轼《介亭饯杨杰次公》诗："黑云白雨如倾盆。"

【赏析】

1957 年 2 月(农历春节)，李淑一同志写信给毛泽东同志，同时寄去一首她在 1933 年所写的怀念柳直荀的《菩萨蛮》词①。5 月 11 日，毛泽东同志写了回信，信上说："大作读毕，感慨系之。"这封信里，也附寄了一首词②。这首词后来流传开来，有人函请发表，毛泽东同志于 11 月 25 日回信表示同意③。——这就是这首《蝶恋花》写作和发表的过程。

词用游仙体。什么是游仙体呢？这是读这首词应该首先理解的。毛泽东同志在致李淑一同志的信里说："有《游仙》一首为赠。这种'游仙'，作者自己不在内，别于古之游仙诗。但词里有之，如咏七夕之类。"④这几句话简要而确切地说明了游仙体的流变。原来游仙是一种描写仙境和仙家生活的诗，梁萧统《文选》曾把它列为诗的一类。这类诗的来源出于屈原的《远游》⑤。《远游》讲自己跟仙人游玩，借寓怀乡思旧之意。《文选》在"游仙"一类里选录的晋代何劭、郭璞的诗，继承了《远游》的这种写法，但抒写个人怀抱的成分更多一些。后世拟作，大体上也不出这一范围⑥。这就是包括作者自己在内的。毛泽东同志所说的"咏七夕"，指宋秦观的《鹊桥仙》词，这首词说："纤云弄巧，飞星传恨，银汉迢迢暗度。金风玉露一相逢，便胜却人间

---

① 词见《备考》。

② 据李淑一同志自述，转引吴天石《中国革命的伟大史诗》第 64 页，江苏人民出版社 1959 年版。

③ 据湖南师范学院校刊编者说明，转引山东师范学院中文系编《毛主席诗词研究资料汇编》第 250—251 页。

④ 见《诗刊》1958 年 1 月号第 5 页编者注。

⑤《远游》见《楚辞》卷五。《远游》以后，汉魏及晋初文人，如司马相如、曹植、嵇康、张华、张协等也都有类似的作品，但还没有游仙的名目。

⑥ 何劭、郭璞的诗，见《文选》卷二十一。后世拟作，只有晚唐曹唐的《小游仙诗》、《又游仙诗一绝》等等(《全唐诗》卷六百四十一)，多写仙人间的赠答和爱情，题材有了扩大，写法也稍有不同。

无数。柔情似水，佳期如梦，忍顾鹊桥归路。两情若是久长时，又岂在朝朝暮暮？”[①]词里写牛郎织女在七夕相会，只是讲仙家生活，作者自己并不在内，所以毛泽东同志说“词里有之”。

词的起句，并提杨、柳二烈士，两个“失”字，不是只说失去，还有痛惜之意；以“我”、“君”对举，也显得异常亲切。杨开慧烈士是李淑一同志的老同学，又是好朋友[②]。李淑一同志和柳直荀烈士就是经过她的介绍才认识的。柳直荀烈士是早期的革命战士之一，也是毛泽东同志的老战友。所以，这里所表示的“痛惜”，还可以而且也应该看成是兼包“杨”、“柳”两方面，不是“我”只痛惜“杨”而“君”只痛惜“柳”。这样，才见出彼此间不同于一般的情谊和关系。这一句的下面，要是一般的作者，恐怕就很容易写出一些伤感的话来了。可是，毛泽东同志是伟大的卓越的无产阶级的革命家，他的如椽大笔，是同消极情绪完全绝缘的。它写任何题材，总是洋溢着昂扬的旺盛的革命乐观主义，就是在表示对革命战士的悼念时也不例外。“杨柳轻飏”以下，正是摆落恒蹊，把读者带到一个崇高的神异的世界来。杨、柳二烈士的姓也太巧了，合起来恰是杨柳。杨花柳絮直上九霄，这是象征烈士忠魂的升天。忠魂升天，是很不容易描写的，毛泽东同志只用“轻飏”、“直上”四字就把它勾画出来，而且形象极美。“问讯”二句，又写进入月宫，设想之奇，更是得未曾有。“问讯”的主语，解者意见纷歧，就上下文联系来看，自以二烈士的忠魂为较妥[③]。“问讯”是见面后的寒暄问候，“何所有”只是寒暄语中的一句，不必看成进月宫就是为了要东西[④]。“吴刚”句中的“桂花酒”，是仙人所饮之物；“捧

① 《淮海词》，《四部备要》本。

② 杨开慧烈士和李淑一同志在长沙福湘女中读书，两人感情很好。福湘女中即李淑一同志近年任教的省立第十中学的前身。

③ “问讯”的主语，有人说是杨、柳二忠魂，有人说是诗人的“我”（即作者），有人则说这一句是“设问句”，只是一种泛指，并没有肯定的发问人。第一说是郭沫若和臧克家同志所主张的，于义为长，说详萧涤非《读毛主席诗词的几点蠡测》（《山东大学学报》中国语言文学版，1959 年第 3 期）。

④ 有人认为“问讯”的主语如果是杨、柳二忠魂，那就是客人自己问主人：“你用什么来招待我?”这样的解说将对两位烈士的光辉形象有所损害（见《文艺报》1958 年第 11 期《学习蝶恋花》一文）。其实，“问讯”并不等于“发问”，所以这种过虑是多余的。

出”，表示尊敬。以仙浆款客，并用双手捧献，足见天上神仙也对革命烈士敬礼备至。这是对革命烈士同时也是对革命的极度赞美。吴刚是神话里的人物，这里把他同革命联系起来，就使人觉得他很富于人情味，也似乎更可爱了。

“寂寞”句，紧接上段，由吴刚又引起嫦娥，写忠魂升天是件大事，所以惊动的仙人也不止一个。用“寂寞”来形容嫦娥，最为恰当。唐李商隐《嫦娥》诗云：“嫦娥应悔偷灵药，碧海青天夜夜心。”[①]嫦娥偷得不死之药，虽然在月宫里做了神仙，但夜夜望着那迢迢的碧海似的青天，心里的怅惘是难堪的。“寂寞”显然就是从这两句诗来的，但更简括了。“舒广袖……忠魂舞”，写嫦娥起舞，舞场是“万里长空”，有这四字一垫，这“舞”便显得异样出色。“忠魂”到这里才点出，可见上文“轻飏”、“直上”、“问讯”等等，都指忠魂而言，脉络是极细的。写嫦娥起舞，用意与吴刚捧酒相同，但写得更绚烂一些，场面也更阔大一些。忠魂一进月宫，仙人们就热情接待，殷勤万分，这就为下面的“泪飞”句说明了来由，因为正由于有着深厚的同情，所以才不自禁地一同挥泪。“忽报”句，由“人间”两字显然见出是指革命胜利。“曾伏虎”的“曾”就是“已”，因为这里按照词律宜于用平声，所以就用了“曾”字(“已”字是仄声)。有人认为“曾经”和“已经”含义上有区别，这句既然用“曾”，那就肯定是指二烈士生前曾有过使虎伏龙降的革命斗争经历[②]。这种解说未免拘泥，最明显的，是讲不通“忽报”两字。因为这里如果真指烈士自己的斗争经历，那尽可在彼此寒暄时谈到，还用得上别人“报”吗？又怎能说“忽”呢？词里用字，由于迁就平仄，常有本应用甲却用了乙的，要是都照字面去硬解，那就真成了胶柱鼓瑟了[③]。“泪飞”句的主语，也有几种解释，我们同意郭老的说法，即应是杨、柳二烈士和吴刚、嫦娥[④]。这句同上句合起来是说：忽然传来消息，中国革命胜利了，大家都欢喜到极点，不由得眼

---

① 《李义山诗集》卷中，怀德堂刻朱鹤龄笺注本。

② 见《学习蝶恋花》一文。

③ 这里姑举一例。如宋范仲淹《御街行》词：“都来此事，眉间心上，无计相回避。”(《词律》卷十一)“都来”即“算来”，因这里宜用平声，所以改“算”为“都”。

④ 郭说，见《文艺报》1958年第7期《郭沫若同志答文艺报问》。

泪滂沱起来。这正是极大欢喜的极巧妙的刻划。这天上的眼泪,顿时化作倾盆大雨,落到人间,写来新奇精警,悲壮淋漓,真是动人极了。

郭沫若同志说:“这词的主题不是单纯的怀旧,而是在宣扬革命……这里有革命烈士(杨开慧和柳直荀)的忠魂,有神话传说的人物,有月里的广寒宫和月桂,月桂还酿成了酒,欢乐的眼泪竟可以化作倾盆大雨,时而天上,时而人间,人间天上打成了一片。不用说这里丝毫也没有旧式词人的那种靡靡之音,而使苏东坡、辛弃疾的豪气也望尘却步。这里使用着浪漫主义的极夸大的手法把现实主义的主题衬托得非常自然生动、深刻动人。这真可以说是古今的绝唱。”① 又说:“整个词都是毛主席的思想感情。如果纯粹站在现实的立场来说,杨、柳二烈士既不会飞上月球,月球里也根本不会有吴刚和嫦娥,但主席把自己的思想感情借他们的假象的存在来形象化了。主席的思想感情是绝对真实的,忠魂和神仙则是假象的,所以主席的词是革命的现实主义与革命的浪漫主义的结合。”②这些都是很好的说明,可以帮助我们理解这首词。有人以为这首词只是为悼念二烈士而作。当然,词里也有悼念的意思,但那只是次要的,主要是赞美烈士们为革命而牺牲的伟大精神以及他们对革命生死不忘的无限忠诚。如果把次要的当成主要的,那就还未能探骊得珠了。

传统的游仙诗、游仙词,只是描写个人的幻想,至多也不过借以“咏怀”。毛泽东同志的这首词却用来赞美烈士,宣扬革命,不但开游仙体未有之奇,也为纪念文字别辟了蹊径,正是继承之中又有创造。郭老推为古今绝唱,这也是完全正确的。

【备考】

1933 年夏天,李淑一同志听到了柳直荀烈士已经不在人间的传说。一天夜里,梦见烈士归来,但才见面就惊醒了。她感极而泣,填了一首《菩萨蛮》词,兹录如下:

兰闺索寞翻身早,夜来触动离愁了。底事太难堪,惊侬晓梦

①《浪漫主义和现实主义》,《红旗》1958 年第 3 期。

②《郭沫若同志的回信》,《文艺报》1958 年第 7 期。

残。 征人何处觅？六载无消息。醒忆别伊时，满衫清泪滋。

七律二首·送瘟神

一九五八年七月一日

读六月三十日《人民日报》，余江县消灭了血吸虫。浮想联翩[1]，夜不能寐。微风拂煦[2]，旭日临窗[3]，遥望南天[4]，欣然命笔[5]。

绿水青山枉自多[6]，华佗无奈小虫何[7]！
千村薜苈[8]人遗矢[9]，万户萧疏[10]鬼唱歌[11]。
坐地日行八万里[12]，巡天遥看一千河[13]。
牛郎[14]欲问瘟神事[15]，一样悲欢逐逝波[16]。

春风杨柳万千条[17]，六亿神州[18]尽舜尧[19]。
红雨随心翻作浪[20]，青山着意化为桥[21]。
天连五岭[22]银锄落[23]，地动三河[24]铁臂摇[25]。
借问[26]瘟君[27]欲何往？纸船明烛照天烧[28]。

【注释】

[1] 浮想联翩：浮想，浮泛在脑海里的意念、想象。联翩，连续不断的样子。"浮想联翩"是说许许多多的意念、想象在脑海里连续不断地浮泛出来。《文选》卷十七《文赋》："浮藻联翩。"

[2] 拂煦：温暖地吹拂着。

[3] 旭日临窗："临"，到。"旭日"，初出的太阳。这句是说：初出的太阳当窗照着。旭，光明的意思。

[4] 南天：就是南方。

[5] 命笔：执笔写字，这里指作诗。

[6] 枉自多：徒然很多。杜甫《征夫》："十室几人在，千山空自多。""枉自"与"空自"同意。

[7] 华佗：三国谯人，字元化，是古代最著名的医生，为曹操所杀。

传见《三国志·魏志》卷二十九。这里用华佗代表旧时代的一切名医。华,读 huà,去声。小虫,指血吸虫。

[8] 薜苈(bì lì):有人说就是薜荔,也就是木莲,江南称为木馒头。古人说是香草,其实是一种蔓生的桑科灌木。也有人说薜苈指薜荔和葶苈两种。葶苈,是一种野草,也叫狗荠,果实和叶子都像芥菜。后一说较妥,因为"千村"句是说草木丛生,不是专指草或木。

[9] 遗矢:拉屎。矢,古屎字。《史记》卷八十一《廉颇蔺相如列传》:"赵使还报王曰:'廉将军虽老, 尚善饭, 然与臣坐, 顷之, 三遗矢矣。'"按:"三遗矢"是说吃一顿饭的工夫就拉了三次屎。廉将军,指廉颇,战国时赵国名将。

[10] 萧疏:萧条冷落。

[11] 鬼唱歌:用唐李贺诗意。《李长吉歌诗》卷一《秋来》:"秋坟鬼唱鲍家诗。"清王琦注:"鬼唱鲍家诗,或古有其事,唐宋以后失传。"

[12] 坐地日行八万里:是说坐在地球上好像没有怎样移动,而一天已经走了八万里路,极力形容行动之速,也就是说瘟疫可以在极短时间蔓延极广。

[13] 巡天遥看一千河:巡天,巡游天上。河,指星河。巡天遥看一千河,是说瘟神志得意满,也有时巡游天上,眺望星河。

[14] 牛郎:古代神话说牵牛星的神叫牛郎。

[15] 瘟神事:瘟神所遭遇的事,也就是瘟神的情况。

[16] 一样悲欢逐逝波:逝波,流水。这里用来比喻时间。"一样悲欢逐逝波",即"悲欢一样逐逝波",诗词里词序常有颠倒,这一句是说悲和欢同样地随着时间而消逝。

[17] 条:枝条。

[18] 神州:指中国,见《浣溪沙》词"赤县"注。

[19] 舜尧:就是尧舜,由于协韵而倒转,详见《蝶恋花·答李淑一》词"重霄九"注。

[20] 红雨随心翻作浪:刘禹锡《百舌吟》:"花枝满空迷处所,摇动繁英坠红雨。"(《全唐诗》卷三百五十六)李贺《将进酒》:"桃花乱落如红雨。"(《全唐诗》卷三百九十三)都以"红雨"形容落花之多。"红雨随

心翻作浪”，是说落花随着自己的意思翻波逐浪，极写风光烂漫。

[21] 青山着意化为桥：着意，有意。“青山着意化为桥”，是说青山不再阻碍交通，也有意地化为桥梁，便利行人。

[22] 五岭：见《长征》诗“五岭”注。这里指南方，也就是《小序》里所说的“南天”。

[23] 银锄：闪耀着银光的锄头。银，形容明亮。

[24] 三河：原指黄河、淮河、洛河，这里指北方。

[25] 铁臂：铁一样的坚实的臂膀。也有人说，铁臂指钢铁做的工业机械。其实工业生产也需要用劳动人民的“铁臂”，不一定指机械。

[26] 借问：向人询问，即试问之意。又，假设的问也叫借问。

[27] 瘟君：就是瘟神。

[28] 纸船明烛照天烧：是说点燃纸船，高烧明烛，送瘟神走路。韩愈《送穷文》：“主人使奴星结柳作车，缚草为船。”（《昌黎先生集》卷三十六）又《后汉书·礼仪志》：“先腊一日，大傩，谓之逐疫。……方相与十二兽……持火炬，送疫出端门。”可见古人送瘟神是有做船和烧火的风俗。

【赏析】

1958年6月30日，《人民日报》发表了特写《第一面红旗》，报道江西省余江县根本消灭血吸虫病的经过。《送瘟神》就是毛泽东同志读报之后所写的两首律诗。诗题之下，有一篇简炼优美的小序，说明作诗的缘起，对了解这两首诗有很大帮助。同年10月3日，《人民日报》正式发表了这两首诗，同时还影印了毛泽东同志的手稿。

古代传说认为瘟疫也有主管的神，这就是瘟神，也叫疫鬼。毛泽东同志的这两首诗只是拿瘟神作为血吸虫病的象征，并不是说真有什么瘟神。汉代扬雄有《逐贫赋》，唐代韩愈有《送穷文》。《送瘟神》同这些作品体裁虽有不同，但都把所描写的对象“拟人化”了，这一点，却是相同的。

这两首诗是毛泽东同志在极度喜悦的心情下写成的。诗的小序清楚地告诉我们写作的过程。毛泽东同志读到《人民日报》的报道，高兴得一夜没有睡觉，第二天一清早，就在旭日微风中欣然提起了笔。毛泽东同志为什么这样喜悦呢？这是我们读这两首诗的时候必须首先理解的。

原来血吸虫虽是一种么幺小虫，可是它却给广大的劳动人民带来极其严重的灾难。据说远在公元前一千多年，我国就已经有了有关血吸虫的记载①。这个且不去说它；就以解放前的国民党统治的时代而论，血吸虫病广泛流行于南中国的12个省市，上千万的农民和渔民受到感染，上亿的人口受到威胁。血吸虫病特别猖狂的地方，人民大批死亡，没有死亡的也大都丧失了劳动的能力，许许多多村庄完全毁灭，许许多多良田变成荒野。这一威胁在解放初期依然存在，成为旧中国遗留下来的历史包袱之一。党和人民政府一直重视血吸虫病的防治工作，南方各省刚一解放就把这一问题提到日程上来，1956年春天以后更是大规模地开展了斗争。1958年6月30日《人民日报》社论指出："消灭血吸虫病是一场关系到改变千百万群众生活、生产习惯的艰巨任务。""在农业生产大跃进的新形势下，消灭血吸虫病就有着更加迫切的重要意义。"②从这里，可以看出消灭血吸虫病是一场严重的斗争，是一件极其重要的大事。余江县人民在党的领导和支持下，在这方面做出了榜样，首先根除了血吸虫病，树立了第一面红旗。他们在防治过程中还发扬了共产主义的独创精神，敢说敢做，打破了血吸虫病不能根本消灭或是不能在短期间内消灭的迷信，在世界血吸虫病防治史上创造了新的记录，影响是极其深远的。毛泽东同志关心千百万群众的生活，看到余江县人民解除了历史遗留下来的灾难，恢复和发展了生产，改变了精神面貌，并且大大推动了血吸虫病的防治工作，因而感到极大的喜悦。由此可见，毛泽东同志写这两首诗意义重大，这同扬雄、韩愈等文人只是写写游戏文章，发抒个人的感慨，是完全不能相提并论的。

第一首写旧时代里瘟神猖獗、人民遭殃的悲惨景象。最后一句

① 血吸虫病，平常叫膨胀，或叫大肚子病，有些医学家认为就是古代所说的蛊。如果这一说可靠，那末《山海经》、《周礼》等书都已经谈到蛊，可见这种病早就存在了。

② 社论《反复斗争，消灭血吸虫病》同特写《第一面红旗》一道登在第7版。

“一样悲欢逐逝波”，是全诗关键，必须特别注意。

血吸虫病流行于南方。南方原是青山绿水、风景优美的地方，可是由于么幺小虫的作祟，竟使大好河山虽多也没有用处，并且使像华佗那样的名医也束手无策。“枉自”、“无奈”，下字遣词，有多少感慨！“千村”一联极写劳动人民受害的深重。南方本来农村殷实，户口众多，然而自从血吸虫病蔓延以后，流行区的上千村庄就成了草木丛生、粪便狼藉的废墟，上万的人家也变得萧条冷落，只剩鬼在唱歌。寥寥14个字形象地写出一幅无比凄凉无比悲惨的景象，多么叫人怵目惊心！

“坐地”一联，近人解说极为分歧。其实，这两句是说地球的自转和公转。地球每天自转四万公里（即八万华里），我们每个人自己一动未动，却坐在地球上“日行八万里”。太阳系（地球在内）每日每时都在银河系里穿来穿去，所以说“巡天遥看一千河”。银河是无限的，一千只是言其多而已①。

“坐地”、“巡天”，是作者的想象。“牛郎”，由“巡天”句联想而来，因为牛郎总是同天河联系在一起的。牛郎原先本是劳动人民，关心民间疾苦而“问瘟神事”是很自然的。诗词中的问往往是“设问”，答也是“拟答”，不一定真有人一问一答，不必坐实（第二首的“借问”两句，也可以这样看）。这里只是说，要是牛郎问到瘟神的近况，怎么回答呢？回答是：“一样悲欢逐逝波。”“逝波”是时间。人民的“悲”也好，瘟神的“欢”也好，都随着时间之流同样地消逝了。旧时代终于过去，新时代已经开始。这一句不但有力地结束了第一首，而且巧妙地过渡到第二首。这正是结构紧密处。

第二首写新时代里瘟神被逐、人民欢乐的幸福生活。作者是用对比的手法写的，我们读的时候，也得与前一首合看。

诗的开头，作者就给我们描绘出一个鲜明、绚丽、美满的境界。解放了，新的时代到来了。在南方的春天里，千万条青青的杨柳随风飘拂，景象多么美！新中国一切改观，一片欣欣向荣的气象，不也正

---

① 这是毛泽东同志自己的解释，见1958年11月25日给周世钊同志的信。

像这些春风中的杨柳么？象征的意味又多么丰富！解放以后，人民当家做主，真是个个成了皇帝；经过党的教育，人们的精神面貌也起了极大的变化。“六亿神州尽舜尧”，用尧舜来比拟今天的人民就含有上述两个意义，因为尧舜正是传说中的帝王，同时又是古代公认为具有崇高风格的人。

“红雨”以下，作者接着就出色地描写了生产大跃进的壮丽景象。“红雨”也有许多不同的说法[1]，我们以为作“落花”解最为贴切。落花片片飘入水中，随着自己的心意翻成锦浪；“青山”不再是交通的阻碍，也顺从人们的意志化为桥梁，便利往来。这两句不但写得风光绮丽，而且把“花”和“山”都拟人化了，设想也非常新奇。据郭沫若同志说，他看过毛泽东同志的诗稿，红雨一联，“随心”原作“无心”，“着意”原作“有意”。经过这一改，诗意加深，诗味加浓了，是在原诗的基础上的一个飞跃。这里所写的水和山，仍然是第一首里的“绿水青山”。可是，在旧时代里山水虽多也是枉然；一到新时代，人杰地灵，山水都能助长风光，发挥作用，这是多么大的不同啊！

“红雨”一联，是从“春风杨柳万千条”来的，是用对自然景物的描写衬托伟大的新时代。“天连”一联是从“六亿神州尽舜尧”来的，是写六亿人民在生产大跃进中的冲天干劲。“五岭”在南方，“三河”在北方，用这两个地名可以代表整个中国。不管是南方还是北方，到处是银锄齐落，铁臂争摇，六亿人民的斗志昂扬，意气风发，原是万方一概的。银锄句，自然写的是农业生产；铁臂句，虽然不必像有些人那样直接把“铁臂”当做起重机、钻探机或风镐等来解释，但是把这句看成是写工业生产，连同上句就把工农两方面都包括了。“天连”形容地区之广，“地动”形容声势之壮。全民大跃进和工农业大发展的雄伟场面，毛泽东同志只用两句话就把它概括了，而且写得生动、形象、有力，这是多么高妙的艺术手腕！我们试把这两句同第一

① “红雨”，有人解为红色的雨水，见《诗刊》1958年10月号《读毛主席的送瘟神二首》；有人解为红专的红，即政治挂帅，见1958年10月6日《文汇报》载《送瘟神二首试释》；有人解为飞溅的钢水、铁水，见1958年10月29日《文汇报》《试说红雨青山两句》。此外还有，不列举了。

首的“千村”一联对看，这又是多么不同的两种景象！

“借问”一联，是第二首的结束，同时也是整个的《送瘟神》的结束。瘟神过去是那样的猖狂得意，可是在今天，在党的领导下，六亿尧舜发挥了冲天干劲，工农业大跃进，文教卫生等各方面大发展，中国以崭新的面貌出现在世界上，在这样的伟大时代里，瘟神真没有立足之地了，只有退走之一途了。好吧，瘟神要去了，人们就焚化纸船，点起明烛，送它滚蛋。题目是“送瘟神”，“送”的意思在最后点明，这就把应该说的都说到了。《逐贫赋》、《送穷文》的结尾，都没有把“贫”和“穷”真个逐走、送走，《送瘟神》却终于把瘟神送走了。毛主席对古典文学的传统总是有继承又有改变，从这里我们可以学习推陈出新的艺术表现手法。

上面说过，瘟神是血吸虫病的象征。但是在旧时代里，不但有吸血的虫，而且有吸血的人，像帝国主义及一切反动派，就是同血吸虫一样地横行无忌、荼毒人民的。这一类的吸血的人在新中国也被彻底消灭掉了，也被人民永远地送走了。因此，我们读这两首诗，可以把范围放宽，不要只局限于血吸虫这一具体事物上。本诗小序有“浮想联翩”的话，可见写诗时曾经联想到许许多多有关的事物。我们读这两首诗，也要驰骋想象，以求尽可能追上作者的思路。如果能够做到这样，那末，我们就可以见出诗的义蕴非常丰富，对诗的理解也就可以深入一步了。

【备考】

《送瘟神二首》是毛主席读了《人民日报》所发表的特写《第一面红旗》（副标题是：《记江西余江县根本消灭血吸虫病的经过》）以后写的，特写的内容对理解这两首诗也有帮助，读者可以自行查阅。

七律·人民解放军占领南京[1]

一九四九年四月

钟山[2]风雨起苍黄[3]，百万雄师[4]过大江。

虎踞龙盘[5]今胜昔，天翻地覆慨而慷[6]。
宜将剩勇[7]追穷寇[8]，不可沽名[9]学霸王[10]。
天若有情天亦老[11]，人间正道是沧桑[12]。

【注释】

[1] 编者按：人民文学出版社1963年12月出版新版《毛主席诗词》，较原版新增诗词十首。作者旋即为新发表的诗词作笺注，后因故未能发表。“文革”中原稿散佚，此处系据作者部分底稿整理。因底稿保留程度不一，故此十首诗词笺注亦或详或略。

[2] 钟山：在南京市东北，俗名紫金山。又名圣游山、北山。三国吴孙权避祖讳，又因当时为蒋子文（东汉末年秣陵县尉，秣陵即南京）立庙於此，故更名蒋山。宋时复名钟山。

[3] 苍黄：犹仓皇，急遽的样子。唐杜甫《新婚别》诗“誓欲随君去，形势反苍黄”，即用此义。唐韩愈《南山诗》：“苍黄忘遐睎，所瞩才左右。”苍黄，亦匆促义。“钟山风雨起苍黄”谓仓遽之间，南京局势即起巨大变化，蒋家政权遂覆灭也。郭沫若引《墨子·所染篇》及孔稚珪《北山移文》，认为“苍黄”乃“变化翻覆”之意，恐非。

[4] 雄师：英勇雄壮的部队。

[5] 虎踞龙盘：踞，蹲。盘，一作蟠；屈曲而伏。“虎踞龙盘”形容地势雄壮险要，特指南京。宋张敦颐《六朝事迹类编·形势》：“诸葛亮论金陵地形云：‘钟阜龙盘，石城虎踞，真帝王之宅。’”钟阜即钟山，石城即石头城。唐李白《永王东巡歌》之四：“龙蟠虎踞帝王州，帝子金陵访古丘。”南朝梁庾信《哀江南赋》：“昔之虎踞龙盘，加以黄旗紫气。”

[6] 慨而慷：“慨慷”即“慷慨”之倒。慷慨，一作忼慨。常用义有二：（1）情绪激昂；（2）悲叹。此处用第一义。东汉末曹操《短歌行》诗：“慨当以慷，忧思难忘。”也是把合成词拆开而且倒用了。

[7] 剩勇：多余的勇气，犹余勇。《左传·成公二年》：“欲勇者贾余余勇。”

[8] 追穷寇：穷寇，陷于困境的敌人。《孙子·军争》：“穷寇勿迫。”

《后汉书·皇甫嵩传》引作“穷寇勿追”。

[9] 沽名：有意做作以赚取名誉。《后汉书·逸民传序》：“彼虽硁硁有类沽名者。”沽，清刘宝楠《论语正义》：“沽与酤同。……酤为买、卖通称。”(《乡党》“沽酒”下注)

[10] 霸王：《史记·项羽本纪》：“项王(羽)自立为西楚霸王，王九郡，都彭城。”霸，亦作伯，春秋时指势力最强，处于领导地位的诸侯。《史记·越世家》：“越王横行于江淮东，诸侯毕贺，号称霸王。”项羽灭秦以后，分封诸将相为王，又自称霸王，意思是说自己是诸王的盟主，可以号令天下。按：鸿门之会，项羽军力远较刘邦为强，本可一举消灭刘邦，徒以小仁小义，养痈遗患，终致失败，故云未可学。

[11] 天若有情天亦老：此用唐李贺《金铜仙人辞汉歌》诗句，原诗见《李长吉歌诗》卷二。

[12] 沧桑：“沧海桑田”的略语。晋葛洪《神仙传》：“麻姑自说云：‘接待以来，已见东海三为桑田。’”意思是大海变成桑田，桑田又变成大海，如此已有三次。后因用来比喻世事变迁的迅速。沧，与苍通，青绿色。大海水深，色青苍，故称沧海。汉东方朔《十洲记》：“沧海岛在北海中……水皆苍色，仙人谓之沧海也。”

【赏析】

这是一首纪念南京解放，庆祝革命胜利的诗，大约是在南京解放后的三两天之内作的。1949 年 4 月 1 日，国民党政府派和平谈判代表团赴北京，与中国共产党代表团进行谈判。经过了半个月的时间，拟定了国内和平协定。4 月 15 日，中国共产党代表团将协定的最后修正案，提交南京政府代表团。4 月 20 日，为南京政府所拒绝。当日夜间，我人民解放军遵照毛主席、朱总司令的命令①，向尚未解放的广大地区，举行了规模空前的全面大进军。其中第二、第三两野战军于 4 月 21 日晨，分东、中、西三路，在西起九江东北的湖口，东至江阴，长达五百余公里的战线上，强渡长江，彻底摧毁了敌人苦心经

① 命令于 4 月 21 日公布，这就是有名的《向全国进军的命令》，见《毛泽东选集》第 4 卷第 1451~1452 页。

营了3个半月的长江防线。23日,解放了国民党22年来反革命统治中心南京,宣告了国民党统治的覆灭。这就是这首诗里所说的“百万雄师过大江”。

“南京解放不仅是中国革命史上的一件大事，也是全人类所关心的世界革命史中的一件大事。”[1]毛泽东同志在当时万忙之中还写了这样一首七律,“这无疑是由于南京解放的重要性,使主席感到了衷心的喜悦。而这衷心的喜悦焕发了主席的葱郁的诗兴,便酝酿成了这样一首雄浑沉着的新史诗”[2]。

诗的开头二句是纪实。“钟山风雨起苍黄”,是说仓卒之间南京的政治形势就起了根本变化,南京解放了,蒋王朝覆灭了,这确是一场特大的“风雨”。“百万雄师过大江”,进一步点出钟山(南京的代称)所以突起风雨的缘故。这一句也确是亘古未有的雄伟的诗句,它概括地写出了大军的浩浩荡荡的声势。

三四两句从正面歌颂南京的解放。金陵(南京)的虎踞龙盘的地形自古著称,解放以后,人杰地灵,更觉雄伟胜过从前。这一句是写地。“天翻地覆慨而慷”句是写人。经过一番天翻地覆的变化,人民(包括全国乃至全世界的人民)也都意气风发,精神振奋,形成了一种慷慨激昂、欢欣鼓舞的局面。“慷慨”是合成词,这里拆开来用(本于曹操《短歌行》“慨当以慷”);又用“慨而慷”对“今胜昔”,都给人以突兀不寻常的感觉。

五六两句结晶地提出毛泽东同志的革命战略思想,即“将革命进行到底”。

在辽沈、淮海、平津三大战役以后,国民党反动派的主力军队已被消灭,中国人民解放战争在全国范围的胜利已经在望,而就在这个时候,国内外都有人主张南北分治,适可而止,解放军不过长江。美帝国主义和国民党反动派也积极进行“和平”阴谋,企图使南京反动政府苟延残喘,并伺机卷土重来。在这样的情况下,摆在中国人民面前的问题就是:是将革命进行到底呢,还是使革命

① 郭沫若:《百万雄师过大江》,《红旗》1964年第1期。
② 郭沫若:《百万雄师过大江》,《红旗》1964年第1期。

半途而废?

对于这一关键性的问题,毛泽东同志英明地指出:必须将革命进行到底,“那就是用革命的方法,坚决彻底干净全部地消灭一切反动势力,不动摇地坚持打倒帝国主义,打倒封建主义,打倒官僚资本主义,在全国范围内推翻国民党的反动统治,在全国范围内建立无产阶级领导的以工农联盟为主体的人民民主专政的共和国”①。又指出:“只有彻底地消灭了中国反动派,驱逐了美国帝国主义的侵略势力出中国,中国能独立,才能有民主,才能有和平。”②

在《向全国进军的命令》中,毛泽东同志又向各野战军全体指挥员、南方各游击区人民解放军同志发出命令:“奋勇前进,坚决、彻底、干净、全部歼灭中国境内一切敢于抵抗的国民党反动派,解放全中国,保卫中国领土主权的独立和完整。”③

“宜将剩勇追穷寇”,就是上引这些话的诗的说明。这是毛泽东军事思想的光辉。从今天看起来,它是多么英明、果断、正确!

“宜将”句是从一方面说,“不可”句是从又一方面说。反复叮咛,郑重之至。

霸王的失败在于:在关键的时刻,下不了决心,做不出判断,为虚名所误(不忍,不肯下手,对敌对者讲仁慈),放走了敌人,因而养痈贻患,终于覆灭。这一历史教训,有着巨大的现实意义,所以特引来告诫部队,真是语重心长,发人深省。

七八两句申说穷寇必追的战略适应当时的形势,符合人民的愿望。“天若有情天亦老”句,臧克家解释说:“青天高高在上,看的事情太多了,它如果有感情的话,也会变得衰老了。”④蒋介石反动派作恶太多太久,天怒人怨,“天亦老”就是说天因憎恨而感觉太难忍受。“老”字须活看,不可太拘泥。“人间正道是沧桑”,是说人民也认为这一次是沧桑之变,希望把革命进行到底,使沧海彻底变为桑田。这

①《毛泽东选集》第4卷第1380页。
②《毛泽东选集》第4卷第1381页。
③《毛泽东选集》第4卷第1452~1453页。
④ 臧克家:《时代风雷起新篇》,《诗刊》1964年1月号。

样,“百万雄师过大江”显然是顺天应人,必须继续获得伟大胜利,也是无可疑的。

七律·到韶山

一九五九年六月

一九五九年六月二十五日到韶山[1]。离别这个地方已有三十二周年了。

别梦依稀[2]咒逝川[3],故园[4]三十二年前。
红旗卷起农奴戟[5],黑手[6]高悬霸主[7]鞭。
为有牺牲多壮志,敢教日月换新天。
喜看稻菽[8]千重浪,遍地英雄[9]下夕烟[10]。

【注释】

[1] 韶山:即韶山冲,毛泽东同志的故乡。韶山在湘潭县西 90 里,“相传舜南巡时,奏韶乐于此,故名。”(《嘉庆一统志》卷三五四)

[2] 依稀:仿佛、模糊之意。鲁迅诗:“梦里依稀慈母泪。”唐刘禹锡《荆门道怀古》诗:“宋台梁馆尚依稀。”

[3] 咒逝川:逝川即逝水,喻过去的时间,即国民党反动统治时期。咒,谓诅咒。

[4] 故园:家乡。此指韶山。

[5] 农奴戟:农奴,此谓农民。戟,古代兵器名,是一种有双枝的长枪。这里指梭镖,为一种接以长柄的单尖两刃刀。当年湖南农民运动时,农民有少数步枪,但主要的武器则是梭镖、红缨枪之类。

[6] 黑手:指反动势力。

[7] 霸主:当是恶霸地主的略语。

[8] 菽:豆类的总称。

[9] 英雄:指劳动英雄。

[10] 夕烟:傍晚的烟霭。

【赏析】

“别梦”一联：郭沫若说：“主席用了一个‘咒’字是特别惊人的。这和习惯上用的‘泣逝川’、‘感逝川’等断然不同。在我看来，这就是诗歌语言上的革命。咒逝川者，就是诅咒过去的黑暗时代。离别故乡已经32年了，对于故乡的回忆已变得依稀仿佛，有点像梦境一样了，然而憎恨的情绪却十分深刻。这就结穴而为这个咒字。”[①]赵朴初说：“这第一句带起全篇，下文波澜重叠，都由此生起。”[②]“三十二年”，毛泽东同志离开家乡后，1925年春曾由上海回韶山养病，亲手建立了湖南农村中的第一个党支部——中国共产党韶山支部。1927年1月，由武汉回湖南考察农民运动，期间曾到韶山，忙了三天三夜，向农民群众作演讲，组织农民运动同志开座谈会，听取韶山党支部汇报，特别强调要建立农民革命武装。此后便没有再回韶山。至1959年6月重返故乡，恰为32年。

“红旗”一联：郭沫若说：“上一句主要是叙述湖南当年的农民运动，下一句是叙述以蒋介石为首的整个反革命势力的猖狂进攻。”湖南农民运动，“这就是‘红旗卷起农奴戟’的实际意义。红旗自然是革命的旗帜，但在这里是用来做为党的象征的，做为无产阶级先锋队的象征的，做为马克思列宁主义的象征的……因此，我们如果把‘红旗卷起农奴戟’翻译成口语，那就是：共产党的领导掀起了农民群众的武装革命。”“马日事变”，反动派捕杀共产党员和革命群众，“这就是主席诗中‘黑手高悬霸主鞭’的一部分的实际了。反革命的黑暗势力高高举起恶霸地主们的铁鞭或者皮鞭——以反革命的武装力量来对抗革命的武装力量。”“高悬霸主鞭的黑手，当然不仅限于‘马日事变’的小小反动军官许克祥，反革命的大头子蒋介石、小头子广东派和武汉派都伸出了他们的黑手。而在这些黑手后面，不用说还有帝国主义的魔爪在暗中指挥。这红与黑的斗争是光明与黑暗的剧烈的搏斗。”[③]赵朴初等亦

---

① 郭沫若：《敢教日月换新天》，1964年2月8日《人民日报》。

② 赵朴初：《学习毛主席诗词》，《新闻业务》1964年第3期。

③ 郭沫若：《敢教日月换新天》，1964年2月8日《人民日报》。

认为黑手指反动势力。近有人引《湖南农民运动考察报告》中“他们举起他们那粗黑的手,加在绅士们的头上了”以及《在延安文艺座谈会上的讲话》中“最干净的还是工人农民,尽管他们手是黑的”等语,以为“黑手”指贫农群众。①我们不同意这种意见。《报告》、《讲话》中所说的“黑手”不一定与这里的“黑手”有关,不必拉扯在一起;且律诗中的一联,一般都是两句讲两件事或明两义,而不是两句才讲一事、明一义。即如《人民解放军占领南京》诗的中二联可见。郭沫若以“红”与“黑”对举,说明二者有丰富的象征意义,其说甚精,可从。

“为有”一联:1927年国民党反动派采用所谓“清党”政策,大规模屠杀共产党人和革命群众,先是蒋介石在上海发动“四·一二”政变,接着是4月15日广州反动派响应;5月21日许克祥在长沙发动“马日事变”;7月15日以汪精卫为首的武汉国民党反动派举行“分共会议”。大革命失败,共产党人和革命群众鲜血遍野,毛泽东亲手发展和培养的韶山第一批共产党员毛福轩、钟志申、庞叔侃、毛新枚、李耿侯,毛泽东的两个胞弟毛泽覃、毛泽民等都在革命中先后牺牲。“敢教日月换新天”之“敢”,即敢于胜利,敢于斗争之“敢”。赵朴初说:“这是个绝特奇句。对几千年受苦受难的农民说来,今天推翻帝国主义、封建主义、官僚资本主义三座大山,创造一个没有剥削、没有压迫,人民自己当家做主的天下,这岂不是等于教日月换新天一般的伟大奇迹和伟大胜利吗?这一句话有两重意义:一是敢于争取这样伟大胜利;二是果然取得了这样伟大胜利,日月杲真是换了新天。”②“新天”指解放后的幸福生活、新的社会。

“喜看”一联:“英雄”指农业战线上的英雄们。“下夕烟”,即在黄昏的烟雾中从土地里下来。二句写出一幅壮美的图画。

七律·登庐山[1]

一九五九年七月一日

一山飞峙[2]大江边,跃上葱茏[3]四百旋[4]。

① 见《江海学刊》1964年4月号第65页。

② 赵朴初:《学习毛主席诗词》,《新闻业务》1964年第3期。

冷眼[5]向洋[6]看世界，热风吹雨洒江天。
云横九派[7]浮黄鹤[8]，浪下三吴[9]起白烟。
陶令[10]不知何处去，桃花源[11]里可耕田？

【注释】

[1] 庐山：在江西九江市南，最高峰海拔1426米。西北有牯岭，是避暑胜地。旧说，周定王时有个有道术的仙人名叫匡俗（慧远《庐山记》作匡续），兄弟7人结庐在山上，因名庐山，又叫匡庐。匡俗，有人说是殷周之际的人，有人说是汉初人，总之是神话，故无定说。

[2] 飞峙：峙，耸立。“飞峙”言庐山突兀而起，形势飞动。

[3] 葱茏：也作“茏葱”，草木青翠而茂盛。《文选·郭璞〈江赋〉》：“潜荟葱茏。”注：“葱茏，青盛貌。”

[4] 四百旋：谓山道盘旋，回环周匝。四百，言其多。旋，转也。

[5] 冷眼：冷静的眼光。指观察事物时的冷静或冷淡的态度。唐李群玉《寄短书歌》诗：“孤台冷眼无来人。”

[6] 向洋：“洋”当指西洋，谓欧美资本主义国家。

[7] 九派：详《黄鹤楼》词注。

[8] 浮黄鹤：黄鹤，指黄鹤楼，但可代表武汉三镇。浮，谓浮于云上，极言楼之高耸，武汉地势之壮。

[9] 三吴：古地名，其说有四：(1)《通典·州郡》以会稽、吴兴、丹阳为“三吴”；(2)《水经注·江水》以吴兴、吴郡、会稽为“三吴”；(3)《地理指掌图》以苏州、常州、湖州为“三吴”；(4)《名义考》：“三吴：苏州，东吴也。润州，中吴也。湖州，西吴也。”此泛指庐山所处的长江下游江浙一带。

[10] 陶令：指晋陶潜。潜字渊明，曾为彭泽令，故称陶令。彭泽在今江西湖口县东30里。令，古代县官。陶潜又曾隐居庐山，与释慧远、彭城刘遗民号“庐山三隐”。

[11] 桃花源：陶潜作《桃花源记》，谓有渔人从桃花源入一山洞，见秦时避乱者的后裔生活其间，极安适。出来以后，便不再能找到。后成为逃避现实者所向往的地方。

【赏析】

“一山”一联：“飞”字、“跃”字，均所谓一字千金。若入庸手，便云“独峙”（或“危峙”等）、“直上”矣。赵朴初说：“九江一带地势平衍，庐山突然拔地而起，真像一座大山从天外飞来。”又说：“次句……七字中，有山势的高峻，山色的青苍，公路工程的伟大和登山人意气的飞扬。”①

“冷眼”一联：冷眼，指观察事物时的冷静或冷谈的态度。用冷眼看人，含有蔑视的意味。洋，指海洋，也即指海外欧美诸国。在山上，居高望远，用冷眼对着海洋，静观世界。“冷”即“横眉冷对千夫指”之“冷”。郭沫若说：“‘冷眼向洋看世界’，就是蔑视那些进行反华大合唱的鸵鸟们。”②上句不但形容庐山之高，而且也把革命导师与中国人民的气魄、智慧之高表现出来。此联一冷一热，对照鲜明。世界实指一切反动派所在之世界，此辈蝇营狗苟，在我人观之，不值一笑，“冷”字多少鄙夷！

“陶令”一联：下句用问号，可注意。连同上句，意谓陶令不知何去，如尚在，当惊诧于乌托邦已成现实。君不见处处皆如桃源，皆可耕田乎？

七绝·为女民兵题照

一九六一年二月

飒爽[1]英姿五尺枪，曙光初照演兵场[2]。
中华儿女多奇志[3]，不爱红装爱武装。

【注释】

[1] 飒爽：豪迈英武貌。唐杜甫《丹青引赠曹将军霸》：“褒公鄂公毛发动，英姿飒爽来酣战。”旧注：“飒爽，豪迈飞动貌。”

[2] 演兵场：演，操练。演兵场即练兵场。

---

① 赵朴初：《学习毛主席诗词》，《新闻业务》1964年第3期。

② 郭沫若：《桃花源里可耕田》，1964年2月2日《人民日报》。

[3] 奇志：即壮志，因格律要用平声字，故作“奇”。

七律·答友人

一九六一年

九嶷山[1]上白云飞，帝子[2]乘风下翠微[3]。
斑竹[4]一支千滴泪，红霞万朵百重衣[5]。
洞庭[6]波涌连天雪，长岛[7]人歌动地诗[8]。
我欲因之梦寥廓[9]，芙蓉国[10]里尽朝晖。

【注释】

[1] 九嶷山：一作九疑山，又名苍梧山，相传舜南巡死于苍梧，葬此处。山在今湖南省宁远县南60里。《汉书·武帝纪》：“望祀虞舜于九疑。”颜师古注：“其山九峰，形势相似，故云九嶷山。”

[2] 帝子：《楚辞·九歌·湘夫人》：“帝子降兮北渚。”王逸注：“帝子，谓尧女也。”尧之二女娥皇、女英，嫁于舜。寻舜至湘江，自沉。

[3] 翠微：指青翠掩映的山腰幽深处。《尔雅·释山》：“山脊，冈；未及上，翠微；山顶，冢。”邢昺疏：“谓未及顶上，在旁陂陀之处名翠微。一说山气青缥色，故曰翠微也。”唐李白《下终南山》诗：“却顾所来径，苍苍横翠微。”

[4] 斑竹：一种有斑纹的竹子，又名湘妃竹。《广群芳谱·竹谱一》：“《续竹谱》云：斑竹即吴地称湘妃竹者，其斑如泪痕。世传二妃将沉湘水，望苍梧而泣，洒泪染成斑。”二妃即娥皇和女英。晋张华《博物志》：“舜崩，二女啼，以涕挥竹，竹尽斑。”

[5] 百重衣：以云喻衣。百重，极言衣饰之盛。唐杜甫《可叹》诗：“天上浮云如白衣，斯须改变如苍狗。”

[6] 洞庭：谓洞庭湖。湖在湖南境内，长约110多公里，广80多公里，面积约5千方公里。

[7] 长岛：指长沙橘子洲，也即指长沙。

[8] 动地诗：谓吟诗之声动地。

[9] 我欲因之梦寥廓：唐李白《梦游天姥吟留别》：“我欲因之梦吴越。”句式与之同。寥廓，见《长沙》词注。

[10] 芙蓉国：芙蓉，指木芙蓉。“芙蓉国”指木芙蓉花盛开的地方，此指湖南。五代谭用之《秋宿湘江遇雨》诗：“秋风万里芙蓉国，暮雨千家薜荔村。”明高启《秋日江居写怀》诗：“芙蓉泽国弥漫雨，禾黍田畴掩冉风。”

七绝·为李进同志题所摄庐山仙人洞照

一九六一年九月九日

暮色苍茫看劲松，乱云飞渡仍从容。
天生一个仙人洞[1]，无限风光在险峰。

【注释】

[1] 仙人洞：在庐山北部，天池山东北，牯岭西，位于白鹿升仙台下，与佛手岩邻近。

【赏析】

郭沫若说：“主席的诗，和所谓仙人洞本身看来并没有多大的直接联系。主席是在为‘庐山仙人洞照’题诗，而不是为仙人洞题诗。”①此论最中肯，可谓一语破的。诗一、二句似只写仙人洞外景，而此洞的真正精神与美已在其中。三、四句以无限赞叹收缴前幅，寓意深远。

七律·和郭沫若同志

一九六一年十一月十七日

一从大地起风雷，便有精生白骨堆。

① 郭沫若：《无限风光在险峰》，1964年4月11日《人民日报》。

僧是愚氓[1]犹可训，妖为鬼蜮[2]必成灾。
金猴奋起千钧[3]棒，玉宇[4]澄清万里埃。
今日欢呼孙大圣，只缘妖雾又重来。

【注释】

[1] 愚氓：犹愚民，这里指愚蠢的人。《说文》："氓，民也。"

[2] 鬼蜮：指用心险恶，喜欢暗中伤人的小人。《诗·小雅·何人斯》："为鬼为蜮，则不可得。"蜮相传是一种能伤人的动物，形似鳖，能含沙射水中人影，使人得病。又名短狐、射工。

[3] 钧：古代重量单位，30 斤为一钧。

[4] 玉宇：传说中神仙所居之处，这里指清净世界。

【赏析】

诗作于 1961 年 11 月，时全国正上演《孙悟空三打白骨精》一剧，剧由《西游记》第廿七回"尸魔三戏唐三藏"改编而成。着意于人妖敌友之辨，足以警愚顽而厉斗志。郭沫若赞之以诗，毛泽东同志和之。篇中对三种人（妖、唐僧、孙悟空）持三种不同态度，爱憎分明，掌握分寸极稳。

首联，"风雷"指无产阶级革命，"白骨堆"指反动、腐朽势力，"一从"、"便有"说明必然性。一从有了无产阶级革命，反动腐朽势力不甘心死亡，必然产生精怪与革命力量对抗。所谓"道高一丈，魔高一丈"也。开头二句即抉出精、妖的本根。

颔联，又划出愚、妖的界限。唐僧"人妖颠倒是非淆"，十分糊涂，故谓之"愚氓"。然唐僧只是认识问题，不是立场问题，上过当，识得妖的真面目，也就转过来了，不足多责，故曰"犹可训"。妖则本性难移，一意害人，为鬼蜮然，故曰"必成灾"。

后四句借孙大圣歌颂坚持马列主义的革命战士。"玉宇"指清净世界。今日革命战士，用马列主义的武器扫除邪说谬论，使玉宇重清，故对孙大圣热情欢呼。"只缘"句说明欢呼之原因。

【备考】

附:郭沫若原诗

七律·看《孙悟空三打白骨精》

人妖颠倒是非淆,对敌慈悲对友刁。
咒念金箍闻万遍,精逃白骨累三遭。
千刀当剐唐僧肉,一拔何亏大圣毛。
教育及时堪赞赏,猪犹智慧胜愚曹。

卜算子·咏梅

一九六一年十二月

读陆游咏梅词,反其意而用之。

风雨送春归,飞雪迎春到。已是悬崖[1]百丈冰,犹有花枝俏[2]。　　俏也不争春,只把春来报。待到山花烂漫[3]时,她在丛中笑。

【注释】

[1] 悬崖:高而陡的山崖。南朝宋鲍照《岐阳守风》诗:"广岸屯宿阴,悬崖栖归月。"

[2] 俏:有坚劲而美之意。

[3] 烂漫:唐杜甫《春日江村五首》之三诗:"栽桃烂熳红。"烂熳,一作烂漫,色彩鲜明貌。

【赏析】

"反其意而用之"应如何理解?

毛泽东词与陆游词之同点约有三端:其一,咏物即是咏怀,同是抒情之作;其二,以梅为象征,寓意深远;其三,同是佳作。

毛泽东词与陆游词之异点亦有三端:其一,陆词以梅为自己写照,毛泽东词则以梅为无产阶级革命战士乃至无产阶级政党写照。

其二，陆词孤芳自赏，情调是悲观消极的；毛泽东词则表现高度的革命乐观主义与集体主义，情调是乐观积极的。其三，陆词思想不脱个人主义窠臼（孤独、伤感），毛泽东词则为崇高的共产主义理想之体现，小大迥不相同。

从异点观之，则“反其意”之“反”不言可喻矣。

此词有四个“春”字，“不争春”之“春”，指革命胜利的果实和革命的光荣；亦有所谓“领导权”之意。“送春”、“迎春”之“春”，指马列主义、国际共产主义运动、无产阶级革命的大旗。“只把春来报”之“春”，指马列主义真理。分别观之，词意即容易理解。赵朴初云：“革命者以解放全人类为志愿，决不是如个人主义者或民族利己主义者那样一心想争占胜利的果实和光荣为己有的。其实个人主义者、民族利己主义者所要争占的东西，对革命者说来，就好像鹓雏眼中的腐鼠一样，是不屑一顾的。”①此论亦是。

【备考】

附：陆游原词

卜算子·咏梅

驿外断桥边，寂寞开无主。已是黄昏独自愁，更著风和雨。　　无意苦争春，一任群芳妒。零落成泥碾作尘，只有香如故。

七律·冬云

一九六二年十二月二十六日

雪压冬云白絮飞，万花纷谢[1]一时稀。
高天滚滚寒流[2]急，大地微微暖气吹。
独有英雄[3]驱虎豹，更无豪杰怕熊罴[4]。
梅花欢喜漫天雪，冻死苍蝇[5]未足奇。

① 赵朴初：《学习毛主席诗词》，《新闻业务》1964年第3期。

【注释】

[1] 万花纷谢：指在国际风浪中挺立不住者。

[2] 寒流：指严峻的国际形势。

[3] 英雄：与下面“豪杰”、“梅花”均指政治风浪中站得稳、顶得住者。

[4] 罴：即马熊，俗呼人熊。似熊而体大，长约六七尺，毛色褐黑，寿命可达50年。

[5] 苍蝇：指胆小如鼠、怕帝国主义、怕革命的人。

【赏析】

此诗虽以《冬云》为题，然实非咏冬云，而是赞美梅花顶得住寒威，显见也是为革命者写照。“英雄”、“豪杰”一联，点出正意，甚为明显。

满江红·和郭沫若同志

一九六三年一月九日

小小寰球，有几个苍蝇碰壁。嗡嗡叫，几声凄厉[1]，几声抽泣。蚂蚁缘槐[2]夸大国，蚍蜉撼树[3]谈何易。正西风落叶下长安[4]，飞鸣镝[5]。　　多少事，从来急；天地转，光阴迫。一万年太久，只争朝夕。四海翻腾云水怒，五洲震荡风雷激。要扫除一切害人虫，全无敌。

【注释】

[1] 凄厉：凄惨尖厉。

[2] 蚂蚁缘槐：唐李公佐《南柯太守传》载：东平淳于棼梦中被召为大槐安国驸马，做了南柯太守。醒来方知是梦，发现大槐安国只是槐树下一蚂蚁穴。

[3] 蚍蜉撼树：唐韩愈《调张籍》诗：“蚍蜉撼大树，可笑不自量。”

蚍蜉，大蚁。

[4] 正西风落叶下长安：唐贾岛《忆江上吴处士》诗："秋风生渭水，落叶满长安。"

[5] 飞鸣镝：《史记·匈奴列传》："冒顿乃作鸣镝，习勒其骑射。"裴骃集解："《汉书音义》曰：'镝，箭也，如今鸣箭也。'韦昭曰：'矢镝飞则鸣。'"

【赏析】

此词写作距《冬云》诗只两周时间，而词意则更进一步有了发挥。上段形容反动派的渺小、狂妄及其日暮途穷的情景。下段言世事变化很大，世界革命人民将会扫除一切害人虫，而无敌于天下。

"小小寰球"句：寰球指整个地球而言。地球在其大无外之宇宙中只是一个小小行星，譬如沧海之一粟，故曰"小小"。但此处用意尚不在形容地球之小，而是说地球已小，苍蝇自更微不足道矣。自战略言之，对敌人应如此蔑视。

"嗡嗡叫"三句以漫画的手法为这些小人物传神写照，工妙无比。

"蚂蚁"句是斥大国沙文主义者，以领导者自居，颐指气使，不以平等待人。"蚍蜉"句则指反动派肆其狂吠，实不自量力，无损于"大树"之分毫。

"正西风"二句：化用贾岛诗句，借用以形容反动派之日暮图穷，一天天烂下去。"飞鸣镝"，臧克家引孟郊《寒地百姓吟》"冷箭何处来，棘针风骚劳"之句，谓"鸣镝"系以箭比冷风。又谓诗人也用"中箭败阵"形容叶落纷飞。[①]然则，鸣镝究指冷风，抑指落叶，颇不明确。有人谓指革命力量，可供参考。

"多少事"六句：此数语转入论断，言世上有若干大事不能等待一万年才解决，往往量变引起质变，急转直下，朝夕间便见分晓。故吾人对斗争前途应有充分信心。

"四海"四句：谓世界革命人民结成最广泛的统一战线，必能扫除一切害人虫，而无敌于天下。此即将革命进行到底之思想，对革命

① 臧克家：《时代风雷起新篇》，《诗刊》1964年1月号。

前途充满乐观，信心极为坚定，读之使人鼓舞。“扫除”句直是檄文，有力之至。

【备考】

附：郭沫若原词

满江红

沧海横流，方显出英雄本色。人六亿，加强团结，坚持原则。天垮下来擎得起，世披靡矣扶之直。听雄鸡一唱遍寰中，东方白。　太阳出，冰山滴；真金在，岂销铄？有雄文四卷，为民立极。桀犬吠尧堪笑止，泥牛入海无消息。迎东风革命展红旗，乾坤赤。

一九六四年

【附录】

关于《娄山关》词的两个问题

一、这首词是写一天的事，还是写三月的事？

1962年春天，郭老（沫若）在一次讲话和一篇文章里曾经一再提到毛泽东同志的《忆秦娥·娄山关》词，并作了新的解释[①]。他认为这首词不是写一天的事，而是写三个月的事。上阕所写的是红军长征的初期，那是1934年的秋天；下阕所写的是遵义会议之后，是在1935年1月。第二次又经过娄山关回遵义，是在当年2月。就时令来说，是在冬末春初。但上阕所写的“西风”、“雁叫”、“霜晨”却是秋天的景物。因此，如果说是一天的事，那就显然与时令不合[②]。

郭老的讲话和文章，在许多方面都对我们有很大的启发，很能帮助我们理解《娄山关》这首词。但是，词里所写的是不是三个月的事呢？我以为还是值得商榷的。

首先，西风、雁叫、霜晨不一定只有秋天才有。这一点，与郭老所提出的主要理由有关，是关键所在。因此，这里想比较详细地分项说一说。

（一）关于西风

西风，自然是秋天里经常刮的，但在其他季节里，它也并非不可能出现。史书里就曾不止一次地记载别的季节刮西风，以下是几个

---

① 1962年3月7日，郭老在广州文艺界的诗歌座谈会上讲话，内中有一段谈到《娄山关》词，谈话记录见《羊城晚报》。同年5月1日，郭老发表《喜读毛主席的词六首》，文中也有一段谈到《娄山关》词，见《人民文学》1962年5月号。

② 参看《喜读毛主席的词六首》，1962年5月12日《人民日报》。

例子：

(1)《后汉书》卷六十下《郎𫖮传》："自冬涉春，讫无嘉泽，数有西风，反逆时节。"（《四部备要》本）

(2)《魏略》："正始元年，商风大起数十日，发屋折树，动太极殿东阁。正旦大会，又甚，倾床案。"

（《艺文类聚》卷四引，中华书局1959年景宋本。《太平御览》卷八六六引，略同，《四部丛刊》本）

(3)《宋史》卷三六九《张俊传》："(建炎)四年正旦，忽西风起。"

（《四部备要》本）

例(1)所记是顺帝阳嘉二年(公元133年)的事，文中说冬春间屡有西风。例(2)的"商风"就是西风。《楚辞·七谏·沉江》："商风肃而害生兮。"王逸注："商风，西风。"可证。这一例和例(3)的"正旦"都是元旦。三例都是把刮西风当作反常现象来记载，但也说明了在阴历冬春之间和元旦是会有西风出现的。

文学作品里以西风为秋景的固然很多，但也有明明写别的季节而却提到西风的。这里也举两例：

(1)杜甫《苏端、薛复筵简薛华醉歌》："开筵上日思芳草……气酣日落西风来。"

（《全唐诗》卷二一七，中华书局1960年校点本）

(2)李建勋《重戏和春雪寄沈员外》："密洒西风借鹤寒。"

（《全唐诗》卷七三九）

例(1)的"上日"注家有不同解释。《太平御览》卷二十九引《玉烛宝典》："正月如端，其一日为元旦，亦云上日。"（《四部丛刊》本）考杜甫诗中有"安得健步移远梅，乱插繁花向晴昊？"以及"千里犹残旧冰雪"等句，则解释上日为元日(亦即元旦)是合理的[①]。例(2)的题目中有"春雪"字样，显然可见诗句里的"西风"是在春天里刮的。

一年四季，虽说某一季常刮某种风(比如春天常刮东风，夏天常刮南风之类)，但也不一定不刮别的风。《史记》卷七《项羽本纪》记睢

---

① 九家注杜诗，即引《玉烛宝典》，以上日为正月初一。

水之战，其年4月有“大风从西北而起”[①]；

《三国志·吴志》卷九《周瑜传》注引《江表传》记赤壁之战，其年10月有东南风[②]；《元史》卷一一八《阔里吉思传》记阔里吉思追击也不干，其年暑天“北风大起。”[③]这些实例都可以说明这一点。《娄山关》词上阕里的“西风”，大约也就是这种反常的风。

据贵州省气象局编写的《贵州的气候》（增订本）一书所述，贵州各地冬、春、秋季虽以北风及东北风为最多，但也有西风，只是比较稀少罢了[④]。我们怎么能够断言毛泽东同志经过娄山关时就一定没有西风呢？

（二）关于雁叫

雁是候鸟，秋南春北，在秋、冬、春三季都可以听到雁叫，并非只限于秋季。文学作品里有许多是写冬天闻雁的，比如：

（1）李频《送崔侍御书记赴山北座主招辟》：“雁叫嫌冰合，骢嘶喜雪繁。”

（《全唐诗》卷五八九）

（2）戴复古《黄州偶成》：“雁叫淮南欲雪天。”

（《宋诗钞·石屏诗钞》，刻本）

（3）鲍溶《寒夜吟》：“霜飙乘阴扫地起，旅鸿迷雪绕枕声。”

（《全唐诗》卷四八六）

此外，虽未说明“雁叫”“雁声”，而实际上是把雁当作冬天景物来写的，为数更多，这里姑举二例：

（1）欧阳修《江行赠雁》：“云间征雁水间栖，矰缴方多羽翼微。岁晚江湖同是客，莫辞伴我更南飞！”

（《欧阳文忠全集·居士集》卷十，《四部备要》本）

（2）又《渔家傲》：“十二月严凝天地闭……马前一雁寒

① 这一年是汉高祖三年（公元前204年）。

② 这一年是汉献帝建安十三年（公元208年）。

③ 这一年是元世祖至元二十四年（公元1207年。阔里吉思本传未载在何年，此据《元史·世祖本纪》及《土土哈传》推知）。

④ 据戎笙《如何理解毛主席的<娄山关>》一文转引，文见1962年8月25日《羊城晚报》。

空坠。”（《欧阳文忠全集》卷二，版本同上）

文学作品里写雁而点明是春天的，数量也很有一些，这里也举两例：

(1)陈后主《夜亭度雁赋》：“春望山楹，日暖苔生。……暂逍遥于夕径，听霜鸿之度声。”

（严可均《全陈文》卷四，黄冈黄氏校刊本）

(2)卢思道《孤鸿赋》：“彭蠡方春，洞庭初绿，理翮整翰，群浮侣浴。……行离离而高逝，响噰噰而相续。”

（严可均《全隋文》卷十六，版本同上）

此外，杜甫有《官池春雁二首》，刘敞有《清明后雁》，元、明人也有很多以“春雁”或“赋得春雁”为题的，可见认定“雁叫”只是秋天景物，未免有些拘泥。

（三）关于霜晨

《礼·月令》：“季秋之月……霜始降。”①俗谚：“谷雨断霜。”②可见霜是秋、冬、春三季都有的，也不只限于秋天。诗中有“霜晨”字样而时令显然不是秋季的，有苏轼《再和杨公济梅花十绝》：

“莫向霜晨怨未开，白头朝夕自相催。”③

诗为催梅花开放而作，大约写于冬末春初。《水经注·江水》有“霜旦”，原文云：“每至晴初霜旦，林寒涧肃。”④“霜旦”也就是“霜晨”。这两句的上文有“春冬之时”的话，可见所写的也不是秋天景象。此外，诗中虽没有“霜晨”字样而实际上是写霜晨（而且是写冬天的霜晨）的，为数不少，这里举三例：

(1)李峤《十二月奉教作》；“池冷凝宵冻，庭寒极曙霜。”

（《全唐诗》卷五十七）

(2)李贺《河南府试十二月乐词》：“日脚淡光红洒洒，落霜

---

①《礼记注疏》卷十七，《四部备要》本。

②《周益公日记》：“清明断雪，谷雨断霜。”可见这个谚语宋代已有。

③《东坡集》卷十八，《四部备要》本。

④《东坡集》卷三十二，《四部备要》本。

不销桂枝下。” （《全唐诗》卷三十九）

（3）戴昺《次韵屏翁冬日》：“晓起冲寒出，霜明日未晞。”

（《宋诗钞·农歌集钞》）

《贵州的气候》指出，遵义一带2月份平均霜日只有1.3天[①]。但这也只是说遵义一带2月份降霜较少，并非绝对没有霜。由此可见，把“霜晨”只看成秋天的景物，似乎也是有些武断的[②]。

总之，西风、雁叫、霜晨，虽说是秋天常有的景物，但却不一定是秋天特有的景物，我们不能仅仅根据这些来断定文学作品所写的事是不是发生于秋天。红军越过娄山关在冬末春初，在这种时候，西风、雁叫、霜晨都是有可能出现的，《娄山关》词写到这些也是不足为奇的。因此，在这里，并没有什么合不合时令的问题。

其次，如果依照郭老所说，上段写1934年秋天（长征时期），那也有以下三点很不容易解释：

第一，词的题目就有问题。毛泽东同志的词大都有题目，其中以地名为题的，娄山关以外，有长沙、黄鹤楼、井冈山、会昌、大柏地、六盘山、昆仑、北戴河等。这些词的内容都是密切地与词题相关联的，例如《黄鹤楼》词就是写登黄鹤楼时所见所感。其他几首情况也大致相似。《娄山关》词上段如果真是写1934年秋天，那末，在这一时期，红军还未到达娄山关，怎么能够拉扯到题为“娄山关”的词里来写呢？这首词只有两段，有一半就与题目没有多大关系。这样，不也是说不过去吗？

第二，就上段内容说，也看不出是写三个月的事。这一段写西风，写雁叫，写霜晨月，写马蹄声，写喇叭声，其中最主要的是霜晨月，3个字分明点出这是写一个早晨的行军情况。在长征初期，红军尽管连续行军，但中间也有休息的时候[③]，不是天天赶路；就是赶路，

① 据戎笙《如何理解毛主席的<娄山关>》一文转引。

② 毛泽东同志《长沙》词“万类霜天竞自由”，“霜天”指秋天。《渔家傲》词“万木霜天红烂漫”，“霜天”指冬天。这更是不能仅仅根据用字来定时令的证明。

③ 据《红军第一军团长征中经过的地点及其里程一览表》后所附说明，红军在长征的最初3个月中，共休息了32天。此表见《中国工农红军第一方面军长征记》，人民出版社1958年版。

也不一定每次都碰上西风，听到雁叫，看见霜月。所以，如果解释为写三个月的事，反而有些扞格。即使退一步说，词里是用拂晓行军来概括三个月的事的，但在这三个月中，红军曾突破敌人的四道封锁线，经过许许多多激烈战斗。这些，似乎也不是西风、雁叫等等所能概括的。

第三，把上段解释为写三个月的事，就破坏了这首词的结构的完整性。这首词，上段用“霜晨月”点出是清早，下段用“残阳如血”点明是傍晚，一早一晚，时间的线索非常清楚。郭老自己也说：“由遵义城至娄山关是七十里[①]，恰好是一天的路程，清早由遵义动身，晚上到达娄山关，那是合情合理的。”[②]我们认为把这首词解释为写一天的事，不但与实际情况相合，而且也显得上下衔接密切，结构完整（上段写“从头越”“雄关”以前的情况，下段写“从头越”时所见，即从清早行军写到傍晚到达关上）。要是认定是写三个月的事，那就把上下段分成两橛，两段之间的时间联系从结构上也看不出来了。

二、这首词是不是描写战斗的？

《娄山关》词是不是描写战斗的？对于这一问题，有不少人作了肯定的回答。例如刘绶松同志就说：“要正确地理解《娄山关》这首词……有两点必须弄明白的：一是娄山关的形势和它在战略上所占的重要位置；一是毛泽东同志写作《娄山关》这首词时战争进行的情况。”[③]安旗同志说，“词的上半阕写的是长征部队拂晓出发的情景”，“（下半阕）用‘血’来形容赤红的太阳……这就不能不使人感受娄山关战斗的惨烈，想到用血换来的胜利。”[④]其他同志也有类似的意见，但说得最肯定、最详细的还是周振甫同志，他说：

---

① 郭文说是根据新旧遵义府志，经查《遵义府志》卷九、《续遵义府志》卷六，都说娄山关在遵义北 100 里。《红军长征在贵州》中《大战娄山关》一文也说“娄山关在遵义城北一百里”。

② 《喜读毛主席的词六首》，1962 年 5 月 12 日《人民日报》。

③ 《读毛主席<娄山关>词》，《文学知识》1959 年第 8 期。

④ 《第一等襟怀，第一等真诗》，《文艺月报》1958 年 5 月号。

> 这首词就是写娄山关的艰苦战斗的。上半阕写强烈的战斗气氛，下半阕写战胜敌人后革命战士的豪迈气概，也写出了一幅壮丽的进军图画，声情激越，具有振奋人心的力量。
>
> 娄山关是在黄昏时攻占的，当时战斗得很激烈。到次日拂晓，敌人两次结集优势兵力来反攻，战斗更为激烈。所以诗人选择拂晓时那个战斗场面来写……在这上半阕里，前两句构成一幅画面，描写出一种气氛，用来衬托这次激烈的战斗……下半阕写红军豪迈地越过娄山关。从"喇叭声咽"的总攻声中，彻底打垮了敌人，红军这才越过娄山关，上半阕和下半阕在意义上就是这样密切地联系着……①

这种说法把这首词说成是写娄山关之战的一天的战斗生活②，实际上，是否真是这样呢？

根据有关记载，我们知道1934年除夕，我长征的中央红军到达贵州省的第一条大河乌江南岸。1935年1月3日突破敌黔军把守的乌江防线。6日，解放了遵义县城。当天，前锋部队北上追击侯之担部。8日上午，进迫娄山关。敌以两三团兵力凭险据守，但经我发动总攻后，瞬息之间，敌即全部溃退。这就是第一次娄山关战斗③。2月12日"我军由云南扎西（威信）回师贵州。19日，渡赤水河。25日，占桐梓。26日，经过反复多次的肉搏，击溃黔敌王家烈部四个团，占娄山关。这就是第二次娄山关战斗"④。

娄山关战斗既有两次，那末，如果认为娄山关词是写娄山关之战，那就须接着回答一个问题：词里所描写的战斗是第一次还是第二次？

有些同志似乎并未注意到战斗有两次，因而说得不够明确，周振甫同志则引用了雪枫同志的《娄山关前后》一文，指明战斗发生于2月25日，显然可见，他是肯定词里所描写的是第二次战斗。

---

①《毛主席诗词浅释》第74~75页，上海文艺出版社1962年版。

②《毛主席诗词浅释》第76页，上海文艺出版社1962年版。

③ 参看《红军长征在贵州》，第10~14页。

④ 参看上引书第22~23页及雪枫《娄山关前后》(《中国工农红军第一方面军长征记》第146~161页)。

然而,这里也有个问题。

《娄山关前后》记第二次娄山关战斗很详细,文中有好几处对天气的描写。如写担任先锋的十三团向娄山关抢攻时就说:

将近黄昏,加以微雨①。

写占领关口之后又说:

因为关上没有房子,而且落雨,所以留了一个营,对通遵义大道四十里的板桥警戒,主力在娄山关下的八九里外,靠着桐梓方向宿了营②。

下文又说:

次日拂晓,大雾,对面不见人……敌人以密集部队沿大马路向我反攻……我军第一营看见第三营主力军赶来了,更加沉着应战……大雾迷漫,枪刀并举③。

下文写敌人的主力三团企图迂回侧击娄山关左侧背时,又说:

同一个早晨……左侧翼发现枪声了,听去约有十多里路远,浓雾未开,只听响声,不见队伍④。

这些记载同别的革命回忆录所记相合⑤。足证这次战斗时有雨又有雾,天气很不好。既是这样,那末,词里面所写的"西风烈"、"长空"、"霜晨月"以及"苍山如海,残阳如血"等等,就都无法得到解释。这些都是天气晴明所见的景象,在有雨有雾的天气如何会出现呢?

周振甫同志说:

娄山关是在黄昏时攻占的,当时战斗很激烈。到次日拂晓,敌人两次结集优势兵力来反攻,战斗更为激烈。所以诗人选择拂晓时那个战斗场面来写。"西风烈",不是写在峡谷中向娄山关进军,而是写在娄山关上战斗的环境。娄山关地势极高,所以感到西风吹得猛烈。"长空雁叫霜晨月",月还没有落,正是天破

①《中国工农红军第一方面军长征记》,第154页,人民出版社1958年版。

②《中国工农红军第一方面军长征记》,第155页,人民出版社1958年版。

③《中国工农红军第一方面军长征记》,第155~156页,人民出版社1958年版。

④《中国工农红军第一方面军长征记》,第157页,人民出版社1958年版。

⑤ 张爱萍《从遵义到大渡河》一文也说猛攻娄山关之夜有阵阵细雨(见《星火燎原》第3集第60页),《红军长征在贵州》第211页也说26日黎明大雾弥漫,都可参证。

晓的时候。“长空雁叫”的声音是凄厉的[1]。

这一段所说的战斗时间(2 月 25 日黄昏和 26 日拂晓)是对的,但没有注意到雪枫同志文中对天气的描写,因而解释“西风烈”等等,就不免陷于主观臆断,缺乏事实的根据。这样的解释,自然也就不能说是恰当。

周振甫同志的文中又从词里的“马蹄声碎”一句断定这次战斗我军是用骑兵进攻,文中一则说:

> 碎是碎杂,骑兵的马蹄在山石上发出碎杂的声音,正写出骑兵向敌人的猛烈进攻[2]。

再则说:

> 诗人对于激战只用虚写,不说骑兵进击,而说“马蹄声碎”,从“碎”字里更显出进军的急迫[3]。

但这种说法也同样地缺乏事实的根据。我军进攻娄山关的第十、十一、十二、十三等四个团(均属红三军团)都是步兵,不是骑兵。当时除了少数团的负责同志有马之外,一般战士是没有马的[4]。因此,这次战斗不能说是“用骑兵进攻”。况且娄山关是著名的险要去处,“周围山峰,峰峰如剑,万丈矗立,插入云霄。中间是十步一弯,八步一拐的汽车路”[5]。当时又“落下阵阵细雨,陡险的山路,像擦了油似的,溜滑难走,跌交的人越来越多”[6]。在这样的地形和这样的时节,就是有骑兵,也是用不上的。因此,仅仅从“马蹄声碎”一句并不能就得出这次用骑兵作战的结论。

综上所述,我们认为《娄山关》诗所写的不是第二次娄山关战斗。

那末是不是写第一次战斗呢?

我们认为也不是。主要理由有二:第一,时间上不对。上文说过,第一次娄山关战斗发生的时间是 1935 年 1 月 8 日上午,而且未经

---

①《毛主席诗词浅释》,第 74 页,上海文艺出版社 1962 年版。
②《毛主席诗词浅释》,第 74 页,上海文艺出版社 1962 年版。
③《毛主席诗词浅释》,第 75 页,上海文艺出版社 1962 年版。
④ 参看张爱萍《从遵义到大渡河》。
⑤ 雪枫《娄山关前后》。
⑥ 张爱萍《从遵义到大渡河》。

激战，很快就占领了关口。这同词里的“霜晨月”和“残阳如血”都不相合。第二，更重要的是，这一次，毛泽东同志并不在军中。据《红军长征在贵州》记载，1 月 8 日下午，毛泽东同志在遵义城内参加了“万人大会”，并向群众讲了话[①]。此外，具有伟大历史意义的遵义会议也是在这一天召开的，会上通过了《中共中央关于反对敌人五次“围剿”的总结决议》。毛泽东同志在一天之内参加了两个大会，那就决不会再到距遵义百里以外的娄山关前线去了。

所以，《娄山关》词所写的也不是第一次娄山关的战斗[②]。

两次都不是，那么这首词究竟是什么时候写的？它所描写的又是什么？

原来遵义会议以后，经过短期休整，我军即继续北上。2 月 29 日，离开遵义，越过娄山关，取道桐梓、松坎，向赤水挺进。这一次通过娄山关未发生战斗，但当时毛泽东同志却正在军中。

第二次娄山关战斗的第二天，我军再占遵义，痛歼敌中央军吴奇伟部，又休息了十几天，然后于三月中旬向西挺进，占仁怀，经茅台，渡赤水河，进入川南地区。这次毛泽东同志也在军中，但却未经过娄山关[③]。

这样，事情就很清楚了：《娄山关》词是毛泽东同志在 2 月 19 日经过娄山关时写的[④]，词中所描写的是行军的情况，不是战斗的情况。

娄山关是天险，第一次战斗又未经激战就夺取了关口，所以毛泽东同志在战后经过战场时，有“雄关漫道真如铁，而今迈步从头越”之语。这两句话，一方面如实描绘了伟大红军的高度自豪感；一方面也充分表现了对敌人的鄙夷与蔑视。意思是说：红军攻无不克，

---

① 《红军长征在贵州》第 63 页。

② 《毛主席诗词》单行本出版，《娄山关》词题下加注的写作年月为“一九三五年二月”。据此，则描写第一次战斗的说法更无法成立。

③ 由遵义北上到桐梓，娄山关是必经之地。由遵义西进到仁怀、茅台，娄山关不在途中，就无须经过了。西进的时间是三月中旬，也与“西风”“霜晨”等不合。

④ 据陈昌奉同志来信说，毛泽东同志第一次路过娄山关在 1935 年 2 月 17 日，与一般记载所说的“十九日”相差二日。

所向无前,而无用的敌人则虽有如铁的雄关也无所用之。“迈步从头越”五字,有从容不迫之意,揣摩语气,不像是写战斗或战斗刚刚结束时。“马蹄声碎,喇叭声咽”,是行军中可能有的情景,也不一定就是“骑兵进击”和“全面总攻”[1]。所以,就词而论,也看不出它是“写娄山关之战的一天的战斗生活”。

少亭同志说:“这首词……上半阕主要是写拂晓进军的情景,下半阕主要是写越过娄山关的心情。”[2]邓叙萍同志说:“上阕写红军早上出发时的情景,下阕写过关后到达宿营地时的薄暮情景。”[3]我们认为,这些说法都是比较正确的解释。

---

① 周振甫同志把“喇叭声咽”解释为“全面总攻”,见《毛主席诗词浅释》第75页。

②《毛主席诗词七首解释》,《语文学习》1957年第5期。

③《读毛主席的四首词》,《长江文艺》1957年第6期。

毛泽东诗词文字上的改动

毛泽东诗词发表时间不一，一些诗篇发表前曾在内部流传，以现今版本与以前版本及内部流传稿对照，可知毛泽东同志曾不断对其诗词加以修改，现据一些资料整理抄录如下：

1964 年元旦，人民文学出版社和文物出版社同时出版发行了《毛主席诗词》的几种新版本。文物出版社本在扉页上作了说明："本书收入毛主席诗词三十七首。以前发表过的二十七首，这次出版时经作者作了校订。"拿新旧版本互相对勘，除新增的十首以外，其余的一些诗词文字上也有变动，分项列举如下：

一、增补了题目和写作时间。

以前发表的《词六首》，只有词牌名，没有题目。新版在题目上都已补上。原来的《词六首》的总标题和小序，则删去。又，每一首诗词的写作年月或日，新版本统统添上。(《长沙》词下注"一九二五年"，但有一手稿题"一九二六年"。)

二、凡是和作，都附录了原作。

如和柳亚子、郭沫若的诗词，都附录了柳、郭的原作于后。另外，《浣溪沙》一首，也补题了《和柳亚子先生》几个字。(《七律·赠柳亚子先生》，"赠"也为"和"。)

三、正文作了改动。

《减字木兰花·广昌路上》"雪里行军无翠柏"，校订后改为"情更迫"。

《念奴娇·昆仑》"一截留中国"，"留中国"校订后改为"还东国"。

《浣溪沙·和柳亚子先生》"万方奏乐有于阗"，"奏乐" 校订后改为"乐奏"。

四、题目作了改动。

《蝶恋花》“我失骄杨君失柳”一首，原题为《游仙·赠李淑一》，校订后改为《答李淑一》。

五、附注也作了改动。

《渔家傲·反第一次大“围剿”》的附注：“他死了没有呢？没有说，因而没有死。”最后几个字，校订后改为“看来是没有死”。

《蝶恋花·答李淑一》这首词的“编者注”中有柳直荀烈士于“一九三三年九月在湖北洪湖战役中牺牲”的话，校订后无“九月”二字。又，“关于这首词，毛主席致李淑一同志信中有这样几句话……”这一段删去，另外补上以下几句：“这是一首和词。李淑一同志写了一首纪念她死去二十几年的爱人柳直荀同志调寄蝶恋花的词，寄给毛泽东同志，因有此作。”1969 年 2 月 128 开本“这是一首和词”以下又删去，改为“一九五七年二月，李淑一同志把她写的一首纪念柳直荀同志的词，寄给毛泽东同志……毛泽东同志写了这首词答她”。

六、标点符号上也有改动。

《水调歌头·游泳》“一桥飞架南北，天堑变通途”，改为“一桥飞架，南北飞堑变通途”。（按：1966 年 9 月北京人民文学出版社出版的 64 开本《毛主席诗词》及 1969 年 2 月人民出版社出版的 128 开本《毛主席语录》，《毛主席的五篇著作》和《毛主席诗词》合订本又改为“一桥飞架南北，天堑变通途”）

除上述变动外，根据毛泽东诗词的部分原稿复制品和过去的流传本以及有关记载，知毛泽东同志对自己的诗词还作了以下的修改：

一、《七律·长征》第五句原作“金沙浪拍云崖暖”，“浪”后改为“水”。作者自己批注云：“这是一位不相识的朋友建议改的。他说，不要一篇有两个‘浪’字，是可以的。”

二、《沁园春·雪》，原手稿末尾有“沁园春三月。亚子先生教正”字样，手稿正式发表时，保留“沁园春”三字，以下删去。

三、《七律·和柳亚子先生》原手稿中“暮春时节读华章”一句，正式发表时，“暮春”改为“落花”。

四、毛主席1956年12月5日给周世钊的信中抄附的《水调歌头·长江》，在正式发表时，改为《水调歌头·游泳》。（按：有一种复制的手稿，尚题为“长江”。）

五、在1962年4月19日北京全国文艺界“诗歌座谈会”上，郭沫若同志谈道：“《送瘟神》那两首诗未发表以前，我看到主席的原稿。其中‘红雨随心翻作浪，青山着意化为桥’两句，原是‘红雨无心翻作浪，青山有意化为桥’。后来将‘无’字改成‘随’，‘有’字改为‘着’字。这一改，改得好极了，可见锤炼字句的功夫。”（《诗刊》1963年第3期）

六、《七律·到韶山》发表前，内部流传稿标题作《无题（归故里）》。“红旗卷起农奴戟”句。“卷”作“飘”。“遍地英雄下夕烟”句，作“人物风流变昔年”或“人物峥嵘变昔年”。

七、《七律·登庐山》发表前，内部流传稿“跃上葱茏四百旋”句作“欲上逶迤四百旋”。“热风吹雨洒江天”句“江天”作“南天”。“桃花源里可耕田”句问号原作感叹号。

八、《七律·和郭沫若同志》发表前，内部流传稿标题作《和郭沫若“看孙悟空三打白骨精”》。“只缘妖雾又重来”句“缘”作“因”。

九、《卜算子·咏梅》发表前，内部流传稿标题作《卜算子·仿陆游“咏梅”》。又，据郭沫若说，毛主席在陆游词的前面还写了这样几句话：“陆游北伐主张失败，投降派打击他，他消极颓丧，无可奈何，因此作此词”，也见传抄本。（见郭沫若与《丛中笑》战斗队座谈纪要）

十、《七绝·为李进同志题所摄庐山仙人洞照》发表前，内部传抄稿标题为《题李雪鹤摄影庐山松》。

十一、《忆秦娥·娄山关》中“长空雁叫霜晨月，霜晨月”，在一手稿中作“梧桐叶下黄花发，黄花发”。

十二、《减字木兰花·广昌路上》中“漫天皆白”，在一手稿中作“漫天惟白”。“雪里行军情更迫”，在一手稿中作“雪里行军情更切”。“风卷红旗过大关”在一手稿中作“风卷红旗冻不翻”。

十三、《沁园春·雪》“原驰蜡象”句，在毛主席抄赠柳亚子的手稿上作“原驱腊象”。

十四、《十六字令三首》“倒海翻江卷巨澜”句，在一手稿上“卷”作“搅”。

十五、《菩萨蛮·黄鹤楼》在一手稿中作《菩萨蛮·登黄鹤楼》

十六、《清平乐·会昌》，在一手稿中作《清平乐·登会昌山》。

一九七〇年六月

关于词牌及其他

在解说词牌之前，有必要简单地谈一谈有关词的一些问题，因为这些对我们理解词牌很有用处。

词是什么？粗浅地说，词是诗的特殊形式，可以算做广义的诗的一种。精密点说，词是“一种律化的、长短句的、固定字数的诗”[①]。

这里所谓“律化”，是说依照近体诗的格律，也就是说讲究平仄、对仗等等，同近体诗差不多[②]。所谓“长短句”，是说句子长短不齐。比如《十六字令》，第一句 1 个字，第二句 7 个字，第三句 3 个字，第四句 5 个字。四句就是四个样子。这同五言诗、七言诗每句都是整整齐齐的 5 个字、7 个字显然不同。所谓“固定字数”，是说全篇有一定的字数。比如《菩萨蛮》44 字，《念奴娇》100 字，《沁园春》114 字，都有规定，不能随意增减[③]。其他可以类推。

凡是标准的词，大都具备律化、长短句和固定字数三个特点。有这三个特点，也就使它同诗区别开来了[④]。

词起于唐而盛于宋，它本来叫“曲子词”，后来才简称为“词”或“曲子”。此外，还有“诗余”、“长短句”等异名。“曲子词”这一名称，说明了它同音乐的关系极为密切。早期的词一般都是配合音乐，可以歌唱的[⑤]。现代的音乐，大都有曲调，有歌词；曲调就是音乐的部分，

---

① 这是王力替词下的定义，见所著《汉语诗律学》第 509 页，新知识出版社 1958 年版。

② 参看本书附录二关于近体诗的说明。

③ 只有精于音律的人才可以在声腔方面加以伸缩。声腔既变，字句也就随之而变。词里有所谓“摊破”、“偷声”、“减字”等等，就是指这种伸缩而言。

④ 古体诗、近体诗和乐府都不能完全具备这三个特点，因之我们便可以把它们和词区别开来。关于这一点，也可参看《汉语诗律学》第 509 页。

⑤ 词所配合的音乐，是隋唐时代的燕乐。“燕”与“宴”通，燕乐就是宴会上用的乐曲(燕乐的主要成分是西域音乐，也杂有民间音乐。主要的乐器是琵琶)。早期的词都是在宴会上歌唱的。

歌词就是文字的部分。古代的词也是如此。它的音乐部分就是“曲子”，文字部分就是“词”；两者兼备，所以合称“曲子词”。文字部分必须与音乐部分相适应，然后才便于歌唱，所以作词叫“填词”。“填”就是按曲配字的意思①。词到后来，渐与音乐脱节，文人所作只能“吟”而不能“唱”，虽然仍旧标明曲调，但实际上仅有文字部分，因此也就只称为“词”了。

词的种类，有许多不同的分法。有一种，拿字数做标准，分成小令、中调和长调三种。小令是58字以内的，中调是59字到90字的，长调则是91字以上的②。这种分法，虽然有些勉强③，但由于一来出现很早，二来也还能够说明大概的情况，因而后世也就沿用下来了。

小令既然字数较少，有一些就不再分段④。这种不分段的词叫做“单调”。中调和长调大都分段，又有三种情况：分成两段的，叫做“双调”；分成三段的，叫做“三叠”；分成四段的，叫做“四叠”。三叠、四叠都很罕见。单调为数也较少，只有双调最多。所以双调实在是词中最常见的形式。双调的词，前后两段的字数大都相等或基本上相等，平仄也往往是一样的。

词里的段，原有专用的名称，叫做“阕”(què)。阕是曲终的意思。一阕，表示一曲到此完毕。下面，再来一阕，表示依照原曲再唱一首。阕又叫“遍”或“片”。两段的词，第一段通称上阕、前阕或上片，第二段通称下阕、后阕或下片(三叠、四叠的词，不叫阕仍叫段；三段的以前、中、后为别，四段的则以第一、第二等为序)。阕与阕之间有个停顿。这个停顿，书面上用空一格来表示。这是旧例。现代分行写，改用中间空一行来表示。就音乐上说，一阕之后的停顿，只是暂时休止而非全曲告终。因此，在词的写法上，两阕之间也要若断若续，意脉

---

① 填词又有两种情况：一种是古代精于音律的乐工和词家按律制调，按调配词；一种是后来的文人依照旧词的格式或词谱的规定从事写作。普通所谓填词，大都指后者而言。

② 小令、中调、长调的区分，始于南宋何士信所编的《草堂诗余》，但这部书的旧刻本还没有这些名目，明刻本《类编草堂诗余》才分别标明，以后也就沿用了下来。

③《词律》的《发凡》就曾指出小令、中调、长调三者很不容易严格区分，可以参看。

④ 不分段的小令往往较短，分段的往往较长；但长短也不是绝对的。例如分两段的《归国谣》只有34字，不分段的《伊川令》却有44字。

贯通；如果隔成两橛，那就不大合适了。

词的前后段，开头几句句法相同的，叫做“不换头”。例如毛泽东同志《西江月》词，前段开头是“山下旌旗在望，山头鼓角相闻”；后段开头是“早已森严壁垒，更加众志成城”。就句法论，都是两个六字句，没有什么改变，这就是不换头。两段开头几句句法不相同，而其余几句相同的，叫做“换头”。例如毛泽东同志《菩萨蛮·黄鹤楼》词，前段开头是“茫茫九派流中国，沉沉一线穿南北”；后段开头是“黄鹤知何去，剩有游人处”。一是两个七字句，一是两个五字句，句法是改变了，这就是换头。换头又叫“过拍”、“过片”、“过遍”或“过变”。“过”是“过渡”的意思。三叠、四叠的第三、第四段开头处，也有叫“三换头”、“四换头”的。

词又有令、引、近、慢等名称，也与字数有关。“令”几乎成了词调的通称，有很多的词都可以加上一个令字。例如《调笑》又名《调笑令》，《浪淘沙》又名《浪淘沙令》，《鹊桥仙》又名《鹊桥仙令》，如此等等。也有许多词调，有一个带“令”字的别名。例如《南歌子》又名《风蝶令》，《醉太平》又名《四字令》，《念奴娇》又名《百字令》，如此等等。“引”和“近”，前人解释为“引申”或“扩充”，并认为凡是词调名称中有“引”或“近”的，都是就原词增加字数。例如《千秋岁》72 字，《千秋岁引》82 字，增多 10 字；又如《诉衷情》45 字，《诉衷情近》75 字，增多 30 字[①]。但这种说法也不能绝对化，因为实际上情况相当复杂，不能一概而论。“慢”就是快慢的慢，由于曲调长，唱起来节奏比较慢，所以叫做“慢”。凡是词调名称中有“慢”字的，字数都比较多。例如《浣溪沙慢》93 字，《声声慢》96 字，《江城子慢》109 字，《浪淘沙慢》133 字，其他可以类推。有人说，令、引、近、慢的区别，主要在于音乐上的节奏不同（小令每段四拍，引和近每段六拍，慢曲每段八拍），不在于字数的多少。这种说法是能够说明唐宋杂曲的体制的；但就一般读者来说，只从字数上着眼，也就能够大体上分辨四者[②]，不必再去管节奏上有什么区别了。

---

① 这种可以两两相配的词为数极少，其他的“引”词和“近”词都没有别的词可以相配。

② 慢词都是长调；近词除《好事近》外，都是中调；引词大部分是中调，小部分是小令。

以上只拣有关词牌约略地说一些，其他方面可谈的还很多,但这里不能多所涉及了。

二

词,如上文所说,是一种配合音乐、可以歌唱的特殊形式的诗。既然配合音乐,它就一定有曲调,而且曲调也一定不止一种。所谓词牌,就是这些曲调的名称。由于曲调的数目很多,人们不好称它为第一调、第二调等等,于是就起了一些名字。这些名字就是词牌。

词牌的意义本来容易明白。但为什么叫“牌”呢？许多讲词牌的书却都没有加以解释。

原来“牌”就是木板。唐人用木板题诗,称为“诗板”(板也作“版”),也称“诗牌”。如白居易经巫山神女祠,见有诗板千余首(《全唐诗》卷四六三引范摅《云溪友议》。按:今本《友议》作“十余首”)。张祜《题灵彻上人旧房》:“满堂诗板旧知音。”(同上,卷五一一)甘露寺壁间有罗隐诗板(胡仔《苕溪渔隐丛话》前集卷二十四引《蔡宽夫诗话》)。此外例证尚多,不备举。宋人也承袭了唐人风气,如黄庭坚南迁,还至南华竹轩,令侍史诵诗板,戒勿言姓名(《宋诗纪事》卷三十四引《能改斋漫录》)。葛密见佛寺有蔡襄诗板,列楣栋间(同上,卷十三)。林逋《孤山寺》诗:“张祜诗牌妙入神。”(《林和靖先生诗集》卷二)这些都是唐、宋人称诗板、诗牌之证。

后来“牌”不一定用木板了,也不一定很大了,像“韵牌”之类,就是缩成“纸牌式”的。韵牌也叫“诗牌”,是用纸牌写诗韵上下平声的字,每韵一叶,共三十叶,以供作诗时检用,见明屠隆《考槃余事》卷四。韵牌的内容、形制虽与唐、宋的诗牌不同,但名称仍然叫牌,这是很可注意的。

曲子词盛行之后，填词家把曲调的各种名目连同它的音律格式刻或写在小牌上,叫做“词牌”或“曲牌”。词,唐、宋本称为“曲”,所以词牌也就是曲牌。后来词和曲成为两体,词牌、曲牌也就分而为二了。这就是词牌的“牌”的来历(直到元、明,还有“牌子”或“排子”的俗称)。

词牌,有的只有一种格式,有的有好多种格式(这是所谓“变体”);有的调异名同,有的调同名异,此外,还有摊破、促拍、偷声,减字等名目，声韵字句稍有变动或增减，词牌也就因之而小有不同[①]。前人讲词的专书，常用很多的篇幅来讨论这些问题，足见情况之复杂。

词牌是怎样产生的呢？大概说来，主要的来源有以下四个：

（1）由隋唐旧曲来的。词的曲调，就渊源说，虽然可以追溯到汉代以后的乐府，但它同隋唐的乐曲关系却更为直接。宋以后所用的词牌，有一些本来就是隋唐的旧曲。例如《安公子》是隋炀帝时所作的曲子，《破阵乐》是唐太宗所作的舞曲。此外，像《还京乐》、《雨霖铃》、《绿腰》等等，也都是属于这一类的。

（2）由民间歌曲来的。在早期的许多词调之中，有一些是由民间歌谣和祀神曲等来的。例如《竹枝》、《渔歌子》、《二郎神》、《河渎神》等等，就都属于这一类。

（3）由国外或边地传入的。《旧唐书·音乐志》说："自开元以来，歌者杂用胡夷里巷之曲。"[②]"里巷"，指民间；"胡夷"，就是指国外，但实际上也兼包边地在内。这一类的例子，有《婆罗门引》、《天仙子》、《梁州令》、《八声甘州》等等。

（4）由音乐家创制的。这里所谓"音乐家"，包括文人、乐工等等，大都是精于音律的。本来隋唐旧曲，有一些就是这一类的音乐家所创制，宋代则可考的尤其多。像柳永的《昼夜乐》、《两心同》，周邦彦的《六丑》、《玲珑四犯》，姜夔的《扬州慢》、《淡黄柳》、《惜红衣》等等，就都是比较著名的[③]。

词牌的名称，有一些，前人认为是从古代文学作品中摘取的。例如《青玉案》取张衡《四愁诗》"何以报之青玉案"，《点绛唇》取江淹诗"明珠点绛唇"，《惜余春》取李白《惜余春赋》，如此等等。但这种解说确实可靠的并不多。有些词牌的得名另有来历，有些则已无可考，要是都从文学作品中找根据，那就未免穿凿附会了[④]。

---

① 如《摊破浣溪沙》、《促拍采桑子》、《偷声木兰花》、《减字木兰花》等，即与《浣溪沙》等词名目小异。

② 卷三十，《四部备要》本。

③ 宋代词人的"自度曲"，大多是因旧曲而制新声，不完全出于创造。

④ 从古代文学作品中来找词牌名称的来历，起于明代杨慎等人，但年辈稍后的胡应麟已加驳诘，后人也有异议，可参看清邹祗谟《远志斋词衷》（《词话丛编》本）。

最初的词，内容往往与词牌的名称相应。例如《临江仙》就是说水仙，《巫山一段云》就是讲巫山神女，《南乡子》就是描写南方风物，《醉公子》就是刻画公子醉态。因此，除了标明词牌之外，就用不着再标题目。即使标出，也往往只用“本意”二字。“本意”就是说词牌即是词题。但是，也有些词词牌与内容并不相应，特别是后来的词，大都是不用本意的。因此，词牌之下常用小字另标词题。毛泽东同志的词，除《十六字令》三首以外，每首都有题目，像“长沙”、“黄鹤楼”、“井冈山”等等，就都是的（有的词，词牌之下还有小序）。

在毛泽东同志已发表的27首诗词中，词占23首，一共用了15个词牌（毛泽东同志用某一词牌，也就依照这一词牌格律上的各种规定，并不加以改变）。现在依照发表时的次序分别说明如下：

（1）沁园春

《沁园春》，又名《东仙》、《寿星明》。沁（qīn）园，是东汉明帝女沁水公主的园林，后为外戚窦宪所夺，事见《后汉书·窦宪传》。《沁园春》这一词牌，相传即由此得名[①]。

这个词牌是长调，有上下两段。《词谱》[②]卷三六：“《沁园春》，双调，一百十四字。前段十三句，四平韵。后段十二句，五平韵。”按：前段第一句也可以押韵，《长沙》词即如此。《雪》词，第一句未押韵。

这首词除上段前三句和后段前二句字数不同外，两段的后十句句法完全一样。调中有四个五字句，即上段的第四、第十二两句，下段的第三、第十一两句，都必须是上一下四的句法，用开头第一个字领起下文，声音是仄平平仄仄。上段的第四、五、六、七四句，下段的第三、四、五、六四句，除开头多一个领字外，都要用对仗；或两句各成一对，或上两句与下两句成对；后面的一种，称为“扇面对”。毛泽东同志的两首《沁园春》，就都是用扇面对的。至于上段的二、三两句，八、九两句以及十二、十三两句，下段的七、八两句以及十一、十二两句，则可对可不对。毛泽东同志这两首词，在这些地方也是有对（如“千里”二句、“山舞”二句、“鹰击”二句、“指点”二句），有不对，

① 参看宋吴曾《能改斋漫录》卷十六《沁水公主园》条（《丛书集成》本）。

② 本名《钦定词谱》，清康熙时编，后人也称《康熙词谱》，详后。

（如“湘江”二句、“红装”二句、“一代”二句、“风流”二句）。这是完全合乎词律规定的。

后段起句（即换头处），清万树《词律》认为应作上二下四，第二字押韵[1]。但这种“句中韵”押不押可以自由，前人填此词绝大多数也都是不押的，正同毛泽东同志这两首一样。第二句，《词谱》、《词律》都认为应作上三下五；毛泽东同志作上一下七。考前人词也大多作上一下七，《词谱》等书的说法未免拘泥。

（2）菩萨蛮

《菩萨蛮》，“蛮”一作“鬘”。《菩萨蛮》的异名很多，有《子夜歌》、《巫山一片云》、《重叠金》等等。唐崔令钦《教坊记》所录曲名有《菩萨蛮》。令钦，开元、天宝间人，则此曲盛唐时已有[2]。唐苏鹗《杜阳杂编》、五代孙光宪《北梦琐言》及宋钱易《南部新书》，又说此调始于唐宣宗大中初年（公元850年左右）。当时有女蛮国入贡，其人危髻金冠，以璎珞被体，号“菩萨蛮队”。娼优遂制《菩萨蛮》曲，文士往往效其词，宣宗也最爱唱此调。此说时间上有问题，但所描写的情状尚近真实。女蛮国，据近人杨宪益考订，即唐时位于下缅甸的罗摩国[3]。

《菩萨蛮》是小令，但也有两段。《词谱》卷五：“《菩萨蛮》，双调，四十四字。前后段各四句，两仄韵，两平韵。”按：此词只有五言句和七言句两种，句法很整齐，与五七言诗的形式相近，这说明这个词牌产生较早。特点是两句一组，一组中两句字数相同；每组用一韵，每句都要押韵。前后段的结句，唐五代词用拗律（即用仄平平仄平）者较多，不但第三字多用平，而且第一字也多用仄；但后来多改用律句（即用平平仄仄平）。毛泽东同志的两首《菩萨蛮》，前后段结句也都用律句。

（3）西江月

《西江月》，唐教坊曲名。又名《白苹香》、《步虚词》、《江月令》。明

①《词律》卷十九，以陆游词为《沁园春》正格。陆词换头为“交亲，散落如云”，“亲”与“云”叶韵。

②《教坊记》列曲调三百二十四，《菩萨蛮》是其中之一。

③ 见所著《零墨新笺》，据吴小如《读人所常见书日札》第137页转引（吴书，中华书局1958年版）。

杨慎《词品》以为此词系由唐诗"只今惟有西江月，曾照吴王宫里人"之句得名[1]。

这个词牌也是小令。《词谱》卷八："《西江月》，双调，五十字。前后段各四句，两平韵，一叶韵。"这里所谓"叶韵"，是说前后段的结句都押仄声韵，但它的韵部须与前两句平声韵脚的韵部相应。这就是所谓"同部平仄通押"，在词调中比较少见。毛泽东同志这首《西江月》所押的韵脚，包括三个韵部[2]，较词韵专书所说的通转更宽一些。

《西江月》是最流行的曲调之一。前后段的头两句，一般多用对仗。

(4)如梦令

《如梦令》，名称中即有"令"字，表明它是小令。这个曲调，本后唐庄宗所制，名《忆仙姿》，宋苏轼嫌其名不雅，因取庄宗词中"如梦如梦"之语，改为如梦令[3]。此外，还有《宴桃源》、《比梅》等异名。

《词谱》卷二："《如梦令》，单调，三十三字。七句，五仄韵，一叠韵。"这里所谓"叠韵"，是说第五、六两句例用叠句，且须押韵。如上引庄宗词"如梦，如梦"即是。叠句也有叠上一句末二字的，《词律》卷二引赵长卿词"目断行云凝伫，凝伫凝伫"，并说："虽亦有此格，然不多，不宜从也。"今按：赵长卿之外，尚有杨冠卿、刘景翔、司马昂父、蒋捷等词，都用此格，毛泽东同志这首《如梦令》也用此格。《词律》的说法颇失之拘。

(5)清平乐

《清平乐》，小令。又名《清平乐令》、《忆萝月》、《醉东风》。清乐、平乐本是汉代乐府的乐调名，但这个词牌只是借用其名，却不是合二调以制声。据宋王灼《碧鸡漫志》卷五，知此词在唐代已盛行，但与大诗人李白所作的《清平调》无涉。

《词谱》卷五："《清平乐》，双调，四十六字。前段四句，四仄韵；后

---

①杨慎以为卫万诗，一般均认为李白作，白集收入，题为《苏台览古》。

② 如以戈载《词林正韵》为准，则"闻"、"遁"在第六部，"重"、"动"、"隆"在第一部，"城"在第十一部，分属3部。但毛泽东同志用韵实与此类韵书无关。

③《东坡乐府》卷一《如梦令》二首自注，四印斋刊本。

段四句，三平韵。"按：前段四句，有四字句、五字句、六字句、七字句，句法参差；后段四句，全是六字句，又极整齐。这是此词的特点。

《清平乐》的"乐"，读 yuè，即"音乐"之"乐"，与《归田乐》、《贫也乐》等调之读 lè 者（即"快乐"之"乐"）不同。

（6）忆秦娥

《忆秦娥》，小令。又名《秦楼月》，又有《双荷叶》、《碧云深》等异名。今存最早的一首，宋人认为唐李白所作，明胡应麟则疑为晚唐人依托。考冯延己《阳春集》中也有一首，虽句法与李词有不同，但至少可以说明五代时已有此调了。李词有"箫声咽，秦娥梦断秦楼月"之句，词牌即由此得名。

《词谱》卷五："《忆秦娥》，双调，四十六字。前后段各五句三仄韵，一叠韵。"按：此词不但用仄声韵，且多用入声韵；《词律》卷四也收了一首平声韵的，但后来填用的较少。词中除前二句前后段不同外，后三句字数平仄全同。前后段的第三句都是三字句，又都与第二句的末三字相同。《词谱》所谓"叠韵"，即指此。

（7）十六字令

《十六字令》，小令。又名《苍梧谣》、《归字谣》、《绛州春》。词有以全调字数取名的，《十六字令》就是其中之一。

《词谱》卷一："《归字谣》，单调，十六字。四句，三平韵。"按：此韵的句法是一、七、三、五（第三句不押韵）。有人以为第一句三个字，第二句五个字，那是不对的。

（8）念奴娇

《念奴娇》，长调。此词恰 100 字，故又名《百字令》、《百字谣》。此外，又有《大江东去》、《酹江月》、《壶中天慢》、《千秋岁》等异名。念奴，据元稹《连昌宫词》自注，知是唐天宝（玄宗年号，公元 742——755）年间名娼，有色善歌。《念奴娇》曲，相传即天宝时所制，但王灼以为可疑，因为长调是唐中叶以后才渐渐出现的[1]。

《词谱》卷二八："《念奴娇》，双调，一百字。前后段各十句，四仄

① 参看《碧鸡漫志》卷五，《中国古典戏曲论著集成》本，中国戏剧出版社 1959 年版。

韵。”又:“此调有平韵、仄韵二体。”按:自北宋以来,填此调者极多,但句读、韵脚多有出入,甚至字数亦有异同。平韵、仄韵二体中,后者较流行,又多用入声韵。

苏轼“大江东去”一首,是《念奴娇》之最有名者,《词谱》、《词律》等书均收入。但苏词实系变体,与《念奴娇》正体句法有别。毛泽东同志此词,除第二句用三、六句法,与“大江东去”一首中“浪淘尽、千古风流人物”句相同外,其余都依正体。

(9)浣溪沙

《浣溪沙》,小令。又名《小庭花》、《满院春》。此外,异名尚多。沙,一作纱。有人以为词牌即由西施浣纱的故事得名。

《词谱》卷四:“《浣溪沙》,双调,四十二字。前段三句,三平韵,后段三句,两平韵。”按:平韵是此词正体。《词谱》、《词律》又收李后主词一首,全押仄韵,是变体,又,后段前两句,一般多用对仗。

(10)浪淘沙

《浪淘沙》一作《浪淘沙令》,小令。又有《卖花声》、《过龙门》等异名。唐崔令钦《教坊记》有此曲,五代人所辑《尊前集》中亦有刘禹锡、白居易作《浪淘沙》若干首,知此调唐代已流行。然刘、白所作,是七言绝句体,内容即咏浪淘沙,犹用本意。至南唐李后主始制两段的令词,虽然每段仍存七言诗两句,但其实是因旧曲创新声,已与唐人不同了。

《词谱》卷十:“《浪淘沙》,双调,五十四字。前后段各五句,四平韵。”按:此词前后段,句法完全相同,都是五、四、七、七、四。平声韵是正体;另有仄声韵变体,填者较少。

(11)水调歌头

《水调歌头》,长调。有《江南好》、《花犯念奴》等异名。相传隋炀帝开凿汴河时自制《水调歌》,其歌甚多,“歌头”即指全曲的首章①。又,白居易《听水调》诗:“五言一遍最殷勤。”《脞说》云:“水调第五遍,五言,调声最愁苦。”王灼据此,疑唐代已将水调发展为“大曲”,

① 见[宋]叶廷珪《海录碎事》,据吴小如书第140页转引。

因大曲都有许多“遍”,而“歌头”大概就是截取这许多遍的开头部分。但今日所见的《水调歌头》乃宋人所制新声,已非隋唐之旧了①。

《词谱》卷二三:“《水调歌头》,双调,九十五字。前段九句,四平韵;后段十句,四平韵。”按:此词的字数平仄相当灵活,一般都用平韵,但也有夹用仄韵的。前段第三句、后段第四句是一个十一字句,中间稍有停顿,上六下五或上四下七均可。但自北宋起,词人多把它分为两句,并且是上六下五。毛泽东同志这首词,也是按上六下五填写的。词中常有一些拗句,如毛泽东同志词“子在川上曰”、“一桥飞架南北”等句就是。

(12)蝶恋花

《蝶恋花》,中调。唐教坊曲,本名《鹊踏枝》,宋晏殊词始改今名。此外,又有《黄金缕》、《凤栖梧》、《明月生南浦》等异名。

《词谱》卷十三:“《蝶恋花》,双调,六十字。前后段各五句,四仄韵。”按:此词前后段字数、平仄、韵脚完全相同。宋曾慥《乐府雅词》有《转调蝶恋花》,前段第四句和后段起句,平仄与此不同。

(13)采桑子

《采桑子》,小令。唐教坊曲有《采桑》,又有《杨下采桑》,调名即本此。南唐李后主词有《丑奴儿令》,冯延已词有《罗敷媚歌》(宋贺铸词只名《丑奴儿》,陈师道词只名《罗敷媚》),都是此调的异名。

《词谱》卷五:“《采桑子》,双调,四十四字。前后段各四句,三平韵。”按:此词前后段的第二三两句可以用叠句,也可以不用。

(14)减字木兰花

《减字木兰花》,小令。唐教坊曲有《木兰花》,五代韦庄又有《木兰花令》。《花间集》所载《木兰花令》有55字的,有54字的,有53字的,都用仄韵,都不是“减字”。自南唐冯延巳制《偷声木兰花》,50字,前后起作仄韵七言,结处乃偷平声(“偷平声”就是改用平韵),作四字一句,七字一句,于是始有两仄两平四换韵体。此词也是四换韵,又就偷声词两起句各减三字。这样,就自成一体了。

---

①《碧鸡漫志》卷四有详细考订,可参看。

《词谱》卷五:“《减字木兰花》,双调,四十四字,前后段各四句,两仄韵,两平韵。”

(15)渔家傲

《渔家傲》,中调。有人以为此调始于晏殊。考此调在北宋时流行于士大夫间,故晏殊有“神仙一曲渔家傲”之句,不一定是晏氏创制的。

《词谱》卷十四:“《渔家傲》,双调,六十二字。前后段各五句,五仄韵。”按:此词句句押韵,是用韵最密的词调之一。前后段的两个三字句,有用叠韵的,又有两段各用两平韵三叶韵的,都是变体,填者较少。

三

词有“音谱”,有“词谱”。音谱是宫调的曲谱,相当于现代音乐家的乐谱。这种谱,宋代已经出现了一些;像周密《齐东野语》所提到的《混成集》,就是一部很完备的音谱[①]。杨缵《作词五要》说:“第三要填词按谱。”这里所说的“谱”也指音谱而言[②]。宋人音谱元代以后就失传了,内容如何已经无法考知[③]。后来填词的人苦于无所依据,于是有人广采旧词之用同一曲调的,互相比较,找出共同的格律,这样就有了词谱。词谱是文字的声韵谱,主要讲平仄和叶韵,也讲字数、句法、分段、体式;此外,还旁及词牌的名称、来源等等。由于不讲宫调,因而便与音谱不同。

今存的词谱,以明代张綖《诗余图谱》为最早。“是编取宋人歌词,择声调合节者一百十首,汇而谱之,各图其平仄于前,而缀词于

---

①《齐东野语》卷十《混成集》条:“《混成集》,修内司所刊本,巨帙百余,古今歌词之谱靡不备具。只大曲一类,凡数百解,他可知矣。然有谱无词者居半……”(《学律讨原》本第14集)。

②《作词五要》,见宋张炎《词源》卷下(《词话丛编》本)。近人蔡桢《词源疏证》下谓杨氏所谓“谱”,“乃指音谱而言,与今日仅有平仄可循之词谱不同。”《词源》卷下又有《音谱》条也可参看。

③ 姜夔《白石道人歌曲》里有17首词,每字都旁注工尺谱,这是保存至今的唯一的宋词音谱。但在清乾隆初年发现此谱时,还没有人能看懂,近百年来经过好几个学者的研究整理,才渐渐地把它认识出来。又,敦煌所出残卷中,有《工尺谱》卷一,载《西江月》等8谱,《舞谱》两卷,又载《浣溪沙》等6谱。这是比宋谱更早的唐谱,可惜至今也还没有弄清楚。

后。有当平当仄、可平可仄二例”。[①]书中用圆圈来标注平仄,白的表平,黑的表仄,半白半黑的表可平可仄。张氏的标注,往往以意为之,疏漏很多,黑白圈经过抄刻也容易讹混。后来谢天瑞就原书加以增广,徐师曾去图而著谱,程明善又合辑为《啸余谱》一书。《啸余谱》搜罗较富,流传较广,但错乱更甚,分类、分体尤多谬误。清初赖以邠作《填词图谱》,图仿张书,谱依程作,考校未精,也不算善本。直到万树的《词律》出世,然后填词家才有了一部可以依据的比较完善的词谱。《词律》收词调六百六十,一千一百八十体。卷首有《自叙》和《发凡》20条,订正前人的错误,提出自己的见解,有许多地方都很精到。徐本立《词律拾遗》、杜文澜《词律补遗》、徐棨《词律笺榷》,对万书有所订补,又增加了许多“调”和“体”。康熙时,陈廷敬、王奕清等奉敕编《词谱》一书,在旧有各种词谱的基础上,更加增益,收调八百二十六,二千三百零六体,此外又多所考订,较《词律》也更为精详了。但就今天看起来,不论是《词律》还是《词谱》,都需要进一步修订补充,因为近年又发现一些前人所未见到的新材料。即如敦煌石窟的唐人写本曲子词,其中就有好些词调是两书所未收的。《词律》、《词谱》之外,清代舒梦兰(字白香)又有《白香词谱》,选录唐至清初名家的词一百首,附注平仄声调,排次以小令、中调、长调为序。此书比较简明,初学填词的人多依为准则,流传也很广[②]。

词体成立于唐代,经过五代和北宋而日益盛行,但在这一时期中,还没有制作词韵的。据元人陶宗仪所记,最早的词韵是北宋末年著名词人朱敦儒所拟的应制词韵16条, 外列入声韵四部。朱氏此作,张辑曾为作释,冯取洽又为增补[③],但不久就亡佚了。清初厉鹗曾见到宋高宗绍兴二年所刊《菉斐轩词林要韵》1册,分东红邦阳十九韵,也有上去入三声作平声的[④]。嘉庆间,秦恩复取阮元藏本《词林韵释》(一名《词林要韵》)刻入《词学全书》中,并作跋,疑此书出于元明

① 《四库全书总目提要》卷二〇〇《诗余图谱》提要(《万有文库》本)。

② 《白香词谱》只注平仄,不再细分。但一个词调常有数处须辨别四声,不可泛用平仄。所以这部书只可供初学参考,再进一步就不够用了。

③ 见[清]沈雄《古今词话·词品》卷上引陶宗仪《韵记》(《词话丛编》本)。

④ 见厉鹗《论词绝句》“欲呼南渡诸公起,韵本重雕菉斐轩”句自注。

之季，伪托南宋初年刊本，厉氏未加深考，遂误认为宋人的词韵。又说此书实是曲韵，厉氏以为词韵，亦误。近人有认此书为词韵，且断定刻于元初的[①]。总之，此书还有些问题，究竟如何，犹有待于进一步的考订。

现存早期词韵，比较著名的有明末沈谦的《词韵》，分19部（平、上、去三声共14部，入声5部）。清毛先舒为"括略并注"，又加按语极表推重。但沈书很简略，韵部分合之间也多可议，还不能算是善本。沈谦以后，词韵专书有分部较繁的，如仲恒《词韵》、吴应和《榕园词韵》、谢元淮《碎金词韵》、戈载《词林正韵》以及《白香词谱》附录的《晚翠轩词韵》等等就是。这些书大都受沈谦的影响，也分19部；只有《词林正韵》对沈氏攻击甚力。此外，也有分部较简的，如吴烺、程名世《学宋斋词韵》、郑春波《绿漪亭词韵》、叶申芗《天籁轩词韵》等等就是。这些书大都分15部（平、上、去三声共11部，入声4部），表面上似与沈谦的《词韵》很不相同，但实际上也只是小变其面目而已。以上两类，前一类以《词林正韵》为较重要；后一类则以《学宋斋词韵》为较流行。清代词人押韵多主从严，所以戈氏的书尤其受到重视。近代吴梅作《词学通论》，参酌戈、沈二书重订韵部，入声增多3部，四声共22部，较之戈氏分得更细更严了。

词的押韵方式，主要有一首一韵和一首多韵两种。一首一韵，就是一首词中所用的韵脚都在同一韵部，这同近体诗一样，比较简单，但也有一些变例；一首多韵，就是一首词中所用的韵脚属于两个以上的韵部，这一种比前者要复杂得多。关于这一方面，近人有《词韵约例》，分项举例说明[②]，读者可以参看，这里不再赘述。

毛泽东同志的词，一首中用几个韵脚以及用平韵还是用仄韵，大都依照旧有的规定，没有什么改变。至于协韵，则毛泽东同志完全依照现代语言，并不受词韵专书的限制。举例来说，比如《十六字令》的第一首"山、鞍"和"三"，第二首"山、澜"和"酣"，在《词林正韵》里就各分属两个韵部；《西江月》的"闻、重、动、城、隆、遁"，在《词林正

① 见《菉斐轩所刊词林要韵跋》，《词学季刊》第2卷3号。

② 见夏承焘《唐宋词论丛》第22—52页，上海古典文学出版社1956年版。

韵》里就分属三个韵部。毛泽东同志词也还有用方音协韵的，像《菩萨蛮》（大柏地）上段前两句的“紫”和“舞”就是。本来唐宋词的用韵就比较自由，并非后世韵书所能范围；方音取叶，也早有其例[①]。所以，毛泽东同志这样处理是非常恰当的，仍用旧词体写作的人从这里也可以找到正确的道路。

①《词韵约例》：“词之初起，取叶方音，南宋以前，实无一部人人共守之词韵。《四库全书提要》谓唐宋词有用古韵之例，此不可信。”按：此文举唐宋词用方音叶韵之例甚多，读者可以参看。

律诗简介

就已经发表的27首诗词来看，毛泽东同志写的诗共有4首，即:《长征》1首,《赠柳亚子先生》1首,《送瘟神》2首。这4首都是七律。七律是七言律诗的简称,是律诗的一体。

我们要了解七律,得先了解律诗。

律诗的“律”,是格律的意思。律诗就是按照一定的格律来写的诗。这种格律十分严密,作诗的人必须遵守,不能违反,就像国家的法律、部队的纪律一样,因此称做“律诗”。

《新唐书》:“唐兴,诗人承陈隋风流,浮靡相矜,至宋之问、沈佺期等研揣声音,浮切不差,而号律诗。”[①]这是说律诗起于初唐沈宋等人。但就发展的过程来看,这种诗体,其实远在南北朝时代就已经萌芽了[②]。不过,律诗格律的定型化,毕竟是在唐代完成的。因此,我们完全可以说律诗是唐代的新兴诗体[③]。

正因为是新兴诗体,所以律诗也称为“近体诗”、“今体诗”,张籍《酬秘书王丞见寄》:“今体诗中偏出格。”所谓今体诗,意思是说这是唐代才流行的诗体。唐代以前的诗,特别是汉魏六朝的诗,则称为“古体诗”或“古风”,也简称“古诗”。近体诗和古体诗是相对的,它们在许多方面都不相同。试看下表:

---

①《新唐书》卷二〇一《杜甫传·赞》(《四部备要》本)。

② 董文焕《声调四谱》云:“何谓律体?此格定于沈宋,实沿于齐梁以来,八句四韵,迄为定式,至今不易。”按:胡应麟《诗薮》卷四曾举出齐、梁、陈、隋近似唐律的句子很多,陈仅《竹林答问》又追溯到魏晋以后,也举出一些例子。从这些例子可以看出,律诗的萌芽实在南北朝时代,详可参看郭绍虞《从永明体到律体》(《语文通论续编》第104—119页,开明书店1948年版)。

③ 律诗定型化与科举很有关系。科举要求诗的形式划一,平仄、对仗有严格规定,评卷才有标准。唐代始以科目取士,而诗又是考试的项目之一,所以律诗在此时成立。

	近体诗	古体诗
字数	1. 只有五言、七言。 2. 每句字数相同。	1. 五、七言之外，还有三言、四言、六言、杂言等。 2. 每句字数可以相同，也可以有长有短。
句数	绝句只有四句，律诗只有八句，排律则在十句以上。	句数没有一定限制，可多可少。
押韵	1. 绝句只有二韵(首句可入韵)，律诗只有四韵(首句可入韵)。 2. 大都押平声韵(押仄声韵的极少)。 3. 大都一韵到底。	1. 韵脚有多有少。 2. 可以押平声韵，也可以押仄声韵。 3. 可以一韵到底，可以通用邻韵，可以换韵，也可以句句用韵。
平仄	有严格规定(讲究粘对)。	没有任何规定(不拘粘对。后人拟作的古风，以避免入律为原则)。
对仗	讲究对仗（绝句可以不对，但也以对为常)。	不拘对仗(偶有对句，也求拙不求工)。

总之，近体诗篇有定句，句有定字，讲究平仄和对仗，有一定格律，比较严密；古体诗则篇无定句，句无定字，不讲究平仄和对仗，没有一定格律，比较自由。所以，两者的界限，一般说来，是很清楚的①。

律诗，通常分五律、七律和排律三种。正像七律是七言律诗的简称一样，五律是五言律诗的简称。排律有五言的，也有七言的，但以前一种为多，后一种极为罕见②。所谓“言”，指的是“字”。“五言”，就是一句 5 个字，七言就是一句 7 个字。“排律”的“排”是铺排的意思。这种诗是就律诗定格加以铺排延长，所以叫做“排律”，也叫“长律”，也叫“大律诗”。

律诗是近体诗的代表③。它的特点是格律严密。这种格律，上表

① 也有中间物，像律诗中的“拗律”(即“古风式的律诗”)，绝句中的“古绝”，以及“三韵小律”之类就是。

② 只有杜甫、元稹、白居易等人的集中有之，但也只是偶一为之。

③ 绝句实际上可分古绝、律绝两类，古绝不受近体诗平仄的拘束，可以归入古体诗。只有律绝才是近体诗。所以，真正能代表近体诗的只有律诗。

已经简略提到，以下再分项加以说明：

一、字数、句数

律诗的字数、句数是固定的。五律共8句，每句5字，全首40字。七律也是8句，每句7字，全首56字。五律七律的字数、句数不能增减，排律则比较活动。排律句数最少的只有10句，多的往往有几十句，乃至一两百句以上。句数既有多有少，字数也随之而有不同。唐代的“试帖诗”[1]也是五、七言的排律，但句数不是12句就是16句。中唐以后更限定用五言排律，12句。这样，字数也就固定了。

五律、七律、排律以外，又有一种“三韵小律”。“三韵”就是有三个韵（首句入韵的可以不计），也就是6句。这样，五言小律就只有30字，七言小律就只有42字。又有一种六言律诗，若准五律、七律之例，也可简称“六律”。六律8句，每句6字，共48字。五七言三韵小律和六律都是很罕见的形式，但因它们都自成一格，所以这里也附带提及（唐人又称绝句为“小律诗”，见白居易《江上吟元八绝句》）。

二、押　韵

作诗的人在诗里用韵，叫“押韵”，也作“压韵”。所谓“韵”，就是一个字的收声[2]，大致等于汉语拼音中的韵母（包括单韵母和复合韵母）。例如“合肥”的“肥”，读 féi，“梅花”的“梅”，读 méi。收声都是 ei，也就是韵母相同。韵母相同的字可以押韵。所以，所谓“押韵”，就是把两个以上的同韵的字放在同一位置上。一般总是放在一句或一联的末了，因此叫做“韵脚”。韵的位置放在一句或一联的末了，不仅便于吟诵和记忆，而且能使诗的声韵和谐，具有节奏之美。所以，押韵是一

① 试帖诗是诗体之一，为唐以后科举考试所采用。大都为五七言的六韵或八韵排律，以成语为题，冠以“赋得”二字。

② 汉字，一般说来，每字都可分为两部分，即：一、声母；二、韵母。声母是一个字的起头的音素，也叫发声；韵母是一个字的收尾的音素或音群，也叫收声。例如“大”，拼音为 da，d 就是发声，a 就是收声。

种很重要的手法。古今中外的诗很少不押韵的,其原因即在于此。

律诗的单数句(即一、三、五、七句),不押韵;双数句(即二、四、六、八句),押韵。五律第一句不押韵的居多,是正例;押韵的较少,是变例[①]。七律恰恰相反,即第一句押韵的居多,不押韵的较少。毛泽东同志的四首律诗,第一句就都是押韵的。尽管第一句可以押韵,但究竟不是必须押韵。因此,通常称律诗为"四韵诗",意思就是说全首有四个韵脚。律诗押韵很严,必须一韵到底,不许通转,只有第一句可以用"邻韵",但也不多[②]。律诗大都用平韵,仄韵的极为罕见。

作律诗押韵,首先得了解哪些字是同韵。常作诗的人往往能记得同韵的字(也只限于常用字),初学办不到,那就得依靠"韵书"来帮忙。所谓韵书,就是按韵分部的字书。详细点说,就是把同韵的字放在一起,再分成许多部,每部用一个代表字做标目(如东、冬、江、支之类),以供作诗的人翻检,所以也叫"诗韵"[③]。韵书的起源很古,历代都有成书,分部也有异同[④],这里不必细说。但要指出一点,就是:清康熙时修的《佩文诗韵》是过去一部权威最大的官书,作诗的人必须遵守这个标准韵。它不但能够说明清人押韵的情况,而且能够说明唐宋押韵的情况(这是由于它的分部是由唐宋韵书发展演变而来的)。因此,只要常常翻检这部书或同类的书[⑤],那末,押韵问题就可以解决了。

前人作诗都严格遵照韵书来押韵。押错了,叫做"出韵"或"落韵"。出韵是作近体诗的大忌之一。在科举时代,要是出了韵,诗作得再好也是不能录取的。但是,这毕竟是过去的事。今天,我们如果也写旧诗,那就不一定受诗韵的约束。不但首句可以用邻韵,就是其他

---

① 正变之分是从唐人律诗统计出来的,以多见者为正,少见者为变。

② 依照诗韵的次序,排列相近而音又相似的韵,就叫做邻韵,像"东"与"冬","鱼"与"虞"之类就是。用邻韵起于中晚唐,宋人尤多。第一句以外用邻韵的,为数极少。

③ 词曲也有韵书,分别叫词韵、曲韵,但韵部的区分与诗韵不同。

④ 韵书起于魏晋,六朝时成书很多,但大都失传。今存的韵书,以隋陆法言等的《切韵》为最古。《切韵》有许多增订本,其中最重要的是北宋的《广韵》,分 206 韵。南宋平水刘渊刊《礼部韵略》,归并为 107 韵,元末又省去一韵,成为 106 韵,相沿称为"平水韵"。这就是明清时代普通所谓"诗韵"。

⑤《佩文诗韵》大约是在康熙四三——四五年编成的,后来市面上流行的《诗韵合璧》、《诗韵全璧》、《诗韵集成》、《诗韵含英》之类,都是拿它做蓝本的。

韵脚用邻韵也是可以的，只要读起来顺口就行了。毛泽东同志的四首律诗，《送瘟神二首》都只用一韵（第一首的多、何、歌、河、波五个韵脚同属歌韵，第二首的条、尧、桥、摇、烧五个韵脚同属萧韵），《长征》和《和柳亚子先生》二首就通用邻韵（《长征》的难、闲、丸、寒、颜五个韵脚，难、丸、寒属寒韵；闲、颜属删韵。《和柳亚子先生》的忘、黄、章、量、江五个韵脚。忘、黄、章、量属阳韵；江属江韵）[①]。从这里可以看出，毛泽东同志押韵就是不一定拘守韵书的。

除了出韵以外，前人对押韵还有许多考究，现在拣比较重要的说一说。一是忌“凑韵”。所谓凑韵，就是说所押的韵与全句的意义不能自然连贯，而是勉强凑合在一起的。初学最容易犯这种毛病。凑韵的句子必然不稳、软弱，因此，为诗家所忌。一是忌“重韵”。所谓重韵，就是说一韵而押两次或两次以上。古诗一般韵脚较多，前人间有押重韵的。但也以避免为宜[②]。律诗只有四韵，自然更要避免了。又一是忌押意义相同的韵。所谓意义相同的韵，如麻韵中的“花”和“葩”，阳韵中的“芳”和“香”，尤韵中的“忧”和“愁”之类就是。这类的字，如果在一首律诗中两处押上了，纵然命意不同，也使人感到重复可厌，所以应该避免（古诗和长的排律可以不受此限）。这也是初学所应注意的。

三、平　仄

平仄是就声调说的。相传齐梁时沈约（公元441——513年）最初发现汉语里有四个声调，即平声、上声、去声和入声。上声、去声、入声合称仄声，也叫侧声。“侧”就是不平的意思[③]。声调也叫“字调”，

① 寒、删通用，江、阳通用，唐人已有其例，只是不多罢了。

② 一字两义，诗中并用，不算重韵。如杜甫《北征》：“几日休练卒”，“往者散何卒”。前者是“兵卒”之卒，后者是“仓卒”之卒，两义不同，所以可以两用。又如，苏轼《送江公著》：“忽忆钓台归洗耳”，“亦念人生行乐耳”。自注：“二耳义不同，故得重用。”这一类，都不算重韵。

③ 汉语字音的分别声调，古已有之。但六朝以前，没有四声的名称。齐梁时，沈约、周颙等人才以平上去入四字做为各类的调名，总称四声。这个名称一直沿用至今。又，侧声的名目，相传也为沈约所定。

主要由语音的高低变化构成[1]，但与长短升降也有关系。平声是长的,不升不降的;上去入三声则是短的,或升或降的。因此,三声可以合为一类,并与平声相对立。作诗的人把这两类声调交错使用,就可以使音节和谐而有变化,不致陷于单调。所以,平仄是非常重要的,特别是律诗,平仄更是最主要的因素。在这里,我们想就平仄多说一些,其原因也就正在于此。

诗句的节奏,以两个音为一节(汉字一字一音,两个音也就是两个字),最后一个音独自成为一节。这样,五言诗每句三节,如"仄仄——平平——仄";七言诗每句四节,如"平平——仄仄——平平——仄"。三节的,依次叫"头节"、"腹节"、"脚节";四节的,头节之上再有一个"顶节"。七言诗的句子只是五言的扩展。就音节说,也只是多了一个顶节。

律诗的平仄有一个根本原则,就是:相间相重。"相间"是说平仄间隔着使用,又有两种情况。一种是当句平仄相间,就是相邻的两个音节必须平仄递换。例如前一音节是平平,后一音节就应该是仄仄;前一音节是仄仄,后一音节就应该是平平。另一种是一联平仄相间,就是相邻的两句中的相同音节必须平仄递换。例如上句是仄仄平平仄,下句就应该是平平仄仄平;上句是平平仄仄平平仄,下句就应该是仄仄平平仄仄平。"相重"是说后一联上句的第二字与前一联下句的第二字平仄必须相同。例如前一联下句是平平仄仄平,第二字是平,那末,后一联上句就应该是平平平仄仄,第二字也是平。又如前一联下句是仄仄平平仄仄平,第二字是仄,那末,后一联上句就应该是仄仄平平平仄仄,第二字也是仄。相间是平仄相反,也即对立,因此叫做"对";相重是平仄相同,也即粘连,因此叫做"粘"。不对的叫"失对",不粘的叫"失粘"。"失"就是不合规定的意思。"失对"和"失粘"也是律诗的大忌,近代科场中绝对不准有失对失粘的诗,也就足见其受到重视了[2]。

---

①语音的高低,语言学上叫做"音高"。音高是由音波振动的快慢来决定的。振动快,音就高;慢,就低。这又与声带的长短、松紧、厚薄有密切关系。

②对和粘的格律,盛唐以前并不十分严;中唐以后,才逐渐受到重视;宋代以后,失对、失粘更成了作诗的大忌。

五律和七律的粘对规则完全相同(七律是五律的扩展,上文已经说明)。排律是五七律的扩展,绝句是五律的减半;因此,我们只要记住五律的粘对规则,并加以类推,近体诗的粘对就可以全部掌握了。

根据相间相重的原则,五言的平仄只有四个类型,而这四个类型可以构成两联,即:

仄仄平平仄,平平仄仄平;
平平平仄仄,仄仄仄平平。

由这两联的平仄错综变化,可以构成五律的四种平仄格式,其中又只有以下两个基本格式:

1. 仄起式　　　　　　　　　　　　　　例

△仄平平仄,平平仄仄平。　东郡趋庭日,南楼纵目初。
△平平仄仄,仄仄仄平平。　浮云连海岱,平野入青徐。
△仄平平仄,平平仄仄平。　孤嶂秦碑在,荒城鲁殿余。
△平平仄仄,△仄仄平平。　从来多古意,临眺独踟蹰。
(△表示可平可仄,下同。)　　　　(杜甫:《登兖州城楼》)

另一式,只首句改为仄仄仄平平,其余不变。

2. 平起式　　　　　　　　　　　　　　例

△平平仄仄,△仄仄平平。　风林纤月落,衣露净琴张。
△仄平平仄,平平仄仄平。　暗水流花径,春星带草堂。
△平平仄仄,△仄仄平平。　检书烧烛短,看剑引杯长。
△仄平平仄,平平仄仄平。　诗罢闻吴咏,扁舟意不忘。
　　　　　　　　　　　　　　　　(杜甫:《夜宴左氏庄》)

另一式,只首句改为平平仄仄平,其余不变。

七律是五律的扩展,只是在每句的上面加一个顶节:仄上加平,平上加仄。因此,七律的平仄也只有四个类型,这四个类型也可以构成两联,即:

平平仄仄平平仄,仄仄平平仄仄平。
仄仄平平平仄仄,平平仄仄仄平平。

由这两联的平仄错综变化，可以构成七律的四种平仄格式，其中又只有以下两种基本格式：

1. 仄起式

△仄平平仄仄平，△平△仄仄平平。
△平△仄平平仄，△仄平平仄仄平。
△仄△平平仄仄，△平△仄仄平平。
△平△仄平平仄，△仄平平仄仄平。

例：

绿水青山枉自多，华佗无奈小虫何！
千村薜苈人遗矢，万户萧疏鬼唱歌。
坐地日行八万里，巡天遥看一千河。
牛郎欲问瘟神事，一样悲欢逐逝波。

（毛泽东：《送瘟神》第一首）

另一式，只首句改为仄仄平平平仄仄，其余不变。

2. 平起式

△平△仄仄平平，△仄平平仄仄平。
△仄△平平仄仄，△平仄仄仄平平。
△平△仄平平仄，△仄平平仄仄平。
△仄△平平仄仄，△平仄仄仄平平。

例：

红军不怕远征难，万水千山只等闲。
五岭逶迤腾细浪，乌蒙磅礴走泥丸。
金沙水拍云崖暖，大渡桥横铁索寒。
更喜岷山千里雪，三军过后尽开颜。

（毛泽东：《长征》）

另一式，只首句改为△平△仄△平仄，其余不变。

五律八句中，只有二六两句的第一字必须用平，其余各句的第一字平仄可以不拘。七律八句中，只有第六句的第三字必须用平，各句第一字平仄可以不拘。五律各句的第三字，七律各句的第三字第五字，平仄有时也可不拘。因此，相传有一个口诀：一三五不论，二四六分明[①]。意思是说:每句的第一、第三、第五字平仄可以不拘;第二、第四、第六字则必须依照格式,不能互换。这是就七言诗说的,所以未提第七字,是因为第七字居于句末,必须分明更不待言。由此类推,五言诗应该是;一三不论,二四分明。

这个口诀有正确的一面,因为二四六正当节奏点,关系较为重要,所以必须分明;一三五不在节奏点,关系较为次要,所以可以不论。但这个口诀也有不正确的一面,那就是有些诗句,如系五言,第一字必须分明;如系七言,第三字必须分明。例如五言的平平仄仄平,就不能改为仄平仄仄平;七言的仄仄平平仄仄平,就不能改为仄仄仄平仄仄平。如果律诗违反了这一规定,就叫做"犯孤平"。所谓孤平,是说除了韵脚的平声之外,句子里只有一个平声。孤平是作诗的大忌。因此,为了不犯孤平,一三五就得"论",不是"不论"[②]。二四六分明这句话,也不是全面的。五言第二字、七言第二、第四两字应该分明是对的,至于五言第四字、七言第六字就不一定"分明"。因为在一些特定的平仄格式里,五言的三四两字、七言的五六两字,平仄往往互换[③]。这样,四六两字的平仄就不是不可变动的。总之,这个口诀,既有说对的地方,又简明易记,对初学有一定帮助;但它犯了绝对化的毛病,并不完全可靠,如果一味相信它,那就反而不能说明某些平仄格式了[④]。

前人作诗又有所谓"拗救"。"拗"就是平仄不依常格,也就是该用平的用了仄,该用仄的用了平。这种句子叫做"拗句"。拗句在律诗中常见,但前面一字用拗,后面必须用"救"。救就是补偿。有拗句必须用救句,有拗有救,就不算"病"。拗救的规律是:平拗仄救,仄拗平

---

① 元刘鉴《经史正音切韵指南》的后面已经附载了这个口诀,足见它至迟在元代就出现了。

② 真正的情况是:仄脚句,五言可以有二字不论,七言可以有三字不论;平脚句,五言只有一字不论,七言只有二字不论。所以,一三五不论的说法应当加以修正。

③ 这种平仄互换,唐宋律诗中极为常见。这里姑举一例。如杜甫《月夜》诗:"遥怜小儿女","小儿"二字平仄互换。又"何时倚虚幌","倚虚"二字也是平仄互换。

④ 清初诗人王士祯云:"律句正要辨一三五,俗云一三五不论,怪诞之极,决其终身必无通理。"(何世基《然灯记闻》)这段话就指出一三五不论之说不可靠的一面。但王氏把它全部否定了,这也是不对的。

救。这就是说，如果上句该用平的用了仄，那末下句该用仄的就一定要用平；如果上句该用仄的用了平，那末下句该用平的就一定要用仄。有了拗救，既可以使平仄格律更多一些变化，又可以使变化之中仍然音乐和谐，不致拗口，实在别有妙用。唐宋诗人多喜用这种办法，这并不是偶然的①。

拗救，大概说来，有两种情况：

1. 本句自救　例如在同一句子里，第一字该平而用仄，则第三字就该仄而用平。

2. 对句相救　例如在同一联里，上句第三字该平而用仄，则下句第三字就该仄而用平。

关于拗救，还有许多讲究，前人在这方面曾做过细密的研究②，拗救之外，又还有一些其他的格律（如“吴体③”之类），但限于篇幅，这里都不能详说了。

四、对　仗

“对仗”，就是对偶。“仗”字的意义从“仪仗”来，仪仗两两相对，所以两两相对的语句叫对仗。

对仗是律诗的必要条件，是主要格律之一。要说明对仗，有必要先说一说律诗结构上的几个术语。

律诗有八句，以两句相配为一联，共四联。第一、第二两句叫“首联”，也叫“起联”，是全诗的开头或起手处。第三、第四两句叫“颔联”。颔是下巴，下巴在头的下部，颈的上面，所以首联和颈联之间的一联叫颔联。第五、第六两句叫“颈联“。颈能俯仰上下，左右转动，律诗第三联也有承上启下的作用，所以叫做颈联。第七、第八两句叫

---

① 宋代诗人黄庭坚集中拗体最多，后人因称为“鲁直句法”（黄字鲁直）。但此体唐代实已多有，不始于黄。

② 如董文焕《声调四谱》，就对拗救作了详细的解说，可以参看。

③ 杜甫集中有一首《愁》，自注云：“强戏为吴体。”这是标举吴体之始。此后，各家诗集中也有沿用这个名称的。吴体也是拗体，但大都运用古调，不仅换一两个字的平仄，所以拗而不必救。这样，它就自有格律，与一般的拗救不同。

“尾联”，是全诗的结束处。每联的上句叫“出句”，下句叫“对句”。对句不一定是对仗，因为如果对句都对，那末，律诗应该有四处对仗，但实际上这种律诗是很少的。

律诗的起联，不用对仗的多，用的少。尾联也是如此。毛泽东同志的四首律诗，起尾两联就是都不用对仗的。颔联，一般用对仗，但也间或有不用，或用一种似对非对的句子的。毛泽东同志《和柳亚子先生》诗的颔联“三十一年还旧国，落花时节读华章”，就是似对非对；其余三首的颔联，就是都用对仗。颈联，一般必用对仗；毛泽东同志的四首律诗也全是如此。颈联如果不用对仗，那就成了“古风式的律诗”[①]，严格地说，已经不能算是律诗了。

对仗，可分以下两类：

1. 工对　凡同类的词相对叫做“工对”。古人应用对仗时所分的类，与今天语法书上所分的词类大同小异。大概说来，有名词、形容词、数词（数目字）、颜色词、方位词、动词、副词、虚词、代词九类，其中名词又可细分为天文、时令、地理、宫室、服饰、器用、植物、动物、人伦、人事、形体等小类。另外，连绵字[②]、专名（人名，地名等）等，也各自为类。上举的这些类，每类都包括许多字（自然有多有少）。作诗的人就同一类中选字作对，就是工对。例如《送瘟神》第二首颈联：“天连五岭银锄落，地动三河铁臂摇。”“天——地”、“五岭——三河”“银——铁”、“锄——臂”都是名词，“连——动”、“落——摇”都是动词；“五岭——三河”又都是地名，“银——铁”又都是器用（金属），对得都极工整，这就是工对。

2. 宽对　对得不十分工整的叫“宽对”。“宽”也有不同的情况，大约可分三种。一种是邻近的事类相对，如天文对地理、颜色对方位

① 律诗有三个要素：第一个是字数合律，五言诗 40 个字，七言诗 56 个字；第二是对仗合律，中两联必须讲对仗；第三是平仄合律，每句平仄必须依照一定的格式，并且讲究粘对。如果三个要素全备，就是纯粹的律诗；如果只具备前两个要素，就是“古风式的律诗”，也叫“拗律”（如果只具备第一个要素，那只是字数偶同，不算律诗）。

② 连绵字也叫连语，就是两字一义不能分析的词，又分：1.名词连绵字，如鸳鸯、螳螂之类；2.动词连绵字，如流连、徘徊之类；3.形容词连绵字，如逶迤、磅礴之类。连绵字大多有双声叠韵的关系。在诗里，不同词性的连绵字不能相对。

之类，叫做“邻对”。如上举例“天”对“地”就是。一种稍为宽一些，只要大的类相对就成，如名词对名词、动词对动词之类，这是最普通的情况。上举例中“锄”对“臂”，就是这一种。又一种更宽一些，那就是半对半不对。例如《和柳亚子先生》诗首联，“饮茶粤海”与“索句渝州”相对，“未能忘”与“叶正黄”就不对。首联本来可对可不对，因此用宽对的颇有一些。尾联也是如此。颔联有时可以不对，用宽对自然也没有什么不可以。上引诗的颔联就是似对非对。这个，上文已经说过了。

工对、宽对是一般的对仗。此外，又有比较特殊的对仗，一是“借对”；一是“流水对”。

借对是一词有两义，诗人在诗中用的是甲义，但同时借用它的乙义来与另一词相对。例如，温庭筠《苏武庙》诗“回日楼台非甲帐，去时冠剑是丁年。”“丁年”的“丁”，是丁壮的意思，丁年就是壮年，这是甲义；但丁又是天干，就是“丙丁”之丁，这是乙义。这里用丙丁一义来对“甲帐”之甲，这就是借对。流水对是两句（十字或十四字）字面虽可相对，但结构成一整体，出句不能独立，或勉强独立而意义不全。例如杜甫《月夜》：“遥怜小儿女，未解忆长安。”又《闻官军收河南河北》：“即从巴峡穿巫峡，便下襄阳向洛阳。”两联都一气呵成，意相联贯，就是典型的流水对。普通的对仗，出句和对句原则上可以互换，互换之后，意思没有变动；流水对则不能颠倒，一颠倒，文义往往就不可通了。

对仗还有一些别的格式，如错综对、扇面对[①]之类，这里也不再一一论列。

关于律诗，可说的很多，以上主要只就格律方面作了一些解说，可是，也已费去不少的篇幅。读者欲知其详，可以进一步阅读专书[②]，本文只能说到这里了。

---

① 错综对，就是不拘位置，颠倒错综以成对仗。如李群玉《杜丞相筵中赠美人》：“裙拖六幅湘江水，鬓耸巫山一段云。”以“六幅”对“一段”，以“湘江”对“巫山”，就是这一种。扇面对又叫隔句对，就是两联的出句相对、对句相对。如白居易《夜闻筝中弹潇湘送神曲感旧》：“缥缈巫山女，归来七八年。殷勤湘水曲，留在十三弦。”一三两句相对，二四两句相对，就是这一种。

② 近人王力有《汉语诗律学》（新知识出版社 1958 年版）、《诗词格律》（中华书局 1962 年版）、《诗词格律十讲》（北京出版社 1962 年版），都是讲格律的专书，可以参看。本文对此三书多所取资，附此声明。（王书以外，黄节有《诗律》，刘大白有《中诗外形律详说》，也可参看。）

怎样学习毛泽东诗词

一、毛泽东诗词的杰出成就及其在国内外流传的盛况

1. 毛泽东诗词的杰出成就

郭沫若《浪漫主义和现实主义》:“他(按:指毛泽东)是伟大的革命家,同时又是伟大的作家、诗人。他的理论文章具有着极大的吸引力,和马克思、列宁一样,其中包含着很多文学的成分。但是,毛泽东同志并不仅仅写作理论性的文章,他近年来正式发表了十九首诗词,更使中国的文学宝库增加了无比的财富。……毛泽东同志的十九首诗词是革命的现实主义和革命的浪漫主义的典型的结合,这在目前是已经是定评了。”①

刘绶松《读毛主席诗词》:“作为革命的现实主义和革命的浪漫主义相结合的典范作品,毛主席的诗词又不可能不跟我国现实主义与积极的浪漫主义相结合的古典文学(特别是诗歌)传统有着深刻的历史联系,是这个传统的一个继承和发展。我们在毛主席的诗词中,不难接触到自屈原以降的我国古代诗人的最为闪光发亮的东西。他们跟人民群众休戚与共的联系,强烈的正义的爱憎,以及浓郁的浪漫的抒情的色彩,在毛主席诗词中都有了新的发展。即以词而论,我们就在毛主席作品中接触到了较之苏(轼)、辛(弃疾)词更为豪旷的境界。……他不仅在理论上指出我国诗人、作家以革命的现实主义和革命的浪漫主义相结合的创作方法,同时还以他的光芒万丈的诗篇示给我们以创作实践的典范。毛主席的诗词把我国现代诗

① 郭沫若:《浪漫主义和现实主义》,《红旗》1958 年第 3 期。

歌推向了一个前所未有的新的发展阶段。”①

我在《毛主席诗词的语言分析》一文里也说：“毛主席的诗词，是中国革命的伟大史诗，是力与美的溶合，是政治与艺术的高度的统一，是革命现实主义和革命浪漫主义相结合的最高典范。它以艺术的形象生动地记录了在党的领导下的中国人民的革命斗争和革命建设，忠实地反映了他们的崇高理想和共同意志，热情洋溢地歌颂了他们中间的杰出的革命战士和风流人物。诗词这一类的旧形式，到了毛主席的手里，就获得了新的生命，开拓了新的境界，不再是局限于抒写个人的思想感情和生活经历，也不再是局限于流连风景，静止地单纯地描写祖国的壮丽河山，而是与广大的人民同命运、共呼吸，同伟大的民族解放斗争和社会主义建设不可分割地联系在一起，成为时代的心声、进军的号角。正是因为如此，所以毛主席的诗词雄视百代，超过了过去所有的伟大诗人，达到了中国诗歌发展史上最新最美的顶峰。正是因为如此，所以毛主席的诗词多少年来一直在广大的读者群中流行着、传诵着，特别是一九五七年一月正式发表以后，传播尤其广，影响尤其深远，不但在国内为人所爱读，而且在国外也受到普遍的热烈的欢迎。这种空前未有的盛况，其出现，有着多方面的原因，决不是偶然的。”②

综括上引各说，可知毛泽东诗词的杰出成就，主要表现在下列几个方面：

(1)继承了中国古典文学(特别是诗词)的优秀传统，并加以发展，开创了前所未有的新境界、新风格；

(2)为革命现实主义和革命浪漫主义相结合提供了光辉的范例；

(3)生动地、真实地反映了中国人民的思想感情和理想愿望，热情洋溢地歌颂了中国的革命斗争和革命建设，成为时代的心声、进军的号角。(歌颂中国革命建设的，如《游泳》词之写长江大桥与三峡水库，以及《送瘟神》诗第二首之写工农业生产建设；歌颂革命斗争的，则其余的诗词都是。)

① 刘绶松：《读毛主席诗词》，《武汉大学学报》(语文专号)1959年10期。

② 张涤华：《毛主席诗词的语言分析》，《合肥师范学院学报》1962年第2期。

2. 毛泽东诗词在国内外流传的盛况

毛泽东诗词，抗战期间即已广泛流传。如《六盘山》、《雪》等，在解放区以外的大后方（如重庆等地）就曾传诵一时，而且在报刊上登载过。1957 年 1 月，毛泽东同志应《诗刊》编辑的请求，正式发表了 18 首。这 18 首大部分为毛泽东同志近作和过去未发表的作品，部分过去曾经发表或传抄的旧作，也经作者亲自校订。同年 11 月，应湖南师范学院学生张明霞的请求，发表了《蝶恋花·赠李淑一》。1958 年 10 月，发表了《送瘟神二首》。今年 5 月，又应《人民文学》编辑部的要求，发表了《词六首》。前后一共发表了 27 首，其中诗 4 首（《长征》、《七律——赠柳亚子先生》《送瘟神二首》），词 23 首。这些诗词先后发表以来，受到广大读者的热烈欢迎，人人爱读，个个学习，蔚成一时风气。这些诗词差不多已全部选入各级学校的语文课本中，连小学生也能背诵若干首了。这种情况，实在是中国诗歌史上从来未有的。

毛泽东诗词在国外也受到广大人民普遍的热烈的欢迎。据《文艺报》、《读者》等报刊报道，到目前为止，毛泽东诗词已经译成二十几国文字（苏联、捷克、东德、波兰、匈牙利、日本、印度、法国等都有译本，保加利亚、罗马尼亚、朝鲜、蒙古、越南、英、印尼、新西兰、叙利亚、丹麦、比利时、巴基斯坦、古巴等国也都有译文）；仅以苏联而论，就已有了十余种不同的版本和译本，其中除俄文外，还有乌克兰文、奥塞梯文、布里亚特文、乌兹别克文、楚瓦什文、吉尔吉斯文、雅库梯文等民族译文。在许多国家，毛泽东诗词都是著名诗人或作家翻译的，很多艺术家为译本专门设计了精美的封面。各国译本及报刊在发表译文时大都附有介绍、评论，对毛泽东诗词予以很高的评价。如捷克斯洛伐克《红色权利报》就曾发表了评论家斯卡拉的评论，他说："只有毛泽东才具有这样伟大的艺术才华，能够用古典诗词的形式来表现现代生活中的伟大事件，同时又保持古典诗词的结构和民族特色。"又说："毛泽东的诗词体现了若干世纪以前就已经臻于完善的中国文化。"德意志民主共和国出版的译本在介绍这些诗词的文章中说："毛泽东不仅是杰出的政治家，也是卓越的诗人。他的十八首诗词的内容是我们时代的成就，是中国革命及其胜利的反映，是中国从解放战争到获得彻底胜利的一段时期的文献。”苏联的中国学家费德林在《十八首诗词》俄译本的序言中说：“毛泽东同志诗词的特点之一是：具有丰富的社会内容和深刻的思想性，以及对于实现伟大革命理想的坚定信心；同时表现了革命家的革命英雄主义和乐观主义的精神。”1956年7月15日，越南《文学报》刊载毛泽东诗词七首及毛泽东同志给《诗刊》编辑部的信，译者是越南著名诗人黄忠通，他介绍文章中说：“毛主席的诗词不但吸取了中国古典文学的精华，而且具有一股宏伟的崇高的革命气魄。它是革命现实主义和革命浪漫主义最美好的结合。”

早在1953年，法国著名作家威尔高尔就曾将《浣溪沙》译成法文，发表在《法兰西文学报》上。1960年由女作家安德烈·波义德译的《毛泽东诗词》法文单行本出版。

毛主席诗词曾由格莱底丝·杨译成英文，在英文版的《中国文学》上发表。这个杂志流传于亚、欧、北美、拉美和澳洲的许多国家，影响很大。我国外文出版社出版的单行本，也在许多国家畅销。

以上这些情况说明了毛泽东诗词的译本之多和传播之广，也是中国诗歌史上从来未有的（中国大诗人屈原、李白、杜甫、白居易的作品也有许多译本，但远远比不上毛泽东的诗词）。

二、学习毛主席诗词应该注意的几个方面

郭沫若说：“古今中外的诗人多的很，究竟有几位是特出的呢？凡是特出的，我们可以肯定地说，不仅是他的诗好，而且是他的人好，或者人比诗更好。要学习毛泽东同志，当然就要学习他的为人。”[1]郭沫若在这里提出一个根本问题：学诗先要学人。特别是毛泽东，他是杰出的共产主义者，伟大的革命导师，他的诗词里所表现的思想感情、胸襟气魄，正是一个杰出的伟大人物的整个人格在艺术作品里的具体反映。我们如果不了解他的“为人”，那就不可能真正了解他的作品。因此，学习毛泽东诗词必须首先学习毛泽东，这一点就显得更为

[1] 郭沫若：《浪漫主义和现实主义》，《红旗》1958年第3期。

重要。但这一方面牵涉较多，而且不在本题范围之内，因而这里不打算多谈。现在要谈的是以下几个方面：

1. 必须了解毛泽东的文艺理论及其创作方法

毛泽东的文艺理论集中地表现在《在延安文艺座谈会上的讲话》里（当然，在别处也曾谈到）。毛泽东的诗词则是毛泽东的创作实践。文艺理论是指导创作实践的，因此，要了解毛泽东的诗词，那就必须了解毛泽东在《讲话》里面提出的一些文艺创作原则。

《讲话》博大精深，包罗弘富，这里只能拣最有关系的讲一讲。

毛主席的廿七首诗词是怎样创作出来的呢？要理解这一点，就得在《讲话》里找答案。《讲话》说：

> 一切种类的文学艺术的源泉究竟是从何而来的呢？作为观念形态的文艺作品都是一定的社会生活在人类头脑中的反映的产物。革命的文艺则是人民生活在革命作家头脑中的反映的产物。人民生活中本来存在着文学艺术原料的矿藏，这是自然形态的东西，是粗糙的东西，但也是最生动、最丰富、最重要的东西；在这点上，它们使一切文学艺术相形见绌，它们是一切文学艺术的取之不尽、用之不竭的唯一的源泉。①

这是说一切文艺都源于社会生活，而革命文艺则源于人民生活。毛泽东的诗词是革命文艺，其源泉当然也来自人民生活。毛泽东诗词中，像《送瘟神二首》写人民在解放前后的生活及社会主义建设时期的工农业生产，《水调歌头·游泳》写兴建长江大桥和三峡水库等社会主义建设，以及其余各首写革命战士的革命斗争（“十万工农下吉安”、“百万工农齐踊跃”最明显），显然就都是以人民生活为原料的。《讲话》又说：

> 中国的革命文学家艺术家，有出息的文学家艺术家，必须到群众中去，必须长期地无条件地全心全意地到工农兵群众中去，到火热的斗争中去，到唯一的最广大最丰富的源泉中去，观察、体验、研究、分析一切人、一切阶级、一切群众、一切生动的生活方式和斗争形式，一切文学和艺术的原始材料，然后才有

① 《毛泽东选集》第 3 卷第 882 页，人民出版社 1951 年版。

可能进入创作过程。[1]

这里指出作家的创作过程（同时也反映出生活对创作的重要性）。毛泽东的诗词正是在这样的创作过程中创造出来的。他为我们提供了创作过程的良好范例。郭沫若说："主席是不轻易写诗词的，也不肯轻易发表。目前所发表的词六首和以前所发表的诗词 21 首，我们可以断然地说，正是革命的诗史。这诗史不是单纯用言语文字记录出来的，而是用生命和鲜血凝铸出来的。要这样的诗词才真正值得称为创造性的革命文艺。在这儿，文艺与革命合而为一，创造与生活合而为一，为我们从事文艺活动的人揭示出了文艺创造过程中最深奥而又最显豁的秘密。"[2]

毛泽东在《词六首》的小序里说："这六首词，是一九二九～一九三一年在马背上哼成的。"郭沫若指出"哼"字非常重要（这点，我们以后还要谈到），我以为"在马背上"四个字也值得注意。因为，这四个字正告诉我们，毛泽东是亲自领导革命战争，亲自参加战斗生活的，而"在马背上哼成的"也正清楚地说明了这六首词的创作过程。我们拿这一句话同上引的《讲话》合看，不是若合符节吗？

其余可联系的还很多，这里不多说了。但还要指出一点，那就是我们读毛泽东的诗词，同时多读读《讲话》，那是有很大好处的。

现在谈创作方法问题。

学习毛泽东诗词，首先还得了解他的创作方法。毛泽东同志在 1958 年明确提出革命现实主义和革命浪漫主义相结合的文艺创作原则。革命现实主义和革命浪漫主义相结合，是我国社会主义文学艺术创作（也包括批评）的基本方法。它是毛泽东同志为适应客观形势的需要，根据文学艺术本身发展的规律而提出的。这一方法把革命气概和求实精神相结合的原则，运用到文学艺术上，把现实主义和浪漫主义这两种艺术方法，辩证地统一起来。它要求文艺家站在无产阶级的主场，以马克思列宁主义的观点去观察和表现生活，把现实和理想、革命实践和壮丽远景结合起来，热情地歌颂新生事物，歌颂人民群众的革命热情和崇

① 《毛泽东选集》第 3 卷第 882–883 页，人民出版社 1951 年版。
② 郭沫若：《喜读毛主席的词六首》，1962 年 5 月 12 日《人民日报》。

高的精神品质,塑造具有理想光辉的英雄形象,借以提高人民群众的社会主义、共产主义的思想觉悟和道德品质。这一艺术方法的提出,不仅有利于表现我们的时代,而且也有利于全面地吸取文学艺术遗产中的一切优良传统,有利于更好地发挥作家、艺术家的不同个性和风格,从而为社会主义文学艺术的繁荣发展开辟了广阔的天地。

毛泽东诗词正是他在创作中对这一原则的实践。

郭沫若说:"我们如果要在文艺创作上追求怎样才能使革命的现实主义和革命的浪漫主义相结合, 毛泽东同志的诗词就是我们绝好的典范。"他以《蝶恋花·赠李淑一》一词为例,说:"这里有革命烈士(杨开慧和柳直荀)的忠魂,有神话传说的人物(按:指吴刚、嫦娥),有月里的广寒宫和月桂,月桂还酿成了酒,欢乐的眼泪竟可以化作倾盆大雨,时而天上,时而人间,人间天上打成了一片。不用说这里丝毫也没有旧式词人的那种靡靡之音,而使苏东坡、辛弃疾的豪气也望尘却步。这里使用着浪漫主义的极夸大的手法,把现实主义的主题衬托得非常自然生动,深刻动人。这真可以说是古今的绝唱。"[①]其实,不仅《蝶恋花》如此,像《念奴娇·昆仑》、《水调歌头·游泳》、《送瘟神二首》以及《十六字令三首》等等,都是两结合的好例。所以,懂得两结合的创作方法,对理解毛泽东诗词是非常重要的。过去有些人正因为对这一原则不够理解,所以就把毛泽东诗词中的许多地方都讲错了(如有人争辩《蝶恋花》"泪水"句的主语是谁的问题等等)。

2. 必须熟悉中国革命的历史

上面曾引郭沫若的话,说明毛泽东的诗词是革命的诗史。唐代杜甫、南宋汪元量的作品,前人都有"诗史"之称,但两人分别所作的《杜少陵集》、《水云集》也不全是反映一时代的现实、记录一时的历史事实之作。毛泽东的诗词才真是时代的心声、革命的号角,"诗"与"史"是密不可分的。毛主席的廿七首诗词就写作的时代分,可以分为以下三组:

第一组:1927 年大革命失败以前的作品(1925 ~ 1927)

1)沁园春·长沙(代表作,1925)

---

① 郭沫若:《浪漫主义和现实主义》,《红旗》1958 年第 3 期。

2)菩萨蛮·黄鹤楼(1927春,大革命失败前夕)

这一组反映毛主席的早期革命思想和革命活动,《长沙》词里也写到了毛主席的战友(一些早期的共产主义战士)与北洋军阀的斗争。

第二组:第二次国内革命战争时期的作品(1927~1937)

1)西江月·井冈山(1928,保卫黄洋界战役)

2)为梦令·元旦(1930,闽西战役以后)

3)菩萨蛮·大柏地(1933夏,大柏地战役)

4)清平乐·会昌(1934夏,在赣南开辟革命根据地)

5)忆秦娥·娄山关(1935.2,两占娄山关)

6)十六字令三首(1934~1935,长征途中)

7)七律·长征(1935.10,代表作)

8)念奴娇·昆仑(1935.10)

9)清平乐·六盘山(1935.10)

10)沁园春·雪(1936.2,初到陕北时)

11)词六首(1929~1931)

这一组作品较多,有写井冈山斗争的,有写闽西战役的,有写开辟赣南根据地活动的,有写吉安战役、南昌战役的,有写第一、第二两次反"围剿"战役的,有写长征的,有写到达陕北以后的,一共18首,占已发表的诗词二分之一以上。

第三组:建国前夕和建国以后的作品(1949~1958)

1)七律·赠柳亚子先生(1949夏)

2)浣溪沙(1950.10)

3)浪淘沙·北戴河(1954夏)

4)水调歌头·游泳(1956.6)

5)蝶恋花·赠李淑一(1957.5)

6)送瘟神二首(1958.7,代表作)

这一组的作品共7首,占已发表的诗词四分之一强。建国前夕和建国以来,毛主席以最大的喜悦,为民主革命的胜利、社会主义建设的胜利,写下了新的伟大的诗篇,其中有的是对中国革命胜利的讴歌,有的是对知识分子的勉励和关切,有的是对革命烈士的悼念,有的是对社会主义建设的颂赞。

总观27首诗词,无一不与中国革命密切相连系。我们读这些诗词,如果了解其写作的时间及作品的时代背景,便可领悟较多,体会较深。反之,便容易搞错。要做到这一点,必须熟悉与诗词有关的中国革命的历史,特别是毛选中以下几篇必须参读:

1)中国的红色政权为什么能够存在?(第1卷,1928年)

2)井冈山的斗争(同上,1928年)

3)星星之火,可以燎原(同上,1930年)

4)中国革命战争的战略问题(同上,1936年)

此外,如党史、革命回忆录(《星火燎原》、《红旗飘飘》等)等也须参看。

3. 必须具有诗词格律的基本知识

所谓格律,指创作韵文所依照的格式和规律。就中国诗词而言,格律包括声韵(平仄、押韵)、对仗、结构(章句组织,如诗的起承转合及句数,词的分段、句式等)以至字数等等。格律是历史的产物,是集体的创造。有了格律,就使诗词一类的韵文增加音乐的美,形式的美,使好的内容得到好的表现形式,相得益彰,合之双美。

郭沫若说:"诗是语言艺术的最精炼的形式,它总要有高度的音律性,无论是悲壮或者优美。所以诗总要能够上口。"①这几句话就说明了格律的重要。

毛泽东的诗词是遵守旧有的格律的,只是偶而小有出入,因而他的诗词一片宫商,富有音乐之美。具体地说,可再分以下几项:

1)韵脚和平仄,完全遵守旧有格律的规定。比较特殊的,如《如梦令·元旦》词:"宁化清流归化,路隘林深苔滑。今日向何方?直指武夷山下。山下,山下,风展红旗如画。"其中以"滑"与"化"、"下"、"画"等字相协,以入作去,而不是以入作平(清戈载《词林正韵》,"滑"字收在平声里);《沁园春·雪》里"成吉思汗"句,"吉"字是仄声不是平声,"汗"字是平声不是仄声("汗"是"可汗"之省。"可汗"之"汗"读平声),都与格律小有出入。但这些只是极个别的例外。

① 郭沫若:《喜读毛主席的词六首》,1962年5月12日《人民日报》。

2)韵部通转,完全不受旧时诗韵词韵专书的限制。如《七律·赠柳亚子先生》江、阳通押,已与韵书不合。词的押韵,则不合的更多。如《念奴娇》、《蝶恋华·赠李淑一》就以两个韵部通叶;《西江月》就以三个韵部通叶。《菩萨蛮·大柏地》以紫、舞协韵,《清平乐·会昌》以溟与峰、葱协韵,《西江月·井冈山》以闻、重、动、城、隆、遁协韵,说明了毛泽东填词只是依照现代口语,并且间用方音为协,决不是那些词韵专书所能范围的。(当然，毛主席诗词合乎诗词韵书规定的也很多,但这只是由于古今音尚未大变之故。)。

3)对仗也遵守旧规定。如七律中间二联例用对仗,毛主席的4首律诗(《长征》、《赠柳亚子》、《送瘟神二首》)也照用,且有些是工对。词里面该用对仗的地方,毛泽东同志也照用。如《沁园春·长沙》"看万山红遍,霜林尽染;漫江碧透,百舸争流"、"鹰击长空,鱼翔浅底"、"恰同学少年,风华正茂;书生意气,挥斥方遒"、"指点江山,激扬文字"等句,即全用对仗,其他尚多。

从这几项可以看出，毛泽东诗词一方面继承了旧有的传统,一方面又决不墨守成规,这正是所谓格律为人而设,不是人为格律而设。这样的处理,既使作品具有民族形式,富于音乐性,又酌古准今,变而得宜,显然是极为合理的。

关于诗词格律，可看王力的3部书:1)《汉语诗律学》;2)《诗词格律》;3)《诗词格律十讲》。我写了《关于词牌及其他》和《律诗简介》,也可供参考。

以上只是几个主要方面,此外,如能有一些地理知识(如读长征途中所写的一些诗词,就需要有一定的地理知识帮助我们了解金沙江、大渡河、雪山、草地等等情况)、军事学知识(如读写战争的几篇,就需要)等,那就更好。

三、怎样学习毛泽东诗词?

毛泽东诗词,人人爱读,但却不大好懂。坊间出的讲解这些诗词的书,对读者帮助也不大。郭沫若说:"主席的诗词经过反复锤炼,所以气魄雄浑而音调和谐，豪迈绝伦而平易可亲。人人爱读，处处弦诵，然而在事实上却未见得人人都懂，首首都懂。”郭沫若举《娄山关》一词为例，说明读懂一首词不是容易的事，并指出原因所在：“有所以然的缘故，是因为我们没有主席那样的生活经验，而于主席酝酿每一首作品时的客观情景与主观气氛，不容易揣度。”[①]诗词（特别是词）本来比文章难懂，毛泽东诗词更比一般诗词难懂，此原因正如郭沫若所指出的，毛泽东同志的胸襟气魄、思想见解以及生活经历等等都和我们隔得较远，因而就不容易理解。（他的高度的政治修养、词章修养、丰富的生活经历、卓越的表现技巧，都是空前的。他同我们的距离太远了，因此了解困难。如他对不周山故事的看法就同一般不同，在《蝶恋花》词悼念革命烈士写法也迥异寻常。）

唯其难懂，所以需要更多地注意学习的方法，以下试提出一些不成熟的意见，借供同志们参考。

读毛泽东诗词，最好是经过如下的程序：

1）反复吟诵。毛泽东同志在《词六首》的小序里说：“这六首词，是一九二九～一九三一年在马背上哼成的。”郭沫若说：“‘哼’这一个字，我们不要轻淡地看过了，在一个字里面正包含着反反复复的推敲……严格地说，诗总是‘哼’出来的，有的是从田园里哼出来的，有的是从工厂里哼出来的……而主席的诗词则是‘在马背上哼出来的’。”[②]就作者说，诗是哼出来的；就读者说，也要学会哼。多哼，就容易读进去，就容易读懂。俗话说：“熟读唐诗三百首，不会吟诗也会吟。”这话是有道理的。“哼”就是“吟”的通俗的说法。多哼，有这样几个好处：①熟悉诗句，易于领略它的声音节奏之美；②反复揣摩，易于发现一般人忽略的地方；③熟读成诵之后，不须检读原书，便容易与所读的其他篇章发生联系，得到触发。这里举一例。如《如梦令·元旦》词云：“宁化、清流、归化，路隘林深苔滑。今日向何方？直指武夷山下。山下山下，风展红旗如画。”这首词是1930年元旦作，当时红军在1929年12月古田会议之后，由古田出发，向北经连城、清流、归化、宁化，西

① 郭沫若：《喜读毛主席的词六首》，1962年5月12日《人民日报》。
② 郭沫若：《喜读毛主席的词六首》，1962年5月12日《人民日报》。

越武夷山，到江西开展游击战争。当古田会议进行中，三省敌军已侵入闽西，闽西的先头部队且已侵入小池，离古田只有30里。红军在这样急迫的形势下，要甩掉敌人，取得战略上转移的胜利，就得隐蔽地急行军，走山间的小路。作者正确地掌握形式为内容服务的原则，开头两句音节急促，也与行军的急促相应。这两句的音节特点是：①都是六字句，每句是两字一顿，有三个停顿；②每句平仄相间（平仄平平平仄，仄仄平平平仄），而仄顿多于平顿。这样的音节恰跟行军的急促相应，且能写出这次行军的环境特征（山路崎岖不平，林深苔滑）。“今日”二句，写已把敌人抛开很远，已经取得战略胜利，不需要再隐蔽，再走崎岖小路，可以一直向武夷山下走去。所以，这两句的音节也舒长开朗，句中也没有停顿了。“山下，山下”重复一下，音节和谐，衬出下一句“风展红旗如画”，更加强了向武夷山下进军的愉快心情，字里行间充满了胜利的喜悦。此词只31字，而音节极妙，但须反复吟诵，才能领略其妙处。又如《忆秦娥·娄山关》词，写得很悲壮，这与押入声韵及多用叠句（如“霜晨月”、“从头越”等）也有关系。

2）搞清楚语言文字。作品的思想内容是通过语言文字来表现的，如果不能很好地理解语言文字，那就不可能正确地深入地理解思想内容。马克思说：“语言是思想的直接现实。”高尔基说：“文学的第一个要素是语言……离开语言，就不可能有文学作品的形式。”这些论述都告诉我们语言和思想的密切关系。就文学作品来说，语言文字是塑造艺术形象、性格和描绘人类生活画面的基本手段，离开了它，作者就无从表现自己的思想，读者也无法把握作品的内容，理解作者的原意。有些人对作品有误解，固然有种种原因，但对作家所使用的语言有不正确的理解，往往是最常见的和最主要的。

试以毛泽东的诗词为例。

《沁园春·雪》词初传出时（1945年重庆发表），有些人对这首词的最后几句“俱往矣，数风流人物，还看今朝”，就有误解。他们看到这几句上面说到秦皇、汉武、唐宗、宋祖和成吉思汗等人，都是过去的皇帝，于是就认为“今朝”的“风流人物”就是毛泽东自己，并且因此认为毛泽东同志也有个人英雄主义。他们把“风流人物”只理解为一个人,而不理解毛泽东同志指的是今天的广大人民。这样解说,就立场说是错了,就语言文字来说,也是错了。他们不懂得这几句的意思是说,生活在中国共产党和毛泽东同志领导下的人们,要比过去的封建帝王高明得多,只有他们才是真正的"风流人物"。当然,人民中也是包括了毛泽东个人的,而且他是最能代表人民的英明领袖。但这样的个人,正如郭沫若同志所说的"这样突出的个人是集体主义的结晶。这不是个人突出,而是集体突出"①。由此可见,对语言文字没有正确的理解将会造成多么严重的错误。

又如有人把《沁园春·长沙》词的"鱼翔浅底"译成"'鱼儿游在浅水里"(见《文学知识》1958年3期程履夷译文)。这样的翻译,也是对语言文字有误解。湘江是湖南省的一条大河,毛泽东词里说:"漫江碧透,百舸争流";又说:"到中流击水,浪遏飞舟"。《水经注·湘水》也引《湘中记》说:"湘川清照五六丈,下见底石……五色鲜明,白沙如霜雪。"又引古谚:"昭潭无底橘洲浮。"这都说明湘水是深不是浅。浅是清莹澄澈的意思,"浅底"是说宛如玻璃一样地清莹澄澈,给人以一种一望见底的感觉。这样,才与"漫江碧透"、"到中流击水"等句相呼应,"翔"字也才有着落。像程君的译文,那就未免不对头了。

又如《长征》诗的最后两句"更喜岷山千里雪,三军过后尽开颜",有人以为"喜"的宾语是"岷山千里雪",这种解释也是错的。其实,"喜"的宾语乃是下一句,这两句应该连贯起来看,意思是说,更值得高兴的是,三军走过绵延千里,积压冰雪的岷山山脉之后都开颜欢笑起来了。作者所喜在此,不然的话,岷山千里积雪有什么可喜的呢?

3)了解篇章结构。诗词的篇章结构,不像文章那样清楚易看。诗词中往往一两句就是一段,段与段之间的联系,也不用关连词语,常是暗转暗接。因此,要找出脉络,就比较困难。但只要细心探索,组织关系还是可以找出来的,找出来之后,作者意念上的线索就可以抓住,全篇也就容易理解了。

如《长征》诗第一句"红军不怕远征难",开头就提出一篇纲领。

---

① 郭沫若:《喜读毛主席的词六首》,1962年5月12日《人民日报》。

"万水千山只等闲"，是"不怕难"的进一步申说。以下五岭、乌蒙、云崖、岷山是"山"的代表，金沙江、大渡河是"水"的代表，坐实了"万水千山"。最后一句"三军过后尽开颜"是结，"开颜"与"不怕"相应，写出红军的高度的革命乐观主义精神。这样去看，全篇的组织就很清楚了。

又如《长沙》词下段换头"携来百侣曾游"二句，"曾游"二字和"忆往昔"三字便点出这一段写的是旧日之游，那么上一段就是今日之游了。全首词也就是写游长沙橘子洲了。抓住这两句，全首词的结构也就清楚了。

又如《娄山关》词，上段从"霜晨月"句，可以看出，是写清早行军；下段从"残阳如血"句，可以看出是写晚景。从早到晚，正是一日间事，时间的线索，词里也暗点出来了。

又如《昆仑》、《雪》等词都是上段写景，下段写感想或议论，结构关系留心一看也就看出来了。

4)懂得表现手法。毛泽东诗词的表现手法是多式多样的。我曾做过粗略的统计，以修辞学上所说的"辞格"来说，21 首诗词中就使用过二十多种（陈望道所举三十八种辞格，其中除了一些无关重要的文字游戏，如飞白、析字、藏词之类，差不多都用过了），有的且使用了二十多次。这里姑举几个例子。

如《长征》诗："五岭逶迤腾细浪，乌蒙磅礴走泥丸。"这是古人所称的"互文"。如王昌龄《从军行》"秦时明月汉时关"、《木兰诗》"雄兔脚扑朔，雌兔眼迷离"，就都是互文。《雪》词"千里冰封，万里雪飘"，千里、万里也是互文。

又如《黄鹤楼》词"把酒酹滔滔"、《雪》词"望长城内外，唯余莽莽；大河上下，顿失滔滔"、《送瘟神二首》"六亿神州尽舜尧"等修饰语之下都省去中心语（分别省去"江水"、"一片白色"、"波浪"、"人民"），这就是所谓"省略"（只是省略之一种，也称"省字"）。古人也有其例，如周邦彦《应天长》："郊外驻油壁"（省"车"字）、严仁《一落索》"别后暗宽金缕"（省"衣"字）、毛文锡《喜迁莺》"惊破鸳鸯暖"（省"梦"字）。

又如《送瘟神二首》，第一首写旧时代人民的悲惨生活，第二首写新时代人民的幸福生活（工农生产大发展，血吸虫彻底消灭，人民干劲冲天)。这是所谓“对比”。《浣溪沙》《清平乐》(风云突变)等词也用此法,对照鲜明,给人以强烈的印象。

又如《昆仑》词“飞起玉龙三百万,搅得周天寒彻”、《雪》词“千里冰封,万里雪飘”、《游泳》词“更立西江石壁,截断巫山云雨,高峡出平湖”、《蝶恋花》“泪飞顿作倾盆雨”,这就是所说“夸张”。大约文学作品中纯写“物象”的多用写实手法,兼写“心象”(感觉、印象、想象)的多用夸张手法。浪漫主义作品也多用夸张。

又如《十六字令三首》第三首“山,刺破青天锷未残。天欲堕,赖以拄其间”,用山来比党及红军;《送瘟神二首》用瘟神来比国内外一切反动派。这是所谓“象征”。古人常说词贵有“寄托”。象征也就是寄托之一种。

上面所说之外,毛泽东诗词还采用了几种比较特殊的表现手法,现简要说一说:

一是化静为动,也就是从动态中描写静物、静境。《诗·小雅·车攻》:“萧萧马鸣,悠悠旆旌。”《毛传》说是“言不喧哗也”。北齐颜之推非常赞赏《毛传》的这一解说,认为解得有情致。颜氏又很赏识王籍的两句诗“蝉噪林逾静,鸟鸣山更幽”,以为这两句也就是从《车攻》脱化出来的。[1]《车攻》和王籍诗确有好处,好处就在于不是单纯写静,而是从动中见静。毛泽东则更进一步,常常化静为动,把静止的东西,写得栩栩欲活。比如山,本是静物,但在毛泽东的诗词中却总把它写成动的,以下是几个例子:

苍山如海。(《忆秦娥·娄山关》)

山!倒海翻江卷巨澜。奔腾急,万马战犹酣。(《十六字令》)

五岭逶迤腾细浪,乌蒙磅礴走泥丸。(《长征》)

飞起玉龙三百万。(《念奴娇·昆仑》)

山舞银蛇。(《沁园春·雪》)

这样一写,山的蜿蜒起伏、夭矫不群,乃至飞空腾跃等等姿态就生动活泼地表现出来了。又如“虹”和“桥”也都是静止的,可是毛泽

① 见《颜氏家训·文章篇》,《四部丛刊初编》本。又,王籍诗题为《入若耶溪》

东却写成：

赤橙黄绿青蓝紫，谁持彩练当空舞？ （《菩萨蛮·大柏地》）

一桥飞架南北。 （《水调歌头·游泳》）

用"舞彩练"来形容天上的虹，用"飞"来形容长江大桥，也就把两者都写活了。山、虹、桥一类的静物，都是很不容易写出动态来的，可是，毛泽东却写得神采飞动，给人以极不平凡的印象。像这一类的描写，我们即使撇开气魄雄伟、寓意深远和设想新奇等等不说，就以刻画物象而论，其警迈精工，高华真切，也就不是一般雕绘满纸，只求形似的词人所能望见项背的。《车攻》和王籍诗只是写出一种静境，毛泽东的诗词则赋予静物以生命，巧妙地摄取其精魂，传出其神态，非单纯地描写静境可比。从这里，也可以看出毛泽东的又有继承又有创造。

二是推陈出新。旧体诗词中写入新事物、新词语，一向被认为是难事。前人有"汽车载梦过云阳"之句，其中用了"汽车"一词，又有人用"蔷薇战争"等等，论者已经诧为新奇（见梁启超《饮冰室诗话》）。其实，这一类的词语，在毛泽东诗词里，是非常之多的，像炮声、心潮、欧美、环球、国际歌、分田分地、枪林、工农、军阀、腐恶等等，古典诗词中都从未用过，而毛泽东用来却又新鲜，又惬当，使人丝毫没有与旧诗词不协调的感觉。有些词语像一线、红旗、苍龙，玉龙、红装素裹、西江石壁、小虫、瘟神、红雨、朽木枯株等等，在古典诗词中，虽然有的可能出现过，有的也许还经常使用过，但在毛泽东的诗词中却都有了新的意义。毛泽东是创造性地运用了它们，使它们获得了新的生命，发出了新的光辉。类似的例子，在毛泽东的政论文中也有不少，但在诗词里似乎更多一些，同时也更突出一些。

以上只是就遣词用语来说，其实，毛泽东诗词的推陈出新，并不仅仅限于这一方面。在运用典故上，在艺术构思上，也有同样的情况。例如《渔家傲》词里用了"不周山"的典故，毛泽东自己作了注释，征引了一些旧说，加以比较、分析，指出共工是胜利的英雄，他并没有死。在这里，毛泽东天才地发现古代人民的幻想同当前的伟大现实之间的精神联系，从而挖掘了古老神话中深閟的蕴藏，使共工改造自然、改造客观世界的伟大精神得到永生，活在今天劳动人民的心里。“这确是妙绝千古的灵感,妙绝千古的比喻,是对于共工这个典故的最富于创造性的运用。”[①]这样的用典,也正如郭沫若所说,是“非常新颖贴切”的。[②]又如《水调歌头·游泳》词的结句“神女应无恙,当惊世界殊”,用神女的典故,也十分出色。我们平常形容事物美好,总说像是神话世界。毛泽东在这里却说神话中的人物——神女——也要惊叹于新中国突飞猛进的巨大改变。这就不仅给作品涂上一层革命浪漫主义的色彩,使意境格外优美,而且把古典文学作品里业已用滥的典故用得非常新鲜,从而收到化腐朽为神奇的艺术效果。这样的艺术构思,也是最值得我们学习的。

三是借古颂今。毛泽东诗词里往往提到古人和古代的事。最显著的,像《沁园春·雪》里就一口气列举了秦始皇、汉武帝、唐太宗、宋太祖、成吉思汗等5个历史上的英雄;《浪淘沙·北戴河》里也曾看到魏武帝“东临碣石”时的“往事”。但毛泽东写这些却与过去的作家写法不一样。过去作家的写法不外两种:一是怀念古人,赞美古人;又一是借古来写自己的怀抱。这两种作品都很多。毛泽东完全摆脱了这些窠臼,他不是用韵语来“发思古之幽情”,也不是“借他人酒杯,浇自己的块垒”,而是拿今昔来对比,借古颂今。即如上举《沁园春》词,虽然也把秦始皇等人称做“英雄”,但却批评他们“略输文采”、“稍逊风骚”、“只识弯弓射大雕”,归根到底,都不能与祖国的“多娇”的“江山”相称。在推倒这些旧式的英雄(“推倒一世之英雄”,宋人语)之后,再折入“今朝”的“风流人物”,这就显得今天的劳动人民特别突出,而作者的欢喜赞叹,满腔热情,也就跃然纸上了。这正是借古颂今的好例。又如上举《浪淘沙》词,里面有一句:“萧瑟秋风今又是。”这是说作者来游北戴河时所见到的风物与一千六百多年前魏武帝“东临碣石”时约略相同。但下面紧紧接上一句:“换了人间。”这就明白指出解放后的北戴河已非魏武帝当时所见,两者决不能相提并论。从这里,也就显然可以看出毛泽东同志不是单纯地怀古,而是借魏武帝的这段往事来表示自己对新时代、新社会的歌颂。这又是一例。

---

① 张光年:《共工不死及其他》,《文艺报》1962年第7期。

② 郭沫若:《喜读毛主席的词六首》,1962年5月12日《人民日报》。

毛主席诗词的表现手法是多式多样的，当然不止上述三项，像以小见大(如《送瘟神》以“瘟神”象征国内外反动派,《和柳亚子先生》“一唱雄鸡天下白”以“雄鸡”喻党,以“天下白”喻革命胜利等)、因物托意(如《十六字令》以“山”喻党及红军,《沁园春》借“雪”歌颂祖国的壮丽江山和风流人物,等等)等,可说的还很多,但限于篇幅,这里不能一一详论了。

5)认识艺术特色。毛泽东诗词,总的说来,是横放杰出,高华雄伟,自具一种风格。这种风格是统一的,完整的,是27首所共同具有的,我们不管读哪一首,总会深刻地感觉到这是一个伟大人物所写下来的伟大作品,它像天风海雨一样地具有逼人的力量,使人读了奋发鼓舞,想起来有所作为;同时又受到美的感染,在不知不觉之中被带到一种崇高而又美妙的境界。这种风格是政治和艺术高度统一的产物,是革命的内容和古典的形式相结合的结晶。它同中国文学(特别是诗歌)传统有着密切的历史联系,却又推陈出新,戛戛独造,不同于过去任何作家的任何作品。因此,我们就是说,这是一种最新最美的风格,应该说,也是决不过分的。

27首具有共同的风格,这是显而易见的,也是不应忽略的。但是,我们也应注意另一面,那就是每一首又自有独特的精神面目,彼此并不全同。举例来说,像《长沙》词的精密缛丽,《黄鹤楼》的沉郁苍凉,《娄山关》的悲壮激越,《十六字令》的奇崛排奡,《赠柳亚子先生》的真挚恳至,《赠李淑一》的新奇超脱:都自具特色、各造其极。(《黄鹤楼》和《游泳》都写武汉,而风格却迥然不同,尤其明显。)其它可以类推,不去一一列举了。

上举五项,除风格外,大都就形式而言。我们学习毛泽东诗词,注意形式方面是完全必要的。但是,应该指出,仅仅注意形式是不够的。我们必须通过形式来理解内容。毛泽东的诗词,是革命的内容和完美的形式相结合的产物,它的形式是为内容服务的。因此,严格说来,我们必须理解内容,然后才能真正地理解形式。怎样才能理解毛泽东诗词的内容？这是个很复杂的问题,它牵涉到政治修养、生活经验、历史知识以及词章修养等等方面，决不是本文所能谈得了的。(关于这一点,我们在上文也已经提到。)因此,这里就不多说了。

一九六二年九月初稿,十一月修订

古典诗歌鉴赏二则

李商隐《安定城楼》

迢递高城百尺楼，绿杨枝外尽汀洲。
贾生年少虚垂涕，王粲春来更远游。
永忆江湖归白发，欲回天地入扁舟。
不知腐鼠成滋味，猜意鹓雏竟未休。

李商隐(813～858)是晚唐的杰出诗人，字义山，号玉溪生，怀州河内(今河南省沁阳县)人。他出身于一个没落的小官僚家庭，早年从令狐楚学文，得到赏识，唐文宗开成二年(837)成进士。不久，在泾原节度使王茂元的衙门做幕僚，娶了他的女儿。令狐楚和王茂元是政敌，令狐一党因而认为李商隐忘恩负义，不断加以排挤。于是李商隐就受到当时朋党之争的牵累，一生不得志，死时才46岁。

这首七律《安定城楼》是李商隐的名作之一，各种唐诗选本差不多都选了。诗作于开成三年(838)，正在应博学宏词科考试之后。这一次，他本来已经录取，但却在复审时为令狐党人抹掉了名字。他当时满腹牢骚，因而写了这首诗，借以抒写自己的抱负和愤慨。

安定是郡名，即泾州，在今甘肃泾川县北，是唐代泾原节度使的衙署所在地。诗以“安定城楼”为题，实际上却不是描写城楼，而是写登楼之感。这一点对理解全诗很重要，需要首先加以注意。

第一句“迢递高城百尺楼”，写城楼。迢递，是高耸的样子。城“高”，楼在城上，又有百尺，那就显得更高了。诗的主题既不是城楼，所以只用这一句也就足够了。

“绿杨枝外尽汀洲”，接着就写登楼所见。“绿杨”写近景，但也有点明时令的作用，杨柳绿了，这与下面第四句的“春来”是相照应的。汀洲是水边的平地。泾州的东面就是泾水，美女湫一带正是平地，汀洲大概即指此而言。“尽汀洲”是说望去尽是汀洲。这是远景。

登高远眺，容易引起遐想。“贾生”二句就是写自己因登楼而生的感触。贾生即西汉初年有名的政治家和文学家贾谊，洛阳人。贾谊曾上《治安策》，论当时国家大事，认为有“可为痛哭者一，可为流涕者二，可为长太息者六”。贾谊只活了33岁，上书时还是青年，所以说“年少”（《史记·贾谊传》里也有两处说到贾生年少）。汉文帝虽然部分地采纳了贾谊的意见，但最终还是听信了一些大臣的谗言，疏远了他，并把他贬到南方，做了长沙王的太傅。“贾生”句的“虚”是徒然的意思，“虚垂涕”是说眼泪白流了，因为贾谊的话尽管说得十分痛切，但毕竟没有得到汉廷的信任和重用。

王粲，东汉末年人，建安七子之一。17岁时避乱依荆州刺史刘表，前后15年。他曾写过一篇有名的《登楼赋》，里面有这样的话：“虽信美而非吾土兮，曾何足以少留！”王粲的原籍是山阳高平（今山东邹县西南），后来又从长安到荆州，所以说“远游”。荆州不是王粲的故乡，所以不愿“少留”；泾原也不是李商隐的故乡，显然也不愿意少留，但这层意思却没有明说。

李商隐写这首诗时，只26岁，心情又很抑郁，因而很自然地联想到贾谊和王粲。两人都“年少”有才，又都被压抑，不能进用。同作者的身世十分相似，因而这里用来自比。王粲依刘表15年，长期寄人篱下，《登楼赋》又是在春天登当阳县城楼时写的，情况就同作者更相像了（李商隐也是在王茂元幕中作客）。李商隐的诗喜欢用典，但大都用得很贴切。即如这两句，把自己同贾谊、王粲联系在一起，就不是硬凑，因为三人原有许多共同的地方。两句写贾、王，实际上是写自己。作者只用“年少”、“虚”、“更”几个字就把深沉的感慨抒发出来了。

“永忆”二句，进一步写出自己的抱负。何焯解释说：“吾诚永忆江湖，欲归而优游白发，但俟回旋天地功成，却入扁舟耳。”（见《三家评李义山诗集》）这话大体上是对的，不过，简略了一些，使人不易领略原诗的好处。这两句是说自己尽管长期惦念着江湖，想归去过安闲的隐居生活，但却因不能忘情现实的社会、政治，想干出一番旋乾转坤的大事业，所以不辞劳瘁，驾着小舟而奔波各地。不直说出游，却先由向往归隐说起，然后挽到"欲回天地"，点出终于不得不旅食四方的缘故。意深而婉，笔曲而达，句法又十分劲健。相传王安石非常欣赏这两句，认为"虽老杜(杜甫)无以过"。王安石又指出："唐人知学老杜而得其藩篱者，惟义山一人而已。"[1]这些话都说得很中肯。李商隐作诗，受杜甫的影响很大，诗集中有《杜工部蜀中离席》、《河清与赵氏昆季讌集得拟杜工部》等篇，不但风格极其相似，连标题中也明白提出杜甫(杜甫曾加检校工部员外郎的官衔，所以称为杜工部)。杜诗以沉郁顿挫见长，李商隐的诗，有一些也正具有沉郁顿挫的好处。这里的两句就是典型的例子(沉郁，义蕴深沉有含蓄；顿挫，声调、词句有抑扬、转折)。

最后两句引用一个故事。《庄子·秋水》说：惠施做梁国的宰相，庄周去见他。有人对惠施说："庄周来，是要代你为相。"惠施听了很恐慌，在国中搜查了三天三夜。庄周就去对他说："南方有一种叫做鹓雏(yuān chú，凤凰之类)的鸟，从南海飞到北海，非梧桐不歇，非竹实不吃，非甘泉不饮。有个鸱鸟(鹞鹰)得到一只腐烂的老鼠，吃得很有滋味，抬头看见鹓雏飞过，就瞪着眼睛说：'吓！'现在你也要拿梁国来'吓'我吗？"在这里，腐鼠比喻功名富贵，鹓雏则是诗人自比。"猜意"的"意"也是猜，但作"疑忌"解，更为恰当。猜意就是猜疑或猜忌。"不知"是不料的意思，二字直贯到底。这两句的大意是：自己应博学宏词科的考试，只是为了实现治国济民的大志，并不是为了功名富贵，没有料到有些人把功名富贵当做好东西，竟然无休止地猜疑我也同他们一样，真是以小人之心度君子之腹，实在可恨可鄙！作者借用这个故事来痛斥那些把自己的名字抹去的朋党势力，愤懑是强烈的，讽刺是尖锐的。"成滋味"，何焯解释为"在彼自成一滋味也"(见《三家评李义山诗集》)。这也就是说，鸱鸟之流把腐鼠看成一种

① 见《蔡宽夫诗话》之44《王荆公爱义山诗》，郭绍虞：《宋诗话辑佚》下卷，燕京学社1937年排印本。

美好的滋味。“成”，就是“看成”的意思。

李商隐生于唐帝国已趋衰败的末世，对皇帝昏庸、官吏腐败、太监专权、藩镇跋扈感到非常忧愤；对当时互相倾轧达 40 年之久的朋党之争也是痛心疾首。因此，他的诗中有很多讥刺时政之作（约 100 首，占诗集的六分之一）。这一首虽是写个人的不遇，但所以不遇，却是受党争的影响。诗的结尾对鸱鸟作了无情的讽刺，其原因就在这里。

李商隐的诗保存下来的约六百首，各种体裁差不多都有，但以近体的律、绝为最工，影响也最大。前人评他的诗，认为精深婉曲，典丽工巧，也主要是指七律和七绝而言。这一首就是七律，就全诗说，构思精密，语言也精切清丽（鲁迅在《致杨霁云信》中就曾称赞李商隐诗“清词丽句”①），它虽不足以代表作者整个的艺术风格，但尝鼎一脔，读者也就可以知味了。

李商隐诗比较难懂，历来注家很多，通行的有清代朱鹤龄的《李义山诗集》和冯浩的《玉溪生诗笺注》，冯注较详、较好。

一九七九年十月

陆游《秋夜将晓出篱门迎凉有感》

三万里河东入海，五千仞岳上摩天。
遗民泪尽胡尘里，南望王师又一年！

上面这首诗是南宋著名诗人陆游（字务观，号放翁，1125～1210）所作。原诗有两首，这是第二首，写作的时间是光宗绍熙三年（1192）的秋天。这时诗人 68 岁，正住在他的家乡山阴（今浙江绍兴）。这首诗是宋代最著名的七绝之一，流传至今，已经有七百多年了。

这首诗只有四句话 28 字，但却有力地歌颂了祖国的壮丽河山，

① 鲁迅：《鲁迅全集》第 10 卷《书信》，人民文学出版社 1956 年版，第 227 页。

沉痛地表达了沦陷区人民渴盼收复的愿望，又豪迈，又悲凉，有着巨大的感人力量，是一首成功之作。

起句的“河”指黄河，黄河古代只称为河；第二句的“岳”指西岳，即华山，也叫太华山，是著名的五岳之一。黄河并没有三万里长，华山也没有五千仞(八尺为仞)高，这里用夸张的手法出力描写北方河山的雄伟，给人以极不平凡的印象。“东入海”是说奔流东注，一直到海；“上摩天”是说矗立耸峙，上与天接(“摩”是接近之意)。两句也写得极有声势。黄河是大河，华山是名山，用来做代表，可以概括北方。当时北方久已沦陷于异族——金人之手，偏安一隅的宋室统治集团过着屈辱的称臣纳贡的生活，无意报仇雪耻，恢复失地。所以，这两句一方面写出北方河山的可爱，一方面也暗示国土沦陷的可悲；这后一方面就隐隐引起下文。双管齐下，结构细密，可谓极手挥目送之妙。

三四两句，换笔写遗民，极为沉痛。所谓遗民，就是沦陷区的人民，也就是居住在黄河、华山所代表的广大北方的人民。“胡尘”的“胡”，古代本指匈奴，后来也用来泛称西方和北方的外族。这里指金人。“胡尘”是说在金人的统治之下。当时北方人民在金人统治之下，饱尝亡国的痛苦，因而年复一年地盼望着王师(指宋军)北上。“泪尽”是说连眼泪都流干了，足见痛苦之深。“又一年”表明盼望非止一年，失望也非止一年；一个“又”字，无限伤心，溢于言外。从这里可以看出诗人对沦陷区人民的深厚同情，也可以看出诗人对当时甘心投降的统治集团的严厉谴责。但这些意思却又含蓄不露，使人读了愈觉低回不尽。

陆游的诗，除了一部分描写日常生活的闲适作品以外，大部分都是激昂慷慨、忧时感事之作，上面这首诗，就陆游的全部作品说来，只是九牛之一毛。但尝鼎一脔，可以知味，陆游诗的主要特点，正也不难从这里约略窥见了。

一九六二年三月

李商隐诗里的修辞手法

李商隐是唐代的著名诗人之一，他的诗以精密缛丽见称，在表现技巧上有许多值得注意的地方[①]。对于这个问题，本篇并不想全面地加以论述，只打算就遣词造语方面谈谈诗人常用的一些修辞手法。

这些手法是：

（一）创造新词语

著名的作家往往能够"自铸新词"，生动、形象，很有表现力，有一些并为后人所沿用。鲁迅先生就曾称赞过李商隐的"清词丽句"[②]。这方面的例证真是俯拾即是，以下只是随手举几个：

1）吐时云叶鲜。（《月》。云叶，如叶之云。）

2）萧萧发彩凉。（《细雨》。发彩，头发的光彩。）

3）廷臣例麞怯，诸将如羸奔。（《行次西郊作一百韵》。麞怯，麞子似的怯懦。羸奔，瘦羊似的奔窜。）

4）白天月泽寒未冰。（《烧香曲》。月泽，月光。）

5）嫣薰兰破轻轻语。（《燕台诗四首》。嫣薰兰破，形容美女开口说话。）

6）风车雨马不持去。（同上。风车雨马，形容行旅辛苦。）

7）翠减红衰愁杀人。（《赠荷花》。翠减红衰，是说花叶凋残。）

这些词语都是戛戛独造，有创造意味。宋柳永有名的《八声甘州》词："是处红衰翠减，冉冉物华休。"就是承用李商隐的诗，不过略

---

① 奇怪的是，宋代专学李商隐诗的"西昆体"，倒没有多注意这些地方。

② 鲁迅：《致杨霁云》，《鲁迅全集》第10卷《书信》，人民文学出版社1956年版。第227页。

加颠倒罢了。此外,如“碧海青天”、“冶叶倡条”之类[①],还有很多,也一直沿用下来,不赘举了。

(二)改造旧词语

商隐的《韩碑》诗,有“点窜《尧典》、《舜典》字”的句子,他自己就是最善于点窜旧词语,推陈出新,使之更为精炼的。例如:

1)柔肠早被秋眸割。(《李夫人三首》。朱鹤龄注引白居易诗:“双眸剪秋水。”秋眸字,显然就是由此而来。)

2)江势翻银砾。(《闻著明凶问哭寄飞卿》。梁简文帝《雪》诗:“晚霞飞银砾。”本指雪珠,这里却用以形容江水所激起的白色泡沫。[②])

3)人间桑海朝朝变。(《一片》。冯浩注引《神仙传》:“麻姑自言:‘接侍以来,见东海三为桑田。’”桑海,较“沧海桑田”更为简炼。)

4)虎踞龙蹲纵复横。(《乱石》。龙蟠虎踞,原出张勃《吴录》,诸葛亮语,用以形容金陵地势之雄壮。商隐则改动一字,并用以形容乱石之形。)

像这一类,或用原来的字面而改变其所指,或加以节缩使有新的表现形式,手法并不一样,但都产生了“避熟”的效果。释皎然《诗式》曾说诗有三偷,“偷语最为钝贼”。[③]商隐是决不肯做“钝贼”的,所以他对现成的词语,往往要加以改造,不是简单地拿来就用。这方面是用了心思的,观上举诸例可见。

(三)吸收当时的口语

商隐诗讲求词藻,多用典故,不大通俗。所以元好问的《论诗绝句》有“诗家总爱西昆好,独恨无人作郑笺”的话。但这只是一方面。另一方面,诗人在自己的作品里也吸收了不少生动活泼的民间口语,给人以清新、真切之感。这里举几个例:

1)却笑吃虚隋炀帝。(《定子》。冯浩注引程梦星说:“吃虚,唐方

---

① “碧海青天夜夜心”,见《嫦娥》。“冶叶倡条遍相识”,见《燕台诗四首》。

② 张采田:“银砾,以比江水白泡翻涌之势。”此用其说。见《玉溪生年谱会笺》,中华书局 1963 年版,第 281 页。

③ [清]何文焕辑:《历代诗话》上册,中华书局 1981 年版,第 34 页。

言，犹吃亏也。”）

2)锁香金屈戌，殢酒玉昆仑。（《魏侯第东北楼堂郢叔言别，聊用书所见成篇》。冯注：“殢，劝请之意，唐人语也。”）

3)临酒欲拼娇。（《又效江南曲》。屈复《玉溪生诗意》卷一：“《方言》：‘楚人凡挥弃物谓之拼。’此云拼娇，犹谚所云放娇也。”冯注引陈帆说，略同。按：商隐《碧城三首》之二：“紫凤放娇衔楚佩。”放娇，也使用了。）

4)锁门金了鸟，展障玉鸦叉。（《病中闻河东公营置酒口占寄上》。冯注引何焯说：“了鸟，即屈戌，今北方语犹然。鸦叉，吴语也。合用南北方言。”）

5)嗟余听鼓应官去。（《无题二首》。冯注引徐逢源说：“应官犹云当官，是唐人口语。”）

这些，都是前人已经明白指出了的（我们也未全举），前人未说，参稽他书可以知道是唐人口语的，如“拨剌”（《江东》“惊鱼拨剌燕翩翩”）、“点行”（《行次西郊作一百韵》“少壮尽点行，疲老守空村”）、“长短”（《楚吟》“楚天长短黄昏雨”）之类，也很不少[①]，还有至今口语里仍然沿用的，如“好好”（《送崔珏往西川》“好好题诗咏玉钩”）、“只要”（《歌舞》“只要君流盼”）之类，为数更多。商隐有些句子，如“新人来坐旧妆楼”（《三月三日杯亭》）、“三更三点万家眠”（《夜半》）、“五里一换马，十里一开筵”（《行次西郊作一百韵》）之类，简直就是白话诗，同“獭祭曾惊博奥殚”[②]的另一类诗显然完全两样。商隐的诗，风格多样。大量采用口语，也是使风格多样化的一种方法，这是很可注意的。

（四）多用连绵词和重叠词

连绵词和重叠词，诗歌里常见，商隐诗也不例外。但这里要举出的，不是一般的连绵词和重叠词，而是一些在他的诗里最初出现的。这类的连绵词有：

1)栏药日高红髲鬈（bì wǒ）。（《日高》。冯注，髲鬈，犹矮堕。红药

① 拨剌、点行，见杜甫诗。长短，见白居易诗。

② 王士祯《论诗绝句》。

髮鬆，是形容内人睡态。又说，鬆字，旧字书皆无。今见《字汇补》，即据商隐此诗。）

2）垂柳碧髼茸。（《垂柳》。《广韵》只有"髼鬙（péngsēng）"，没有这两个字。大约即髼松之意，散乱的样子。）

3）猛马气佶傈。（《骄儿诗》。冯注："佶傈，未检何本。"按：《诗·小雅·六月》："四牡既佶。"郑玄笺："佶，壮健之貌。"佶傈，大概也是壮健的样子。）

4）蜀郡桑重童。（《李肱所遗画松诗书两纸得四十一韵》。冯注引《三国志·蜀志·先主传》："舍东南角篱上有桑树生，高五丈余，遥望见童童如小车盖。"重童，当即童童之意。）

此外还多。这类的重叠词有：

1）春风虽自好，春物太昌昌。（《春风》）

2）钿云蟠蟠牙比鱼。（《烧香曲》）

3）定定住天涯（《忆梅》）

4）暗暗淡淡紫，融融冶冶黄。（《菊》）

5）阊门日下吴歌远，陂路绿菱香满满。（《河内诗二首》）

此外也还很多。上举的前四例，是重叠词；最后一例，是形容词后面带叠音附加成分。对于这些词，朱鹤龄、冯浩等注家都未指出其来历，大约也是商隐首先使用的。连绵词大多有双声、叠韵的关系，重叠词则是同音相重复。善于使用这些词，能够增加作品的音乐性。商隐的诗，音节和谐，这固然有多种原因，但与多用连绵词和重叠词也有一定的关系。

（五）使用了一些特殊手法

所谓特殊手法，包含较广。尽管这些不是商隐独创的，但在他的诗里却用得比较多或比较突出。因此，这里也择要说一说。

下面再分三项：

（1）选用"颜色字"

1）年颜各少壮，发绿齿尚齐。（《戏题枢言草阁三十二韵》）

2）地锦排苍雁。（《和孙朴、韦蟾孔雀咏》）

3)崇文馆里丹霜后,无限红梨忆校书。(《代秘书赠宏文馆诸校书》)

例1)的"绿",其实是黑色,它与商隐另外的诗句,如"芭蕉开绿扇"(《如有》)、"柳色绿侵江"(《巴江柳》)中的"绿"不同,那些是本色,即青绿色。以"绿"代黑,而且多用以形容头发,唐人诗文中有这种例子[①],这里也是一例。

例2)的"苍",本来是青色。《说文》:"苍,草色也。"《广雅·释器》:"苍,青也。"但"苍雁"的苍却是灰褐色,因为大雁一般是灰褐色的。以苍代褐,正与以绿代黑情况相似。也有人认为,冯浩注这句,说是"彩毯之类"。既是"彩毯",雁也可能是织成青色的。但元许谦《舟中杂兴》诗,有"白鸥与苍雁,来往同簸荡"之句,这里所说显然不是地毯上的雁,由此可见,"苍雁"的说法在诗里还是有的。

例3)更显得特殊一些。"霜"与"丹",本来粘不上,但诗人却把两者联系起来了。商隐诗里,除了"红梨"之外,还有"紫梨",如"红莲幕下紫梨新"(《寄成都高、苗二从事》)。冯注引杨慎说:"蜀有梨树,花以秋日,红色。唐李遵有《进紫梨表》可证。"[②]我们以为,注家这种解释未免拘泥。其实诗人用字,有时只图色彩浓丽,给人以鲜明的印象,实际情况如何倒是不大管的。(画家有"花无正色"的说法,情况也是这样。)所以红梨、紫梨都可用。要是执定梨花本有红、紫,那么,"丹霜"又该如何解释,有谁见过霜是红色的呢?

(2)拆用单纯词

单纯词,在现代汉语里,是不容许拆开单用的;古汉语里则有一些例外。如"螳螂"可以只用"螳","鸳鸯"可以只用"鸳",不过为数很有限。商隐的诗,经常拆用单纯词,而且这些单纯词即使在古籍里也是罕见有人拆用的。例如:

1)蝙拂帘旌终展转。(《正月崇让宅》)

2)一丈红蔷拥翠筠。(《题二首后重有戏赠任秀才》)

---

① 唐诗用"绿"之例,如白居易《闺妇诗》:"斜凭绣床愁不动,红绡带缓绿鬟低。"乔知之《从军行》:"蝉声催绿鬓。"此外尚多。唐文用绿之例,如杜牧《阿房宫赋》:"绿云扰扰,梳晓鬟也。"此外也还很多。

② [清]冯浩:《玉溪生诗笺注》卷一,上海古籍出版社1979年版,第179页。

3)彼何人哉轩与羲。(《韩碑》)

《佩文韵府》一类的韵书,收入"蝙拂"、"红蔷"等条,但注明来历时,都只引用商隐诗,可见商隐以前还没有人这样用过。例3)的"轩",指轩辕;羲,指伏羲。把轩辕、伏羲拆开单用,商隐以前也很少见。

应当指出,古人并没有词的观念(至少是不怎么清楚),只是把"字"当作运用的单位,因而可以拆用单纯词。加上诗歌有字数、平仄、押韵等等的限制,有时不得不使用单纯词中的一个组成部分。但是,不容否认,诗人之所以采用这种办法,也有避熟求新的意味,这就与修辞很有关系了。因此,我们也不妨把它当做一种特殊手法看。

上举诸例之外,还有玳瑁、芙蕖、孔雀、翡翠之类,商隐也往往只用玳、蕖、孔、翠。这一类的例子是很不少的,但因在别家诗文中也常见,因而这里就不多举了。

(3)割裂姓名

钱大昕《十驾斋养新录》卷十二"古人割裂姓名"条说:"汉、魏以降,文尚骈俪,诗严声病,所引用古人姓名,任意割省,当时不以为非。"下面举了大量的例证。其实,这种风气先秦就已经有了。如寺人披字子楚,《国语·晋语》作奄楚;孔丘字仲尼,《韩非子》单称尼。此外,有些谥号也常有省文,如楚顷襄王只称襄王,秦昭襄王。只称昭王[①]。唐人承袭了这个传统,使用更广,商隐诗中就有很多的例子,如:

1)谋身绮季长。(《商於》)

2)玉桃偷得怜方朔。(《茂陵》)

3)潘仁岂是才?(《寄裴衡》)

4)愬、武、古、通作牙爪。(《韩碑》)

例1)原是绮里季(秦末商山四皓之一),例2)原是东方朔,例3)原是潘安仁(潘岳字),例4)原是李愬、韩公武、李道古、李文通,诗人都分别加以节缩,成为新的表现形式。此外,例子还很多,不须枚举。但有一项值得一提的,那就是司马相如一人,商隐有时称马相如,有时称相如,有时又称马卿,多种形式并用,显然是更特殊一些。

---

① 梁玉绳《汉书人表考》有详细考订,可参看。

割裂姓名,前人大多认为不足为训,但俞正燮却认为这是"辞学"(即修辞学),并说:"诗赋遣词安句自有其例……(临文割取姓氏)乃辞章当行语。""至增减见在人名字,六朝至五代皆然。"[①]他举了很多的例证,批评吴传正、章如愚等人不懂辞学。这一说,也有一定道理,因为如前所说,诗要受格律的限制,本来的名字如不加以改变,有时就无法入诗。即如"茂陵秋雨病相如"(《寄令狐郎中》)一句,这里既要用两个平声字,又要押韵,那么,诗人选用"相如"二字不是完全必要而又非常自然吗?除此之外,又还能有什么别的选择呢?由此可见,割裂姓名的确是出于修辞的考虑,不是文字游戏。因此,讲修辞手法的时候,也有必要谈谈这一问题。

李商隐诗的修辞手法,即使在遣词造语方面,也决不止上面所说的一些。比如,古籍中常见的"俊杰"、"兴衰"、"爪牙"、"更改"、"怏悒"、"追攀"等词或词组,他就常把它们颠倒过来,说成"杰俊"、"衰兴"、"牙爪"、"改更"、"悒怏"、"攀追"。又如"归宁",出《诗·周南·葛覃》,本指已出嫁的女子归家向父母问安,商隐却用来指男子归家[②];又如"黄竹",出《穆天子传》,本是地名,商隐却用来指一种竹子[③]。诸如此类,也很值得研究,但因限于篇幅,这里不再赘论。

一九八二年

---

①《癸巳存稿》卷十二"姓氏省文为辞学说"条。

②《寄太原卢司空三十韵》:"孝若近归宁。"孝若,晋夏侯湛字。

③《华山题王母祠》:"好为麻姑到东海,劝栽黄竹莫栽桑。"何焯云:"按《穆天子传》,则黄竹是地名,不知作者何所承也。"

关于“颠倒词序”

（答读者问）

编辑部[①]转来舒问同志的信，对并列结构双音词的“颠倒词序”问题提出几个疑问，要求予以解答。现答复如下：

首先要说明两点：一、所谓“词序”，严格说来，应该说是“字序”。因为在现代汉语里，双音词占优势，构成双音词的成分是“词素”；词素的次序有时变换一下，就构成另一个双音词，例如产生——生产，和暖——暖和。在古汉语里，单音词占优势，单音词相互组合，也可以构成双音词。例如介绍——绍介，辛苦——苦辛。但古人并没有明确的词的观念（更没有词素的观念），只把“字”当做运用的单位。因此，双音词的内部结构只有“字序”（即字的排列次序），无所谓词序。现代汉语的词或词素，书面上用一个个方块字来表示，所以也可以叫做字。这样，用字序，对古汉语和现代汉语都可以适用；用词序，就包括不了词素。（实际上，在古汉语里，构成双音词的成分也是词素。）二、所谓“颠倒”，严格说来，应该说是“对换”。因为颠倒是对正常而言的，但双音词的词素排列，究竟哪一种是正常的，哪一种是颠倒的，有一些比较容易判定。例如“爱怜”见《战国策·赵策四》：“丈夫亦爱怜其少子乎？”“怜爱”见《新唐书·长孙无忌传》：“譬若飞鸟依人，自加怜爱。”《战国策》的时代远较《新唐书》成书的时代早，自然可以说怜爱是把爱怜颠倒过来。但另外还有一些，可就不易判定。例如“离别”和“别离”都见于《楚辞》（《离骚》：“余既不难夫离别兮。”

---

① 按：指《修辞学习》杂志编辑部。

《九歌·少司命》:“悲莫悲兮生别离”),“挫折”和“折挫”都见于《后汉书》(《冯异传》:“偏城获全,虏兵挫折。”《窦融传》:“外则折挫羌胡,内则百姓蒙福”)。如此之类,谁先谁后,谁正谁倒,就很难说了。因此,与其说是词序颠倒,不如说是“字序对换”。

现在,可以回答舒问同志的问题了。

信中提出的问题有四个:1)在什么情况下,字序能够对换;2)什么情况下不能对换;3)对换后原意是否改变;4)对换字序有哪些作用。为了说明方便起见,我们先从第4个问题讲起。

对换字序,大都由于修辞的需要。修辞上,有时为了“调声”(即调协平仄)①,需要把字序对换一下。即如我们在《李商隐诗里的修辞手法》文中所举的《韩碑》一例:

愬、武、古、通作牙爪,仪曹外郎载笔随。

爪牙,始见于《诗·小雅·祈父》:“祈父,予王之爪牙。”但爪牙是仄平,在这里不合诗律的要求,因而作者要改换为牙爪,成为平仄。这就是调声。这种情况,在韵文中并不少见。如《楚辞·九辩》:“泬寥兮天高而气清。”苏颋《饯泽州卢使君赴任》诗:“寥泬秋先起,推移月向诸。”用寥泬不用泬寥,也是为了调声。

有时为了“趁韵”(即牵就押韵),也必须对换字序,如:“衰兴”一例,商隐的原诗是:

丹灶三年火,苍崖万岁藤。樵归说逢虎,棋罢正留僧。

星斗同秦分,人烟接汉陵。东流清渭苦,不尽照衰兴。(《幽人》)

这首诗押的是蒸韵,兴与藤、僧、陵相协。如果不用衰兴而用兴衰,那就出韵了。又如商隐的《寄酬韩冬郎》诗:

剑栈风樯各苦辛,别时冰雪到时春。

为凭何逊休联句,瘦尽东阳姓沈人。

这首诗押的是真韵,辛与春、人相协。如果不用苦辛而用辛苦,第一句就不押韵了。(唐以前多用辛苦,如《史记·吴太伯世家》:“且勾践为人能辛苦。”蔡琰《胡笳十八拍》:“一生辛苦兮缘离别。”)

① 这里所说的调声以及下文提到的趁韵和避熟,都采用杨树达先生所定的术语(尽管前人也已有这些说法),见《汉文文言修辞学》,中华书局1980年版。

有时不是为了调声或趁韵，而是为了“避熟”（即避免熟烂）。文人写作诗文，总要有点新鲜味，要是陈陈相因，就容易使人生厌。这一点，表现在用词上，有时就需要对换字序。如我们所举的“杰俊”一例，原诗是：

从来师杰俊，可以焕丹青。（《寄太原卢司空三十韵》）

杰俊二字都是仄声，这里不存在调声的问题；这一句不是韵脚所在，也不存在趁韵的问题。那么，为什么不用俊杰而要用杰俊呢？这就是由于避熟求新。俊杰一词，在《孟子》里就出现了。（《公孙丑上》：“俊杰在位。”）后来古籍中习用，未免太“熟”了。诗人把它改换一下，就使人有新鲜之感。冯浩《玉溪生诗集笺注》在“杰俊”下注云：“一作俊杰，非。”冯氏之所以肯定应是杰俊而不是俊杰，也就是由于他看出这是诗人有意改换的。类似的例子有：

当时自谓宗师妙，今日惟观对属能。（《漫成五章》）

对属就是“属对”的对换。元稹《唐故工部员外郎杜君墓志铭》：“属对律切，而脱弃凡近。”属对，唐、宋文常见，换成“对属”，还只见于商隐的诗。

第4个问题讲清楚了，第1个、第2个问题就容易回答了：凡是需要调声、趁韵或避熟的，字序可以对换；否则，就不能或不必加以对换。

但这主要是就古汉语而言；现代的作家有时为了追求词句的新颖，或声调的谐和，有时也使用字序对换的手法。如鲁迅用“迫压”（见《华盖集》、《且介亭杂文二集》）、茅盾用“塌坍”（见《茅盾选集》），就是这一类的例子，但毕竟已经很少了。

最后，再谈第3个问题，即对换后原意是否改变。大概说来，有三种情况：

一、词义不变。如：欢喜－喜欢，健康－康健，讲演－演讲，阻拦－拦阻，齐整－整齐，热闹－闹热。

二、词义基本不变，但词性或用法上有些不同。如：语言（名词）－言语（动词、名词），比较（副词、动词）－较比（副词），歌颂（动词）－颂歌（名词），罗网（名词）－网罗（动词），担负（动词）－负担（名词），千万（副词）－万千（形容词）。

三、词义大变。如:计算－算计,发挥－挥发,儿女－女儿,节气－气节,机灵－灵机,伴同－同伴。

字序对换,在古汉语和现代汉语的并列结构双音词里,数量都很不少。但古汉语构词比较自由,又没有提出规范化的问题,灵活性就更大一些。朱伯石同志在《写作和语言》里所举的几个例子,是就现代汉语而言的。现代汉语的词汇不断发展、变化,日益丰富,但也存在着一些混乱,如果不加以适当的规范,那就会导致语言分歧,增加学习的负担,影响交际和交流思想。因此,必须进行规范化。这同古汉语的情况有所不同,应当分别对待,不能混为一谈。郑奠先生有《现代汉语词汇规范问题》一文,①曾提出六条标准,作为字序能否对换的依据,分析较细,可以参看。

一九八二年

[附]读者问

编辑同志:

我是个文学爱好者,学习修辞时碰到了一点疑难问题,特向你们求教。

《修辞学习》第1期,张涤华同志写的《李商隐诗里的修辞手法》中说:“……古籍中常见的‘俊杰’、‘兴衰’、‘爪牙’、‘更改’、‘快悒’、‘追攀’等词或词组,他就常把它们颠倒过来,说成‘杰俊’、‘衰兴’、‘牙爪’、‘改更’、‘悒快’、‘攀追’。”而朱伯石同志在《写作和语言》一书中谈到,大家都说“庆幸、悦耳、早晨、拥抱”,有的同学偏要颠倒过来说成“幸庆、耳悦、晨早、抱拥”。请你们帮助我理解,怎样才能颠倒词序,而在什么情况下又不能颠倒词序。还有上面说的“俊杰、兴衰”等词颠倒后,原来的意思是否改变了,词序颠倒有哪些作用。

此致

敬礼!

湖北　舒问

① 见《现代汉语规范问题学术会议文件汇编》,科学出版社1956年版。

古籍词例举要

清代俞樾作《古书疑义举例》,世称绝作。其后刘师培、杨树达、姚维锐等人相继补续,各有创获。[1]刘氏在《古书疑义举例补》的小序里说:“载籍之中,奥言隐词,解者分歧,惟约举其例,以治群书,庶疑义冰释。”这话说得很中肯。他们确实研究出不少的“例”,其中剖析精当的,也确实对读古籍有很大的帮助。但诸家论列较广,词汇、语法、修辞、校勘等方面都或多或少地涉及了。这里,不打算完全学步,只就与词义有关而又容易引起误解的,酌举若干例,各加一些说明,因而题为《古籍词例举要》。篇中所举的“例”,大都是俞氏以下诸作没有讲或讲得不够妥善的,引证也多采自他书。写稿时,搜集的材料相当多,尽管经过挑选,仅仅保留了一小部分比较典型的,但也不一定就能恰当地说明问题,只是提供读者参考罢了。各例分列如下:

一、单呼、累呼意义或同或异例

单呼就是一个音节单独地说,也叫单言;累呼就是两个音节连在一起说,也叫累言。汉字是音节文字,一字一音。书写时,一个音节就是一个字,两个音节就是两个字。有些名词,特别是物名,可以单呼,也可以累呼,两者意义完全相同。例如:

(1)葑　《说文》一下艸部:“葑,须從也。”段玉裁注:“《邶风》:‘采葑采菲。’毛传曰:‘葑,须也。’《释草》曰:‘须,葑蓯。’《说文》曰:‘葑,须從也。’三家互异而皆不误。葑、须为双声,葑、從为叠韵。单

① 此外,马叙伦有《古书疑义校录》,但并未增补新例。

呼之为葑，累呼之为葑蓯；单呼之为须，累呼之为须從：语言之不同也。”按：葑，字又作蘴，古代也叫菘，或叫蔓菁，也叫芜菁。今仍名芜菁，俗呼大头芥。王念孙《广雅疏证卷十·释草》说，葑、蘴、须、菘、芜、蔓都是声转。

(2)猴 《说文》五下夊部：“夒，贪兽也。一曰母猴。”段注：“谓夒一名母猴。犬部曰：‘猴，夒也。’‘玃，大母猴也。’由部曰：‘禺，母猴属。’爪部曰：‘为，母猴也。’单呼猴，累呼母猴，其实一也。母猴与沐猴、猕猴一语之转。‘母’非父母字。”按：夒，一作猱，又作獶。沐猴见《史记·项羽本纪》，《集解》引张晏说：“沐猴，猕猴也。”郝懿行《尔雅义疏》下之六：“獶、猨、玃，并同类而异名；母、沐、猕，俱声相转也。”《广雅疏证》卷十下“猱、狙，猕猴也”条，说略同。

(3)鸬 《说文》四上鸟部：“鸬，鸬鹚也。”段注：“《释鸟》：‘鹚，鷧。’郭(璞)云：‘即鸬鹚也。’按：今江苏人谓之水老鸦，畜以捕鱼。……有单言鸬者，《上林赋》‘箴疵鵁卢’，《南都赋》‘鶡鸬’是也。有单言鹚者，《释鸟》是也。”按：《说文》：“鷧，鹚也。”与《尔雅·释鸟》同，则鷧也即鸬鹚。

也有不是物名，而单呼与累呼意义也相同的，例如：

(1)俄 《说文》八上人部：“俄，顷也。”段注：“《玉篇》曰：‘俄顷，须臾也。’《广韵》曰：‘俄顷，速也。’此今义也。寻今义之所由，以俄、顷皆偏侧之意。小有偏侧，为时几何，故因谓倏忽为俄顷。许说其本义以晐今义。”又说：“《小雅·宾之初筵·笺》云：‘俄，顷貌。’《广雅》：‘俄，衺也。’皆本义也。……单言之，或曰俄，或曰顷，累言之曰俄顷。”

(2)谁 《说文》三上言部：“谁，谁何也。”段注：“《贾谊书》：‘陈厉兵而谁何。’《史记·卫绾传》：‘岁余不谁何。’……有单云谁者，如《五行志》‘大谁卒’，《易林》‘无敢谁者’。……有单云何者，如《广雅》：‘何，问也。’《贾谊传》：‘大谴大何。’”按：谁何，诘问、呵叱的意思。俄顷、谁何之类，非物名而有时可以单呼，有时可以累呼，这种情况古代比较少，但在后代却逐渐多起来。

也有单呼与累呼意义不同的，例如：

（1）鹅、駉鹅　《说文》四上鸟部："鹅，駉鹅也。"又，"鴈，鹅也。"段注："鴈与雁各字，鹅与駉鹅各物。许意隹雁为鸿雁，鸟部鴈为鹅，駉鹅为野鹅。单呼鹅，人家所养之鹅。今字雁、鴈不分久矣。"郝懿行《尔雅义疏》下之五："今按鴈、鹅同类而别，古人则通。《庄子·山木篇》云：'命竖子杀鴈而烹之。'盖鴈即鹅矣。"按：据此，知古代单呼鹅或鴈，指家鹅；累呼駉（或作駕，又作驾）鹅，则指野鹅。

（2）麐、麒麟　《说文》十上鹿部："麐，牝麒也。"段注："单呼麟者，大牡鹿也。呼麒麟者，仁兽也。"按：麐是麟的或体。《玉篇》："麟，麚也。"麚即牡鹿。

（3）舳舻　《说文》八下舟部："舳，舳舻也。从舟，由声，汉律名船方丈为舳舻。一曰船尾。"又，"舻，舳舻也。从舟、卢声。一曰船头。"段注："汉时计船以丈，每方丈为一舳舻也，此释舳舻之谓，二字不分析者也。下文分释，谓船尾舳，谓船头舻，此分析者也。"按：段氏所谓"分析"和"不分析"，就是说单呼和累呼。《说文》一下草部苦字下段注："凡合二字为名者，不可删其一字，以同于他物。如单云兰非芄兰，单云葵非凫葵，是也。"这也就是说单呼和累呼有时并非一物，不能混同。

以上两种情况都有大量的例证（第一种更多），上面只是从《说文》里随手举出一些。此外，有两点值得注意：一是有的物名只能累呼，不能单呼。如《史记·匈奴传》有"驒騱"，是匈奴的奇畜之一。[①]《说文》十上马部："驒騱，野马属。从马，单声。一曰驒马。"段注就指出："驒騱合二字为一物，此单言驒为一物，名之宜正者也。"一是有的地名，可合可分。如阳樊，一名樊，又名阳（见《说文》六下邑部鄻下段注）。商奄或商盖，一名奄（见《说文》邑部郁下段注）。这一类就是"简称"，古代已经出现，后世则越来越多。

《荀子·正名》："单足以喻则单，单不足以喻则兼。"意思似乎是说单名和复名同时并起。段玉裁则说蒌蒿古代只称为蒌，庸渠（又作鳙鰈，一名章渠）古代只称为鳙，鹈胡古代只称为鹈（分见《说文》蒌、

① 驒騱，是译音的借词，与《诗·鲁颂·駉》"有驒，有骆"、《尔雅·释畜》"青骊驎，驒"非一物，所以段氏认为不能单言。

鳙、鶒等字下注)。他又认为单呼早于累呼。二说不同,但这是一个还值得进一步研究的问题。

二、统言不分、析言有别例

统言就是笼统地说,也叫浑言或通言;析言就是分别地说,也叫别言。《说文》一上玉部珧下说:"蜃甲也。"段注:"按《尔雅》'蜃小者珧',《东山经》'峄皋之水多蜃珧'。传曰:'蜃,蚌属。珧,玉珧,亦蚌属。'然则蜃、珧二物也,许云一物者,据《尔雅》言之。凡物统言不分,析言有别。"段氏指出统言和析言的区别,这是很重要的,因为同一的词,由于统言、析言的不同,所指称的事物就不一样,如不加以辨析,很容易引起误解。这里再举几个例:

(1)虫 《说文》十三下䖵部:"䖵,虫之总名也。"段注:"虫下曰:有足谓之虫,无足谓之豸,析言之耳。浑言之,则无足亦虫也。"郝懿行《尔雅义疏》下之三:"《月令》,鳞、毛、羽、介通谓之虫。《大戴记·易本命篇》又以人为倮虫……是人与物通有虫名。"[①]按《说文》十一下鱼部:"鱼,水虫也。"又龙部:"龙,鳞虫之长。"又十上鼠部:"鼠,穴虫之总名也。"《北梦琐言》、《唐语林》、《水浒传》等书都称老虎为大虫。这些,都足以说明虫不仅可以兼指无足的豸,而且可以泛指一切动物。这就是统言。今人所谓益虫、害虫之类,所指都有一定的范围,这就是析言。

(2)穀(谷) 《说文》七上禾部:"穀,百穀之总名也。"段注:"《周礼·太宰》言九穀,郑(玄)云:'黍、稷、稻、粱、麻、大小豆、小麦、苽也。'《膳夫》:'食用六穀。'先郑(众)云:'稌、黍、稷、粱、麦、苽也。'《疾医》言'五穀',郑曰:'麻、黍、稷、麦、豆也。'《诗》、《书》言'百穀',种类繁多,约举兼晐之词也。惟禾、黍为嘉穀。"这里所说的"约举兼晐",就是统言。"约举兼晐之词",也叫统辞,见《说文》四下肉部臑字、七下巾部帱字下段注。

① 鳞、毛、羽、介、倮又都可以叫做兽,可参看王念孙《读书杂志》卷五之二"介虫"条。与统辞相对待,则析言也可以叫做"别辞"。

(3)行　《说文》二下行部:“行,人之步趋也。”段注:“步,行也;趋,走也。二者一徐一疾,皆谓之行,统言之也。”又二上走部:“走,趋也。”段注:“《释名》曰:‘徐行曰步,疾行曰趋,疾趋曰走。’此析言之。许(慎)浑言不别也。今俗谓走徐趋疾者,非。”又十下夭部:“奔,走也。”段注:“《释宫》曰:‘室中谓之时,堂上谓之行,堂下谓之步,门外谓之趋,中庭谓之走,大路谓之奔。’此析言之耳,浑言之则奔、走、趋不别也。”郝懿行也说:“行、步、趋、走四者,异名而同实。”(《尔雅义疏·中之一》)综括段、郝二家之说,可知行、步、趋、走、奔五者,析言之,各有所指;统言之,则都可以叫做行。

《荀子·正名》:“物也者,大共名也。……鸟兽也者,大别名也。”统言就是指共名说的,析言就是指别名说的。

三、对文则异,散文则通例

对文就是相对而言,也叫对言或并言;散文则是不相对而言,也叫散言或分言。同一的词,对文则与另一词有分别;散文则两者可以通用。

下面举几个例:

(1)偃、仆　《说文》八上人部:“偃,僵也。”段注:“凡仰仆曰偃。”又,“仆,顿也。”段注:“顿者,下首也,以首叩地谓之顿首,引伸为前覆之辞。《左氏音义》引孙炎曰:前覆曰仆。”又二下足部:“踣,僵也。”段注:“踣与仆音义皆同。……对文则偃与仆别,散文则通也。”

(2)讽、诵　马瑞辰《毛诗传笺通释》卷二十:“《诗·小雅·节南山》:‘家父作诵。’诵与讽对文则异,散文则通。《周官·大司乐·注》:‘倍文曰讽,以音节之曰诵。’此对文则异也。《说文》:‘讽,诵也。’此散文则通也。”按:《说文》三上言部:“诵,讽也。”“讽”、“诵”互训,故马氏说散文则通。“倍”与“背”同。倍文即背书。

(3)宫、室　《尔雅·释宫》:“宫谓之室,室谓之宫。”郝疏:“《考工记·匠人》云:‘室中度以几,宫中度以寻。’此是对文,至于散文则通。故《诗·定之方中·传》:‘室,犹宫也。’《楚辞·招魂篇·注》:‘宫犹室也。'”按:“宫”、“室”虽可互训,然就古制来说,户牖以内才叫做室,宫是总名,室是专称,对文则两者有分别。

(4)牙、齿《说文》二下牙部:“牙,壮齿也。”段注:“前当唇者称齿,后在辅车者称牙,牙较大于齿……《诗》:‘谁谓雀无角?谁谓鼠无牙?’谓雀本无角,鼠本无牙,而穿屋穿墙,似有角、牙者。然鼠齿不大,故谓无牙也。东方朔说驺牙曰:‘其齿前后若一,齐等无牙。’此为齿小牙大之明证。”按:齿、牙对文,则一小一大,区别显然。然《史记·张苍传》:“苍之免相后,老,口中无齿。”崔骃《达旨》:“唐且华颠而悟秦,甘罗童牙而报赵。”散文则“齿”、“牙”又可通用。

对文、散文以及上面所说的统言、析言等术语,唐代就出现了。《诗·大序》:“声成文谓之音。”孔颖达《正义》:“此言‘声成文谓之音’,则声与音别。……对文则别,散则可以通。”又,《礼记·曲礼下》:“生曰父,曰母,曰妻;死曰考,曰妣,曰嫔。”孔颖达《正义》:“此生死异称,出《尔雅》文,言其别于生时耳。若通而言之,亦通也。”清代学者沿用了唐代注疏家的术语,但往往同时并用,分辨不很严格。从今天看来,大概可以这样说:统言指一类事物的总称,它能统摄许多词;对文则指有细微区别的同义词,一般只涉及两个词。析言与散文意义相似,但一与统言相对待,一与对文相对待,两者仍有区别。

潘岳《射雉赋》:“雉鷕鷕而朝雊。”颜延之指摘潘氏误用(见《文选》卷九李善注),颜之推《颜氏家训·文章篇》也说潘氏“混杂其雌雄”。因为据《说文》和《诗·邶风·匏有苦叶·传》等文献,雊是雄雉鸣而鷕是雌雉声。但《射雉赋》其实是用统言,不是析言,所以段玉裁批评二颜“未熟于训诂之理”(《说文》四上隹部雊下注)。由此可见,不懂得统言、析言的分别,便会误解词义。《辞源》厂部“原”下释文:“广平曰原。”不知单言或与“陆”并称,原是广平;要是与“衍”并称,则原就是高平,不是广平了。由此可见,不懂得对文、散文的分别,也不能准确地、全面地解释词义。

鸟与隹有长尾、短尾之分,而《尔雅·释鸟》则兼包长尾、短尾二者;鱼与介虫有别,而《尔雅·释鱼》则兼包鳞、介两类。其他如《释器》、《释畜》等篇也有类似的情况。这些现象都可以用“对文则异,散文则通”的条例来解释。要是不明这一条例,那么,古籍中的许多词语就都不好理解了。

四、连文与单文同义例

连文就是两个同义词连用。连用之后,意义仍与单文(即单用)相同。这种例子,现代汉语中很多(如道路同路,文字同字),在古汉语中也很早就出现了。这里举几个例:

(1)林烝 《尔雅·释诂》:“林烝、天、帝、皇、王、后、辟、公、侯,君也。”郝疏:“林亦盛大之词,与烝同义。《故平都相蒋君碑》云:‘于穆林烝’,以二字连文,其义与单义同也。”王引之《经义述闻》卷二十六:“君字有二义:一为君上之君,天、帝、皇、王、后、辟、公、侯是也;一为群聚之群,林烝是也。古者君与群同声……林、烝、群同为众多之义,故曰‘林烝,群也’。林烝二字连文,而不与下文相错,亦可知其别为一类矣。”《诗·大雅·宾之初筵》:“百礼既至,有壬有林。”毛传训“林”为国君,后人多承其误;类似的例子还有很多。王氏说:“自唐以来,遂莫有能知其义者矣。”可见不懂得这一条例也会误解词义。

(2)仿佛 《说文》八上人部:“仿,仿佛,相似,视不諟也。”段注:“仿佛,双声叠字也。……諟,即谛。言部曰:审也。”又,“佛,仿佛也。”段注:“按彡部有髴,解云,髴,若似也。即佛之或字。”又佛下注:“似者,像也。若似者,累言之。髴与人部仿佛之佛义同。许无髴字,后人因佛制仿。”按:仿佛,向来认为是连绵词。但据《说文》髴字下的说解,则二字也可以拆开来解释,这样,也就成了连文与单文同义了。

(3) 姎我 《说文》十二下女部:“姎,女人自称姎我也。”段注:“《后汉书·西夷传》注、《广韵》三十三荡,皆引女人自称姎我。姎我联文,如吴人自称阿侬耳。”按:段说是正确的。有些版本作“姎,女人自称我也”,我上脱姎字。这样,就看不出姎我是连文了。又,《尔雅·释诂》:“卬,我也。”姎与卬同。

刘师培《文例释要》(《左盦外集》卷十三)说:“古人属词,虽以达意为主,然句法贵齐。若所宣之蕴已罄,而词气未休,则迭累其意,以复词足其语。”文中举了很多的例子,如“不遑暇食”(《书·无逸》)、“三命滋益恭”(《左传·昭公七年》)之类。东汉以后,骈体渐兴,这种用法就更多了。

有一点值得注意,那就是:有些词,古代同义,后来却变成不同义了,这就很容易使人误会是两个词,而不知本来是连文。王引之说:“古人训诂不避重复,往往有平列二字上下同义者,解者分为二义,反失其指。”(《经义述闻》卷三十二)俞樾《古书疑义举例》有“两字一义而误解例”,讲的也是这种情况。他们各举了一些例,现从王书选出两个:“《诗·节南山篇》:‘不敢戏谈’,解者训谈为言语,不知谈者戏调也。谈亦戏也。”(《经义述闻》卷三十二)又,“言与问同义,故或谓之言问。《汉书·贾谊传》曰:‘臣闻圣主言问其臣,而不自造事。’言,亦问也。连称言问者,古人自有复语耳。颜师古注:‘欲发言则问其臣。’分言问为二义,失之。”(《经义述闻》卷二十七)按:《广雅·释诂》:“言,问也。”可见言就是问,问就是言。言问二字,汉代以前往往连用。①

五、重言与单言同义例

重言就是两个相同的字叠用,也叫重文或叠字。古人以一字为一言,所以同字叠用叫重言。单言就是一个单用的字,也叫单文。

重言与单言意义不同,这是很常见的。例如“关关”不同于“关”(关关,是鸟相和鸣声;关,是拒门之木,即门闩,引伸为关塞),“洋洋”不同于“洋”(洋洋,训忧思;洋,训多。见《尔雅·释诂》)。这一类容易明白。但重言也有与单言同义的,如顾炎武《日知录》卷六“肃肃敬也”条就说:“‘肃肃,敬也。’‘雝雝,和也。’《诗》本肃、雝一字而引之二字者,长言之也。《诗》云:‘有洸有溃。’毛公传之曰:‘洸洸,武也;溃溃,怒也。’即其例也。”黄汝成《集释》引臧琳说:“《毛诗·传》有经本一字而传重文者,如‘忧心有忡’,传:‘忧心忡忡然。’‘赫兮咺兮’,

① 可参看《读书杂志》卷四之九“言问其臣”条,《经义述闻》卷二十七“讯,言也”条。

传:‘赫,有明德赫赫然。’‘容兮遂兮,垂带悸兮’,传:‘佩玉遂遂然,垂其绅带悸悸然。’‘将其来施’,传:‘施施,难进之貌。’‘条其歗矣’,传:‘条条然歗也。’‘惴惴其栗’,传:‘栗栗,惧也。’”钱大昕《十驾斋养新录》卷一“以重言释一言”条也就《诗经》举了一些例,其中有一些与臧氏所举相同,不同的,如“《诗》:‘亦汎其流’,传云:‘汎汎,流貌。’”“‘硕人其颀’,笺云:‘长丽俊好颀颀然。’”“‘咥其笑矣’,传、笺皆云:‘咥咥然笑。’”诸如此类,也都是以重言释单言,表明重言与单言同义。

其实,重言与单言同义不限于《诗经》,其他古籍里也有。即如上举的“肃”字,郝懿行就曾指出:“《诗·鸿雁·传》:‘肃肃,羽声也。’《鸨羽·传》:‘肃肃,鸨羽声也。’是皆重文,若单文亦为声。《礼·祭义》云:‘肃然必有闻乎其容声。’《史记·孝武纪》云:‘神君来则风肃然。’是皆以肃为声也。”(《尔雅义疏》上)又如“邈”字,《广雅·释诂》训“远也”。王念孙也指出:“重言之则曰邈邈。《楚辞·离骚》:‘神高驰之邈邈’,王逸注云:‘邈邈,远貌。’”(按:《广雅·释训》,邈邈也训“远也”)这一类的例子是很多的。

《尔雅》有《释训》,郝疏:“《释训》云者,多形容写貌之词。故重文叠字累载于篇。”形容写貌之词,就是现在所谓形容词。郝氏指出重言多为形容词,这是很对的。重言的动词,如“行行”(《古诗十九首》:“行行重行行”)、“去去”(《世说新语·任诞》:“去去!无可复用相报”)之类,的确很少。

《释训》的第一条:“明明、斤斤,察也。”郝疏说;“《诗·常武·正义》引舍人曰:‘明明,言其明甚。……斤,有明审之义。……《尔雅·释文》引舍人云:‘斤斤,物精详之察。’孙炎云:‘斤斤,重慎之察也。’”可见形容词重叠有强调的意味。这种现象在现代汉语里是相当普遍的,如“高高”就是很高,“大大”就是很大;古籍里却也早已出现,而且早已有人指出来了。

六、急言与缓言同义例

急言就是说得很快,缓言就是说得较慢。顾炎武《日知录》卷三十二有"语急"条,俞樾《古书疑义举例》卷二有"语急例"、"语缓例",但所举的例都不恰当。① 俞氏说:"古人语急,则二字可缩为一字,语缓则一字可引为数字。"这里的"数"字如果改为"二"字,那就更准确了。

现在补举几个例:

(1)邹、邾娄 《说文》六下邑部:"邹,鲁县,古邾娄国,帝颛顼之后所封。"段注:"周时或云邹,或云邾娄者,语言缓急之殊也……邾娄之合声为邹。"按:邹,汉时作驺。

(2)笔、不律 《尔雅·释器》:"不律谓之笔。"郭璞注:"蜀人呼笔为不律,语之变转。"郝疏:"不律者,笔之合声。《说文》云:'聿,所以书也,楚谓之聿,吴谓之不律,燕谓之弗,秦谓之笔。'郭云:'蜀人呼笔为不律。'可知此皆方俗语音轻重,其义即存乎声也。"按:《尔雅》训"蒺藜"为"茨",训"扁竹"为"蓄"(《说文》作茿),也都是急言为一字,缓言则为二字。

(3)韎、茅蒐 《说文》五下韦部:"韎,茅蒐染韦也。"段注:"齐、鲁之间言韎声如茅蒐,字当作韎。陈留人谓之蒨。韦(昭)注《国语》云:'茅蒐,今绛草也,急疾呼茅蒐成韎。"《尔雅·释草》:"茹藘,茅蒐。"郝疏:"韎为茅蒐之合声……古读蒐从鬼得声。"按:急疾呼就是急言。又韎,《说文》作韎,从韦末声。《尔雅》作韎,未声,当依郑玄驳《五经异义》,读莫佩切,音妹。

从上举诸例看来,可知缓言实即急言的反切,所以刘师培《小学发微补》说:"笔、茨诸物皆以切语为名。"《经义述闻》卷二十七"不律谓之笔"条,驳郑樵"缓声为不律,急声为笔"的说法,以为"不"是发声,恐不足信。

---

①《日知录》同卷"奈何"条引《左传》"弃甲则那",以为"直言之曰那,长言之曰奈何,一也",这才真是急言和缓言的例子。

七、肯定、否定同词例

同一的词，可以表示肯定义，也可以表示否定义，这是古汉语中一种奇特的现象。[①]《日知录》卷三十二："《公羊传·隐元年》：'母欲立之，已杀之，如勿与而已矣。'（何休）注：如，即不如，齐人语也。"按：不一定齐语如此，顾氏在下文里就举出《左传》用"如"等于"不如"的许多例子，[②]并引《左传正义》说："古人语然，犹'不敢'之言'敢'也。"原注："庄二十二年：'敢辱高位，以速官谤。'"注："敢，不敢也。"昭二年："敢辱大馆。"注："敢，不敢。"近人有疑《左传》用"敢"字的几例都是疑问句，不必看成肯定、否定同词的，但顾氏所举用"如"字的几例，显然绝不能说是疑问句。[③]因此，不能否认古汉语中有这种奇特的现象。[④]

《尔雅·释言》："曷，盍也。"郭璞注："盍，何不也。"郝疏："盍者，《广雅》云'何也'，《玉篇》云'何不也'，通作盍。……曷者，《说文》云：'何也。'"王引之《经义述闻》卷二十七"曷，盍也"条引其父念孙说："盍之为何不，常训也，而又训为何。故《广雅》曰：'盍，何也'。《楚辞·九歌》：'盍将把兮琼芳。'王（逸）注曰："盍，何也。言灵巫何持乎？乃复把玉枝以为香也。……曷之为何，常训也，而又训为何不。《汤誓》曰：'时日曷丧？'《唐风·有杕之杜》曰：'中心好之，曷饮食之？'曷，皆谓何不也。（说者皆训为何，失之。）曷为何，而又为何不；盍为何不，而又为何：声近而义通也。故《尔雅》曰：'曷，盍也。'学者失其义久

---

① 刘师培《小学发微补》："中国言文最难解者有二例：一曰同一字而字义相反，一曰正名词同于反名词（此用日本名学所用之名词）。"同一字而字义相反，即肯定、否定同词；正名词同于反名词，即正反同词，见下。

② 如僖二十二年传："宋子鱼曰：'若受重伤，则如勿伤。'"成二年传："卫孙良夫曰：'若知不能，则如勿出。'"定八年传："卫王孙贾曰：'然则如叛之。'"这一类的例子还有一些。

③ 黄汝成《日知录集释》引臧琳说："《尧典》：'试可乃已'，《史记》作'试不可用而已'。《论语》'患得之'，《集解》：'患不能得之，楚俗语。'"皆语急反言之证。这里所引二例，也都不是疑问句。

④ 王念孙父子怀疑何休注，认为"如上当有不字，而写者脱之"（《经义述闻》卷二十四"如勿与而已矣"条），但顾氏所引《左传》诸例，不能都说是漏写了"不"字，王说是不对的。

矣。”按:《礼·月令》的“鹖旦”,《经典释文》作“曷旦”,《礼·坊记》则作“盍旦”,足证“曷”、“盍”确是声近义通。两字都兼有二义,也可认为肯定、否定同词。①

《尔雅·释丘》:“夷上洒下,不漘。”郭璞注:“厓上平坦而下水深者为漘。不,发声。”又,《释鱼》:“龟……左倪不类,右倪不若。”郝疏:“倪与睨同。……左右倪谓头偏向左右。”这两个“不”,郑玄以为都是发声。这一类的“不”,都不表否定,与上文所举的“不律”不同。

八、正反同词例

与肯定、否定同词相类似的,有正反同词。

《说文》四下刀部:“删,刬也。”段注:“凡言删刬者,有所去即有所取。《史记·司马相如传》曰:‘故删取其要,归正道而论之。’删取,犹节取也。谓去其侈靡过实,非义理所尚,取其‘天子芒然而思’已下也。既录其全赋矣,谓之删取,何也?言录赋之意在此不在彼也。《艺文志》曰:‘今删其要,以备篇籍。’删其要,谓取其要也。不然,岂刘歆《七略》之要,孟坚尽删之乎?详言之,则如《律历志》曰:‘删其伪辞,取其义者著于篇。’约言之,则如《相如传》、《艺文志》。”按:去取都叫删,这就是正反同词。

类似的例子还可举出一些,如:

(1)废 《说文》九下广部:“废,屋顿也。”段注:“顿之言钝,谓屋钝置无居之者也。引伸之, 凡钝置皆曰废。《淮南·览冥训》:‘四极废。’高(诱)注:‘废,顿也。’古谓存之为置,弃之为废;亦谓存之为废,弃之为置。……废之为置,如徂之为存,苦之为快,乱之为治,去之为藏。”又,“置之而不用曰废,置而用之亦曰废。”(《说文》五下亼部“舍”下注)按:《公羊传·宣公八年》:“去其有声者,废其无声者。”何休注:“废,置也。”置,即不去之意,与“去”相对待。《尔雅·释诂》:“废,舍也。”郭璞注:“舍,放置。”置、舍也是同义词。

① 《广雅证疏》卷三上“害、曷、胡、盍,何也”条,说这几个字“皆一声之转也……并字异而义同”,可参看。

(2)肆、故 《尔雅·释诂》:"肆、古,故也。肆、故,今也。"郭璞注:"肆既为故,又为今。今亦为故,故亦为今,此义相反而兼通者。"郝疏:"字有二义,因有二训,然则肆既为故,又为今,无足怪矣。"按:"古"、"故"互训。《诗·邶风·日月》:"逝不古处。"传:"古,故也。"《楚辞·招魂》:"乐先故些。"注:"故,古也"。是其证。

(3)落 《尔雅·释诂》:"落,始也。"郝疏:"落者,《诗》:'访予落止。'《逸周书·文酌篇》云:'物无不落。'毛传及孔晁注并云:'落,始也。'落本殒坠之义,故云殂落。此训始者,始终代嬗、荣落互根,《易》之消长,《书》之治乱,其道胥然。愚者暗于当前,达人烛以远览。落之训死,又训始,名若相反,而义实相通矣。"

王念孙《广雅疏证》卷二下引用了大量的古籍,说明"郁陶"训忧又训喜,并作出结论:"凡一字两训而反复旁通者,若乱之为治,故之为今,扰之为安,臭之为香,不可悉数。《尔雅》云:'郁、陶、繇,喜也。'又云:'繇,忧也。'则繇字即有忧喜二义,郁陶亦犹是也。是故喜意未畅谓之郁陶……忧思愤盈亦谓之郁陶……事虽不同,而同为郁积之义,故命名亦同。"这是进一步指出正反所以同词的道理。阎若璩《古文尚书疏证》说:忧、喜不同名,《广雅》训陶为忧是错误的。这就是不懂得正反同词的道理了。

刘师培《古书疑义举例补》有"二义相反而一字之中兼具其义之例",说的就是正反同词,但所举的例有一些并不典型。

九、美恶同词例

《古书疑义举例》卷三有"美恶同辞例",指出"古者美恶不嫌同辞",但举的例不够典型。现在改举几个如下:

(1)毒 《说文》一下中部:"毒,厚也。"段注:"毒兼善恶之辞,犹祥兼吉凶,臭兼香臭也。《易》曰:'圣人以此毒天下而民从之。'《列子书》曰:'亭之毒之。'皆谓厚民也。毒与竺、笃同音通用。"按:毒有毒害、养育二义。《左传·僖二十八年》:"莫余毒也已"是毒害义。《老子》:"长之育之,亭之毒之",是养育义。王引之解"毒"为"安"。见《经义述同》卷二“以毒天下而民从之”条，安与养育义近。《经典释文》引马融说，“毒，治也”，治也与养育义近。[①]

(2)仇　《说文》八上人部：“仇，雠也。”段注：“《左传》曰：‘嘉偶曰妃，怨偶曰仇。’按：仇与逑古通用。辵部：‘怨匹曰逑’，即怨偶曰仇也。仇为怨匹，亦为嘉偶。”又三下攴部：“敌，仇也。”段注：“仇者，兼好恶之辞。”又三上言部雠下段注：“仇、雠本皆兼善恶言之，后乃专谓怨为雠矣。”按：《尔雅·释诂》：“仇、雠、敌、妃，匹也。”匹，就是配偶的意思。(《白虎通》：“匹，偶也。”)配偶有好的，也有不好的，所以嘉偶、怨偶都可以叫做仇。

(3)诬　《说文》三上言部：“诬，加也。”段注：“按力部曰：‘加，语相增加也，从力、口。然则加与诬同义互训……加与诬皆兼毁誉言之，毁誉不以实皆曰诬。’”按：诬的本义是言过其实，好话、坏话讲过了头，都叫做诬，后来则专指讲坏话了，如“诬蔑”。又《说文》九上厶部诱下段注：“诱，犹道也，引也，盖善恶皆得谓之诱。”诱也兼指好坏两方面，与诬相同。

美恶同词与正反同词相似而又不同。一词两义有好坏、褒贬之分的，是美恶同词；没有这种分别而只是两相对待的，是正反同词。这两种现象，古汉语里相当多，现代汉语里则已经很少了。

十、施受同词例

杨树达《古书疑义举例续补》有“施受同辞例”。施，是施事，也叫主事。受，是受事。杨氏说：“同一事也，一为主事，一为受事，且又同时连用，此宜有别白矣，而古人亦不加区别，读者往往以此迷惑，则亦读古书者不可不知也。……《史记·范雎蔡泽列传》云：‘人固不易知，知人亦未易也。’‘人固不易知’者，谓贤者不易见知于人。此知字，受事之辞也。‘知人亦未易’之知，则主事之辞，而《史记》只皆曰‘知’，初学者便疑其语意复沓矣。”杨氏又举授受等字为例，并说：

① “圣人以此毒天下而民从之”的毒，王逸解为“役”，干宝解为“荼苦”，都错了，说详俞樾《群经平议》卷二。

“授受、买卖、籴粜，本各两事也，古人语言且混合不分，无怪同一事之主受两面混淆不清矣。”

汉语的被动式，虽然先秦就已出现，但因没有形态，动词的本身显不出变化来，主动、受动便不易区分开来。受与授、买与卖、籴与粜，只是字形上的分别，语音和意义古代是没有分别的。

这里补举几个例：

（1）禀 《说文》五下亩部：“禀，赐谷也。”段注：“凡赐谷曰禀，受赐亦曰禀。引伸之凡上所赋、下所受皆曰禀。《左传》言‘禀命则不威’是也。”

（2）观、览 《说文》八下见部：“观，谛视也。”段注：“凡以我谛视物曰观，使人得以谛视我亦曰观；犹之以我见人，使人见我皆曰视，一义之转移本无二音也。而学者强为分别，乃使《周易》一卦而平去错出，支离殆不可读，不亦固哉。”又，“览，观也。”段注：“以我观物曰览，引伸之使物观我亦曰览。《史记·孟荀列传》：‘为开第康庄之衢，高门大屋，尊宠之，览天下诸侯宾客，言齐能致天下贤士也。’此览字无读去声音，则观字何必瓜析其音乎？”按：段氏认为古无去声，故说观字也不当有平去两读。

（3）贷、貣 《说文》六下贝部：“贷，施也。”段注：“谓我施人曰贷也。”又：“貣，从人求物也。”段注：“从人，犹向人也，谓向人求物曰貣也。按：代、弋同声，古无去入之别；求人、施人，古无貣、贷之分。由貣字或作贷，因分其义又分其声。如求人曰乞，给人之求亦曰乞。今分去讫、去既二音。又如假、借二字皆为求者、予者之通名。唐人亦有求读上入、予读两去之说，古皆未必有是。貣别有贷，又以改窜许书，尤为异耳。经、史内貣、贷错出，恐皆俗增人旁。”按：现代汉语中，“借”字至今仍然施受不分。

施受不分的现象，古籍中很多，但有一些却被后人改动了。这里举一例。《读书杂志》卷三之四：“《史记·苏秦列传》：‘今西面而事之，见臣于秦，夫破人之与见破于人也，臣人之与见臣于人也，岂可同日而论哉。’念孙按：下两见字，皆涉上见字而衍。《索隐》本出‘臣人之与臣于人’七字，注曰：‘臣人，谓己为彼臣也；臣于人，谓使彼臣己也。'(按:《索隐》误解,当从《正义》。)《正义》曰:'破人,谓破敌也;破于人,谓被敌破。臣人,谓己得人为臣;臣于人,谓己事他人。'则无两见字明矣。《赵策》亦无两见字。"司马贞、张守节所见的《史记》,还没有两个见字,可见这是唐代以后的人妄增的;所以要增加两个字,就是由于后人不懂得古代施受不分的缘故。

上举十项,都是比较特殊,应当加以注意的,但并未包括古籍中所有的词例;十项的名目也都是前人所定,不是我的杜撰。至于古代何以会出现这些特殊的语言现象,以及它们后来又是怎样发展、演变的,说起来相当复杂,还需要进一步加以探讨。

互文和变文

“互文”和“变文”是古籍(特别是古典文学作品)中常见的表现手法。理解这两种方法,可以使一些语句得到合理的解释;否则,就往往扞格不通。现在分别举例说明如下:

一、互　文

清俞樾《古书疑义举例》卷一有“参互见义例”。参互见义,就是上下文互相交错,互相补充,必须合起来看,意思才完整。这一种,前人管它叫“互文”。例如:

(1)秦时明月汉时关。(王昌龄《出塞》)

(2)烟笼寒水月笼沙。(杜牧《泊秦淮》)

清沈德潜《说诗晬语》说:“防边筑城,起于秦、汉。明月属秦关属汉,诗中互文。”(《唐诗别裁》卷十九略同。)据此,可知这一句其实是说秦、汉时的明月,秦、汉时的关。秦、汉,字面上虽然分属“明月”和“关”,意义上却是合指的。杜牧的诗句,是说烟和月光笼罩着寒水和沙(“寒”也兼摄“水”和“沙”),也应该用互文来解释。不然的话,“烟”只“笼寒水”,或许还说得过去;要是认为“月”只“笼沙”而不“笼”“寒水”,那就讲不通了。这两个例子是一句之中有互文。

又有紧紧相连的两个语句里有互文的。例如:

(3)槛外低秦岭,窗中小渭川。(岑参《登总持寺》)

(4)漠漠帆来重,冥冥鸟去迟。(韦应物《赋得暮雨送李胄》)

(5)悍吏之来吾乡,叫嚣乎东西,隳突乎南北。(柳宗元《捕蛇者说》)

例(3)是说,从槛外、窗中望去,秦岭显得很低,渭川显得很小(这是形容总持寺之高)。例(4)是说,在漠漠、冥冥中,帆来觉重,鸟去似迟。例(5)是说,悍吏到乡下来,东西南北,到处狂叫乱撞。像这些例子,都必须用互文来解释,才能准确地理解作者的原意。要是执定秦岭之低只是从槛外看出,渭川之小只是从窗中见到;"漠漠"只属于"帆来","冥冥"只属于"鸟去";悍吏的"叫嚣"只限于从东到西,"隳突"只限于从南到北:那就未免失之太呆,也太不合情理了。由此可知,毛泽东同志《长征》诗"五岭逶迤腾细浪,乌蒙磅礴走泥丸"两句中的"逶迤"和"磅礴"也是互文,兼属"五岭"和"乌蒙",不是一个只指"五岭",一个只指"乌蒙"。又,《沁园春·雪》词"千里冰封,万里雪飘",是说"千里"、"万里"都是"冰封"、"雪飘",绝不能照字面理解为"冰封"只有"千里",而"雪飘"的范围却扩大了十倍,竟有"万里"了。由此又可见,互文这种手法一直到现代还在使用,我们不能不加以注意。

以上几个例子,是两句之中有互文。这一种最常见。

也有分隔两处,并不相连,但仍可看做互文的。例如:

(6)君不闻:汉家山东二百州,千村万落生荆杞。纵有健妇把锄犁,禾生陇亩无东西。况复秦兵耐苦战,被驱不异犬与鸡。……君不见:青海头,古来白骨无人收。新鬼烦冤旧鬼哭,天阴雨湿声啾啾。(杜甫《兵车行》)

"汉家山东二百州"以下六句,照说应是眼见的景象,可是诗中却说"君不闻";"青海头"以下四句,照说应是听到的情况,可是诗中却说"君不见"。("新鬼烦冤旧鬼哭",怎么能看见?)这些地方,如照字面解释,显然不大好讲;要是看成互文,那就迎刃而解。我以为,这两处实际上都是说:"你没有看见和听到吗?"尽管不必如此翻译,但却不妨这样理解的。

诗词一类的韵文,要受声韵、对仗、句数、字数等等的限制,有时必须错综其词,才能符合格律,也才能达到修辞上用字少而涵义丰富的要求。唐宋以后的古文家写散文也讲究声音节奏,乃至参用骈句,因之也要采用错综的写法(上引《捕蛇者说》就是一例)。这就是前人多用互文的缘故。

二、变 文

唐孔颖达注《书·尧典》，指出古籍中有“文不同，互相通”之例。文不同，互相通，就是“变文”。变文有不同的情况。一种是因避免重复而改换了字面，例如：

(1)于是舜归而言于帝(按：指尧)，请流共工于幽州，以变北狄；放驩兜于崇山，以变南蛮；迁三苗于三危，以变西戎；殛鲧于羽山，以变东夷：四罪而天下咸服。(《史记·五帝本纪》)

(2)《离骚》之文，依诗取兴，引类譬喻，故善鸟香草以配忠贞，恶禽臭物以比谗佞，灵脩、美人以媲于君，宓妃、佚女以譬贤臣，虬龙、鸾凤以托君子，飘风、云霓以喻小人。(东汉王逸《楚辞章句·离骚序》)

例(1)，据唐张守节《史记正义》引孔安国说，“殛、窜(按：《史记》作‘迁’)、放、流，皆诛也”。可知四个字实只一义。《史记》这几句是从《尚书·尧典》抄来的(《孟子·万章》略同)，《尧典》正作“窜”。诛有杀戮义，也有流放义。作杀戮解，古书常见；作流放解，则是“极”的假借。极是流放到极远地方的意思。清代小学家王筠说：“《左传》曰：‘流四凶族’。(按：四凶族，即指共工等四族。)知《尚书》流、放、窜、殛同意，变词以成文耳。”(《说文句读》)“变词以成文”，就是变文。

例(2)一连用了配、比、媲、譬、托、喻六个字，而意义也只有一个，即比喻。梁刘勰《文心雕龙·辨骚》：“虬龙以喻君子，云霓以譬谗邪。”与王逸文相对勘，可知“托”在这里也是比喻之意，由此更可推知配、媲两字的意义也是比喻。(当然，在其它地方，托、配、媲等字，不一定与“比喻”同义。)

上举两例，意同字异，正是变文的好例。

此外，还有某些词语已在上文出现，下文就不再重出，改用其它字面的，例如：

(3)盖西伯拘而演《周易》，仲尼厄而作《春秋》，屈原放逐，乃赋

《离骚》,左丘失明,厥有《国语》。(司马迁《报任安书》)

近人杨树达《古书疑义举例续补》有"避重复而变文例",引史迁此文,解释说:"先辈王先生理安云:'左丘明作《春秋内外传》,兹举《国语》,避上春秋字'。"[①]古称《左传》为《春秋内传》,《国语》为《春秋外传》。这里本来应该是"厥有《春秋内外传》",但上文已经出现"春秋"二字,所以就避而不用,改举《国语》。这一种也是变文,但与例(1)、例(2)小有不同。

还有一种是本来应该用某字,却因要增添文章的色彩而改用了其它的字。例如:

(4)君不见高堂明镜悲白发,朝如青丝暮成雪。(李白《将进酒》)

(5)每瞻湖上青乌去,不觉山中白兔驯。(元杨维桢《寄张伯雨》)

(6)卢姬少年魏王家,绿鬓红唇桃李花。(唐崔颢《卢姬篇》)

(7)绿云扰扰,梳晓鬟也。(杜牧《阿房宫赋》)

头发是黑的,但例(4)、例(6)、例(7)却不用"黑"而用了"青"和"绿";乌鸦也是黑的,但例(5)却不用"黑"而用了"青"。此外,如"青眼"(见《晋书·阮籍传》)、"青睛"(见《陈书·徐陵传》)、"青眸"(见刘桢《鲁都赋》)等等,也都用"青"代"黑"。青、绿与黑,颜色还相近;也有颜色截然不同,但仍用乙代甲的。例如:

(8)崇文馆里丹霜后,无限红梨忆校书。(李商隐《代秘书赠弘文馆诸校书》)

霜是白的,梨有黄、褐等色,却都没有红色的。诗人用"丹"、用"红",也是变文。

在这些地方,诗人为什么要用变文呢?《文心雕龙·情采》说:"故立文之道,其理有三:一曰形文,五色是也;二曰声文,五音是也;三曰情文,五性是也。"又说:"文采所以饰言。"这就是说:文学作品要具备情、声、采三要素;而"采"就是"形文",有"饰言"(修饰言辞)的作用。根据这一理论,可知文学作品不但要有深厚的思想感情(情),

① 杨树达:《古书疑义举例续补》,第11页。《古书字义用法丛刊》,世界书局1936年版。

而且要有和谐的声律(声)和鲜明的色彩(采)。怎样使作品的色彩鲜明?文学家所采用的方法是多种多样的,而多用浓重的颜色字,使读者引起联想,得到鲜明的印象,也是其中的一种。例(4)以下,大概就可以用《文心雕龙》的这种说法来解释。

一九七九年六月

称谓与修辞

称谓，就是称呼或名号，也就是人们用来表示彼此之间相互关系的名称。由于身份、地位、职业、辈行等等的差别，称谓也有种种不同。特别是古代，称谓更是多式多样，情况相当复杂。章学诚《文史通义·繁称篇》曾指出古籍中的复杂称谓造成一些混乱，给读者带来不少困难。俞樾《古书疑义举例》也指出如果不懂古人称谓之例，那就会产生误解，也容易导致妄改古书。我们认为，称谓问题不仅与校读古书、寻绎文义有关，也与理解古人的修辞手段有关。从语言学的角度看，的确值得注意。

从很早的时候起，人们就已注意到这个问题。如《尔雅》有《释亲》篇，专谈亲属的称谓（这方面，后人又不断地做了些增补的工作）；此外，还有一些谈亲属也谈亲属以外的称谓的专书，如后周卢辩的《称谓》（已佚），明李翊的《俗呼小录》，清梁章鉅的《称谓录》、周象明的《称谓考辨》等是。也有一些书里有谈称谓的专篇，如唐刘知几的《史通》，宋赵升的《朝野类要》，明方以智的《通雅》，清翟灏的《通俗编》等是。不过，这些著作大都只是推寻语源，胪举出处，对俞樾所说的"称谓例"（即称谓的表示法）则缺少进一步的分析和研究。现在，根据一时搜集到的材料，选择古代称谓中的一些特殊现象，分别举例，并略加说明。选录的标准是以与修辞是否有关为断。各项如下：

一、称谓错出

在一部书或一篇文章中连举人名，前后应当一致，不能同是一人，忽而称名，忽而称字，忽而称官，忽而称谥，这是通例。但是，古代却有姓氏名字错出互用的，其例始见于《左传》。如郑大夫祭仲，字足，其先为祭封人，故书中除了简称为“仲”之外，有时又称祭足、祭仲足或祭封人仲足。同一人而有四个称呼。又如楚令尹越椒，除了简称为“椒”之外，又称子越、伯棼，也是同一人而有四个称呼，而且是在同一段文章中（宣公四年传）。此外，一人而有二称、三称的，为数更多。《文史通义·繁称篇》说：“尝读《左氏春秋》而苦其书人名字不为成法也。夫幼名、冠字，五十以伯仲，死谥，周道也。此则称于礼文之言也，非史文述事之例也。《左氏》则随意杂举而无义例，且名字谥行以外，更及官爵封邑焉。一篇之中，错出互见，苟非注释相传有受授，至今不复识为何如人也。是以后世史文莫不赞仰《左氏》，而独于此事不复相师也。”[①]这里的最后一句，不完全符合事实。即如《史记·司马相如传》，相如、长卿杂见，就是一例。其他的史书或记叙文中，这种现象也相当多，而《世说新语》一书尤为突出。如山涛，书中就或称山巨源，或称山公，或称山少傅，或称司徒。此外还有更复杂的，也显得很混乱。六朝至唐末五代的诗文中，这种风气还相当盛，直到北宋欧阳修、曾巩等人出来，才算大大廓清了。这也是古文家的功绩之一。杨树达《汉文文言修辞学》引用了章学诚的说法，加上按语说：“以实用言之，章说诚是矣。然作《左氏传》者意在求美，后人之误解与否，非所计及，其求美之意之切，亦可推见矣。”[②]意在求美，就是注意修辞的效果。怎样才能达到这个目的？方法是多种多样的。就选词说，力求行文多变化，避免同字相犯，就是常用的一种手段。《文心雕龙·练字篇》曾说“缀字属篇，必须练择”，而“练择”有四法，“权重出”是其中之一。权重出，就是避免同字相犯。《左传》之所以在称谓上变了许多花样，正是出于此种考虑。这是读者不可不知的。

二、称谓替代

古籍中有时不直称姓名，却用别的名称来代替，这就是“称谓替

① [清]章学诚：《文史通义》，古籍出版社（北京）1956年版，第76–77页。
② 杨树达：《汉文文言修辞学》，中华书局1980年版，第43页。

代”。这种手法，可以归属于修辞学上的“借代格”，也有人称之为“代用”。又有以下几种情况：

（一）用官名替代

《史记·夏本纪》：“禹乃遂与益、后稷奉帝命，命诸侯百姓兴人徒以傅土，行山表木。”马叙伦《古书疑义举例校录》以为是时大费为伯益，弃为后稷，不曰大费、弃，而曰益、稷，这是“以其官名其人”，[1]也就是用官名替代之始。后世文籍中，这种现象逐渐增多，如以太史公代司马迁（迁任太史令），以平原代陆机（机官平原内史），就属这一类。但更常见的是官名与姓连用，如阮籍官步兵校尉，故称阮步兵；嵇康拜中散大夫，故称嵇中散。此外，如王右丞、杜工部、韩吏部之类，还有很多，不须一一列举了。

（二）用所官之地替代

西汉贾谊为长沙王太傅，世称贾长沙；董仲舒先后相江都、胶西两国，世称董江都或董胶西。这就是用所官之地替代。王勃《秋日登洪府滕王阁饯别序》：“睢园绿竹，气凌彭泽之樽；邺水朱华，光照临川之笔。”陶潜为彭泽令，谢灵运为临川令史，故以彭泽、临川代陶、谢，这也是用所官之地替代。元好问《论诗绝句》“江山万古潮阳笔”，以潮阳代韩愈，因愈曾为潮州刺史；又“发源谁似柳州深”，以柳州代柳宗元，因宗元曾为柳州司马。这种例子，诗文里极多。如果不懂得用所官之地替代的修辞手法，那么，文义就不好理解了。

（三）用本籍县名替代

唐张九龄是开元名相，天下称曲江公（九龄，曲江人）；李德裕为当时所推重，世称赞皇公（德裕，赞皇人）。顾炎武《菰中随笔》称此为用县名替代之始。明代称内阁的首辅，也用本籍县名。如严嵩称分宜，徐阶称华亭，张居正称江陵，就是这一类的例子。清代沿用了这

---

① 马叙伦：《古书疑义举例校录》，第 9 页。《古书字义用法丛刊》，世界书局 1936 年版。

种旧例，如以合肥代李鸿章，以常熟代翁同龢，就是如此。民国以后，对达官闻人有时也用这种替代法，但已比较少见。《汉文文言修辞学》论“曲指”，内有“称名之曲”一项，引《左传·僖公二十六年》：“（寡君）使下臣犒执事。”杜预注：“言执事，不敢斥尊。”又引《左传·襄公四年》：“兽臣司原，敢告仆夫。”杜预注：“告仆夫，不敢斥尊。”[1]用本籍县名替代，也就是对尊者表示尊敬的一种“曲指”，但杨氏没有论及。

（四）用所居之地替代

《周易》和《礼记·檀弓》都说孔子教于洙、泗之间；《史记·仲尼弟子列传》记孔子死后，子夏居西河教授；后人遂以洙泗代孔子，以西河代子夏。如梁武帝《答刘之遴诏》“丘明传洙泗之风，公羊禀西河之学”，就是这种用法。隋、唐以后，和尚们往往以山名、寺名称代本师。宋代的道学家也沿袭了这种风气，如称周敦颐为濂溪，称程颐为伊川，称陆九渊为象山，即是此例。明代讲学家，陈献章称白沙，王守仁称阳明，如此之类，情况也相同。这种称呼，原先限于门徒称本师，后来演变为非受业者也可用以称著名学者或大官僚，范围就扩大了。

此外，还有用郡望替代的。魏、晋至隋、唐时，重视门第阀阅，每郡的显贵家庭，为四方所仰望，称为郡望。如清河崔氏、太原王氏、陇西李氏之类就是。章学诚说：“唐末五代之风诡矣，称人不名不姓，多为（郡望），观者览其文，不知何许人也。”（《文史通义·繁称篇》）[2]指的就是这一种。

三、割裂姓名

顾炎武《日知录》卷二十三：“《吕氏春秋》：‘干木光乎德’，去段字（原注：‘今本《吕氏春秋》有段字。’）……此为剪截名字之祖。”按《史记·老庄申韩列传》：“老子之子名宗。宗为魏将，封于段干。”裴骃《集解》认为段干是魏邑名，段干木因邑为姓。《史记·魏世家》有段干

① 杨树达：《汉文文言修辞学》，中华书局1980年版，第124–126页。
② [清]章学诚：《文史通义》，古籍出版社（北京）1956年版，第77页。

子,《田完世家》有段干朋,三人都以段干为姓。可见顾说是正确的。(应劭《风俗通·氏姓》注以为姓段名干木,误。)但《左传》称晋文公重耳为晋重(定公四年),称莒展舆为莒展(昭公元年),都是两个字的名只称一字。这也是割裂,又在《吕氏春秋》之前。从汉、魏到五代,割裂姓名的现象一直很多,梁玉绳《汉书人表考》、钱大昕《十驾斋养新录》等书都举了大量的例证。其中有截去上一字的,如晏婴只称婴,周勃只称勃,东方朔只称方朔;有截去中一字的,如荣启期只称荣期,郦食其只称郦其,韩安国只称韩国;有截去下一字的,如蔺相如只称蔺相,申包胥只称申包,郑当时只称郑当。此外,还有不少花样。(同是一人,也有不同的剪截法,如申包胥也可称申胥,东方朔也可称东朔或臣朔。)这种任意割裂,前人多认为不妥,但俞正燮《癸已存稿》卷十二"姓氏省文为辞学说"条却认为这是"辞学"(即修辞学),并列举了大量的例证,说明临文割取姓氏,乃辞章当行语,不能妄加指责。又说:"古人文章,孙宏、方朔、马迁、马相如、松子、杨意、班婕、葛亮、刘牢,或以就对偶,或竟省举……古人姓有异文,有省文,故可不泥。至增减见在人名字,六朝至五代皆然。"又说:"《礼》有言征不言在,相敬之意,通于常谈,非好学深思,心知其意,乌得不致疑古人,因差成怒,而肆其诋諆哉!"俞氏深通辞章之学,懂得"诗赋遣辞安句,自有其例",所以他极力为"割裂姓名"辩护,这是有一定道理的。即如同是司马相如,由于牵就字数、平仄等等,在李商隐的诗里就有几种说法:或称相如,如"茂陵风雨病相如"(《寄令狐郎中》);或称马相如,如"梓潼不见马相如"(《梓潼望长卿山》);或称马卿,如"马卿聊应召"(《南潭上亭宴集以疾后至因而抒情》)。试问如果不是这样变换着说,他又怎样能够写成五、七字诗而又符合格律的要求呢?举此一例,足见割裂姓名有时确是完全有必要的。

四、寓　名

《史记·万石君传》:"长子建,次子甲,次子乙,次子庆。"《正义》:"颜师古云:'史失其名,故云甲乙耳,非其名也。'"《日知录》卷二十三也说:"甲乙,非名也,失其名而假以名之也。"顾氏因称这一种为"假名",并举《史记·任安传》:"某子甲何为不来乎?"《三国志·魏志·崔琰传·注》:"(许攸)呼魏太祖小字曰:'某甲,卿不得我,不得冀州也。'"《左传·文公十四年》:"齐公子元不顺懿公之为政也,终不曰公,曰夫已氏。"注:"犹言某甲。"又举蜀汉费祎作《甲乙论》,设为二人之辞;晋张华造甲乙之问;梁范缜《神灭论》有张甲、王乙、李丙、赵丁等例,证明古人文字每多用此,虚设甲乙,实非真名。俞樾称这一种为"寓名",他的《古书疑义举例》有"寓名例",引隋代学者刘炫说,指出:不但屈原的渔父,司马相如的乌有先生、亡是公,扬雄的翰林、子墨等是虚构的人物,就是《孝经》中的曾参,也是假设的脚色,因为当时孔子只是用问答体来阐发自己的一套理论,不是曾参真正提出问题请孔子回答。刘说很精。俞氏由此推论:"庄、列之书多寓名,读者以为悠谬之谈,不可为典要,不知古立言者自有此体也。虽《论语》亦有之,长沮、桀溺是也。夫二子者,问津且不告,岂复以姓名通于吾徒哉?特以下文各有问答,故为假设之名以别之……以为二人之真姓名,则泥矣。"[①]我们也由此可以推知,像谢惠连《雪赋》中的梁王、邹阳、枚乘、司马相如,谢庄《月赋》中的陈王(曹植)、应玚、刘桢之类,也都是寓名,不过借用真实的人罢了。后世的笔记、小说用某甲、某乙称失记姓名或不必说出姓名的人,已成通例,读者也容易理解。但其它的书中也有类似的情况,有些人就未必注意到。因此,懂得"古立言者自有此体"(也就是古代有此一种修辞手法),那就很有用处。用处之一是,不致把寓名误认为真名;用处之二是,了解此体便于叙事、说理,逐层深入;用处之三是,了解此体借用真人姓名的,还能予读者以真实感。约略说来,寓名的作用,大概就有此数种。

五、惯　称

惯称,即习惯的称呼。梁章鉅《退庵随笔》卷十九:"凡诗文中,于

---

① [清]俞樾:《古书疑义举例》,第30页。《古书字义用法丛刊》,世界书局1936年版。

古人称呼，必经古人用过者方可用之。如乐毅称乐生，贾谊称贾生；李膺称李君；阮籍称阮公；嵇康称嵇生；山涛称山公，王导称王公，谢安石、康乐、玄晖皆可称谢公，庾亮称庾公；杲之称庾郎，王凝之称王郎；袁粲称袁公；江淹称江郎；徐陵称徐君；杜甫称杜公、杜子、杜老；李白称李侯、李生；孟浩然称孟公；韩愈称韩公、韩子；韦应物称韦公；白居易称白公、白傅；元稹称元相；刘禹锡称刘郎之类，各有所本，不可假借。假令称少陵曰杜生，太白曰李公，知复为谁耶？”梁氏的话似乎有些拘泥，但我们也应该承认惯称是约定俗成的，一经定型，就不可移易。这与古人作诗文讲究所谓“无一字无来历”有关。这一种，与“割裂姓名”看似不同，但修辞作用却有相近、相通之处，因之上引俞正燮的话在这里也大致可以适用。

除了上述各项之外，还有敬称、谦称，以及历代因避讳而改称，唐人以行第相称，宋以后多取别号等等，种种情况产生了不少的称谓，也都各有修辞作用(如示敬、鸣谦、避复、避讳、避熟等)。由于有一些比较常见，有一些已有专书收录（如《史讳举例》、《唐人行第录》、《自号录》、《别号录》之类)，因而本篇便不赘论了。

一九八三年八月

略谈语法和修辞的关系

一

在汉语里，语法现象和修辞现象往往分不开[1]，语法和修辞两者打交道的时候也特别多，这是汉语的特征之一。有人看到这一点，因而主张学校里开语言课，要把语法和修辞合并讲授。这个意见值得考虑。

语法和修辞是有区别的，不能混淆；但它们又经常联系，显得很突出。为什么会有这种情况呢？要说明这一点，那就需要了解语法和修辞的关系。

以下试就这一问题简要地谈谈个人的一些看法。

二

要了解语法和修辞的关系，首先得了解语法和修辞的相同之点与不同之点在哪里。

语法和修辞有没有相同之点呢？有的。语法和修辞都以语言为研究的对象，都是语言学里面的一部门，都以研究语言发展的内部规律为主要任务；它们所用的研究方法都是从分析具体的语言现象出发，把基本的共同点综合起来，概括成一些规律，并把这些规律组成体系；它们的研究成果，一方面可以给人类带来意义重大的知识，从而丰富人类的知识宝库；另一方面也可以使人们能够更好地使用

---

① 例如："起来，不愿做奴隶的人们！"这种倒装的说法，就既是语法现象，又是修辞现象。

语言，掌握语言。所以这种研究既有理论意义，也有实践意义。所有这一切，都是两者所共同具备的。

但是，两者的共同之点也只限于上面所说的这一些。如果再进一步去考察，那末，我们就会发现两者各有自己的专门特点，它们是两种不同的学问。语法是研究词的变化规则和联词成句的规则的；研究的目的在于分析语言结构，找出形式规律，并告诉我们怎样就算通，怎样就算不通，怎样就符合一般习惯，怎样就不合一般习惯；它的研究对象，最小的是“词”，最大的也只到“句”为止。（最近也有人主张可以扩充到“段”，但这一点还值得研究。）修辞是研究如何有效地使用语言来表达意义的，它属于词汇学或语义学的范围；研究的目的在于讲求表达的方式和技巧，并告诉我们怎样才能把话说得清楚明白（消极修辞），怎样才能把话说得生动有力（积极修辞）；它的研究对象，除了词句之外，还扩大到段落篇章乃至文体、风格等等。总之，语法是研究如何分析各种语言结构的学问，研究的目的在于“求通”；修辞是研究如何使用各种语言结构的学问，研究的目的在于“求好”。这是两者主要的不同之点。我们只要能理解这一点，那末，我们就能够把两者很明确地区别开来。

其次，我们就要考察语法和修辞的关系的本身了。

语法和修辞肯定是有关系的。可是，两者之间的关系表现在哪些方面呢？

对于这一问题，我们可以分三项来说明。

（1）表现在对各种语言结构的选择上

这里所说的语言结构，包括词和句子。在使用语言表达意义的时候，常有这样的一种情况，那就是：从语法的角度看，一个词语或一个句子并没有错，也没有什么毛病；可是，如果从修辞的角度看，那就必须把这一个词语或句子换成另一个词语或句子，或者是在几个词语或句子之中挑选出最合适的一个。这一项又可分为两类：

①选择词语 就是古人所谓“炼字”。法国文学家福楼拜告诉他的学生莫泊桑，描写动作要找出唯一的动词，描写性状要找出唯一

的形容词,成了文学史上有名的“一词说”,也就是指此而言。试举两个例子:

1)宋洪迈《容斋五笔》卷五:“范文正公守桐庐,始于钓台建严先生祠堂,自为记。用屯之初九、蛊之上九,极论汉光武之大,先生之高,财二百字。其歌词云:‘云山苍苍,江水泱泱,先生之德,山高水长。’既成,以示南丰李泰伯。泰伯读之三,叹味不已,起而言曰:‘公之文一出,必将名世。某妄意辄易一字以盛美。’公瞿然,握手扣之。答曰:‘云山江水之语,于义甚大,于词甚溥;而德字承之,乃似趢趚,拟换作风字,如何?’公凝坐颔首,殆欲下拜。”

2)宋何薳《春渚纪闻》卷七:“自昔词人琢磨之苦,至有一字穷岁月,十年成一赋者。白乐天诗词疑皆冲口而成,及见今人所藏遗稿,涂窜甚多。欧阳文忠公作文既毕,贴之墙壁,坐卧观之,改正尽善,方出以示人。薳尝于文忠公诸孙望之处,得东坡先生数诗稿。其《和欧叔弼》诗云:‘渊明为小邑。’继圈去为字,改作求字;又连涂小邑二字,作县令字,凡三改乃成今句。至‘胡椒铢两多,安用八百斛’,初云:‘胡椒亦安用,乃贮八百斛?’若如初语,未免后人疵议。又知虽大手笔,不以一时笔快为定,而惮于屡改也。”

例1)的“德”和“风”,都是名词做中心语。从语法上看,两者都通,并没有多少分别。例2)的“为小邑”和“求县令”,都是动宾词组,语法结构完全相同,也都讲得通。可是,原作经过别人的指点或是作者自己的推敲,词语都作了变动(这样一变动,表达的效果就大不一样),这就是完全由于修辞的关系了。

②选择句型　句型就是句子的格式。句子有种种不同的格式,也就是有种种不同的型。研究句型就是研究这些句子的型是怎样构成的。大概说来,不同的句型多由增添辅助词或变化句调构成。例如我们说:“张三来。”这个句子所包含的主要概念有“张三”,有“来”。对于这两个概念的结合,也可以用另外的一些格式来表达。比如我们可以说:“张三不来。”这样,这个句子就变成否定句。我们可以说:“张三不来?”或“张三不来吗?”这样,这个句子就变成疑问句了。我们也可以说:“呀!张三来了!”这样,这个句子就又变成感叹句了。由

此可见，主要的意义可以不变，使用的语言材料也可以基本上不变，可是句型却可以有种种变化。这些变化，对语法来说，关系并不大（因为主要结构没有变），但对修辞来说，则有特殊的意义。例如魏巍的《朝鲜通讯》有这么几句：

朋友们，当你听到这段英雄事迹的时候，你的感想如何呢？你不觉得我们的战士是可爱吗？你不以我们的祖国有着这样的英雄而感觉自豪吗？

这例中最后两句的“不”字，从语法的观点看，是可以去掉的；但有这两个“不”字，便成了反问，便增强了修辞的效果，便使语言更有鼓动的力量。两两相比，情况显然是不同的。又如《水浒》第 24 回里有潘金莲的几句自豪的话语：

我是一个不带头巾男子汉，叮叮当当响的婆娘！拳头上立得人，胳膊上走得马，人面上行得人！

写得神气活现。倘使把后面的三句改成：

人可以在拳头上立，马可以在胳膊上走，人可以在人面上行！

虽然句句合乎语法，虽然所表达的意义和所使用的语言材料基本上也相同，可是这样一改，原来的那种神气就一点儿也没有了。

（2）表现在对各种语言结构的安排上

在语言结构的安排上也可以看出语法和修辞的不同。语法只管个别的句子，只管句子的内部联系；修辞却要照顾上下文，即要照顾句子与句子的外部联系。例如：

大门朝东，对着火车路。火车路前面是一片沙滩，沙滩的尽头，横着一条小河。小河的那边又是沙滩……（欧阳山：《高干大》）

这例中“火车路”以下，用“顶真格”[①]，句句钩连，显得非常紧凑。要是改成：

大门朝东，对着火车路。一片沙滩正当着火车路。沙滩的尽头，一条小河横着。小河那边又是沙滩……

① 顶真格，是一种辞格，也称钩连格，可参看陈望道《修辞学发凡》，上海文艺出版社 1962 年版，第 211 页。

虽然也句句可通，可是连在一起，却显得松懈、零乱，把原作中那种头尾相衔、上递下接的趣味完全失去了。又如：

人影在地，仰见明月，顾而乐之。（苏轼：《后赤壁赋》）

这几句先写无意中看见地上的人影，于是想起了月亮，仰头一看，果然皓月当空；于是引起赏月的兴味。寥寥几句，写得情事如见，而又非常自然。这几句的顺序，必得如此安排。要是把“仰见明月”放在“人影在地”之前，那不但与“顾而乐之”不相衔接，而且看见明月之后，再去找地上的人影，简直是小孩子的行径，显得幼稚可笑，话也就说得神味索然了。陈望道先生《修辞学发凡》，把“伦次通顺”算做消极修辞的条件之一，陈先生说：“通顺是关于语言伦次上的事。语无伦次，固然不成其为语，便有伦次，而不免紊乱、脱节、龃龉，也终不是语言的常态。所以寻常修辞，都不可不依顺序，不可不相衔接，并且不可没有照应。能够依顺序，相衔接，有照应的，就称为通顺。”“顺序有关于语言习惯的，有关于上下文的情形的。”[①]

关于语言习惯的（如陈先生所举中国以“喝茶”为顺，“茶喝”为倒；日本以“茶喝”为顺，“喝茶”为倒之类是[②]），语法还管得着；关于上下文的，那就只属于修辞的范围。这种句序的安排，不但与消极修辞有关，其实也与积极修辞有关。关于这一点，我们只要看一看上举《后赤壁赋》一例，就可以明白了。

（3）表现在对各种语言结构的变化上

这里所说的“语言结构的变化”包括很广，像省略、重复、倒装等等就都是的。关于这些，在一般讲语法修辞的书里大都已经讲到，不必赘说，这里只想谈谈另一种变化，那就是分合。分合就是分说和合说。我们说话的时候，可以把几个意思分开来说，也可以把几个意思合在一块儿说。这种分合对于句子的结构有影响，同时，对于表达的效果也有影响。试举一例：

这个别墅是一九一〇年建筑的。①当中是一座三层楼的宏丽的

① 陈望道《修辞学发凡》，上海文艺出版社 1962 年版，第 64 页。

② 陈望道《修辞学发凡》，上海文艺出版社 1962 年版，第 64 页。

皇宫,全部用白色音克门石和大理石建成。②周围是花园,栽满了奇花异草。③(韬奋《萍踪寄语》)

这例中的①是单句,②③是复句。这两个复句也可以改成:当中是一座全部用白色音克门石和大理石建成的三层楼的宏丽的皇宫。②周围是栽满了奇花异草的花园。③这样,就都成了单句了。很显然,这两个单句就是原来的两个复句的紧缩,可以叫做“紧缩句”。与紧缩句相对待,可以把原句叫做“扩张句”。紧缩句跟扩张句有什么不同呢?回答是:句子所表达的重点不同。即如上举的这个例子,两个扩张句各有两个重点。就②来说,一是皇宫,一是皇宫外貌。就③来说,一是花园,一是奇花异草。改成单句之后,各各只有一个重点,不过说明皇宫如何和花园如何罢了。包含了两个重点的句子变成一个重点,句子的意义就有显著的不同。如果再把改变了的两个单句跟前一个单句合成一个句子,像下面这样:“这个当中是一座全部用白色音克门石和大理石建成的皇宫,而周围是栽满了奇花异草的花园的别墅,是一九一〇建筑的。”这仍然是一个单句(虽然拖沓得要命)[①],而且只有一个重点:别墅。原作不用这种结构,而用三个句子一层一层地叙述出来,使别墅、皇宫、花园三个重点都能够突出,因而表达的效果便全然不同。由此可以得出一个结论:如果把几个句子合并成为一句而它的作用、效果因而不同的时候,我们就不必加以合并。这就是说,有些分立的句子是不应该紧缩为一句的。

但是,也有时我们必须把几个句子紧缩为一句,然后才能使全句的意义更为突出有力。例如:

这一天激烈的反坦克战把敌人出动的三十多辆坦克击毁了十八辆。①

这一天反坦克战很激烈,敌人出动的三十多辆坦克被我们击毁了十八辆。②[②]

这两个例子,①是②的紧缩。两相比较,②就显得拖沓一点,实在不如①的紧凑。由此可见,句子的或分或合,跟修辞有着密切的关

① 这个句子旧称包孕句。照一般的说法,包孕句也可以算做单句。

② 以上两例,采自周铁铮《现代汉语》,湖南师范学院 1954 年刊印。

系。说话作文,能注意到这种变化,那是很重要的。

三

以上的分析很不全面,但是,由这种不全面的分析我们也已经可以看出两点:

第一,修辞是建立在语法上面的,没有语法基础,修辞就无从建立起来。这个道理很明显。因为语法如果没有学好,一句话还不能说得明白通顺,那又怎么谈到修辞呢?“通”是起码的条件,“好”是进一步的要求;起码的条件还不具备,就要追求修辞效果,其结果一定是求之愈深,失之愈远。再者,修辞的手段尽管多式多样,但是不管是哪一种,总得受语法的限制。也就是说,一定要在语法许可的范围内才能采用。脱离语法的修辞,脱离民族语言习惯的修辞,首先就会造成理解上的困难,那又怎么能收到修辞的效果呢?

第二,语法只告诉我们语言里面有多少种结构,修辞却告诉我们什么时候能用某种结构,什么时候不能用某种结构。正是由于有了语法,所以修辞才有可以利用的各种语言结构;正是由于有了修辞,所以语法所分析出来的各种语言结构也才得到更有效的利用。斯大林曾经指出,语法是语言的基础,是语言的特点的本质之一①,我们也可以说:有了修辞,这个语言的基础就更具有重大意义了。

总之,语法和修辞有着互相依存的密切关系,简直可以看成分析语言的两个方面、两个阶段(一个是静态分析,一个是动态分析)。它们之间虽有界限,但如果把它们看成各自孤立,不相联系,那是不够妥当的。

一九八一年八月据旧稿改定

① 斯大林:《马克思主义与语言学问题》(中译本),人民出版社 1971 年版,第 19 页。

语言、文字和文学

本篇主要是讲语言、文字与文学的关系，目的在于提供一些材料，说明一些问题，希望对初学阅读和欣赏文学作品能有所帮助。举例完全采自古代文学作品，这是因为这方面语言文字的障碍多一些，也更能体现三者之间的密切联系。

语言有语音、词汇和语法三要素，文字是记录语言的书写符号系统，修辞则是运用语言表达情思的手法。要谈语言、文字与文学的关系，必须牵涉到这几个方面。以下分项举例，略加说明：

（一）语音和文学的关系

例如：

1）支离东北风尘际，漂泊西南天地间。

（杜甫《咏怀古迹》之一）

支离，叠韵；漂泊，双声。杜诗用双声、叠韵极多。清周春有《杜诗双声叠韵谱》，是在这方面作深入研究的专书。

2）漠漠水田飞白鹭，阴阴夏木啭黄鹂。

（王维《积雨辋川庄作》）

漠漠、阴阴是重言（也叫叠字）。清沈德潜《唐诗别裁》谓二句之妙，“全在漠漠、阴阴。去上二字，乃死句也”。或谓右丞袭用李嘉佑句，非。

3）帝子降兮北渚，目眇眇兮愁予；嫋嫋兮秋风，洞庭波兮木叶下。

（屈原《九歌·湘夫人》）

渚、予、下，今音不押韵，古音则同韵（上古属鱼部）。

4)昵昵儿女语,恩怨相尔汝。划然变轩昂,勇士赴敌场。

(韩愈《听颖师弹琴》)

昵、女,双声;与儿、尔、汝(古音)也是双声。女、语,叠韵。恩怨古音相近,也可以说是同韵。两句十字中,九字有双声、叠韵的关系。这是有意安排的,目的在于用语音来形容琴声的幽咽。这一种,近人唐钺称之为“隐声绘态”,见所著《国故新探》。

5)裁春衫寻芳,记金刀素手,同在晴窗。

(史达祖《寿楼春·寻春服感念》)

“寿楼春”是悼亡的词(附带说一下:后人因词牌的名称中有“寿”字,就用以祝寿,大误),这首词开头的十四字中,就有十个字是平声。平声比较长,几个平声相连,更觉悠长,作者用来形容心情的悲伤,声情恰合。这一种,可以称为“隐声写情”。

6)忽报人间曾伏虎。 (毛泽东《蝶恋花·答李淑一》)

本是“已伏虎”,因“已”是仄声,故改用平声的“曾”。这是符合规律的要求的。

(二)词汇与文学的关系

词汇包括较广,这里仅就词义一项来说。例如:

1)旦辞耶(爷)孃去,暮宿黄河边。 (《木兰诗》)

2)见娘喜容媚,愿得结金兰。 (《子夜歌》)

唐代以前,孃指母亲,娘指少女(即今语之姑娘),二字分用很严,如例1)决不能用“娘”,例2)决不能用“孃”。可是,后来却混淆了。

3)粪除常洁,餧食牛马。 (王褒《僮约》)

4)粪土当年万户侯。 (毛泽东《沁园春·长沙》)

粪除之粪,清扫也。粪土之粪,污秽也。清段玉裁说:“古谓除秽曰粪,今人直谓秽曰粪,此古今义之别也。”(《说文解字注》)

5)多谢后世人,戒之慎勿忘! (《古诗为焦仲卿作》)

谢,告也。“多谢”犹言“再三嘱告”,不是“感谢”的意思(可参看清王引之《经义述闻》卷十四“若不得谢”条)。

(三)语法与文学的关系

例如:

1)草绿衫同,花红面似。 (庾信《东台行雨山铭》)

2)竹喧归浣女,莲动下渔舟。 (王维《山居秋暝》)

3)香稻啄余鹦鹉粒,碧梧栖老凤凰枝。

(杜甫《秋兴八首》之八)

4)雪岭未归天外使,松州犹驻殿前军。

(李商隐《杜工部蜀中离席》)

诗的语法有时同散文很不相同(词曲和骈文也如此),这大都是由于牵就格律的缘故。上举诸例本来应该是:1)草绿同衫,花红似面;2)浣女归(而)竹喧,渔舟下(而)莲动;3)鹦鹉啄余香稻粒,凤凰栖老碧梧枝。4)天外使未归(自)雪岭,殿前军犹驻(于)松州。可是,或因平仄,或因韵脚,作者不得不把句中某些词语的位置加以变动(当然,有时也由于作者有意地要利用这些关系造成"警句")。我们读的时候,只消把颠倒的词序再颠倒过来就行了。

(四)文字与文学的关系

例如:

1)客曰:"将以八月之望,与诸侯远方交游兄弟,并往观涛乎广陵之曲江。至则未见涛之形也,徒观水力之所到,则恤然足以骇矣。" (枚乘《七发》)

段玉裁谓涛、潮一字,观涛即观潮,见《说文解字注》。唐朱庆余《观涛》:"空江百里见潮生"。题目是"观涛",诗里却说"潮生",也是一证。

2)盛年处房室,中夜起长嘆。 (曹植《美女篇》)

3)虽一唱而三歎,固既雅而不艳。 (陆机《文赋》)

段玉裁谓"古歎与嘆义别,歎与喜、乐为类,嘆与怒、哀为类",也见《说文解字注》。

4)闭门爱惜冰雪肤。（萨都剌《鬻女谣》）

《庄子·逍遥游》:“藐姑射之山,有神人居焉,肌肤如冰雪。”清郭庆藩《庄子集释》:“冰,古凝字。肌肤若冰雪,即《诗》所谓‘肤如凝脂’也。……凝脂,以滑白言;冰雪,以洁白言也。”

5)乾坤能大,算蛟龙元不是池中物。（文天祥《酹江月》）

能,通恁,这么、那么之意,不是“能够”。

(五)修辞与文学的关系

例如:

1)听雨寒更尽,开门落叶声。（无可上人诗）

2)微阳下乔木,远烧入秋山。（马戴《落日怅望》）

宋魏庆之《诗人玉屑》谓1)是以“落叶”比雨声,2)是以“微阳”比“远烧”(远火),都是比喻。马诗,一作“远色隐秋山”,非。

3)不闻夏、殷衰,中自诛褒、妲。（杜甫《北征》）

褒姒,周幽王宠妃。妲己,商纣王宠妃。顾炎武《日知录》卷廿七:“不言周,不言妹喜,此古人互文之妙。”按:胡仔、梅曾亮等改作“殷、周”,仇兆鳌、沈德潜等又改作“妹、妲”,就是不懂得这里用的是“互文”的手法。妹喜,夏桀宠妃。

4)黄昏胡骑尘满城,欲往城南望城北。（杜甫《哀江头》）

近人陈寅恪说:“末句‘欲往城南望城北’者,子美家居城南,而宫阙在城北也。自宋以来注杜诗者,多不得其解,乃妄改‘望’为‘忘’,或以‘北人谓向为望’为释(见陆游《老学庵笔记》七),殊失少陵以虽欲归家,而犹回望宫阙为言,隐示其眷念迟回不忘君国之本意矣。”①

以上略举几项,难免挂漏。但即就这几项来说,也不难看出语音、词汇、语法,文字、修辞与文学的关系极为密切。高明的作者常常

① 陈寅恪:《元白诗笺证稿》,上海古籍出版社1978年版,第251~252页。

利用这些写出好的作品来；读者要是不懂得这些，那就会造成理解上的障碍。不过，要真正读懂古典文学作品，还需要有比较广博的知识，也不是只通语言文字之学就能做到的。但这个问题又牵涉到很多方面，且已超出本文要讨论的范围，这里不能多说了。

附记：本篇是为安徽师范大学中文系学生和研究生作的一次学术报告的提纲，讲的时候曾详加解释。现在无暇重行整理，只就当时印发的油印本略作补充，发表于此。

一九八一年

略谈看、读、写、作

学语文，要想取得较好的效果，必须从看、读、写、作四方面下功夫。

近人常把看和读合称“阅读”，把写和作合称“写作”，其实并不合适，前人也从来不这样说。

这里先谈看和读。

看是浏览、略读或默读；读是熟读、精读。看，要求多而快；读，要求仔细咀嚼，熟读成诵。古人所说的“一目十行”、“数行俱下”，都是指看书速度之快。快才能看得多。人类的知识无比丰富，书籍浩如烟海，为了在有限的时间内多看一些书，不讲速度是不行的。但是，光看，不去思索、玩味，只是浮光掠影，过目不留，那也没有多少用处。要培养分析力、记忆力，一看就能抓住要点，而且能够记住。还要把看和读结合起来。拿兵家打仗作比，看如攻城略地，一日千里；读则得地能守，据为己用。读的书不一定很多，但一定要精熟，重要的书或作品要能够背诵。前人是非常重视这一点的。他们从背书中培养了惊人的记忆力。汉代东方朔自称能诵22万言，张安世能把汉武帝丢失的三箧书全部背出来。这类的例子很多。

清代著名的桐城派文章家姚鼐说：“大抵学古文，必要放声疾读又缓读，祇久自悟。若但能默看，即终身外行也。”[①]这是因为只有在诵读中才能真正领会诗文的声音节奏和气势韵味，才能真正懂得诗文中某些只能意会、难以言传的东西。苏轼说：“旧书不厌百回读，熟读深思子自知。”[②]也就是这个意思。有些人只知道文言文要读，而不

---

① [清]姚鼐：《与陈硕士书》，《惜抱轩尺牍》卷七。

② [宋]苏轼：《送安敦秀才失解西归》。

知写得好的白话文(至少是其中的精彩部分)也要读。一般人不重视读,这是个不小的损失。

再谈写和作。

写是抄写,主要指抄书。抄书是熟悉内容、巩固记忆的好办法。一般说来,凡是好文章或重要资料,看到就要随手抄下来,以免遗忘。《南史》记载文学家王筠自幼就喜欢抄书,到了晚年,手抄的书大小共百余卷。明代宋濂在《送东阳马生序》里也说:"余幼时即嗜学,家贫,无从致书以观,每假借于藏书之家,手自笔录,计日以还。天大寒,砚冰坚,手指不可屈伸,弗之怠。"这些例子足以说明前人抄书之勤。

我们不要小看抄书,以为抄书没有什么意思。梁启超就说过:"善抄书者可以成创作。"[①]南宋袁枢的《通鉴纪事本末》,就是抄司马光的《资治通鉴》而自成一种新的史体(纪事本末体)的。宋代以后印刷术有了很大的进步,学者得书容易了,也就不肯抄书了。苏轼作《李氏山房藏书记》因此发过慨叹,认为后人实学之荒多由于此。今天看来,抄整部的书可以不必,但随时摘抄重要资料还是很必要的。

作,指作读书笔记、作日记和作文。读书笔记,前人称为"札记"。清代学者最重札记,成书也多。像顾炎武《日知录》、钱大昕《十驾斋养新录》之类,都是有名的札记,在学术上有很高的价值。读书笔记,以记心得体会为主,但也不妨做些资料索引以及提要之类,为以后做研究工作进行准备。马克思从青年时代起就养成了写读书笔记的好习惯。他读书时,凡是他认为重要的,都写了笔记。他写《资本论》时所写的笔记,包括手稿、摘录、札记,至少有一百多种。

坚持写日记,常常写些短文,可以练笔,也是提高"作"的能力的好办法。经常进行这些训练,就不致下笔枯涩,久久不能成篇了。

关于看、读、写、作,可说的很多,限于篇幅,这里只能拣重要的谈一谈,供大家参考。

一九八五年

《读写月报》1985 年第 10 期

---

① 梁启超:《中国历史研究法》,王云五《万有书库》本,商务印书馆 1930 年版,第 30 页。

读书必须求“甚解”

从前陶渊明说过一句话：“读书不求甚解”。这句话本来有特定的涵义，可是后来却被一些思想懒汉引用来做为不肯开动脑筋的借口。其实，要想真正地读点书，不求甚解是不行的。特别是对重要的书，更必须精读，反复推求，这才能够发现问题，摸清底细，获得实益。粗枝大叶地读，不但读不进去，有时还会闹出笑话。恩格斯曾经指出德国《科仑日报》驻伦敦记者的错误：英语的成语 to catch a crab 本来是“桨在水里没有划好”（即划桨不得法）的意思，而这位记者由于没有很好地学习英语，竟直译为“捉螃蟹”，因而成了笑柄，被恩格斯称之为“捕蟹专家”。[①]这种情况，在我们中国也不是没有。过去有人把 milkway（天河）译为“牛奶路”，就是同样的笑话。对于这种由于粗心而造成的错误，鲁迅先生也曾为文纠弹过，这是读过《风马牛》一文的人都知道的。

大约初学读书，最容易犯的毛病，就是匆匆涉猎，浮光掠影，不善于发现问题；就是偶尔发现问题，也不善于多加思考，抓住关键，逐层剖析。这样的读书，如果成了习惯，那就只能“浅尝辄止”，要想“深造自得”，恐怕是很困难的。朱熹说：“大抵学者读书，务要穷究。”又说：“读书之法，先要熟读。须是背看、正看、左看、右看；看得是了未可便说道是，更须反复玩味。”又说：“大凡看书，要看了又看，逐段逐句逐字理会，仍参诸解传说，教通透，使道理与自家心相肯方得。”又说：“读书须是看着他那缝罅处，方寻得道理透彻。若不见得缝罅，无由入得。看见缝罅时，脉络自开。”又说：“看文字须子细，虽是旧曾

---

① [苏]里夫希茨编，曹葆华译：《马恩论艺术》，人民文学出版社 1960 年版，第 127 页。

看过，重温亦须子细。每日可看三两段，不是于那疑处看，正须于那无疑处看，盖工夫都在那上也。”又说：“读书无疑者须教有疑。”①这些话告诉我们：读书要精熟，要仔细，要能得间，要会疑，一句话，就是要“求甚解”。朱熹是宋朝的大学问家，他的话是经验之谈，对我们很有启发。

为了说明问题，这里再举两个实例。

比如《水浒传》第 16 回：

那汉子口里唱着，走上冈子来松林里头歇下担桶，坐地乘凉。

这里的“坐地”，有些粗心的读者就把它解释为“坐在地上”。可是，如果翻开同书第 9 回，那就又可以发现这样的例子：

柴进当下坐了主席，林冲坐了客席。……只见庄客来报道：“教师来也。”柴进道：“就请来一处坐地相会亦好，快抬一张桌来。”

很明显，这里的“坐地”就不能解释为“坐在地上”了。因为上文明说“柴进坐了主席，林冲坐了客席”，下文也明说“快抬一张桌来。”再看宋词、元曲：

小窗坐地，侧听檐声。（辛弃疾《行香子》）

待登临又不快，闲行又闷，坐地又昏沉睡不稳。（《董西厢》）

这几处的“坐地”，显然也不是“坐在地上”。“坐地”，其实就是“坐着”。我们要是拿“坐着”来解释上面所引的几个例子，那就处处可通。由此可知，在宋元时代，“地”字可以当动词的“形尾”②用，如果把它当作实词，那就错了。《木兰诗》：“双兔傍地走。”“傍地走”就是“依傍着走”。有些中学语文课本的注解把它解为“擦地而走”或“贴着地跑”，都未免是望文生义。

又如许浑诗：“溪云初起日沉阁，山雨欲来风满楼。”这是唐诗中的名句，许多人都读过，也都不曾发生过疑问。可是，清代汉学家段玉裁却在大家都不注意的地方找出了问题。他说：

“阁”是“谷”之讹，溪云起而日轮不见，疑下沉谷中，“谷”与

① 以上均见《朱子全书·读书法》，《古今图书集成·学行典》第 92 卷引，中华书局 1934 年影印本第六〇四册，第 55–56 页。

② “形尾”是表示语法意义的后加部分。

"楼"以实对。由溪云大起,而日轮韬晦,而狂风满楼,而山雨暴至,《诗》"有渰凄凄,兴云祁祁,雨我公田"三句神理,皆于此二句见之。凄凄者,风满楼也。题是《咸阳城东楼》,首句"一上高楼万里愁",中联此二句皆是实景,时在楼中,故"楼"字不嫌复。"日沉谷"为远景,"风满楼"为近景,若作"阁"字,则语意晦甚,题外生枝,而又与"楼"复矣。①

这一段解说很有道理,说服力也很强,读了使我们不能不首肯。

以上举的例,可以看出读书必须求"甚解",然后才能有所"入",有所"得"。当然,所谓求"甚解",也要看读什么书和读某本书的具体目的,提出不同的要求,不能读任何书都花一样的功夫。

一九六一年

《安徽日报》1961.12.07

① 见《与阮芸台书》,[清]李慈铭《越缦堂读书记》卷下《唐贤三昧集》条引,商务印书馆1959年版,第595-596页。

李兆洛评传

一、生平及世系

李兆洛，字绅琦，更字申耆，尝颜其室曰“养一”，晚因号“养一老人”，学者称“养一先生”。清乾隆三十四年(公历1769年)九月二十四日，生于江苏武进大宁乡三河口。雍正二年，析武进置阳湖，三河口归阳湖，遂为阳湖人。先世本无锡夹山王氏，明万历间有本成者，以播迁育于武进辋川李氏，遂冒李姓。李氏仍世隐德，至兆洛父征兰，以沉毅博达闻乡里，赴人急若饥渴，尤好文学士，士无远近争归之。故兆洛自成童时已尽识郡中知名士。

兆洛幼聪慧，5岁入小学，气弱不能读书，闻兄康龄读《礼记》，即能背诵。9岁时学为制举文，操笔立就；及试，辄冠其侪偶。尝应乡试，阳湖陈令见其年最少，而投卷太速，疑之，兆洛应答如流。陈令款询家世，曰：“汝可即归！吾不招覆汝矣。通场虽均未投卷，然知必无及汝者；招覆非第一不可。汝童年初试即盖一邑，非吾之所以期汝也。”即在厅事书联为赠，曰：“他日定成名进士，乃翁真有好儿郎！”一时传为佳话。稍长，益力学，尝分日课马端临《文献通考》，比浃岁，节目略能上口。由是郡中先辈及知名士，无知与不知，皆敬惮之。

兆洛博闻强识，读书至三四过，历久不忘。家富藏书，卷逾五万，皆手加丹铅，校羡脱，正错牾。矢口举《十三经》辞，无遗失。上自汉、唐，下至近世诸儒说，条别得失，不检本。记问之富，并时唯开化戴敦元、元和沈钦韩差足相上下，余无能为拟似者。

清代自乾隆中叶后，汉学大兴，学者争治训诂音声，瓜剖釽析，而大江南北尤甚。苏州惠氏、江氏、常州臧氏、孙氏、嘉定钱氏、金坛段氏、高邮王氏、徽州戴氏、程氏，皆以所学名家，累累相望。兆洛生于其乡，独治《通鑑》、《通典》、《通考》之学，疏通知远，不囿小近，不趋声气。乾隆五十四年，仁和卢文弨主讲常州龙城书院，从游者极一时之俊。兆洛时年二十一，亦从问业，然殊不屑治训诂之学，独嗜历算、舆地。文弨深器异之，许为第一流，同辈亦心折无异词焉。

嘉庆九年，兆洛举江南乡试第一。明年，成进士，授翰林院庶吉士，充武英殿协修。十三年，散馆，一等七名。时初定分省引进例，而同省前列者已四人，遂以知县用。掣得四川庆符县，以亲老告近，改安徽凤台县。或劝一诣律历馆总裁官满人某，俾得以通晓算术奏留入馆。兆洛不从，曰："上命知县则知县耳；且三十年读书，亦欲一临民以自试也。"书以询其父，答曰："唯国恩所授，顾择官乎！"遂以其冬十二月到官。

凤台为寿州分县，县治与寿州同城。古南北用兵地也。濒淮、汝，时患水。西北界蒙城、阜阳，远者百八十里，土旷而民悍惰，喜剽夺，党羽至千人，各有头目，杀伤人，日或数起，号难治。前令或不越岁，辄谢事去，故治率苟简，终任不一履县境。兆洛之官，即周历县境，审地形，察水道，并出教与绅士，商兴修事宜。前代淮南北屯垦甲天下，陂渠久废。兆洛先治丰湖、焦岗湖，建闸筑隄，浚沟十余所，民有蓄洩，岁以屡丰。遂以其余力，葺学宫、廨舍、祠庙、津梁，百废备举。积年钜盗悉就擒。兆洛为政，务与民兴利除弊，用财则裒多益寡，不兢兢为小廉小节，以自立名誉。每遇烦剧，当机立决，度不可行不发，发则雷厉风行，必达乃已。故凤台虽夙称偷瘠，而兆洛在任多所兴建，无扰于民，无辍于费，无始作而终不行。每一令下，民莫不奔走承奉如不及。兆洛晨夜治事，暇则辑志乘，访名胜，登八公山，置酒赋诗。先后在县七年，中署寿州事三年。嘉庆十九年，丁父忧，归。服阕，当赴选四川，而兆洛恬退，不复出。时当道钜公争延致之以为重，而安徽巡抚康绍镛尤重兆洛，故邀入省垣教子。绍镛，兆洛兄康龄之姻也，兆洛不获已，乃赴之。绍镛调广东，兆洛从游粤，寻偕回扬州。是岁，道光之二年也。

兆洛既倦游，适当事聘主江阴暨阳书院，兆洛乐其地僻简，许之。暨阳，卢文弨旧讲席也，尝作辈学斋。兆洛至，重葺之，日聚弟子讲诵其中。迨十余年，而暨阳科第之盛，倍于往昔；治经术，通音韵，习诂训，订舆图，考天官历术及成学治古文辞者辈出，皆兆洛所授也。江阴人士既乐得兆洛为归，毗陵之隽，亦从而假馆；四方艤舟问字者无虚日。兆洛居暨阳二十年，道光二十一年（公历1841年）七月八日卒，年七十三。

兆洛于学无所不窥，而不以一艺自名，醰然粹然，莫测其际也。其论学无汉、宋，惟以心得为主，而恶夫以餖飣为汉、空腐为宋者。故以《通鑑》、《通考》二书为学之门户。诗、古文辞俱工，而尤专精于古文。尝病当时治古文者知宗唐、宋而不知宗两汉，以为六经以降，两汉犹得其遗绪，而欲宗两汉，非自骈体入不可，因辑《骈体文钞》一书，世皆宗仰之，谓可以正骈体之轨辙，溯古文之原始。历算、舆地两业，为兆洛平生精力所萃。官凤台时，撰邑志十卷；晚年校刻舆图，督造天球，皆精心之作。兆洛自著书率未就，而好表章古人文章，所刊布至数十种。

兆洛性和易，未尝有疾言遽色，惸惸如畏，惟日不足。见人一技一善，欣然若己有。非大端，不与人争。尝云："吾气弱，故不能争。"盖并谦让之名亦不居。其在凤台，民情爱戴如慈父母；在暨阳，时亦许为人师。

兆洛系出熙河王氏。本姓匡，避宋太祖讳，改为王。世居江苏常州府无锡县之夹山。六世祖本成，冒姓李，生应桢。应桢生孟智，始定居武进县东北大宁乡三河口。孟智生文骐，文骐生衍曾，衍曾生征兰，阳湖县学生，即兆洛父也。母奚氏。娶宜兴路氏。子二：颛，前没；愿，国学生。女一，适同邑陆佑麟。孙六，曾孙二。兆洛既没，包世臣、魏源为作传，弟子蒋彤为作年谱，薛子衡为作行状，兆洛《养一斋文集》亦多有自记其家世者。兹据各文，成李氏世系如次：

一代　　　　二代　　　　三代

李本成（字慎吾）——应桢（字存素）——孟智（字明之）

四代　　　　五代　　　　六代

——文骐（字璞庵）——衍曾（字愓斋）——征兰（字瀫亭）

七代　　　　八代　　　　九代

——康龄（字五初）
　　——頖（字英望，一字毓华）——岳生
　　——颛（字哲望）
　　　　——初
　　　　——同
　　　　——武
　　　　——纯
——兆洛（字申耆）——愿（字慰望）
　　　　——×
　　　　——元生

二、李氏之政绩

嘉庆十四年，兆洛之凤台任，尽弃其学，从事于刑名法术之家。凤台故凋弊，民贫俗悍，公事废弛，风气僻陋。兆洛甫下车，即出教与绅士[1]，其要五：曰地利宜讲求，曰读书宜鼓舞，曰保甲宜举行，曰志书宜纂修，曰名胜宜兴复。条举义法，俾各抒诚尽心，以相商榷。既视事，亲历四境，荒僻并到。所到详察其里落之繁耗，地亩之广袤肥瘠，山川之高下，河渠之通塞，堰闸之修废。审知凤台方百余里，间平如手掌，土膏沾润，丰岁亩收数石。自汉迄唐、宋，淮南北耕屯，常为天下最。王应麟《玉海》称，下蔡城[2]有眉陂、大良陂等，皆溉田数百顷，盖今阚疃、万福集等处。由是锐意垦治，榜所居之楹曰："栽花携得蓬莱种，买犊教成渤海耕。"其风概如此。

①《凤台上事与绅士书》，见《养一斋文集》卷十六。

② 凤台旧称下蔡。

兆洛在县七年，多所兴建，计修署二：曰县，曰训导。建闸一：曰小口沟。修闸四：曰丰湖，曰焦湖沟，曰鲁村湾，曰二里坝。开沟二：曰催粮，曰中心。筑坝九：曰燕湖口，曰大口沟，曰柴家洼，曰杜家洼，曰鲁家口，曰魏家洼，曰杨家脑，曰王叶巷。①修桥二：曰北门，曰十议。置义渡一：曰北门义渡。又浚湿泥、黑壕、裔沟等河，地利大兴。复择耆老数人，劝民孝谨，分俸以酬其劳。又于距城较远处，各择公所，创设义学，延师教读。并捐设恤孀局，邻境多仿行之。兆洛莅任未久，匪徒即绝迹，水患亦弭，县大治。民始惧其猛，继乃大悦。至生辰，献土物以贺，肩担手提，绵延十余里，只鸡斗粟，充积中堂。兹择其施政大端尤为人所艳称者，述之于左：

(1)修筑堰闸

最著者有二：

甲.筑丰湖闸

县西南境有丰湖，滨湖七坊，环百余里之水，皆仰以蓄泄，而闸久废。兆洛为经营创建，令闸之底与湖底极深处平。工创于嘉庆十五年季春，迄孟秋始竣，用瓦石匠千五百，工役四千六百夫，费钱二千二百缗。定以十一月开放，尽二月堵合，其有非时内涨及甚旱需外水灌救者，则随时量为启闭。别条定事宜，为成书，授之七坊之民。②

乙.筑焦岗湖闸

县西北有焦岗湖，即汉之芍陂也。上承颍上县界之双桥集、长湖湾诸高阜之水，陂陁旁集，外滨大淮，地势洼下。湖周四十余里，有高冈环之。兆洛尝巡视县境，至湖中，时经十二年淮涨，湖成汪洋。为周视环湖地形，而湖边二麦甚长发，因急命冈所不匝处，筑修各坝，防淮骤涨。且秋冬淮水消落，放水入淮，俱可涸而种麦；于春夏淮水长发时，引水入湖，便可莳稻。又访知上流黄家坝以上，向有催粮沟一道，以导高阜之水入湖，使不漫衍伤稼，急开浚以资畅顺。计两工需数千金而费无所出，适十五年夏颇旱，湖中多积水。兆洛有事至湖，肩舆者迳湖而过，而深仅数寸。乃命民莳稻，得大稔。比将收割，厚利

① 参见薛子衡《李养一先生行状》，九坝之名缺一，俟考。

② 详见《养一斋文集》卷八《丰湖闸碑》。

所在，且起争衅。兆洛往湖中亲勘，弥望数十里，不见其际，因谕令种湖田者分所收三分之一，为造闸挑沟之用。迨造丰湖闸时，谷价伤贱，不及二千缗，又为捐俸以足之。麦秋可五六收，不征其租，令出人夫培筑各坝，遂厘出催粮沟旧道，涤而深之。又于其年别造二里闸等处。自是境内蓄泄有资，地利顿兴矣。[①]

(2)肃清匪盗

兆洛之治凤台也，以威胜。山川道里，必审其源委通塞，虽僻陋小聚，岁必一再至。市里之魁，具详其姓名，奸盗窃发，预知其出没踪迹。凤台有所谓刀手、飞辈诸头目，其党翼往往数千人，所至搭篷纵夺，无常处。守令率观望养痈，莫敢谁何。兆洛志在肃清，老宿剧盗，以次就擒。兹分述之：

甲.周清

清，盗中巨擘也。忽一日自投阶下，愿效犬马，赎宿罪。时适听囚，久之，毕，呼问："汝犯皇家法，何可赎？"答曰："所犯在前令，自爷来，未尝敢获戾。"检案牍，信然。曰："闻汝党有二千人之众，奈何？"曰："果辱收小人，可立解散，还本业。"清固雄捷多智，乃命为民壮首，专掌捕捉之事。由是寇窃朝发夕擒，虽越境无免也。

乙.朱纪

纪亦巨魁，尝在仪征犯案，戕一家三命，匿邑中豪猾家。两江总督严檄凤邑，限一月捕送。兆洛以计获之。及将解入凤阳府，府去县百八十里，兆洛亲督护，备非常。至陶皋，已出城八十里矣。其党千人来追，亟命骁壮数人将囚出别道，而身自当来者。左右尽散，兆洛一人独坐不为动。既遍索不得，去刀跪问曰："吾主安在？"曰："谁为主？"曰："朱纪。"曰："朱纪犯皇上法，已解入府矣。"又曰："可求恕否？"曰："他罪可恕，罪至杀人，不可恕。"徐散去。朱纪竟遣戍如律。[②]

丙.任际殷

际殷兄弟为寿州巨猾，结党肆恶，为远近患。兆洛擒际殷兄，讯之，一委罪际殷，乃纵之，而际殷屡捕不获。嘉庆十八年，除日将暮，

① 详见《养一斋文集》卷八《焦湖沟闸始末》。

② 此据蒋彤《李申耆年谱》卷一，包世臣《李凤台传》所述有异同。蒋谱较近事实，故用之。

吏拜辞,且放衙矣。兆洛谓之曰:“吾忝任凤台历六年,兼理寿州历二年,有乱我政者,划除略尽;唯任际殷倔强蜗角,而不能治。今一岁又除矣,何面目率吏民元旦盛冠服拜万岁之前乎!”吏咸惶恐顿首,唯命。曰:“今夕匪党必不备,往必成擒。”即点数百人赴任家庄。际殷方会聚张饮,殊死拒;焚其楼,际殷逸入水,竟获之。

此外,兆洛又捕获首棍张先等二十余名,刀棍李虎孜等一百余名。由是匪徒绝迹,境不闭户。

(3)平息城西湖兵民纠纷

寿州城西湖,即《水经注》之尉升湖也。湖西北属寿州,惟北涯属凤台。地洼下,遇潦辄成巨浸。明末尝开种加租,清初蠲除,空其地为兵民樵牧之所,相传兵四民六,而界址无考。总兵、游击、都司、守备各营马纵践民田,屡争不胜。嘉庆十七年春三月,州民来诉,兆洛以非本境,拒不理,其人持状不肯去,曰:“神君慈母置不问,兵食民无余骨矣!”兆洛恻然,度此事非可口舌争,命尽驱其马来。兵数千,势汹汹然。总兵多隆武愤甚,遽以其状白督宪百龄、抚宪钱楷,乃委凤庐道四色达、凤阳府知府姚鸣庭等会同寿州总兵多隆武、游击沙念圣、守备程锡台、寿州知州沈南春勘丈。旧志载湖周六十里,兆洛遵用部颁尺式,足五尺为一弓,三百六十弓为一里。兵四,地实丈十四里六十弓;民六,地实丈十七里六十弓。划直沟一道,沟以东为民,沟以西为兵,两不得侵越。余一里六十弓于湖之南北岸,为民人由湖东入湖西樵牧之路,并为图说以呈。百龄、钱楷并嘉其明白。兆洛当即饬刊碑记营、县中堂及湖岸,使永遵守,由是民困得苏。

(4)撰辑县志

嘉庆十六年,兆洛始编纂县志,暇则为之。邑士萧景云有学行,凡山水古迹,皆令身探而口述焉。十九年三月,书成,以精核称。

兆洛在凤台,意欲行而力不逮者,曰田赋,曰保甲。盖其民性不恋土,聚散不恒;官无鱼鳞册,无户区细册,棼舛已久,势必改弦而更张之,又非州县所得而主。故著其说县志中,意不胜拳拳焉。[1]又尝谓

① 详见《养一斋文集》卷二十二《保甲议》、《田赋议》。又,此两文又收入兆洛所撰《凤台县志》

《水经注》言寿春城郭左右，自长濑津以下，有山渊寺、解南精庐、西昌寺、曲水堂，皆擅山水之胜。当南北战争之时，此为兵冲，而名蓝杰观，曾不隳坏。八公山之草木，雀离寺之幽栖，载于史册，著于歌咏，而今并阒然。欲於八公山创八公仙院，於四顶山下重兴古雀离寺，使春秋胜日，邑中人士可以游览啸咏。此似不急之务，然为益甚非浅鲜，而竟猝猝未能也。

兆洛以嘉庆十九年四月罢官。道光二十七年，安徽巡抚王植、两江总督璧昌、安徽学政罗惇衍疏请入祀名宦祠，报可，时兆洛卒已六年矣。

三、李氏之主讲暨阳书院

兆洛既罢官，为四方游者六七年，迨道光三年，江阴人士延之主讲暨阳书院。先是阳湖丁履泰践斯席者十余年，常家居，岁时一往巡省而已。至是年春，殁于里第。江阴祝百十等遂言之县令萧瑾，转达江苏学政周系英，以兆洛为请。系英曰："甚善！当代人师，无过斯人。"而事出猝遽，虽具聘仪，江阴人无亲至者，兆洛却不受。与百十书曰："行媒纳吉，事有次第，无端委贽而转致之，意以为此不足与为礼也。"百十答书谢焉。又与书曰："此事万万不可勉强，与其悔之于继，不若慎之于始。今年姑应若士[①]之意，明年洛更接手何如？"江阴又合辞敦请，兆洛曰："吾有鲍氏之约，[②]不可不一至扬州。三人行必有我师，何必株待？若不得辞，必二月末乃返棹耳。"乃解维赴扬。系英渴欲一见而后出棚，萧瑾急手札追及之于常，兆洛感其意，为回舟赴江阴，而河路断塞，两日夜始达江阴南门。而痔患大剧，作书与百十等，使致其情，遂赴扬州。

时无锡孙尔准巡抚安徽，以乾隆间两江总督赵宏恩监修《江南通志》，厥后安徽分省，未有专志，议欲延兆洛创修之，未及行，移督浙、闽。安化陶澍自安徽布政司荐升巡抚，复续前议，币聘再至，并属

① 若士，丁履恒字。履恒亦武进人。
② 时扬州鲍继培邀兆洛纂辑《八代全文》。

陆继辂辈导达诚素。兆洛友人之在皖省者咸翘足以俟。兆洛以既许江阴，不可复贰；且兄康龄年近衰老，不忍远离；江阴又僻简，少官府应酬，可料理故业，开引后进。五十之年已过，[①]不欲复向是非场中播弄，乃决辞。盖自是名公之聘迭至，终亦不复出矣。

兆洛以四月赴暨阳书院。院久旷不居，颇失修整。萧瑾子以霈具百金缮葺，稍复旧观。初，乾隆中，卢文弨尝主讲于此，颜所居曰辈学斋。阅四十年而兆洛来继之，寻是额而不可复得，乃补书之，为之楹语曰："薪木百年余手泽，文章几辈接心传。"盖文弨时多植嘉树，邑人赵曦明为作《花木记》，至是一一补树。院西南隅之垣外，有方塘数亩，芦苇塞之，乃芟夷之，拓院墙结轩于其上，盖以茅。旋为风所败，乃易以瓦。莳以荷花，比夏盛发，往往觞客于此。

先是江阴相习为举业之下者，兆洛痛绳以先正理法，教读《通鑑》、《通考》以充其学；选定《史记》、《汉书》、《春秋繁露》、《管子》、《荀子》、《吕氏春秋》、《商子》、《韩非子》、《贾子新书》、《逸周书》、《淮南子》目录，以博其义。择其才者，教作诗、赋、经解、策论，月一为之，谓之"小课"。月课必锁院面试，限刻缴卷。阅卷必再三反复，甲乙乃定。其务彩夸声有名时辈者，率置下等。由是士气为之一振。十余年间，季芝昌殿试以第三人及第，夏子龄举礼部第一人，郑经举江苏乡试第一人，曹毓英以选拔得七品官：皆江阴前所未有之事。其他举于乡者，科不下四五人；博士弟子及童子试，以经解、诗赋得超拔者，为常属八邑最。科第之盛，虽风会适然，然士论咸谓由兆洛倡导作典之效云。

兆洛为诸生，每试必冠曹，时谓其文利小试，遣子弟从游，求弋获技，故前后从者数十，无能受其学者。及主讲暨阳，江阴人士颇能信受，毗陵之隽亦从而假馆，四方艤舟问字者无虚日。兆洛乃得各就性情所近，分途讲授，就染既久，多有能得其一体者。

兆洛在院，每日辨色而兴，虽严冬或丙夜寝，未尝晏起。弟子从容谏，则曰："晨气清明，正好干事。"尝题所居之窗前曰："今日何

---

① 兆洛时年五十五。

成？”盖用以自警励也。一日之中，或校雠，或阅文卷，或缮札，或作字，或对客，无须臾休。朋旧多言其用心之非度，答曰：“吾不解所谓用心，吾为其所欲为者而已。”乞文者自远而至，诗文集、金石、摹拓、书画、册卷、碑志底本，堆积案几，一一应对，无废阙者。枕上成之，晨兴疾书。或夜寝不能寐，请药之，则曰：“不寐正可了日中未了事。”自奉至俭，帏帐至穿敝不易，自戊子[1]被盗，遂身无兼衣。食坐与门人俱，不为私膳。饮食败而失味，亦忍下，不以责仆。对幼贱必以敬。坐不交膝，不倚背，不踏脚。昼未尝就枕。朔望必衣冠虔谒于院中聚星楼、享德楼。非省墓及时祭，不归。十二月上旬旋里，以正月中旬赴院，岁以为常。

故事：书院掌教十二年，例得议叙，换顶戴。兆洛来暨阳，迨道光十五年，适一纪。大吏既以其状申部矣，而兆洛漠然若弗闻。兆洛天性澹泊，不好货利，终岁所入累千金，而未尝丝毫入于家。其亲故子弟与凡俊秀之寒无依者，辄收而教之。朋旧之自远来者，必应其求。佣书者常十余辈，皆仰给朝夕。岁终，计会不足，则称贷以济之。

江阴固僻邑，自兆洛来主讲，乃有数书肆，可得古籍；有纸肆，可得佳笺。宾朋或万里而至。并时英哲，刊其所著书以行世，必邮寄暨阳。兆洛每得一书，即反复观览，称其长而抉其短。诗、古文辞之合作，则命录其副。好藏书，丛书多至数百种，诸子、别集若杂史，义幽事晦，世人罕知者，尤亟收之。所藏皆并本厚钉，细楷目录，夹以银杏木板，束以青绳，严整明便，望而知为辈学斋中物也。扬、广、苏、湖诸郡书贾岁必麕至，有不知者，则示以是书何用，刊行自何时，价何等，即奉为典型，号曰“书祖宗”。

兆洛为人极精微。斋中置物有常处，授人书帖，暗中探取，不爽。不弃寸纸尺绳，随宜取用。人人座中，则几上经籍悉记，间有检阅，则云某有某书，往往其人亦自忘之。五经至老能背诵，与诸生讲贯，不观本文。得人书疏，虽疏贱小笺，不毁弃，弥月辄盈束，终岁积聚，袠而悬诸屋梁，如牛腰。

---

① 道光八年。

道光十九年,长沙黄冕权守常州。明年,议修郡志,延兆洛主其事。欣然赴之,曰:“此抱经师未竟之业也。”[1]与司江阴县志事,往来郡城暨阳间,[2]与同人议定条例,呈稿本者则笔判其可否。兆洛自道光十五年已后,得末疾,犹主讲如故。二十一年,时时疾作,乃固谢讲席,暨阳人士苦留之,然亦遂不能赴矣。

兆洛主讲暨阳二十年,循循善诱,教人必以序,言不敢尽,度其见地所不到,而后语之;有不受,亦不复强。相从一二年,度不可入,则遂辞使归。江阴人官于江阴督学使以下命子弟受业及远方来者以千计。其杰者,考道著书,学成一家,及取科第去者,以十百计。次亦勤习举子业,得指授,知所宗尚。其卒也,来者皆哭失声,如丧慈父母,盖其教思如此。

四、德行与文章

武进李氏,仍世隐德,兆洛父征兰,尤以德望著称。兆洛亲承其风,故其行谊之美,有可得而说者。

兆洛事亲至孝。乾隆五十一年,丁母奚宜人忧,时时哭泣,遂患目,用医者说,饮猪胆汁数枚,至寒苦,气体为减。官凤台时,以父老,屡乞终养。嘉庆十七年冬,闻父病,即日请急假旋里,侍颜色者二十余日,即还治所,拟毕交替,刻日归侍,不意为当道所齮龁,不得请。及十九年夏,父凶问至,恸绝而苏者再。居丧,寓县中报恩寺,断酒肉,日啖麦饭,绝游燕,不作诗文,终日翻阅《释藏》,萧然如老僧。时北通州白镕督学安徽,渴欲一见,介无锡薛玉堂[3]延致之,傧礼极优渥,兆洛食蔬素而已,神志惨穆,终食不发一议,白镕益咨敬焉。

二十一年春,兆洛始克归,与兄康龄相持恸哭,哀感左右。康龄,学者所称五初先生者也。为人沉毅,思虑详审,兆洛严事之。居同室,

---

① 乾隆五十七年,卢文弨尝主纂常州府志,功半而废。

② 府志局设龙城书院。

③ 时薛玉堂守安徽太平,尝招兆洛往。

坐同几，晚年相爱弥切。江苏巡抚陶澍邀往江宁，[①]浙、闽制军孙尔准邀往福建，[②]两广制军卢坤邀往岭南，[③]皆币重词卑，信使再四，而兆洛笃于友于，恳以兄老为辞，卒不赴。道光八年春，康龄殁，兆洛痛绝，吊客至，皆亲答拜之。

兆洛少从路揆居、奚宾、黄向荣、高荃、吕岳、卢文弨学，揆居等卒，并为作传志，或刊其遗作。[④]乾隆五十九年，文弨之金陵，道毗陵，殁于龙城书院，兆洛侍属纩焉。吊客甚众，时或哗语，兆洛终日坐丧次，神色惨沮，独无一言。

兆洛喜交游，春秋胜日，座未尝无客。同时如同邑周伯恬仪暐、庄卿珊绶甲、刘申受逢禄、董晋卿士锡、陆祁生继辂、陆绍闻耀遹、张翰风琦、洪孟慈饴孙、李鹿耔庆来、李心陔复来、董方立祐诚、魏尊客襄、无锡薛画水玉堂、宜兴周介存济、江阴祝子常百十、吴山子育、元和沈小宛钦韩、泾县包慎伯世臣等，并先后订交，岁时必来，来必信宿，久或旬月弥岁，切磋道谊，研练经典，善相养，气相煦，故接之者绸缪餍饫，久而不厌，乍相去而益相思也。与百十交尤挚，百十孝于亲而家贫，兆洛时与通问，每札必询朝夕如何，有所筹借，无不罄诚；又虑其忧伤挫志，书古人数事以广之。

兆洛尤喜刻书，脩脯所入，往往尽以充剞劂之费。在广东，则校刊凤韶《经说》、张惠言《虞氏易礼》、《周易郑荀义》、《易义别录》、《虞氏易变动表》、《易图条辨》、臧镛《孔子年表》、《孟子年略》；在扬州，则校刊洪饴孙《三国职官表》、《列代史目表》、刘逢禄《公羊释例》；在暨阳，则校刊邹浩《道乡集》、瞿式耜《瞿忠宣公集》、顾炎武《日知

---

① 道光五年，陶澍移任江苏巡抚，数请兆洛主讲省垣正谊书院，冀得朝暮见。兆洛苦辞，有《答陶巡抚书》。陶得书叹息，愈益重之。

② 道光七年，孙尔准总督浙、闽，韩克均巡抚福建，聘兆洛总纂福建通志。时林则徐、陈寿祺皆熟于三山掌故，咸以为总司其事，非兆洛不可。孙、韩具手札，期必至，而兆洛犹答陶巡抚之意也，书三至，卒不赴。

③ 道光十年，卢坤总督两湖，时以书通殷勤，寻移节两广，寄书币延主粤海书院。兆洛竟不作答。

④《养一斋文集》卷十有《含山县学训导高先生(荃)墓志铭》，卷十三有《外祖奚蕉峰先生传》，卷十五《旧言集》诗人小传有路思元师、吕云庄师两条。此外兆洛又刊有《蕉峰制义》、《抱经堂诗钞》。

录》、胡承诺《绎志》、庄存与《易论》、卢文弨《抱经堂诗钞》、叶惟庚《纪元通考》、德宣《西涧诗文集》、史问和《鉴楼集》、潘观常《静寄轩集》、程德赉《子香文钞》、吴育《私艾斋文钞》等：或为先哲剩稿，或为故人遗书，并为补阙正讹，先后付梓。又刻《所见帖》、《敬梓帖》，皆宋、元、明忠义手札及乡贤遗墨。既镌诸石，又必求其子孙，闻其贤而兴则喜，闻其愚而替则悲，闻其幼而慧，则招致而陶育之，又资恤而振拔之。於平昔旧游故人子弟及郡中文学知名士、子姓，亦类皆然。

晚年留意乡郡风教及地利。集江阴诗人为《江干香草》；刊同郡诗人遗稿为《旧言集》；命弟子薛子选、子衡网罗散佚，撰《毗陵经籍志》。倡修忠义孝弟诸祠，命弟子高承钰董其事，补入明代殉节诸臣，以应祀典。武进孟渎河、江阴映天河久塞，兆洛言于巡抚陶澍，重浚之，芙蓉圩、黄天荡、马家圩诸圩田被潦，则倡率修复之。守令至，勤勤语以土俗淳良，宜缓催科而急盗贼，冀以兴民利而除其害。盖其至性流露，有发于不容已者，非为名也

自来端人杰士，其文无不工，盖志气发抒，自不容揜，观于兆洛益信。

兆洛英敏绝特，少有文名。及长，转益多师，又得良友切磨，文以日进。每制一艺，稍不当父师意，则更为之，或一题成五六篇，不终日而就。乾隆五十一年，丁母忧，服阕，赴试，督学使为仁和胡某，奇兆洛文，既首擢，及发落，已将兆洛试卷刻成，九学诸生各给一本，曰："归家熟读之！若毋薄李生新进！老夫衡文半天下，未见有如李生者矣。"时兆洛年二十一。

五十五年，补武进学生，县试第三，府试及学院试皆第一。明年，科试优等第一，补廪膳生员。自是岁科试连拔第一，闻誉日起。兆洛文若夙构，不假点窜，楷法尤敏妙。每二艺一诗，意尚早，别出纸缮录完好，出场，有求观者，辄授之。朋辈咸叹其神速为不可及。

嘉庆三年，与兄康龄随父同赴江宁乡试，皆报罢。兆洛久困，而名日重，每二三场，经策题有难解者，争就询之。多不暇答，则条举疑义，榜诸壁间，俾得共观，以为常。六年辛酉，与庚申科连试，仍黜，年三十余矣，人皆迟之，兆洛作诗贻祝百十曰："贾傅始弱冠，终军亦妙

年，吾今已过之，偃蹇行自怜。非怨遇合迟，吾学实未全，道高身自尊，进退非徒然。”志学弥笃。

九年，兆洛年三十六，大捷江南乡试第一。是科试题义蕴深博，作者多不能满称。内监试阳城张敦仁，得兆洛卷，击节不置，又虑其辞格古浩，不投时赏，乃手录全卷，从容示主试大庾戴均元，若为拟程者，曰：“此等文将焉置？”答曰：“闱中果有此，岂得抑置第二人！”敦仁袖中出硃卷，曰：“此非闱中来耶！”即命录其五经及策论，相与传观，称美不容口，遂褎然为举首焉。初，本房师金乡周垣，因不识三艺中“祘”字，以问敦仁，曰：“是古算字也，其人必晓算法。”取观，力怂恿得荐。

明年春，计偕赴礼部会试。时总裁四人：尚书大庾戴衢亨、内阁大兴朱珪、侍郎蒙古恩普、英和。及揭晓，得兆洛名，乃在第 167 名。衢亨瞿然曰：“此江南名解元也，而第于此，外人其谓我何！”诸人亦深嗟惜之。及殿试，十本进呈，期必得第一人，竟易置第五，授翰林院庶吉士，武英殿协修。

兆洛初留意制举文，极力揣摩，及入翰苑，以台阁中多用骈体，乃颇肆力于汉魏六朝之文。选自汉以来至当代名臣表奏、硕儒论议，其文辞醇茂，而章程明切者录之。篇首载其事由，篇末究其说之行止。然人自为集，非若《名臣奏议》、《经济录》等书之分门别类也。

后游粤东，为巡抚康绍镛校刻桐城姚鼐《古文辞类纂》，因并刊《骈体文钞》。时归、方之文方盛行，世皆崇散行而薄骈偶，而兆洛则谓唐、宋传作，皆导源秦、汉，秦、汉之骈偶，实唐、宋散行之祖。因辑斯编，序而刻之。序略曰：“自秦迄隋，其体递变，而文无异名。自唐以来，始有古文之目，而目六朝之文为骈体。为其学者，亦自以为古文殊路。夫气有厚薄，天为之也；学有纯驳，人为之也；体格有迁变，人与天参焉者也；义理无殊途，天与人合焉者也。得其厚薄纯驳之故，则於其体格之变，可以知世焉；与其义理之无殊，可以知文焉。文之体至六代，而其变尽矣；沿其流极而泝之以至乎其源，则其所出者一也。”其生平论文盖如此。

至其自作，则弟子汤成烈论之最详。成烈之言曰：“大抵先生之文，于经，则禳群圣之微言，不规规于性理之说，而一以礼义为准；于史，则周、秦以下，治乱所由，兵、农、礼、乐、河、漕、盐、币，随事立说，因宜见义，娓娓千百言，以己意为断制，而必衷于正。其他若星历、象数、算术、声律、球图、舆地、氏族、谱牒，以及一名一物之细，莫不兼综百家，钩稽历代，研精极虑以出之，凡实事必求其是。至于朝廷制度之文宏以丽，乡侣交际之文和以婉，而友朋投赠之文则肫以挚，莫不性情融怡，事理交畅。由是知先生之学博大精醇，故发之于文，深厚缜密，直逼西京也。”①

乾、嘉间，阳湖治古文者相望，恽敬、张惠言首出，于桐城外别树一帜，世目之为阳湖派。兆洛年辈略后，而实为其后劲。《养一斋集》华实相扶，无体不工，卓然足继《大云》、《茗柯》。②同时如陆继辂、董士锡辈，虽各以古文擅场，③然才力学力，均未能与兆洛齐驱也。兆洛诗、词均有集，亦醇雅有法。④

五、学术述要

清代自康、乾以后，学者有汉、宋之争，互相攻讦，至嘉、道间而极。⑤兆洛生丁其会，独主兼容并色，平息两家之讼。其言曰：“为考证之学者，援文比类，据物索象；迨其说不能自还，则务繁征博引，以蕲必伸，其弊也凿；然而考订精勤之功，不可没也。为义理之学者，穷理必从其朔，其弊也或至于穷高极远而无所薄；然而剖析理欲，教人践履之功，不可诬也。归之大要，皆有功于圣人；圣人则能别黑白而定一尊。求圣人之道者，则皆当师尊而信好之，爱敬而奖成之。”⑥其指汉学、宋学之失，为两边救敝之辞，可谓不易者矣。

唯其主泯汉、宋之界也，故不为专家，而务为通儒。生平不喜考

① 见《重刊李申耆先生养一斋文集序》。

② 《大云山房集》14卷，恽敬撰。《茗柯文编》5卷，张惠言撰。

③ 陆继辂有《崇百药斋集》20卷，董士锡有《齐物论斋集》5卷。

④ 兆洛有诗集4卷；词集1卷，均在文集中。

⑤ 观方东树《汉学商兑》可见。东树，嘉、道间人。

⑥ 赵振祚《养一斋文集序》引。

据之学，而见考据之书辄收之，曰："以辅吾所不足也。"[①]不喜宋、明儒迂腐之言，而《朱子学的》、《二程语要》之属，时时置案头省览。[②]盖其识见圆融若此，故其治学，自六经四史，古今异同之说，无不博览；旁及星文、历算、地理及他百伎杂艺之流，无不蒐采。天下之学者，鳞集辐辏于兆洛之门，兆洛视之皆师友也。水行者妄轮蹄，陆行者訾舟楫，造兆洛之庐者，无不化也。呜呼！可谓大矣[③]！

兆洛之学，自治史入，最得力于《通鉴》、《通考》二书。弱冠已后，泛滥百家，而历算、舆地两业，用功至深，尤奥博无穷。年甫三十而学大成。兹试论之如次：

(1)经学

兆洛治经，奥赜并到。在暨阳，有问明堂制度者，则举笔图示之，历历如睹。问车制者亦然。不喜考据训诂，然作《释钟》、《释车》等篇，皆精绝。常州今文之学，倡自庄存与，传其学者，存与外孙刘逢禄。存与所著诸书及逢禄《公羊释例》，兆洛深赏之，亟为刊布，由是天下知有庄氏之学。厥后宋翔凤、魏源辈继之，遂启今文学派。此在清代学术史上盖为一重事焉。

(2)史学

兆洛年十五，即好读司马光《资治通鉴》及马端临《文献通考》。弟子蒋彤尝记之云："不期年，贯澈首尾，其节目要处，皆能成诵。后常举以训门弟子曰：读书有至简要，至阔大一法：《通鉴》以知人，《通考》以博物，一经一纬，稍有才分，何患不一日千里？"[④]此所记李氏训弟子语最能道出其得力之处，盖李氏论学无汉宋，唯以心得为主，而深恶以饾饤为汉、空腐为宋者，故以《通鉴》、《通考》二书为治学之门户，其学疏通知远，博综古今，亦真善读二书者。司马氏书网络宏富，于礼乐、历数、天文、地理，尤致其详；马氏书又诸史表志之总汇，故李氏最熟于掌故，其后来专精历算、舆地，殆亦二书有以启之。

① 见蒋彤《小德录》。
② 见蒋彤《小德录》。
③ 参见赵振祚《养一斋文集序》。
④ 蒋彤《李申耆年谱》卷一。

(3)天文

兆洛以精天文著称,主暨阳书院时,干支之名称,日月五星之躔度,二十八宿之分野,院中五尺童子皆知之。[1]制天球,初以木为之,其法巧密,惧学者不明,曾为文以释之。[2]后得江阴学武生徐泰,泰能为铜工,有巧思,兆洛招之院中,以意指授,更镕铜铸之,大合抱,岁周而后成,时道光十三年也。又为面东、面西、面南日表,用以朝夕觇候。又广天球之法为地球,染黄以像地,洒青以像河海,填注中国地方及海中诸国于其间,架之,俾可旋转观览。又绘黄道赤道图,依《大清会典》天文图,以视法变赤道为直线,分十二宫为十二图,而别绘近南北星为圆图,列于前后,较之南北赤道分图,尤便览;且较原图补入增星,推准图分合而绘之,以便占天者之考览焉。[3]又命弟子钱维樾将恒星赤道绘作分图,凡二十九图,刊版行世,推步家得之,尤了如指掌云。

(4)历算

兆洛以历法各朝不同,欲究诸述之或疏或密,历代之递因递变,非举二十二史中历律志,尽通其术不可。元和李尚之锐有三统四分乾象三术法,兆洛推广其义,欲究各朝历法疏密因变之原,乃命门人宋景昌从荆溪教谕沈钦裴受四元算术。由是指示木工,造正方、纵方各一具,次商、三商之平廉、长廉,俱一览了然。又仿刘徽《九章注》,斜解立方棋作为堑堵、阳马、鳖臑诸形,合之为一大方,分之则各体皆备。弧三角一术,为西人绝业,其状益复难辨,亦令徐泰铸铜为之弧,凡矢切割各线,俱能使学者了然。景昌精挚敢入,兆洛与为挈纲辟奥,不数年,四元之术大通。

(5)舆地

兆洛自幼即留意舆地之学,凡史部有涉地理者,无不备致,尤得力于顾祖禹《读史方舆纪要》,尝手为缮录,并刊定其与原史不符者。及为凤台、怀远两志,既博且精,为当世宗法,遂欲推其道以津逮后

① 见蒋彤《小德录》。

② 参见蒋彤《养一子述》。

③ 参见《养一斋文集》之《跋恒星图》。

学。始得《图书集成》中舆地图本,苦其不著天度,又府各一图。继得康熙、乾隆《内府舆图》,欲临其本,未成。晚乃得董祐诚所绘图,而又分四十一图,大小瓜离,不便披览,且无历代沿革。乃改为总图,每方百里,而以虚线存天度之经纬;舒之为屏幅,卷之则为册页,凡钩稽历年而后成,以付刊焉。刊既成,先用朱印数十部,墨注古地名其上。以上古、《禹贡》、三代、春秋、战国为经始,推及秦、汉、三国、六朝、唐、五代、宋、辽、金、元,下迨于明,检各史地志,以《皇舆表》及《一统志》核其沿革,并得其实地,而著之于图,号曰《历代舆地沿革图》。其为是图也,别录各史地志,编以归韵,既得其实地,乃会前代郡县,注之韵下,号曰《历代地理韵编今释》。又欲为《历代地名长编》,凡史中地名,因事而见,非郡县者,亦以韵类之,可并入上古、《禹贡》、三代、春秋、战国诸地名。若成此,则地皆有归宿,读史者无复遗憾矣。而事尤繁费,仅成数种,未能竟也。又留意海外地理,著书数种,[①]并精博。

(6)方志

清代方志,多出名手,兆洛所修,有凤台、怀远、江阴三志,而东流、泗州、常州各志,其章程体例,亦为兆洛所厘定。[②]怀远志有总图,又乡各一图,每方二里,村落桥梁,寺观丘阜毕具。其径路,则密点细线,以为识别。重图凑合,则圭撮不差,行路者持此,则按图举步,不须问歧,其精如此。兆洛常言是可为志书之法宗,若一统舆地图,每县得如此精密,实读史者之大快,其为用非小。后怀远副贡生汤若荀修《寿州志》,吴育修《合肥县志》,董祐诚修《咸宁县志》,皆参仿此书义例,方罫作图,一依此法。

兆洛工书,於古人之书无不学,得颜尤深。以为古来称工书者,率瑰玮人,魏、晋则钟、王,唐、宋则颜、柳、苏、黄也。自以书为艺,而其途遂分。因以所见宋、元以来忠义之迹,摹勒入石,号曰《所见帖》。又取明杨继盛、唐顺之、卢象升、倪元璐、黄淳耀、史可法诸人书刻为

① 即《海国纪闻》、《海国集览》等书,详后著述考。

② 嘉庆二十二年,如皋吴篪属兆洛修《东流县志》,兆洛为之厘定章程,提挈纲要,载笔而左右者,则张成孙、李頻、方履籛也。道光十九年,杨传棨守泗州,议修新志,函求指陈体例,兆洛如其请以复之。同年,黄冕权等议修常州府志,延兆洛为总纂,兆洛为刊定体例门类,寻以事中辍。

屏幅,云可为养正之助。兆洛书,包世臣《书品》列之能品,当时求者踵接,率十日一挥洒,辄数十百纸,张满一屋,而所书多先正格言,触目而动于心者,盖动不忘正,其性然也。

于细事亦罔不精:书画赝真,研石美恶,种植节候。以意制竹为爵,义象古雅。布帛制衣,用此法裁则省,否则费。以今绨绤缕数较古丧服升数,则精粗何似,可以比辨。用铜仿古嘉量为升,合周、汉与当时部颁尺式,若各省民用长短诸式咸备,以为实事求是,学问之道固然。唯乐律不精,以为不聪于耳,又不谙于箫管,故未能究极妙处云。

六、著述考

兆洛学术闳邃,著书满家,综其述造,无虑数十种。惟生平不自珍惜,大都随手散佚,其传世者,十之二三而已。兹参稽众籍,考其遗篇,各附解题,略以成书先后为次。又,兆洛喜表章前人遗制,凡所刊布,卷帙亦富,此并列之,俾世之人有考焉。(卷数不详者,阙之。)

(一)李氏自著书

《历代略句四言》1 卷

此嘉庆元年作。始秦终明,以三千余言括之,节目璨然,辞致雅逸,而断制凿凿,虽曰便蒙,亦奇制也。时兆洛年二十八。书成未刊,今殆已佚。

《蜩翼词》1 卷

蒋彤《李申耆年谱》卷一云:“张皋文先生惠言,弟翰风先生琦,校录唐、宋词曰《词选》,刻之于歙。复录同人词数家,而先生《蜩翼词》五首预焉。先生阅之,曰:‘实业未就,虚以词名,非夙志也。’致书祝子常,为削其板,或易以他人名。”按:《蜩翼词》,兆洛 29 岁以前作,凡二十余首,在文集中。其《菩萨蛮》五首,今载黄毅《续词选》。

《读纲目条记》20 卷

兆洛友李述来读《通鉴纲目》,有疑滞,辄条记之,以示兆洛。兆洛为之研寻订正,凡地志、天官、朝典、家乘,遗章断句,靡不综究,弥月而成，时嘉庆八年也。此书尝刊板，今未见传本。

《历代奏议钞》□卷

嘉庆中，兆洛成进士，授翰林院庶吉士，充武英殿协修。乃采辑自汉以来至清代名臣表奏，硕儒论议，择其文辞醇茂，而章程明切者录之。篇首载其事由，篇末究其说之行止，然人自为集，非若名臣奏议、经济录等书之分门别类也。书成未刻。

《凤台县志》12卷

凤台旧有志，陋而不该。兆洛重为纂辑，详利弊，稽古籍，考金石，采风谣，上溯周、秦，下迄清初，叙次精核，征引浩博，清代方志中名作也。书凡十篇，故包世臣《李凤台传》作十卷，各家著录俱作十二卷，则并图计之。有初刻本，今已罕觏。

《小山嗣音》4卷

兆洛辑寿春自明以来诗人所作为此书，自为之序，又使周仪暐序之。谓之《小山嗣音》者，寿春为汉淮南王故都，而小山则淮王客而以辞赋见称者也。

《怀远县志》28卷

嘉庆二十二年，怀远知县孙让，延兆洛修县志，兆洛本《凤台志》体例，恢而广之，功已过半，会有皖城之游，乃以志事属同县董士锡。二十三年春，兆洛重为订正，至七月，书成。为志十，记二，考一，表传七，图一，叙录一，二十有八篇。此志泰半皆兆洛稿，图尤精心所寄，各家簿录，俱题士锡撰，非其实也。

《纪行》1卷

嘉庆二十五年，广东巡抚康绍镛约兆洛赴粤，至苏州，沈钦韩请为游山主人，遂得尽支硎、穹窿、狮子、天半诸山之胜，凡三日而后行。见闻所触皆书之，成此书。未梓。

《纪游》1篇

《记砚坑》数十则

《水岩大西洞砚石说》1篇

《端溪砚坑开探图记》1篇

此数篇并兆洛游西樵山及端溪时所作，《记砚坑》尤精绝。

《骈体文钞》31卷

兆洛弟子康兆奎刊行姚鼐所选《古文辞类纂》，兆洛以为欲尽相杂迭用之能，而免毗阴毗阳之失，实不当歧奇偶而二之。乃更选先秦、两汉，下迄于隋，为《骈体文钞》，欲使学者沿流而溯，知古文、骈文本出一原。所选分三十一类，括为三编。书与姚氏《类纂》、曾氏《杂钞》，并称名选本，至今风行。

《海国纪闻》2卷

嘉庆末，兆洛在广州，观于洋商肆楼，见西人形状之殊诡，室屋衣服器用之穷巧极侈，欲求土人能通晓海外事，一询诸国所在远近，海道曲折，及其国之大小强弱，风气厚薄美恶，政令刑禁之大凡，几以考验故籍，规揣今势。而通事驿卒，率贸然莫辨，复时为谩诞，以相眩骇，意常恨之。久之，有吴兰修官广文，言其乡人谢清高者，幼遂洋商船周历海国，无所不到，所到必留意搜访，目验心稽，出入十余年。今以两目丧明，恨不得一人纪其所见，传之于后，因受其所言，为《海录》一卷。兆洛取阅之，所言具有条理，于洪涛巨浸，茫忽数万里中，指数如视堂奥。又于荷兰诸国吞并滨海小邦，要隘处辄留兵戍守，皆一一能详，尤深得要领。然以草草授简，未尽精审，或失检会，前后差殊。因属兰修招之来，将补缀而核正焉。而清高遽死，欲求如清高者而问之，则不可复得，乃就兰修所录，略加条定，疑则缺之；复约其所言，列图于首，题曰《海国纪闻》。其博异，多足补前史之阙云。

《海国集览》1卷

兆洛又以清高所言，与故籍所载或合或不合，或影响相似；古来著书者大抵得之于传闻，未必如清高之身历；而清高又不知书，不能辨证古今之异同，因又检诸史及海国记载，自唐以上，愈远愈荒渺不可凭，故断自宋以下，摘其有闻考证者录之，拟俟清高来而问焉。继闻清高死，遂不复能卒业矣。凡一卷，与《海国纪闻》并未付梓。

《八代全文》□卷

嘉庆甲戌、乙亥间，扬州盐政校刊《全唐文》，孙星衍预其事。星衍寻与弟星衡及严可均撰集八代文，未竟业。道光二年，兆洛馆扬州鲍继培家，继培欲缮完进呈，乃以属诸兆洛。兆洛广为搜采，上自汉、魏,下迄于隋,阅三年书成,凡二部:其一以时代前后为次;其一则以类相从,分数十门。未刊。

《皇朝文典》74 卷

道光初,兆洛寓扬州,闻人纂辑清代文章,求观其稿,病其尚有乖紊,乃重加厘次,以类相从,成此书,刊之。

《旧言集》初编、次编、广编各若干卷

乾隆壬子、癸丑间,常州议辑郡志,因搜求所属各县人士诗文小集,以备纂辑艺文。兆洛多所采访,寻编其中歌诗为此集,旋得旋编,不以前后为第,迨季年已近千页。道光四年付梓。

《江干香草集》□卷

道光初,兆洛主讲江阴暨阳书院,病其地尟藏书家,人士亦不知稽求邑之前贤往哲遗文轶事,并其著述之存否,乃综辑江阴诗人自宋葛立方以下百余人所作,比其年次,附以小传,为此集,以备掌故。未刻。

《缩本舆地图》1 卷

道光六年,兆洛刊此图,用硃色印之。加《禹贡》地名于其上,则用蓝色套板。

《皇朝内府一统全图》1 卷

嘉庆中,兆洛在北京,得《图书集成》中舆地图本,苦其不著天度,又府各一图。继得康熙《内府舆地图》,大于《集成》所绘,有天度,分省,并有外藩。又于广东巡抚库,见乾隆间所赐各省督抚《内府舆图》,则合绘之,东西为横幅长卷,而南北以次排之,欲临其本而未成。继乃得董祐诚所绘图,分为四十一图,大者数尺,小亦尺余。斗合既难,观者不易。乃总为一图,舒之则为屏幅,卷之则为册页,殊便寻览。是图凡阅三年而后成。操笔者,则弟子六承如及其从子严也。初印本流传未广,合肥李鸿章重刊《李氏五种》本,最通行。

《历代舆地沿革图》1 卷

兆洛既成《一统全图》,乃用朱印数十部,墨注古地名于其上,起三代,迄明,每代各注一图,号曰《历代沿革图》。皆以朱图为本,而墨图纬之。但朱图可印,墨图则在人自加,故未能广布。太平天国后,其本益不易得。同治中,仪征厉伯符、怀宁马素臣,先后为增益数图,李鸿章刊入《李氏五种》合刊中,即今通行本也。

《纪元编》3卷

秀水叶维庚著《纪元通考》,兆洛为校订付梓。既而又以是书为繁,乃别为部分,命六承如参稽同类书籍,立表以顺时代,编韵以便寻阅。又先辑总类,以清表韵之源,使彼此互稽,不致参差讹漏。于是经纬璨然,约而弥赅,亦读史者之绀珠也。有《李氏五种》本及粤雅堂丛书本。

《忠义祠录》□卷

道光十一年,兆洛倡修常州忠义祠,成此录,自为之序。按:《四库提要》卷六十一史部传记类存目三有明叶夔《毗陵忠义祠录》四卷,记宋、元二代常州死难诸人。夔字司韶,亦武进人。

《桑梓潜德续录》□卷

《桑梓潜德录》已收入文集内。此亦同年所作,有刻本。

《舆地略》2卷

是书以京师为宗,直隶省以逮府、厅、州、县,并著其四至八列,外藩亦然。由是万里辽阔,如堂室可指数矣。有刊本。

《历代地理志韵编今释》20卷

《皇朝舆地韵编》2卷

兆洛初至暨阳,弟子六承如问:古今地名,疆域胶葛,检书猥繁,读史者何道以理之?兆洛示以《皇朝舆地图》,令以古地名识其上为别,以上古、《禹贡》、三代、春秋、战国为经始,年余乃成。继检各史地志,别为录副,而编以归韵。继检《皇舆表》及《一统志表》,详其沿革,著之于图,皆得其实地。继会前代郡县,注之每韵下。《历代地理志韵编今释》记清以前舆地沿革,《皇朝舆地韵编》则记清舆地沿革。司其事者,则六严、六承如、宋景昌、徐思锴诸人,而兆洛时时为提命督课,盖阅十余年而后成。有活字原排印本,怀宁邓少白刻本,《李氏五种》本,江宁局本。

《李氏家牒》1卷

道光十七年,兆洛手辑家牒,其别有四:曰 诔碣传状,曰诰命,曰记述，曰系录。书成刊之。

《历代地名长编》未成

兆洛既萃及门之英，成《地理韵编》，又欲为此书。凡史中地名见于事而非郡县者，悉编出之，亦以韵类之，并併入上古、《禹贡》、三代、春秋、战国诸地名，以便读史者之寻检。而事尤繁费，迨兆洛晚年，仅徐思锴成《晋书》一种，余多为之而未竟也。

《江阴县志》□卷

道光十七年，常州知府黄冕权、阳湖令王德茂，议修郡志，延兆洛为总纂，与司江阴志事。明年秋，《江阴志》成。助修者江阴薛约亦兆洛所荐也。

《常州府志》未成

府志局设常州龙城书院。兆洛以主讲暨阳，与司江阴志事故，不能常在局中，而外人好为异同，道光二十年，冕权、德茂又先后去官，遂无主持其事者。时兆洛已为刊定体例门类（凡三纪、七志、四表、六传、一考，共二十一类），且已发引其端矣，竟未就。

《养一斋文集》20卷

兆洛生平为文不自珍惜，往往成后即弃稿，门弟子各私录副，或有检得于故纸者，咸宝守之。殁后十年，及门高承钰始辑其遗文，厘为二十六卷，以麻沙本印之，中多赝制，未为善本。咸丰初，兆洛弟子邓传密、夏永曦、薛子横、黄志述等，重为校刊，删汰讹伪，始复其真，凡二十卷，今通行汤成烈刊本，即复此本。

《养一斋诗集》4卷

兆洛有诗集四卷，见刘承幹《李申耆年谱跋》。今有刻本。

右34种，皆李氏著述之可考者。至其遗篇剩什，散见各书，而未为《养一斋集》所收者，尚所在多有，以其寥寥未成卷帙，不复录。

附

《沟洫图》□幅

天球铜仪1具

地球铜仪1具

《恒星图》29幅

(二)李氏校刊各书

《方孩未集》16卷

孩未,名震孺,明寿春人,官广西巡抚。其文集或旧有刊本而散佚者,亦有未经刊刻者。兆洛因纂《凤台县志》艺文,并力为搜录,辑成十六卷,计奏疏四卷,《自叙》、《年谱》一卷,《报恩录》一卷,《祸由录》一卷,诗一卷,笔记六卷,杂文一卷,附刊一卷,以授其裔方肇嵊,刊版行世。

《凤氏经说》3卷

凤氏名韶,字德隆,江阴岁贡生。嘉庆二十五年,兆洛为刊是书,并为之序。

《虞氏易礼》2卷

《周易郑荀义》3卷

《易义别录》14卷

《虞氏易变动表》1卷

《易图条辨》1卷

此五种并张惠言撰,道光元年,兆洛为校刊于广东。惠言《周易虞氏义》、《虞氏消息》、《仪礼图说》,阮元既已刊行之,兆洛复刊各种,由是惠言一家之学备矣。

《孔子年表》□卷

《孟子年略》□卷

此二种并臧镛撰。兆洛既刊惠言各书,乃并刊之。

《三国职官表》3卷

《列代史目表》1卷

此二种并洪饴孙撰。道光二年,兆洛为校刊于扬州。

《公羊释例》10卷

刘逢禄撰。逢禄此书,初刻于邗上,未成。兆洛取以归,为补刊之。

《程子香文钞》2卷,又,《续钞》4卷,《补遗》1卷

子香名德赉,婺源人,吴德旋之古文弟子也。道光八年,兆洛为刊版行世。

《纪元通考》12 卷

叶维庚撰。维庚字贡三,号两垞,秀水人。道光初知江阴,卒于官,遗有是书。兆洛为之补其缺漏,去其纰舛,博推精检而刊之。

《鉴楼先生集》□卷

史问和撰。

《静寄轩集》□卷

潘观常撰。问和字屺铭,观常字宸雅,并宜兴人,兆洛皆识其为人,故刊之。

《道乡先生集》40 卷,又,《补遗》若干卷

宋邹浩撰。道光十一年,邹氏后裔属刊是集,兆洛手自编校,取李焘《续资治通鉴长编》及黄淮等《历代名臣奏议》,补其缺遗,并删辑其年谱,以成此书。

《西涧诗文集》诗 2 卷,文 1 卷

德宣撰。宣字子浚,襄平人。道光十一年卒于江阴县任。兆洛刊其集,序而行之。

《惜抱轩书录》4 卷

姚鼐撰。

《东溟诗文集》文集 6 卷,外集 4 卷,《后湘诗集》9 卷,续集 5 卷

姚莹撰。鼐之从孙,知武进,以《惜抱轩书录》及所著诗文乞校正付刊,兆洛与吴育、毛岳生共参其事,时道光十二年也。

《日知录集释》32 卷

顾炎武《日知录》,钱大昕尝为作评释数十则,毛岳生录以示兆洛。兆洛谋推其义例,通为笺注,有资实学。嘉定黄汝成肯任剞劂之费。既又得杨南屏诸家,皆尝用功于是书者,有可采录,悉收之。吴育、岳生及兆洛弟子蒋彤,分司校雠。兆洛尝谓中言时务八卷,为有用之学,乃全书之精华,亭林所云为王者取法者也。故漕运、河务、盐政诸大端,博采名臣奏议及近儒论议,慎取而详说之,与本义相发明,凿凿可见诸实行,非视《困学纪闻》诸家笺释,只取该博而已。道光十四年刊竣,岭生又为《刊误》一卷附其后。

《所见帖》6 卷

兆洛集宋岳飞、文天祥、元余阙、明赵南星、高攀龙、缪昌期等数十人手札为此帖，并为考其时事出处往来姓字，多足以补史缺，盖积十年访购而成。既摹勒入石，外人多以所藏墨迹求表章，乃为续刻，又收入赵用贤、周顺昌等数家。帖刻于道光六年春，至十四年秋始成。

《敬梓帖》□卷

兆洛又多见乡先贤墨迹，乃别刻此帖，收入唐顺之手书诗稿等数种，余亦有钩摹上石者，而兆洛已不及见其成矣。

《墙东类稿》20卷

元陆文珪撰。文珪，字子方，宋末遗民，江阴人。其集世久无传，清初修《四库全书》时，馆臣从《永乐大典》中搜采遗逸，得文三百余篇，诗词六百余首，厘为二十卷。道光十四年，兆洛命弟子承培元校刊之。

《瞿忠宣公集》10卷

明瞿式耜集，清初未敢梓行，故《四库全书》中不著其目，其稿藏常熟许廷诰家。原本分十二卷，编次未善，兆洛重为纂辑，定为十卷，即以付刊，每一版竟，手自校之。

《补梁疆域志》4卷

洪齮孙撰。齮孙字子龄，亮吉少子也。亮吉有补三国、东晋、十六国疆域诸志，兆洛命弟子徐思锴校订齮孙所著刊之，使与亮吉之书并行。

《绎志》19卷

胡承诺撰。承诺字君信，号石庄，明竟陵人，崇祯丙子举人，明之遗老也。书凡六十篇，合自叙一篇为十九卷。于理道名实皆醇明宏达，切近人情，文亦类《淮南》《抱朴》。惟当时声称暗如，故其书不登四库。至道光中，兆洛得其遗稿，十七年始刊行之。名曰《绎志》者，自序谓绎己之志以我为政，即礼经君臣父子，各射己之鹄之意也。

《抱经堂诗钞》2卷

卢文弨撰。兆洛晚年序而刊之。

《四书说》1卷

《乐说》2 卷

《彖传论》1 卷

《象象论》1 卷

《系辞传论》2 卷

《八卦观象解》2 卷

《卦气论》1 卷，今《味经斋遗书》本，书名题《卦气解》

《算法约言》□卷

此八种并庄存与撰。存与字方耕，武进人，乾隆进士，官至礼部侍郎，常州今文学派开山大师也。存与孙受甲及受甲子润，尝示兆洛诸书，兆洛手自寻绎，叹其精微广大，遂次第付刊。《算法约言》未成之书，付弟子宋景昌，徐竟其绪。

《说文系传》40 卷，附校勘记 3 卷

寿阳祁嶲藻，官江苏学政，留意小学，常恨歙汪氏、石门马氏所刻小徐本，错讹脱乱，欲别镌佳本行世。兆洛为取顾千里手校钞本，复宛转借得吴郡黄氏所藏宋本，命门人夏灏参校，乃觅工书人缮写，其篆书则门人承培元等笔也。道光十八年，书成。

《私艾斋文钞》□卷

吴育撰。育字山子，江阴人，工古文。兆洛每有所作，必以示育及毛岳生，有所删润，无不欣然从之。育卒后，兆洛为刊其文集。又，董士锡、张成孙遗文，亦由兆洛刊定，并见蒋彤《养一子述》。

右 38 种，皆李氏所校刊。此外尚有《举业荃蹄》、《蕉峰制义》、《执中元义》等数种，以无闻宏旨，略之。

七、结　语

兆洛学贯天人，名动中外，士林重之如泰山北斗。当道钜公争延致之以为重；通艺之士，咸望兆洛为归；天下笃志著述，思有闻当时垂名后世者，亦咸必折衷于兆洛；即一时魁儒宿望，倾心推服之言，亦往往见诸文字：

沈钦韩曰："申耆强识敦让，博物多能。"

刘逢禄曰:“博综今古,若无若虚,吾不如申耆。”

汪喜孙曰:“申耆先生有体有用,知古知今,学该汉、宋,识贯天人。”

毛岳生曰:“吾自见李先生,学问之道乃得实地,其贤当越唐、宋以上求之。”

并时显贵,如江苏巡抚陶澍,始终契重,推为人师。大学生穆彰河谓为布帛菽粟之质,而麟凤之章,叹为真古人。桐城姚莹以为东南讲席,兆洛一人而已。大兴徐松、仁和龚自珍,一代硕彦,皆愿以师事。虽周济、包世臣,擅博辨,喜评骘人物,独于兆洛始终无闲言。而兆洛茕茕如畏,唯日不足,尝谓吾气弱,故不争,文只取达意,力不任锻炼,故无所成,盖其自处真实如此。

窃尝论之,兆洛有大过人者:清代汉学宋学两家,壁垒森严,各不相下,天下不归扬则归墨。兆洛师事卢文弨,文弨,戴震弟子,是兆洛於汉学有渊源。兆洛与姚莹为友,又与陈用光通书问。莹,鼐之从孙;用光,则鼐弟子也。是兆洛于宋学亦有熏染。而兆洛独能消融门户之见,与采两家之长而祛其短,其识见不可谓不高矣!

附　录

李兆洛简谱

阳湖蒋丹棱彤,兆洛入室弟子也,援二十家年谱例,成《李申耆年谱》三卷,极详赡,今删其要,以备考览。

乾隆三十四年(公元1769年)　　兆洛生。

三十八年　　5岁,始从宜兴路揆居受四子书。揆居字思元,兆洛父征兰尝从受业。

四十六年　　13岁,从学于外祖奚宾。宾字曰朝,号蕉峰,阳湖岁贡生,笃学,为时名师。爱兆洛英敏,常令寝其趾,晨昏与讲论焉。

四十八年　　15岁,从学于黄向荣。向荣字耑孩,以举人为铜陵县学训导。是年,兆洛读《通鉴》及《通考》,不期年,贯彻首尾。

四十九年　　16岁,从学于高荃。荃字芳余,号萝簪。举人,官含山县学训导。是年,与李庆来、复来、述来兄弟定交。

五十一年　　18岁，从学于吕岳。岳字云庄，廪贡生。

五十四年　　21岁，肄业龙城书院。主讲者余姚卢文弨，讲训诂学，兆洛意殊不屑，文弨深器之。

五十五年　　22岁，补武进学生。是年，与江阴祝百十定交。

五十六年　　23岁，补廪膳生员。

五十七年　　24岁，授徒家塾。

五十八年　　25岁，校读赵一清《水经注释》、乐史《太平寰宇记》、顾祖禹《读史方舆纪要》等书，皆购善本，硃书小楷，校录绝精美。

六十年　　27岁，大母周宜人卒，兄康龄顺天试事毕，遂出都，征兰以居忧，故促归，为持家计，俾兆洛得专意问学。

嘉庆三年　　30岁，留意八股，屏弃一切。秋，随父兄同赴江宁乡试，皆报罢。

六年　　33岁，科试仍黜。

九年　　36岁，江南乡试第一。

十年　　37岁，春，计偕赴礼部会试，成进士，授翰林院庶吉士，武英殿协修。

十一年　　38岁，仍授徒家塾，颜其堂曰“耕乐”，书塾曰“辨志”。以召阁中多用骈体，乃颇肆力于汉、魏、六朝之文。

十二年　　39岁，春，赴京入馆肄业。时同邑盛敦大官侍御，延兆洛课其子。盛固好客，交益广，问字谈艺无虚晷。

十三年　　40岁，散馆，一等，授凤台知县。十二月，到官。

十四年　　41岁，尽弃旧学，从事于刑名法术之家。

十五年　　42岁，修县署及十议桥，筑丰湖、焦岗湖闸。

十六年　　43岁，擒获张先、周清、朱纪诸盗。

十七年　　44岁，平息城西湖兵民纠纷，修学宫、训导署及北门桥。秋九月，与理寿州事。

十八年　　45岁，获盗任际殷。

十九年　　46岁，春二月，始卸寿州事。三月，修《凤台县志》成。四月，以丁忧去官。

二十二年　　49岁，仍游安徽，怀远知县孙让延主真儒书院，并属修县志。

二十三年　　50岁，赴安庆，课巡抚康绍镛子兆奎。

二十四年　　51岁，绍镛调广东巡抚，兆洛留皖，主讲敬敷书院。

二十五年　　52岁，应绍镛约赴广东。

道光元年　　53岁，九月返常州。绍镛居忧，寓扬州，仍邀兆洛往，赴之。十一月，以《骈体文钞》付梓。

二年　　54岁，馆扬州鲍继培家。冬，返常州。

三年　　55岁，江阴人士延主暨阳书院。

五年　　57岁，康绍镛巡抚广西，邀兆洛往，不赴。是年秋，纂集《八代全文》成。

六年　　58岁，刊《缩本舆地图》。

七年　　59岁，江苏巡抚陶澍邀主正谊书院，浙、闽总督孙尔准、福建巡抚韩克均邀赴闽总纂通志，均不赴。

八年　　60岁，《纪元编》成。

十年　　62岁，两江总督陶澍、两广总督卢坤邀主讲钟山书院、粤海书院，均不赴。

十二年　　64岁，锓《舆地一统全图》版成，并刊《舆地略》2卷。是年冬，送孙岳生就婚泾县令赵仁基署中。

十三年　　65岁，制天球、地球成。

十四年　　66岁，游虞山。

十五年　　67岁，绘《赤道黄道图》成。

十六年　　68岁，成《历代地理韵编今释》，刊之。

十七年　　69岁，应姚莹邀游扬州。

十九年　　71岁，常州知府黄冕权延修郡志与江阴县志，往来郡城暨阳间。

二十一年(公历1841年)7月8日　　卒，年七十三。

【编者注】此稿系据作者草稿誊录。因是草稿，故文中有径录清人论议李兆洛文字处。原稿上有作者附言："此书后改名《李兆洛学谱》，体例多所更定，材料亦增加约一倍。"《李兆洛学谱》未及刊行，"文革"起，书稿於抄家中亡佚。

李兆洛在凤台

李兆洛是清代著名的学者，又是阳湖派的重要作家。江苏阳湖（今常州市）人。生于乾隆三十四年（公元1769），卒于道光二十一年（1841）。他来凤台做知县，在嘉庆十三年（1808）的冬天。到任后，就在住所悬挂了一副亲笔写的楹联："栽花携得蓬莱种，买犊教成渤海耕。"可以想见他的风概和抱负。

当时的凤台是寿州的分县，县治与寿州同城。自古为南北用兵之地，又濒临淮河，经常闹水灾，地旷人稀，盗匪猖獗，号称难治。李氏下车伊始，就遍历县境，审地形，察水道，先从调查入手。然后写了一篇《凤台上事与绅士书》（载《养一斋文集》卷十六），提出五项主张，也就是他的施政纲领。这五项是：一、地利宜讲求；二、读书宜鼓舞；三、保甲宜举行；四、志书宜纂修；五、名胜宜兴复。李氏在县七年（中间兼理寿州事三年），尽力政事，日夜辛劳；稍有闲暇，就修县志，访名胜，登八公山，置酒赋诗，宴对宾客。他说到做到，只经过几年，施政纲领就先后实现，兹择较重要的略述如下：

一、修建各项工程

李氏是地理学名家，他查勘县境，知西北的焦岗湖就是汉代的芍坡，曾以屯垦著称天下；但渠道久废，一遇淮水大涨，就成汪洋。李氏锐意整治，培筑环湖各坝，遂理出催粮沟旧道，又另造二里闸工程。从此以后，颍上县的双桥集、长湖湾诸高地之水以及淮水，蓄泄有资，可以种麦或莳稻，地利顿兴，人民得到很大的好处。

县西南境又有丰湖，滨湖七坊，周围百余里的水都赖以宣泄。旧有闸，久废。李氏经营创建，于嘉庆十五年（1810）季春动工，至初秋遂成一新闸，闸底与湖底最深处相平。规定每年11月开放，2月堵合；如有非时内涨或大旱需外水灌救，则随时酌为启闭。七坊之民从此杜绝了水患，能旱涝保收了。

此外，李氏又挖浚湿泥、黑壕、裔沟等河，修建小口沟、鲁村湾、二里坝等闸；又在大口沟、鲁家口、杨家脑等九处筑坝；又修北门、十议二桥。以上这些大的工程，经费所出，大部分是由受益的种湖田者提供的（李氏规定以收入三分之一供修建用），不足时，则由李氏自己捐俸弥补。所以，他虽连年兴建，但并未扰民。

二、肃清匪盗

当时，凤台多盗，自成帮伙，各有头目，党羽往往多至几千人。行凶杀伤人的事时有发生。李氏经常出访，即使是僻远的小集镇，一年之中也必一再前往。对于各处土豪大盗的姓名、行径等等，他都有详细的调查记录，所以一遇宵小窃发，就能预知其出没踪迹。盗魁周清，有徒众二千人。有一天，自投阶下，愿立功赎罪，李氏赦免了他，用以专掌捕捉的事。从此大小匪徒一作案，就立被擒获，就是逃到外县，也不能免。几年间，先后捕得大盗、首棍朱纪、张先等二十余名。有个叫任际殷的，是寿州大土豪，结党作恶，远近受害。李氏抓住了际殷的哥哥，经审讯，罪恶全推到其弟身上，李氏就放了他，但际殷屡捕不获。嘉庆十八年（1813）岁除，李氏乘际殷不备，亲率数百人到任家庄兜捕。际殷正大宴党徒，即拼命抵抗；李氏命人纵火焚烧庄楼，际殷逃入水中，终被捉住归案。（此事吾乡至今盛传，但误认际殷为盛子英，任家庄为盛家楼，附订于此。）从此匪徒绝迹，境内夜不闭户，号称大治。

三、振兴文教

西汉时，寿、凤一带有淮南王及大山、小山之徒，文学称盛。魏、晋以后，成了南北鏖战的场所，又常闹水灾，地方凋敝，文教也就衰落。李氏到县，经过之处，从未听到读书声，很有感慨。于是锐意提倡，先后做了几件事：一是重修县学署。凤台旧有循理书院，但房屋很少，只能容纳十余人。训导(教官)的薪俸也薄。李氏扩建了书院，使能容一百多人；又增加经费，延请名流做山长。于是师生有了安适的讲习之所，而吟诵之声也朝夕盈耳了。二是创设义学。凡是距城较远的地方，李氏就选定公所做校址，创设义学，并为延师教读。三是聘请一些地方上有名望的老年人做有关社会教育的工作，李氏分俸以酬其劳。此外，特别值得提出的是，李氏很注意对农民的教育。凡是农家子弟愿意读书的，可以自由进义学；才质较好可以造就的，并许送入书院肄业。这种做法，在一百几十年前，是很难能可贵的。

四、撰辑县志

清代政府规定：州县志每隔六十年就修辑一次。凤台旧有志，但较简陋。李氏到任后三年(嘉庆十六年，1811)一些大事办理初见成效，就利用余暇，着手撰辑县志。分舆地、食货、营建、沟洫、官师、选举、艺文、列传、列女、古迹等十篇，另有图二卷，共十二卷。自为之序(序见《养一斋文集》卷六)。此书详利弊，稽古籍，考金石，采风谣，上溯周、秦，下至清初，叙次精核，征引浩博，是清代有名的方志之一。李氏本来擅长舆地之学，熟悉修志体裁，撰辑时，又得县中名士萧景云的有力协助，所以只用了两年多的时间，就于嘉庆十九年(1814)三月成书。四月，因丁忧去官。二十二年(1817)仍游安徽，怀远知县孙让延请他做真儒书院山长，兼修县志，所以《怀远县志》虽署孙让的名字，其实也成于李氏之手。这是可以附带一说的。

五、平息城西湖民兵纠纷

寿州城西湖，即《水经注》的尉升湖。湖西北属寿州，北岸属凤台。地洼下，遇淹就成大湖。明末曾开垦加租，清初空其地为兵民樵牧之所，相传兵四民六，但并无界址。总兵、游击、都司、守备各营的马纵践民田，屡争不胜。嘉庆十七年(1812)三月，农民来告状。李氏命将马全数赶来，各营的兵弁几千人大起哄，总兵并上告到总督、巡抚那里。经据理力争，督、抚乃命李氏会同一些文武官员进行勘丈。勘丈确实之后，按兵四民六的原则划定区域；又挖直沟一道，沟以东属民，沟以西属兵，彼此不得侵越。又以余地辟一通道，以供农民由湖东到湖西砍柴或放牧。并为图说及立碑，从此永息争端，民困也就得苏了。

以上几项，都是荦荦大端。此外，也有李氏计划实行而因突然去职未及措办的。其一，就是《凤台上事与绅士书》中所说的兴复名胜。《水经注》曾说寿春城外，自长濑津以下，有山渊寺、解南精庐、西昌寺、曲水堂，都擅山水之胜。八公山的草木，雀离寺的幽栖，也载于史册，见于前人歌咏，可惜后来都荒废了。李氏因而打算在八公山创建八公仙院，在四顶山下重兴古雀离寺，使春秋佳日，县中士女可以游览休息，陶冶精神。这个愿望很好，但竟未及实现。另外，李氏鉴于凤台田赋纷乱，户口也常有流动，曾想重厘地册，更定赋额，并严订保甲制度。但这些事都不是州县官所能自作主张的，所以只把自己的意见写入《田赋议》、《保甲议》两篇中，以供有志改革的人采择。(两议均见《养一斋文集》卷二十二，也载入县志。)

李氏为政宽猛相济，初到任，人民惧其猛，后来就倾心拥戴。每到他的生辰，争用土物做贺礼，肩担手提，络绎道路，只鸡斗酒，充积中堂，为历任县令所未有。薛子衡作《李养一先生行状》，里面说："先生为政，务与民兴利除弊；用财则裒多益寡，不兢兢为小廉小节，以自立名誉。每遇烦剧，当机立决，度不可行不发，发则雷厉风行，必达乃已。"这一段话，是颇能概括李氏为人及其工作特点的。

上面说过，李氏的罢官是由于丁忧(封建时代，官吏有父母丧，就要解职服丧)，并没有其他原因。交卸时，经手的正项毫无亏欠，只有杂支略有出入。继任的人有意挑剔，所以李氏解职后仍留居报恩寺(俗称大寺)，清理未了事项，约一年多才返常州。这事，蒋彤《李申耆年谱》记载得很清楚。道光二十七年(1847),两江总督壁昌、安徽巡抚王植等也以李氏政绩卓著,奏请入祀名宦祠。所以世传李氏曾充军北塘庙,纯是无稽之谈,绝不足信,不可不辨。

一九八五年

《凤台史志》1985 年 2 月 5 日

皖籍历史人物简介二则

明清之际杰出的思想家——方以智

方以智，字密之，号曼公，安徽桐城人，生于明神宗万历三十九年，死于清圣祖康熙十年（1611～1671）。今年是他的诞生350周年，又是他的逝世290周年。

方以智的父亲孔炤，明末做湖广巡抚，是个很有声名的封疆大吏。以智少年时就有才望，在南京应考，同宜兴陈贞慧、如皋冒襄、商丘侯方域往来最密，风流文采，映照一时，有“四公子”之称。[①]明思宗崇祯末年，孔炤被捕下狱，以智怀里揣着血疏，跪在宫门外替父亲鸣冤，日夜号哭，终于感动了皇帝，把孔炤放了出来。1644年，李闯王进京，明亡，以智奉父南奔。福王立于南京，奸臣马士英、阮大铖当道弄权。大铖起用之前，以智曾同复社[②]名士周镳、顾杲、阳廷枢、黄宗羲、陈贞慧、吴应箕等联名写揭帖宣布大铖的罪状，并加以驱逐。到这时，大铖大事报复，周镳被杀，其余名士，或死，或逃，或被捕，以智也亡命在外，披发卖药五岭间。桂王即帝位于肇庆，以智因恭与推戴有功，做了官，不久就升任礼部侍郎东阁大学士。当时朝臣经常闹意见，弄得水火不相容；方孔炤又年老留在桐城不能出来。以智进退两难，因而慨然叹息说：“我生不逢时，回家则负君，出仕则负亲，只有做和尚之一途了。”于是抛弃了官职，穿了僧服北上，走到广西平乐县，为清朝大将马蛟麟所截获。蛟麟对他说：“官服在左边，白刃在右边，你自己选择吧！”以智毫不迟疑地跑到右边去，表现了崇高的民

① 有些书记载“四公子”，有吴应箕，无冒襄，此据查纬萸《冒襄墓志铭》。

② 复社是明末知识分子所组织的著名会社之一，为张溥等所发起。

族气节。蛟麟很受感动,不但没有杀他,反而很有礼貌地送他上路。以智到了南京,受法于天界寺高僧浪觉。浪觉先前已经收了一个弟子叫啸峰,也是安徽人,曾做过给事中,明亡后,改变姓名,出了家。啸峰和以智都是浪觉的高足,当时有“皖江两大师”之称。

以智在南京住了一些时候,因为父亲病了,就回到桐城浮山,自称浮山愚者。后来又到庐山去,改号墨立,又号药地。孔炤死了,以智在家守孝3年。满孝后,出游江西宁都,入翠微山,访问易堂诸子。①康熙十年又入赣,打算到吉安拜扫文天祥墓,走到万安时逝世,年六十一,学者私谥为文忠先生。

学问上的成就主要是靠自己的努力,方以智也是如此。他从小就欢喜读书,15岁时,群经子史大多已能背诵。成年以后,交游来往的都是四方豪俊,经常讨论各种学问,因而他的知识面非常广,天文、舆地、礼、乐、律、数、声音、文字、书、画、医药,乃至技勇之类,没有一样不深有所得。他又勤于写作,几十年中几乎没有间断过,以致执笔的指头都生了很厚的茧。在明代学者中,他是又博又精的一个。他在学问上的成就,论者以为在杨慎、陈耀文、焦竑、李贽等人之上。

以智一生写了几十种著作。最近,中国科学院历史研究所打算把这些著作结集起来,编成《方以智全集》。由于得到各方面的协助,到目前止,已经搜集到以下各类著作:

(1)哲学、自然科学:《通雅》、《物理小识》、《东西均》、《易余》、《药地炮庄》、《性故》(即《会宜编》)、《一贯问答》。

(2)历史:《两粤新书》。

(3)音韵学:《四韵定本》、《正叶》、《五老约》。

(4)医学:《医学会通》、《内经经络》

(5)诗文:《浮山前集》、《浮山后集》、《博依集》、《流离草》、《流寓草》、《药集》、《膝寓信笔》、《象环寤记》、《合山药庐占》。

(6)语录:《愚者智语录》、《冬灰录》。

(7)杂著:《庐墓考》、《印章考》。

---

① 易堂诸子指明末遗老宁都三魏(魏际瑞、魏禧、魏礼)、彭士望、林时益等人。

这个目录包括的已经不少了,但据笔者所知,以智至少还有以下几种著作:《易袽》、《古今性说合观》、《诸子》、《燔痏几表》。[1]历史研究所的目录不著卷数,据《清史稿》、《皖志列传稿》等书所载,《通雅》52 卷、《浮山前后集》22 卷(又有前后编 16 卷)、《药地炮庄》9 卷,卷帙都相当多。虽说方氏的著作,内容有时有重复,但只是一小部分,[2]编辑全集时只要略为删并一下就行了。

上述各种著作,已有刊本的,只有《通雅》和《物理小识》两种流传较广。注释《庄子》的《药地炮庄》,刊本很罕见,成都美学林排印本不全,最重要的部分"总炮"没有收进去。其余各种,都从未刊印过。听说省博物馆藏有方氏文稿抄本一批,不知究竟有多少。笔者建议博物馆不妨公开展览一下,借以纪念这位爱国主义者和大著作家,这似乎也是我们安徽人应该做的。

以智的著作里有许多卓越的见解,例如他主张考古所以决今,不可泥古(这就是"古为今用")。[3]像这一类的说法还有很多,值得深入发掘。在三百多年前,能有这些进步的看法,应该说,这是非常难能可贵的。

一九六一年八月十日

清初杰出的文学家——吴敬梓

吴敬梓,字敏轩,一字文木,安徽全椒人。生于清康熙四十年,死于乾隆十九年(1701~1754)。今年恰是他的诞生 260 周年。

全椒吴氏是一个"望族",吴敬梓的祖上科甲联绵,有好多代都做过大官。他家拥有大量的土地、庄园,号称富有。但到吴敬梓手里,由于他性情豪侈,轻视金钱,热心帮助别人,不多久就把家产花光了。1732 年,他迁居南京,过着长期的清贫生活,有时竟至断炊。吴敬梓早年也曾进过学、考过举人,可是,他对科举制度极端憎恶,极端

① 这几种著作都不知卷数。

② 诗文集和语录里重复的较多。

③ 见《通雅》卷首。

反对，因此，中年以后就不再应试。1735年，安徽巡抚推荐他进京参加“博学宏辞”①的考试，他也推病不去。他天资聪颖，读书过目成诵，诗文都写得又快又好，被推为南京文坛盟主。吴敬梓晚年，生活更为困苦，经常糊口于江浙各地，但却绝不因此而向科举制度和旧社会屈服，结果就在穷愁潦倒中死于扬州，年五十四。

吴敬梓的著作，有《诗说》7卷，已经失传；又有《文木山房集》12卷，今存4卷。他的主要作品是长篇章回小说《儒林外史》，大约作于1736~1750年，共55回，流传到现在已经二百多年了。

《儒林外史》不仅是18世纪中国小说的杰作，而且也是中国小说史上不朽的现实主义作品。它无情地暴露了清初封建统治阶层的腐朽和丑恶，穷形尽相地描写了当时在“八股制艺”下讨生活、热中于功名富贵的知识分子，同时也热情地歌颂了来自社会底层的富于反抗精神和创造才能的劳动人民；此外它还反对吃人的礼教（如守节殉夫等）、反动的学术（如当时流行的理学）以及不良的社会风尚（如迷信风水等）等等。所有这些，都充分地体现了作者的初步的民主主义思想和强烈的叛逆精神。就当时说，有极大的进步意义。虽然用今天的眼光来看，这部小说的思想内容有一定的局限性（主要表现在作者有复古主义的儒家正统观念，如提倡经学、主张兴古乐行古礼等），但这是时代使然，不足奇怪。如果求全责备，就反而不是历史主义的态度了。

《儒林外史》的艺术手法极为高妙，在古典小说中标志着讽刺文学的最高水平。它善于用准确、简练、朴实、形象化的语言，刻画封建社会的各个角落、各色人物、各种事态，一幅幅地为读者展开光怪陆离的社会生活图象；它善于从无数错综复杂的现象中，挑选出平凡、普遍而又具有深刻意义的情节来表现人物的动作、行为和性格；它又善于把许多典型情节集中起来，或是用对比的方法，深刻地挖掘人物的内心世界。由于具有这些特点，所以小说里塑造出许多形象鲜明的人物，像周进、范进、马二先生等等，都是读者所熟知的。这种

① “博学宏辞”是清朝统治者为了网罗特殊人才而设的特殊考试，几十年才举行一次，所以被荐应试，在当时被认为是一种很光荣的事情。

卓越的艺术手法，反映出作者敏锐的观察和强烈鲜明的爱憎态度，是中国文学上一宗极其珍贵的财富。

《儒林外史》的影响非常深远。清末的著名小说，像《官场现形记》、《二十年目睹之怪现状》、《老残游记》等等，都直接继承它的传统。就是鲁迅先生的杂文，也受到它的一定影响，不过鲁迅先生又加以发展，使讽刺手法达到新的高峰了。

吴敬梓是中国最优秀的讽刺文学的古典作家，值得我们永远地纪念、学习。

一九六一年五月八日

梁山泊好汉绰号小考

《水浒传》是一部古典文学名著，书里所写的 108 个好汉是读者们所熟知的，但是，有些绰号的涵义、来历等等却不大好懂，我翻检了一些书，做了一点小考证，才算懂得了一些。现在把我所考察到的写出来，借供读者们参考。

1. 呼保义

梁山泊的首领宋江有两个绰号：一个是“及时雨”，一个是“呼保义”。关于“及时雨”这个绰号，《水浒传》第 18 回宋江初次登场时作者就加以解释，大意是说宋江疏财仗义，肯周济人，像天上下的及时雨一般，能救万物。这个容易明白，且不去说它。关于“呼保义”这个绰号，在同一回中并没有说明，只有赞宋江的《临江仙》词里有一句“山东呼保义”，也等于没有说。到底什么是“呼保义”呢？

宋周密《癸辛杂识》续集上有一条记龚开（圣与）所作《宋江三十六赞》，其中“呼保义宋江”赞云：“不假称王，而呼保义，岂若狂卓，专犯讳忌？”这里以“呼保义”与“称王”对举，可见“呼保义”就是“呼为保义”的意思。考《宋史》卷一六九《职官志》：“政和二年，易武阶官以新名，以旧官右班殿直为保义郎”。宋江并未做过保义郎，而只是以此为称号，所以说是“呼保义”。《宋会要》云：“宣和三年十二月十九日，奉御笔，河北群贼自呼赛保义等，昨于大名府界往来作过。”从“自呼赛保义”可以推知宋江大约也是自呼保义。赛保义和宋江是同时的人；稍后，靖康间有甄陶者号甄保义（见宋王明清《挥麈录余话》卷二）又曾慥《高斋漫录》云：“近年贵人仆隶，称保义，又或称大夫。”曾慥是南北宋间人，与宋江也同时。从这些记载来看，可知无官之人都可以冒称保义，这是一时的风气。

有人说,宋代武选共52阶,保义郎是第49阶,品秩很低。宋江反正是冒称,为什么不拣个比较贵重的名目,而只称为保义郎呢?殊不知宋江本起于平民,所以只以一般人熟知的官职自称,这也见出宋江的谦逊。上引龚开的赞里说:“不假称王,而呼保义,岂若狂卓,专犯讳忌?”“卓”指汉末的董卓,而实暗比北宋末年张邦昌、刘豫等卖国贼,张、刘等称王称帝,狂妄无耻,而宋江则不是这样,所以龚开加以赞叹。王莽末年,赤眉军的将帅只称三老祭酒,这种情况也可与宋江自称保义郎相印证。

2. 混江龙

李俊的绰号是“混江龙”。这个绰号似乎容易理解。因为李俊长于游水,像是混江之龙,所以有了这样一个浑名。龚开的“混江龙李俊”赞云:“乘龙混江,射之即济。武皇雄争,自惜神臂。”也是把它当作水中的龙来解释。

然而,“混江龙”实在还有另一意义。

《元史》卷一四三《泰不华传》云:“黄河决,奉诏以珪玉白马致祭河神。竣事上言:‘淮安以东,河入海处,宜仿宋置撩清夫,用辊江龙铁扫撼荡沙泥,随潮入海。’”这里所说的“辊江龙”就是“混江龙”。辊和混都有衮、浑二音。元戴侗《六书故》解释辊字云:“转之速也。”可见辊江龙是一种转动得很快的治水工具,它的作用是刷去泥沙。这种工具不始于元代,远在宋代以前就有了。

李俊被称为“混江龙”,大概就是形容他在水里游得极快,其翻滚有似于这种治水工具。

以上两种解释,我疑心后一种的可靠性也许还要大一些。

3. 船火儿

“船火儿”,《大宋宣和遗事》作“船火工”(或作“火船工”,误)。龚开“船火儿张横”赞云:“太行好汉,三十有六,无此火儿,其数不足。”“火儿”、“火工”,都是水手的意思。

宋江休复《嘉祐杂志》:“江南一节使,召相者,命内子立群婢中,令辨之。相者云:‘夫人头上自有黄气。’群婢皆窃视之。然后告云某是。柁工火儿杂立,令辨何者是柁人,云:‘面上有水波纹是。’只用前术。"《宋会要》卷一八三(兵二十三)云:"打造七百料马船二十只,每只合铺梢公四人,摇橹四只,共用摇橹火儿四人。"由此可见,宋代的水手,除了柁工以外,其余的都叫火儿。《水浒传》写张横初遇宋江时是自驾小船,他在大船上大概不是掌舵的,因此称为"火儿"。

4. 浪子

《水浒传》第61回对燕青有一大段描写,极力形容他百伶百俐,多才多艺,最后说:"北京城里人口顺,都叫他作'浪子'燕青。""浪"是风流放浪的意思。"浪子"就是"风流汉"。用"浪子"来称呼燕青这一俊俏人物,确是恰当不易的。

浪子是宋代常用的称呼。《宋史》卷三五二《李邦彦传》云:"邦彦俊爽,美风姿,生长闾阎,习猥鄙事,应对便捷,善讴谑,能蹴鞠。每缀街市俚语为辞曲,人人争传之,自号李浪子。拜少宰,无所建明,阿顺趋谄,无位而已。都人目为'浪子宰相'。"这位浪子宰相的一身本事,正和燕小乙哥差不多(只是燕青不会他那一套"阿顺趋谄")。李邦彦之外,李心传《建炎以来系年要录》卷三十一有"寇浪子",徐梦莘《三朝北盟会编》卷二三六有"韩浪子"(韩之纯自称),文天祥《指南录》有"浪子刘"(指刘岊),也都是称号。由此可见,"浪子"这一名目在宋代很流行,不只是小说里的人物用来做绰号而已。

龚开"浪子燕青"赞云:"平康巷陌,岂知汝名?""平康坊"在长安,是唐代妓女所居之地,时人称为"风流薮泽"。龚开替燕青作赞,用了平康坊的典故,这也可以帮助我们理解"浪子"的意义。

5. 浪里白条

张横的弟弟张顺,也以善于游水著称。他一出场,就和有名的好汉黑旋风李逵在浔阳江里来了一场搏斗。这场搏斗,《水浒传》里写得很为精彩,成为最有趣的水浒故事之一。

张顺的绰号叫做"浪里白条"。《水浒传》第38回对张顺有这样的描写:"那人脱得赤条条地,匾扎起一条水裩儿,露出一身雪练也似白肉。"由这几句看来,似乎"白条"就是形容他的一身白肉。但是,明刊本《水浒传》和周宪王《诚斋乐府》,"浪里白条"都作"浪里白跳";《宣和遗事》则作"浪里百跳";龚开的"张顺"赞上说"雪浪如山,汝能白跳”，也作“跳”，不作“条”。跳是跳跃之跳。“百跳”形容跳跃次数之多。(“白跳”疑是“百跳”之误。)在如山的雪浪里，能够上百次地跳跃，正是极赞张顺游水技术的精能。由此看来，作“浪里百跳”似乎比作“浪里白条”好。

120 回本《水浒传》第 82 回写宋江等入京时，有一篇骈文，内云：“发可赤，眼可青，俱各抱丹心一片；摸得天，跳得浪，决不走邪佞两途。”“发可赤”指赤发鬼刘唐，“眼可青”指青眼虎李云，“摸得天”指摸着天杜迁，“跳得浪”即指张顺。从这里不难看出，尽管“百”和“白”还难断定哪一个对，但“条”应作“跳”，却是无可疑的。

有人说，“白条”的“条”是“鲦”字的简写。白鲦，鱼名。《诗经·周颂·潜》：“鲦鲿鰋鲤”。传：“鲦，白鲦也。”《正字通》：“白鲦，形狭而长，若条然。”依照这种说法，“浪里白条”就是浪里的白鲦鱼。按：白鲦是一种小鱼，形状像柳叶，长仅数寸。如果当时真是拿这种小鱼来比张顺的话，那也未免太显不出这位赫赫有名的梁山泊水军头领的威风了。

6. 两头蛇、双尾蝎

解珍、解宝两兄弟，一个叫做“两头蛇”，一个叫做“双尾蝎”，绰号也是两两相对，真是一对亲兄弟。

贾谊《新书》上记载楚国孙叔敖幼年时看见两头蛇，怕它又为别人所见，就把它打死埋了。这是历史上有名的故事之一。这个故事说明了古代传说认为两头蛇是一种不祥之物，看见它就活不成，简直比什么都可怕。解珍以此为绰号，其为人如何，那是显然可知的。

然而，实际上两头蛇也并不怎么可怕。《古今图书集成·禽虫典》卷一八〇云：“两头蛇，岭外多有此类，时有见者。如小指大，长尺许，腹下鳞红，背错锦文。一头有口眼，一头似有口眼。两头俱能进退，亦谬也。昔孙叔敖见之为不祥，乃杀而埋之，虑后人见之必受其祸。而南人见之以为常，其祸安在？”又引《续明道杂志》云：“黄州有小蛇，首尾相类，因谓两头蛇。余视之，其尾端盖类首，而非也。土人言此蛇……无甚大者，其大不过如大蚓。行不类蛇，宛转甚钝。又谓之山蚓。”从这些记载可以看出，两头蛇只是首尾相似，并不是真有两头，这种蛇很小，而且常见，古人为什么特别怕它，很不可解。

也有一种真有两头的，叫做枳首蛇或轵首蛇，也叫越王蛇、越王弩弦。这是两头并生，不是尾巴像头的那一种。沈括《梦溪笔谈》云："宣州宁国县多枳首蛇，其长盈尺，黑鳞白章，两首文彩同，但一首逆鳞耳。人家庭槛间动有数十同穴，略如蚯蚓。"可见宋代皖南还多产这种蛇，现在有没有，那只有问宁国人了。（生物标本中有两头蛇，我曾见过，但不是宁国所产。）

蝎子的毒钩在尾部，大蝎子螫人能致死。双尾蝎只是说其毒比普通的蝎子更甚，不一定实有其物。《水浒传》第49回介绍解宝时说："这兄弟更是厉害……有时性起，恨不得拔树摇山，腾天倒地。"性子这样暴烈，也就无怪乎人家称他做"双尾蝎"了。

7. 活闪婆

王定六初出场时，《水浒传》向读者作了这样的介绍："不多时，后面走出一个瘦后生来，看着张顺便拜道：'小人姓王，排行第六。因为跳得快，人都唤小人做活闪婆。'"（第65回）一个"瘦后生"，绰号却叫做什么"婆"，似乎有些奇怪。

第69回有一首诗描写王定六："蚱蜢头尖光眼目，鹭鸶瘦腿全无肉。路遥行走疾如飞，扬子江边王定六。"这首诗也只是就"瘦"和"走得快"来加以刻画，依然没有透露关于"婆"的任何消息。

明袁无涯百二十回本有一篇《水浒忠义一百八人籍贯出身》，里面说："霍闪婆王定六，霍亦作活。"袁本告诉我们"活闪"又作"霍闪"，这就为我们提供了解决问题的线索。

原来霍闪就是闪电。唐顾云《天威行》："金蛇飞状霍闪过，白日倒挂银绳长。"宋洪迈《夷坚志》癸集卷五"神游西湖"条："一急脚走报云：'速去！速去！'俄而霹雳霍闪，震动天地。"顾、宋所说的"霍闪"，都指闪电。后来也用"霍闪"来形容电光的迅急，并重叠起来成为"霍霍闪闪"。

懂得霍闪就是闪电，那末，进一步也就可以知道霍闪婆就是电母。明都邛《三余赘笔》："俗呼雷电为雷公电母，然亦有所本。《易》曰：'震为雷，离为电。'震长男，阳也，而雷出天之阳气，故俗云雷公。

离为中女，阴也，而电出地之阴气，故俗云电母。”都氏的解说未免有些穿凿附会，但雷神是男性，电神是女性，确是很早就有的传说。有人说，这些名称起于道教，也许是不错的。

王定六走跳得快，有似于闪电，因此称“霍闪婆”（“活闪”，应依古本作“霍闪”）。

8. 笑面虎

朱贵的弟弟是朱富。《水浒传》第44回写朱贵引他的这位老弟上山入伙时，向众好汉介绍道：“这是舍弟朱富，绰号笑面虎。”

“笑面虎”一词，在现代口语里还保留着，通常多用来形容一种外貌和善而内心凶狠的人。就现在手边所有的材料来看，这个词，在宋代的记载里就已经出现了。

庞元英《谈薮》：“王公衮，字吉老，宣子尚书之弟。先墓在会稽西山，为掌墓人奚泗所发，公衮诉之郡，杖之而已。公衮愤甚，奚泗受杖诣公衮谢罪。公衮呼前劳以酒，拔剑斩之，持其首诣郡。宣子时为侍郎，奏乞以己官赎罪。诏给舍集议，中书舍人张孝祥等议上，诏赦之，犹镌一秩。当时公衮孝名闻天下，永嘉王十朋以诗美之。公衮性甚和平，居常若嬉笑，人谓之笑面虎。”王公衮平常总是笑嘻嘻的，可是，一变脸却能拔剑杀人，这确是一只典型的笑面虎。朱富，《水浒传》上对他的描写不多，只说他在沂水县开酒店，后来同哥哥朱贵一道救了黑旋风李逵。但看他设计解救李逵时，一方面自己杀了一些人，一方面又劝阻李逵杀李云，并说服了李云一同上山入伙，有勇有谋，很不简单。这样的一个人，做了多年的酒店老板，而又不同于普通的酒店老板，这大概就是取得“笑面虎”这一绰号的来由吧？

9. 白花蛇

白花蛇杨春，也是最初在少华山落草的好汉。正像跳涧虎陈达一样，他后来也做了梁山泊的马军小彪将。

《水浒传》对陈、杨二人的绰号都未加解释。跳涧虎，也许还可以望文生义；白花蛇，要是不说明一下，恐怕就不大容易理解。

白花蛇是一种毒蛇。相传产于蕲州（今湖北蕲春县）的可以入药，最为名贵，所以也叫蕲蛇。《古今图书集成·禽虫典》引《续明道杂志》:“黄州盖楚东北之鄙,与蕲、鄂、江、沔、光、寿一大薮泽也。其虫多蛇,号白花者治风。本出蕲州,甚贵。其出黄州者,虽死,两目有光,治疾有验。土人能扑之,岁贡王府。”这是说白花蛇所以贵重,是由于它能治风疾。至于这种蛇的毒,则古籍中也有记载。宋孔平仲《谈苑》卷二:“施、黔州,多白花蛇,螫人必死。县中板簿有退丁者,非蛇伤则虎杀之也。”又据《本草》,白花蛇嘴里能放出一两丈长的丝,人或物要是碰着它的话,蛇就缘丝而来,没有一个可以逃脱的。元代延祐元年(公元1314年),湖北罗田县白花蛇伤人害畜,以致下诏击扑,也足见其为害之烈了。

杨春绰号白花蛇,取义于“螫人必死”,也就是摸不得、碰不得的意思。

10. 霹雳火

梁山泊好汉中有许多性急的人,秦明是其中之一。《水浒传》第34回:“因他性格急躁,声若雷霆,以此人都呼他做霹雳火秦明。”可见这一绰号正由性急而起。

霹雳,读pí lì,是疾雷的巨大响声。霹雳火就是雷火,也就是电火。电火是最急不过的,秦明以此为号,其性急可以想见。

霹雳火,在古代文献中常见。苏轼《陈守道歌》:“争时怒发霹雳火。”黄庭坚《答曾纡戒服紫霞丹》:“如仆服之,殆是晴云之在川谷,安得霹雳火也。”(见宋人《道山清话》)元吴昌龄《风花雪月》杂剧第三折白:“吾今宣召天上火,地下火……霹雳火。”元尚仲贤《柳毅传书》杂剧第一折:“则为那霹雳火无情的丈夫。”(前白云:“躁暴不仁。”)明陆容《菽园杂记摘抄》卷五也说:“术家有霹雳火之名。”这些记载,说明了“霹雳火”一名不是《水浒传》杜撰的,它至少在北宋时代就已经出现了。

11. 旱地忽律

梁山泊开酒店的朱贵,绰号叫做“旱地忽律”。“旱地”容易明白,“忽律”却不大好懂。什么是忽律呢?

忽律,《水浒传》里也作“狐狸”。第23回写武松在景阳冈上打死老虎之后,下山遇见两个猎户,猎户见了武松,吃一惊道:“你……你……你……,吃了猲獐心?豹子胆?狮子腿?胆倒包着身躯!”这里把猲獐与豹子、狮子连在一起说,因此,有人就认为猲獐也是一种凶猛的野兽,有一个英译本甚至还释成Wolf(狼)。其实,这些都是误解。“旱地忽律”的“旱地”二字明明告诉我们忽律是一种水中的动物,怎么能够说成“野兽”或“狼”?

忽律,旧籍中一般多作“忽雷”。忽雷就是鳄鱼。

明邝露(湛若)《赤雅》卷下:“忽雷,鳄鱼也。居溪渚中,以尾钩人而食之。扶南王范寻有神术,常于大云山凿池畜鱼决狱。有罪者投之;无罪,鱼勿食也。今其枯骨齿椽复生,用作乐器,声极啁啾。”《佩文韵府》引《洽闻记》:“鳄鱼,别号忽雷。……一名骨雷。秋化为虎,三爪,出南海思雷二州。”两书都告诉我们鳄鱼和忽雷是同一物。鳄鱼产于南海,大约沿海一带的人称它为“忽雷”。古书记载方言,只是谐音,本无正字,所以,忽雷之外,也写成忽律、猲獐或骨雷。唐康骈《剧谈录》卷上:“京国豪士潘将军,住光德坊。”自注:“忘其名,时人呼为潘鹘硉也。”鹘硉也就是忽律,声音完全相同。这位豪士常在襄汉一代乘舟射利,伤害旅客,有似于鳄鱼,所以当时有潘鹘硉的混名。

唐文宗时,内库有两个琵琶,号大小忽雷。这种琵琶是用鳄鱼的牙齿做的,因而叫做忽雷(参上引《赤雅》文)。有些字书,在“忽雷”条下只注“琵琶名”。显然,他们也不知道忽雷本来是鳄鱼了。

鳄鱼是一种凶残的水中动物,经常伤害人畜。(唐代大文豪韩愈在潮州赶走了鳄鱼,为当时所歌颂,也就是由于他为人民除了大害。)旱地忽律是说陆地上的鳄鱼,其狠猛也可想见。古代武人(特别是绿林英雄)常有一些听了就叫人害怕的混名,这大约也有威慑作用。旱地忽律正是这样的例子之一。

12. 病关索

杨雄的绰号叫“病关索”。《水浒传》第44回介绍杨雄,一则说他“淡黄面皮”,二则说他“面貌微黄,以此人都称他病关索”。可见“病”字的来历是由脸黄而起,不是说多病。孙立也是“淡黄面皮”(见第49回),所以绰号叫“病尉迟”,正好可以参证。

“尉迟”指唐初名将尉迟恭,这是大家晓得的。可是,关索是谁呢?

关索,见于毛宗岗评本《三国志演义》,说是关羽的第三子。全书凡五见,四见于87回,一见于89回,都在诸葛亮南征孟获的时候。但是,陈寿《三国志·蜀志·关羽传》却说:“(孙)权遣将逆击羽,斩羽及子平于临沮。追谥羽曰忠义侯,子兴嗣。”传中只提到关平、关兴两人,没有说还有什么“第三子”。关索即不见于正史,因此,有无其人实在很可疑的(俞樾《茶香室丛钞》卷十七就说关索“实无其人”)。

龚开的“杨雄”赞云:“关索之雄,超之亦贤。”龚氏显然认为古代真有关索其人。宋代以后的记载,关索一名也常见:如范公称《过庭录》有“小关索”,徐梦莘《北盟会编》卷一〇二有“赛关索李宝”,岳珂《金陀粹编》卷七有“贾关索”,吴自牧《梦粱录》卷二十有“角觝赛关索、女占赛关索”,周密《武林旧事》卷六有“角觝张关索、赛关索、严关索、小关索”,薛季宜《浪语集》卷三十三有“朱关索”,《金史》的《突合速传》、《叛臣余覩传》也都有“张关索”。总合诸书所记,宋人以关索为名号的多至十余人,而且有男有女;其不见于记载或考之未尽的一定还有。由此可见,关索的勇武在民间传说中很盛传,所以许多人纷纷取以为号。梁山泊好汉用古人名做绰号的,有小李广、病尉迟、小温侯、赛仁贵、小霸王、小尉迟等,分别拿李广、尉迟恭、吕布、薛仁贵、项羽等作比,这些都实有其人,只有关索无可考,很是奇怪。

有人说,不见于正史的不一定就没有其人。这话也有道理。但是,像毛本《三国志演义》那样硬说关索是关羽第三子,至少也总嫌根据不足吧?(元至治刊本《全相三国志平话》和明弘治刊本《三国志演义》都没有提到关索,第三子之说是万历以后的刊本才有的。)

明清之际的地理书和文人笔记,有关索岭、关索寨、关索庙等地名,大都在云南、贵州两省。这似乎又同毛本《三国志演义》相合,因为毛本叙关索来见诸葛亮,在南征孟获时,地点正在西南。有人说,西南伊族称“爷”为“索”,“关索”就是“关爷”。湖南沅陵二酉山下有伍索滩,因伍子胥得名,“伍索”即“伍爷”正可作一旁证。如果这一说可靠,那末,“关爷”或许指的是关兴,也不一定另有什么关索了。

病关索,《宣和遗事》、《诚斋乐府》都作“赛关索”(杨雄都作“王雄”),上引龚开的赞语也从“赛”字上作文章。大约本来作“赛关索”,

“病关索”是《水浒传》的作者改的。

13. 天目将

呼延灼部下的副先锋彭玘，绰号叫“天目将军”，也简称“天目将”。

“天目”是什么意思？

天目是星名，也叫“鬼宿”，又叫“舆鬼”，又叫“天庙”，是二十八宿之一。《史记·天官书》：“舆鬼，鬼祠事。中白者为质。”（按：“鬼祠事”之“鬼”，梁玉绳谓当作“主”，王先谦则谓当作“为”。）《正义》：“舆鬼，四星，主祠事，天目也。主视明察奸谋。”中国古代的天文家认为鬼宿有四星，各有所主。四星之中又有一星，叫“积尸”，又叫“质”（质即铁锧之锧，也即铡刀）。四星加上“质”，共为五星，所以《晋书·天文志》说“舆鬼五星”。

古代天文家又认为天上的星宿是和人事密切相联系的。比如上引的《史记正义》就说：“质，主丧死祠祀。”又说：“占：鬼星明大，谷成；不明，百姓散。质，欲其没不明；明则兵起，大臣诛。下人死之。”鬼星所主的是丧死刀兵等事，可见它不是吉星，而是凶恶的星。

彭玘以“天目将”为绰号，这就是说他是鬼星下降，极为凶猛的意思。

14. 丧门神

《水浒传》第67回写没面目焦挺向黑旋风李逵介绍鲍旭：“寇州地面有座山，名为枯树山；山上有个强人，平生只好杀人，世人把他比做‘丧门神’。”同一回又写：“背后又撞出一个人来，脸如锅铁，双睛暴露，这个好汉正是丧门神鲍旭。”寥寥几笔，就把这位“丧门神”的性格、形象清楚地描画了出来。

丧门，是丛辰（按：旧时讲星命的人把十二辰所随的善神、恶煞叫做丛辰）的名称，是一岁十二辰中的凶煞，主死丧哭泣等事。清允禄《协纪辨方书》引雷震圭说：“丧门者，太岁之辕门，故常居岁前二辰。”

《三朝北盟会编》卷一一五引《遗史》：“转运副使桑景询……介直有守，尚气之人也。初，童贯用事时，州县官皆迎肩舆望尘而拜，唯景询不拜，议者多之。以其发摘奸吏，不受干请，时人号为‘丧门神’。”桑景询为人鲠直，有骨气，人都怕他，又姓桑，所以当时就送他一个谐音的绰号：丧门神。

清吴伟业《绥寇纪略》卷十二记明崇祯十六年大疫之前，有人曾见丧门神出现。这自然只是一种迷信的传说，但也可以看出古人是相信有这么一个凶神恶煞的。

《水浒传》上的绰号，有很大一部分是见于历史记载的，“丧门神”就是其中之一。

15. 神行太保

《水浒传》第36回写吴用向宋江举荐戴宗时有这样的几句话：“为他有道术，一日能行八百里，人都唤他做‘神行太保’。”第38回又有这样的几句话：“原来这戴院长(即戴宗)有一等惊人的道术：但出路时，赍书飞报紧急军情事。把两个甲马(按：甲马是一种画有神佛形象的纸)拴在两只腿上，作起‘神行法’来，一日能行五百里，把四个甲马拴在腿上，便一日能行八百里。”这两处，解释“神行”是很清楚的。

可是，为什么称做“太保”呢？

太保，是上古时代的“三公”之一，是非常尊贵的官。而戴宗则只是“江州两院押牢节级”，职位很低。《宋史·兵志》：“五百人为指挥使，百人为都，置正副都头二人，节级四人。”可见节级只是军吏。唐代也有节级，用以典司官物，则为吏役之类。小小的节级居然称起太保来，这不是很奇怪吗？

原来“神行太保”的“太保”实在另有含义。《宋史·孙子秀传》：“调吴县主簿，有妖人称‘水仙太保’。”宋俞玉《书斋夜话》卷一：“今之巫者，言神附其体……故南方俚俗称巫为太保。”《元典章新集·刑部》：“江淮迤南，风俗酷祀淫祠；其庙祝师巫之徒，或呼太保，或呼总管，妄自尊大。”由此可见，在宋代，太保是“庙祝师巫之徒”的称号。戴宗“有道术”，做起神行法来，还要吃斋、念咒、烧纸，行径正同“庙祝师巫之徒”差不多，因此，也有太保之称。

宋周密《武林旧事》卷六记诸色技艺人，其中“烟火”一项有陈太保。弄烟火的，讲究技巧神幻，眩人眼目，正像有道术的一样，因此也称太保。

戴宗的神行是靠“道术”,但古代却也真有能够神行的人。清赵翼《廿二史劄记》卷二十八:“(金)额尔古讷(旧名讹古乃)善驰驿,日能行千里。天会八年,从宗翰在燕,闻余睹反,宗翰令驰驿往探。额尔古讷黎明走天德,及至,日未曛也。(本传)”额尔古讷不用道术而能日行千里,这种“硬功”简直比戴宗更胜一筹了。

16. 玉麒麟

梁山泊的第二号人物卢俊义,绰号叫做“玉麒麟”。对于这个绰号,《水浒传》并没有加以解说,只有“三绝玉麒麟”的话(见第61回),什么是“三绝”,书中也没有交代。

早期的水浒故事中,并没有卢俊义,只有李进义。据《宣和遗事》亨集,李进义的绰号也叫玉麒麟,而且也是“宋江三十六人”的第二名。“卢”和“李”,“俊”和“进”,都是双声,卢俊义、李进义必为一人无疑。

“玉麒麟”这个名目很不好解释,可是,从李进义的身上也未始不可以找到一点线索。

据《宣和遗事》元集,李进义和杨志、孙立等十二人都是押运“花石纲”的,杨志在途中杀人犯罪,迭配卫州军城,其余十一人设法营救,将防送的军人杀了,同往太行山落草。李进义是首先倡议发难的,在十二人中居于首领的地位。他们所押运的花石纲是宋代的一大弊政。据历史记载,宋徽宗爱好珍玩,留意苑囿;蔡京为相,投其所好,每年取浙中珍贵的花石进献,以朱勔主管其事,号称“花石纲”。“花石”指花木和石头,“纲”指成批运输的货物。宋代运输大宗货物,每批车辆或船只都编立字号,分为若干组,一组就叫做一纲。

花石纲似乎与卢俊义的绰号风马牛不相及,然而不然。“玉麒麟”其实就与石头有关。

原来宋徽宗在即位之初,就在京城汴梁(今河南开封)的东北角,大兴工役,筑山号“寿山艮岳”,也叫“万岁山”,凡六年而后成。这个万岁山实际上是一个大花园,其中奇花美木珍禽异兽,无所不有,而尤以玲珑雄伟的石头为多。据当时四川僧人祖秀所作的《华阳宫记》,这个大花园里的“轩榭庭径,各有巨石,棋列星布,并与赐名”

(见《宋稗类钞》卷二)。这些由皇帝赐名的巨石之中,有一个"独踞洲中者白玉麒麟"(同上)。由此可见玉麒麟就是一个当时有名的巨石,它原非北方所产,而是由押运花石纲的人,如李进义之流,运送到汴京来的。

玉麒麟,李进义,都与花石纲有关。这样,自然就容易发生联系。被运送的石头叫玉麒麟,曾经运送过这石头的人也就以此为绰号,这正是十分可能的事。

今本《水浒传》既把李进义改成卢俊义,又把与花石纲有关的故事完全删去。这样一来,"北京城里"的"卢大员外"与石头的联系就看不出一毫痕迹。"玉麒麟"这个绰号的来由,也就使人很难加以解释了。

研究《水浒传》,需要做些"溯源"的工作。研究绰号,有时也需要如此。

17. 赤发鬼

刘唐的绰号,《水浒传》作"赤发鬼",但龚开《宋江三十六赞》却作"尺八腿",赞云:"将军下短,贵称侯王。汝岂非夫,腿尺八长?"从赞语来看,可知刘唐腿短,所以有"尺八腿"这个浑名,"赤发鬼"是《水浒传》改的。

为什么要改呢?推究起来,大约原因有二:其一,《水浒传》第13、14回刘唐初出场时,书中屡次说他是"大汉",并未说"腿短",这样,"尺八腿"这一名目自然就安不上;其二,梁山泊好汉的绰号,有些原来不大"雅"的,《水浒传》往往加以更改,"一直撞"(董平的绰号,也作"一撞直")改为"双枪将"就是其例。"尺八腿"改为"赤发鬼"情况也正相似。但《宣和遗事》已作"赤发鬼"(周宪王《诚斋乐府》与《遗事》同),似乎在《水浒传》成书以前,"尺八腿"也就不用了。

《水浒传》描写刘唐,有几句是这样:"晁盖把灯照那人脸时,紫黑阔脸,鬓边一搭朱砂记,上面生一片黑黄毛。"(第14回)"朱砂记"上生着一片"黑黄毛",这是点明绰号所以叫做"赤发鬼"的来由。梁山泊好汉的绰号中有"鬼"字的,赤发鬼之外,还有鬼脸儿杜兴、操刀鬼曹正。曹正,书中没有描写他的容貌;杜兴,则一者说他"貌丑形粗”(第46回),再者说他“面颜生的粗莽”(第47回),其丑可知。由此类推,可见刘唐也正是由于容貌丑陋才叫做“赤发鬼”的。

段成式《酉阳杂俎》续集卷一:“奉天县国盛村百姓姓刘者病狂,发时乱走,不避井堑,其家为迎禁呪人侯公敏治之。公敏才至,刘忽起曰:‘我暂出,不假尔治。’因杖薪担至田中,袒而运担,状若击物,良久而返,笑曰:‘我病已矣,适打一鬼,头落,埋于田中。’兄弟及呪者犹以为狂,不实之,遂同往验焉。刘掘出一髑髅,戴赤发十余茎,其病竟愈。是会昌五年事。”这则故事说明了唐代真有赤发鬼的传说。《水浒传》的作者博及群书,他为刘唐取了这么一个绰号,也许与这则故事不无关系吧?

18. 九纹龙

《水浒传》第2回有两处写到史进身上刺的花纹,一处是:“只见空地上一个后生脱膊着,刺着一身青龙。”另一处是:“又请高手匠人与他刺了这身花绣,肩膊胸膛,总有九条龙。满县人口顺,都叫他做‘九纹龙’史进。”这两处,特别是后一处,解释九纹龙这个绰号的来由本很清楚,但是,有一个问题还得进一步追究一下,那就是:一个人的身上为什么要刺这么多的花纹?

原来在身上刺花纹是一种很古就有的风俗。《谷梁传·哀公十三年》:“吴,夷狄之国也,祝发文身。”注:“文身,刻画其身以为文也。必自残毁者,以避蛟龙之害。”可见这种风俗起于春秋时代的吴国,所以要“文身”,是由于南方人常常涉水,有一身花纹,就有避免蛟龙侵害的作用。春秋以后,文身的风俗逐渐由南方传到北方,唐宋时代尤其盛行。据唐段成式《酉阳杂俎》卷八记载,当时“上都街肆恶少,率髡而肤劄,备众物形状……大宁坊力者张干,劄左膊曰‘生不怕京兆尹’,右膊曰‘死不畏阎罗王’。又有王力奴,以钱五千召劄工劄胸腹为山亭院池草木鸟兽,无不悉具。”此外,蜀人赵高满背刺毗沙门天王,荆州街子葛清,自颈以下,刺白居易诗三十余首,也都是唐代的事。宋庄季裕《鸡肋编》云:“张俊一军,少壮长大者,自臀以下,文刺至足,谓之花腿。”梁山泊一百零八个好汉,身上刺花的大概不少,书中明白说出的,史进以外,有鲁智深、阮小五、杨雄、燕青、龚旺五人。

书中又屡次提到“高手匠人”,可见宋代有专门刺花的工匠,而且手段有高下之别。当时刺花的人数量很多,不言而喻。

后代刺花的人,大都是游侠少年、军中将士以及江湖好汉,其所以刺花,也不是由于“避蛟龙之害”,而是为了借此显示自己的慓悍勇武,有的也许还兼有装饰的意味。这种风俗,据明陆容《菽园杂记》卷十所记,到元代依然很流行,直到明太祖洪武中严订禁例,此后才渐渐少了。

刺花的人,先是用针或刀在身上刺花纹,以繁细为贵,花纹刺好后,涂上青色。因此,刺花也叫“雕青”。五代周太祖(郭威)自称“雕青天子”(见《五代史·东汉世家》)就是由于他在颈上雕有青色的飞雀的缘故。又叫“锦体”。宋李质有“锦体谪仙”的称号(见宋王明清《挥麈后录》),也就是由于他“少不检,文其身”。自古以来,刺花的大都是男子,只有元代军官钱万二的妻子狄四娘“沿身刀刺青绣,于背下两腿刀刺龙鬼,在街露体呈绣迎社”(见《元典章·刑部·将妻沿身雕青》)。这更是很突出,很可怕的。

宋周密《武林旧事》卷六,记当时市井少年,有绰号叫“九条龙”的,大约也同九纹龙相似。

19. 跳涧虎

雷横能跳三二丈阔涧,因此唤作“插翅虎”。原先在少华山上落草的陈达,绰号叫“跳涧虎”,大约也是有这种“跳涧”的本领的。

跳涧是宋代官兵的一种训练。《建炎以来系年要录》卷一六二:“韩世忠年十八,始隶军籍,挽强驰射,勇冠军中。其制兵器,凡今跳涧以习骑,洞贯以习射,狻猊之鍪,连锁之甲,斧之有掠阵,弓之有克敌,皆世忠遗法。”从“跳涧以习骑”一句看来,似乎骑兵要经过这种训练,这也与陈达后来做梁山泊“马军小彪将”(见第 71 回)相合。但雷横先做山东济州郓城县的步兵都头,后做梁山泊的步军头领(见第 13 回及第 71 回),都是步兵。可见跳涧是一种普遍的训练,并不限于骑兵。

陈达以“跳涧虎”为浑名,自然与擅长跳涧有关。但陈达在少华山的三个头领(陈达以外,还有朱武、杨春)中,性情比较急躁,大概也有关系。《水浒传》第 2 回描写陈达，说不上三句就暴跳如雷，这同跳涧的老虎也是很有相像之处的。

20. 独火星

《水浒传》第 32 回写宋江向武松介绍孔亮："因他性急，好与人厮闹，到处叫他做'独火星'孔亮。"这里解释"独火星"这个绰号的来由，只说因性急好闹。可是，性急好闹的人为什么就被称做"独火星"呢？对于这一点，《水浒传》就没有进一步交代了。

原来独火星就是火星，古代称为"荧惑"。所以有"荧惑"这一名目，这是因为它带红色，荧荧像火，亮度既常有变化，其运行又有时从西向东，有时从东向西，情况复杂，足以使人迷惑。火星也有两个小卫星，但是亮度都很小，不易察见，只有本星比较明显，因此，古人就把它叫做"独火星"。

古代天文家非常重视荧惑，并以为它的运行与人事有密切关系。历代文献上有关荧惑的记载很多，这里只引两条。其一，汉刘向《新序》："宋景公时，荧惑在心（按："心"指心宿，二十八宿之一），公惧，召子韦而问焉：'荧惑在心，何也？'子韦曰：'荧惑，天罚也；心，宋分野也。祸当君身……'"其二，宋邵博《闻见后录》："梁武帝以荧惑入南斗，跣而下殿，以禳'荧惑入南斗，天子下殿走'之谶。及闻魏主西奔，惭曰：'魏亦应天象耶？'"这两个故事都说明了古代统治阶级把荧惑当作灾星，唯恐它出乱子，而荧惑却又偏偏好出乱子，这正是使统治阶级十分头疼的事。

孔亮性子急，好与人厮闹，有似于荧惑在天上乱冲乱闯，使人惶惶不安，因此，便被称为"独火星"。

徐梦莘《三朝北盟会编》卷一四一："京西制置使有曹端者，自京城陷，聚众扰于京西，号'曹火星'。"曹端姓曹，所以叫"曹火星"。依此类推，孔亮也未始不可以叫"孔火星"了。

21. 毛头星

120 回本《水浒传》第 57 回有诗表证孔明："性刚智勇身形异，绰号'毛头'是孔明。"《宣和遗事》亨集对毛头星有说明："此星名毛头星，又名彗星，俗呼为扫星。此妖星既出，不可禳谢，远则三载，近则今岁,主有刀兵出于东北坎方,旺壬癸之地。”

然而,这个说明是错误的。

毛头星并不是彗星。《史记·天官书》:“昴曰髦头,胡星也。为白衣会。”《正义》:“昴七星为髦头胡星,亦为狱事。明,天下狱讼平;暗,为刑罚滥。六星明与大星等,大水且至,其兵大起;摇动若跳跃者,胡兵大起。一星不见,皆兵之忧也。”《史记会注考证》卷二十七“《汉志》‘髦’作‘旄’。……王元启曰:‘主丧,故又为白衣会。’”按:昴是二十八宿之一,是白虎七宿的第四宿。共有七星,属金牛座,其中有一著名的星团,俗称“七姊妹星团”。彗星,古代只称为“彗”,或者叫“孛”,或者叫“长星”。昴与彗不相干,它们不是同一的东西。

古人认为昴星主狱讼、大水、刀兵、死丧等事,不管是明是暗,都预兆不祥(昴星特别明亮的时候,古人也认为是不祥之兆,李白《幽州胡马客歌》“旄头四光芒,争战如蜂攒”,可证),所以也是凶星。丛辰家以“白虎”为岁中凶神,大约也与此有关。

旄头,古代又为骑士的名称。《后汉书·光武帝纪下》注引魏文帝《列异传》:“秦文公时,梓树化为牛。以骑击之,骑不胜。或堕地髻解被发,牛畏之,入水。故秦因是置旄头骑,使先驱。”旄头骑把发髻解开,披散着,显然也是一种凶恶的形象。

“毛头”的“毛”,就是“髦”或者“旄”的省写。孔明以“毛头星”为绰号,想来就由于他“性刚智勇身形异”,人家怕他就像怕见凶星那样。这种情况,正同他的弟弟孔亮绰号叫“独火星”是一样的。

22. 火眼狻猊

《水浒传》第44回写杨林向戴宗介绍邓飞:“他原是盖天军襄阳府人氏,姓邓名飞,为他双睛红赤,江湖上都唤他做‘火眼狻猊’。”这里对火眼有说明,对“狻猊”却未作解释。读者也许要问:什么是狻猊呢?

狻猊,读“酸倪”(suān ní),就是狮子。《穆天子传》卷一:“狻猊野马,走五百里。”晋郭璞注:“狻猊,师(狮)子。”按:“猊”也作“麑”。《尔雅·释兽》:“狻麑如虦猫,食虎豹。”(虦,音栈。虦猫,是虎之浅文者。)中国不产狮子,古代的狮子都是由外国进贡来的。汉文帝时,疏勒王曾遣使到长安来献狮子，顺帝时又到洛阳来献犎牛和狮子，见《东观汉纪》、《后汉书》等书。后来因狮子多来自锡兰（编者按：今称斯里兰卡），所以锡兰也称“狮子国”。由于中国不产狮子，大家对它不大熟悉，因而有“食虎豹”之类的记载，其实狮子虽猛，但并不能食虎豹，这种说法显然是夸大了一些。

清赵翼《陔余丛考》卷四十：“宋宗悫征林邑，林邑以象来战。悫曰：‘吾闻狮子威服百兽。’乃制其形以斗，象果奔。唐朱滔绘帛为狮猊状，蒙以猛士数百，驰入李维岳军，马惊，遂败去。明张辅征安南，贼驱象来，辅以画狮蒙马冲之，贼亦溃。”真狮不易得，于是画假狮以却敌，足见古人对狮子的威风有深刻的印象，并且也充分地利用了它的这种威慑作用。邓飞以“火眼狻猊”为绰号，也就是说他像一头威风凛凛的狮子，使人见了害怕的意思。

明董斯张《吹景集》卷五：“临海人陆姓者，解其族人戍滇腾冲卫，三年而返，携一异兽皮来，道饥，出示观者，稍予之钱。甲子二月，至吾里。予取视，兽一头二身二尾八足，耳若豕，尾亦如之。头则虎，毛则兔。尾黑，毫细软类人发。头阔尺有六寸，身长倍头。陆云：‘兽迅走，有绝力，出点苍山，日啖羊，积不可算。寮百方捕之，逸。乃以药毒羊，兽中饵始毙。寮亦不晓何物也。胡僧阿摩那者，乌思藏来，具多闻慧。寮以问僧，曰：‘是名火眼狻猊，西域间有之，出则其国兵。’且笔数语云：‘火眼狻猊，曰万兽尊。厥首为一，牝牡各身。是食狮象，迅蹄狻云。饥喷烈焰，足兵尾火。出现世间，剑戟天下。有其殪之，可以弭祸。’”这种怪兽倒确乎叫火眼狻猊，它的形状之奇，又在肉翅虎之上。（肉翅虎，传说中的一种飞兽。清王士禛《居易录》卷十六：“肉翅虎，出石抱山，晨伏宵出，比虎差小，翅如蝙蝠，身如虎文，飞而食人，其皮可辟鬼物。”）但邓飞的绰号是否取义于此，不易断定，也许还是以前一说为妥吧？

一九六二年六月至一九六三年三月

沐晖堂诗选

胡 蝶

懒随春色闭长门，争逐游蜂过小村。
一枕松风高士梦，千年香塚美人魂。
穿花浥露衣犹湿，隔水寻芳日已昏。
最是双双飞过处，金闺拭袂有啼痕。

一九二七年

游仙诗二十首

一

繁星灿列渺无边，天外犹传尚有天。
尘网扫除聊适意，闲情遐想托诗笺。

二

化工造物妙如神，岂只坤舆独有人。
奇境万千谁遍历？别开生面各鲜新。

三

不周游罢未成归，拟唤羲和坐翠微。
弥望长空塞寒白，强光炽火忽惊飞。

四

沸天怒海正扬波，挟雨惊飙卷巨鼍。
严鼓催教强弩射，潮头那抵箭头多。

五

天公玉戏倚阑干，蝶阵翩翾带笑看。
玄圃昆岗同一色，只添奇丽未添寒。

六

南溟清浅只容舠，犹记倚天种碧桃。
指点云山还一笑，蓬莱不似旧时高。

七

携琴枕石卧松风，消息钧天梦里通。
海峤槎来青一点，小童笑指日华东。

八

九重城阙望中开，一昔惊闻玉柝催。
报道爰居明日到，惜花应筑避风台。

九

峥嵘宜领万峰尊，长峙中天历劫存。
借得吴刚修月斧，片花飞去变昆仑。

十

骖鸾骑凤睹身轻，广宇茫茫自在行。
记得飞琼邀约处，天池濯足看云生。

十一

上方长昼总清妍，淑气催开五色莲。
试向银潢寻胜赏，流星如雨落珠船。

十二

闲拈银甲坐弹筝，青鸟双双珠树鸣。
虹彩成环天际见，遥知下界雨初晴。

十三

天孙下嫁近佳期，七宝妆成百态宜。
不用金刀裁月魄，瑶台已是嫩凉时。

十四

不施粉黛秀生来，睡起盈盈向镜台。
帘卷好风春满眼，万花如海一时开。

十五

琼枝袅袅文鸾舞，玉水鳞鳞瑞鹄飞。
小立花丛一回顾，微风吹动五铢衣。

十六

阿阁争观紫凤图，一春多费绣工夫。
隔宵恰被云英见，许换香囊十琲珠。

十七

花枝亲系小犀牌，阆苑分盆玉屑埋。
一种异香招凤子，隔帘飞扑上春阶。

十八

无边清景入晴窗，巧构飞楼傍锦江。
乱落红英春水活，灵鹣唼喋一双双。

十九

繁英长为好枝留，镜里从未见白头。
自是纤尘飞不到，九天无处着清愁。

二十

云移风定午晴初，春色撩人下玉除。
纤手採将红豆子，花阴引得凤皇雏。

一九三五年

钟祥早行

催上征鞍梦欲醒，村鸡声带晓寒听。
缘堤浓黛离离树，照野清光煜煜星。
初日远从云脚出，朝烟低傍马头青。
兰台[1]将见还遮面，故遣双峦作画屏。

一九三七年

---

① 兰台：钟祥县城内有兰台，相传为宋玉与楚王游观处。予所任教之钟祥中学即前兰台书院旧址。

春暮有感

红紫纷纷斗岁华,惊心犹是在天涯。
大堤又见生春草,小院偏怜漾落花。
多病还倾浇闷酒,无眠且听属私蛙。
算来不用伤飘泊,遍地灾黎未有家。

一九三九年

书 愤

胡骑凭陵又一年,有谁慷慨勒燕然?
田文空自营三窟,不识何尝值一钱。
流线车轻明彩电[①],华丝舞起杂哀弦。
春宵月色真无赖,触忤愁人到客边。

一九三九年

独 坐

寒雨霏霏镂细尘,客窗独坐正伤神。
来书疏似经霜叶,去日疾于下坂轮。
那许君平真忘世,可堪烛武已输人。
何当一舸成归计,紫苋青茄不厌贫。

一九四0年

南京大屠杀三周年感赋

惨绝当年痛定思,石头城破溃军时。

---

① 时流线型小汽车方输入国内,而华尔丝舞亦正流行。

万家酷掠无遗物，两月狂屠到小儿。
积甲云屯同委弃，哀鸿野哭任流离。
伤心忍读兰成赋[①]，何日收京见汉旗？

一九四0年

悼国立八中陈襄、齐仑二生

兰玉双摧雁失群，哀音况是客中闻。
仓皇黑塞《无家别》[②]，萧瑟青灯《瘗旅文》[③]。
何意霏霜凋夏绿，那堪拭泪对秋坟。
纸钱飞尽野风大，黄叶空林冷夕曛。

一九四0年

岩　壑

岩壑幽奇许尽探，一枝栖息傍江潭。
酒兵早撤多缘病，书癖难医只为贪。
鸟作比邻花作伴，山如螺黛水如兰。
湘中风味君须记，日啖霜盘桔柚甘。

一九四一年

村居春日杂赋十首

一

避地祛尘事，移家住坝塘[④]。

① 兰成赋：谓庾信《哀江南赋》。兰成，信小字。
② 无家别：抗战期间，二生皆随校由淮北展转流离至湘西永绥。
③ 瘗旅文：当事者嘱予悼词。
④ 坝塘：地名，永绥（今湘西土家族自治州花垣县）城北一小村。

候门蛮女[1]喜，补屋老农忙。
庐小偏宜静，交疏恰称狂。
好风如有意，时送野花香。

二

花事溪边好，春来胜画图。
闹红云锦烂，堕白雪衣铺。
村酿家家熟，山鹂处处呼。
有时林外去，筇竹自相扶。

三

北郭遥相望，溪桥东复东。
平畴新麦满，曲涧众流通。
急瀑珠千斛，晴虹影一弓。
幽栖随处好，何事入城中？

四

曲曲村前路，绿茵绣白沙。
隔帘鸠唤雨，绕舍树垂花。
笋长成新竹，燕来依旧家。
吾庐饶胜概，多谢此春华。

五

久在樊笼里，归田更不疑。
溪山留旧约[2]，云树起新诗。
风力桐花识，春心杜宇知。
物情欣应节，卜隐计何迟！

六

小院春晖永，闲居乐若何？
家贫为客惯，亲健得天多。
好鸟鸣修竹，轻花落碧莎。
自甘冰抱寂，渐喜少人过。

---

① 蛮女：湘西人谓最小之女为“蛮”。
② 留旧约：屋系先租。

七

一雨炎凉变，凄然忽似秋。
中庭犹寂寂，远树已飕飕。
急电欲穿户，惊风乱入楼。
终宵劳转侧，谁解为花愁？

八

日暮罢游归，归来坐翠微。
小塘春鸭闹，远渚野禽飞。
清境涵真趣，澄心契道机。
沙头多钓伴，应是鳜鱼肥。

九

鸟梦先晨醒，窥檐抵死催。
晴光初滉漾，美睡尚依徊。
凉月当门堕，遥山逐雾开。
起来无一事，花下走千回。

十

茅舍疏篱上，春来满薜萝。
市遥沽酒远，蒲长聚鱼多。
鸡骨占年祭，村锣祈谷歌。
睢盱欢媪叟，不醉欲如何？

一九四一年

偶　题

斜阳烟水望迢迢，行过南塘第几桥。
记得年时杨柳岸，有人双髻坐吹箫。

一九四二年

过梅子关[1]

山势盘空上，轻车百转升。
天风寒到骨，江影细如绳。
瀑远声犹壮，熊响[2]崖欲崩。
到门惊宿鸟，投止问山僧。

一九四二年

七绝二首

春郊所见

一

舞烟眠雨溪边柳，小白长红屋角花。
多少游人寻胜去，不知春在老农家。

二

门对春山石径斜，清溪新涨浴娇鸦。
东风未必偏桃李，一样浓妆到菜花。

一九四三年

看　云

年少狂游那计程？关山踏遍脚头轻。
如今却似溪云懒，着意风吹不肯行。

一九四三年

沪苏道中

窗帷乍启小风柔，云树苍茫见虎丘。

---

① 梅子关：山在四川省酉阳县，为由湘入蜀必经之路。
② 响：读平声。

车走雷声浑不觉，载将轻梦到苏州。

一九五八年

在沪上看王文娟演《红楼梦》、童芷苓演《樊梨花》

春闺弹泪说凄凉，一曲《红楼》最断肠。
卷幔忽惊场面改，金戈雪甲月如霜。

一九五八年

七绝四首

省政协文会即事

一

绣虎雕龙各擅奇，盍簪高会早春时。
骚坛持论多同调，不薄新诗爱旧诗。

二

咳唾随风生玉屑，篇章掷地作金声。
云间日下何须问，早诵高文识姓名。

三

时际升平应放歌，万流同是沐恩波。
松陵汉上寂寥甚，那抵诗才此日多。

四

娟娟凉月下疏林，不觉迢迢夜转深。
却喜灯窗商略定，会看珠玉出清吟[1]。

一九六二年

① 会看珠玉出清吟：时议定出刊物一种。

七绝三首

喜读毛主席“词六首”

一

郁起奇文格最高，不须饮酒读《离骚》。
曹刘虎啸何足算，艺苑从来无此豪。

二

弹雨枪林百不辞，翻于马上背新词。
元戎风度雍容甚，想见当年转战时。

三

风雷腕底八荒吞，赤日中天万宇尊。
多幸仓皇戎马际，遗珠检得箧中存。

一九六二年五月十八日

时事杂咏二首

春节渐近，岁丰人乐，国内外喜讯频传：公历元旦，《毛主席诗词》新版本出版；周总理出访欧、非。振奋之余，欣然命笔，成绝句二首。

一

万手摩挲万口传，一编流布及新年。
艺林红日辉千古，那有诗人可并肩？

二

欧非原作比邻看，到处交亲握手欢。
银翼高翔云际去，贤劳那计海天宽！

一九六四年二月十二日

答友人

友人书问近况，赋此以答

何幸樗材戴二天，冰衔枉领愧年年。
清时容厕羊公鹤，渌水叨陪庾杲莲。
尘箧才携来日下，痴符已悔詅人前[1]。
驽骀十驾期能补，好报涓埃快着鞭。

一九六五年

七绝三首

桃 花

一

一春风雨镇相加，灼灼前村望似霞。
仄径未干扶杖去，谁知幽赏为桃花。

二

农家光景一番新，绕舍花开画里春。
清赏不孤有同调，相将共作看花人。

三

满眼芳菲一夜残，多情应是怨春寒。
早知堕溷无人问，留得红英子细看。

一九六五年四月三日至四日

和井翁韵三首

张煦侯先生（井翁）来信，除寄和余与老濮《打油》诗外，又以《花事》三首见示，皆清雅可诵。伏枕不寐，因以和之。

一

庾信文章老更成，曾观茂制比松陵。
又传妙绝《江南曲》，合踞诗坛最上层。

---

① 痴符已悔詅人前：时拙著两种分别在京、沪出版。

二

淝滨三月正飞花，几树缃桃迤逦斜。
遥忆故园归未得，小瓶清供入谁家？

三

有花无酒过清明，种稻辛勤芽已生。
诗老向来才思捷，和章应早到春城。

一九六五年四月十九日

守静居纪事诗十八首

一

垂老无家卧小村，春寒拥被闭柴门。
卅年一觉浮生梦，回首依稀剩梦痕。

二

长物随身只一囊，浩然吟啸过湖湘。
当年意气谁相许？独上层楼看夕阳。

三

宁杭淝渚度华年，避乱苍黄汉水边。
何意他乡逢旧侣，殷勤挽上泛湖船。

四

穷愁忆在武陵时，蜗寄多家共废祠。
不是石交倾橐赠，那容惊鹊得安枝？

五

尘缰摆脱一身轻，结队追凉趁夜行。
西去乾城何日到？高高山月照征程。

六

佳期五月正春风，照眼花枝烂漫红。
更为结缡添韵事，新词传诵满城中。

七

泉水坡前泉水流，层林迭嶂足清幽。

戏随浣女溪边坐，且共偷闲作小休。

八

卜居城北老农家，曲涧疏篱一带斜。
如此幽栖真画境：春鸠唤雨树垂花。

九

有意争春逼岁生，左家娇女最关情。
上林风暖花如绣，听到新莺第一声。

十

车行百转入云端，亲到方知蜀道难。
几日驰驱千嶂里，病儿多幸得平安。

十一

晴初青爱峰峦好，霜后黄知橘柚甘。
终岁置身图画里，蜀中风物胜江南。

十二

轻舟真似御风航，万壑千岩过眼忙。
惊定登楼还一笑，布帆无恙到宜昌。

十三

两两离家各几年？每从客里梦吴船。
水程渐觉乡关近，万里归来月正圆。

十四

碧空一夜净无云，断续枪声到晓闻。
奔走路人传喜讯：街头已见到红军。

十五

欢声雷动杂歌呼，巨舰东来一校俱。
中夜梦回闻笑语：前边灯火是芜湖。

十六

攘攘尘海沸春潮，择地迁居避市嚣。
且喜清怀有同调，闭门卧听雨潇潇。

十七

晓风残月去鸠江，万转车轮绕别肠。

我与韦庄同一慨：人生未老莫还乡。

十八

徒闻高响动梁尘，谁赏新声妙入神？
韵语聊当家乘读，应知无意作诗人。

一九六八年秋

七绝四首

游逍遥津

一

名园胜日得逍遥，笑语追随各相招。
最爱夕阳红一抹，柳阴围坐石栏桥。

二

嘉名合唤再阳春，日丽风恬作小温。
试向花房同驻足，盆盆秋菊尚垂金。

三

松青竹翠一丛丛，幽榭芳亭迤逦通。
猛兽仙禽姿态好，一齐收入镜头中。

四

家庭最乐是团圞，儿女满前带笑看。
但愿年年同聚会，长教岁月足清欢。

一九六九年十二月十二日

七绝三首

为磊孙作

一

向晓灯张笑语温，星河耿耿月当门。
五云捧得祥麟至，两姓新添第一孙。

二

年来寄迹大江东，衰病催人作老翁。
但愿娇雏快成长，膝前偎依唤公公。

三

拱璧瑶珠最可珍，重捆轻覆罩纱巾。
嘉名旬月商量定，要做嵚奇磊落人。

一九七一年十二月

惊悉刘弘度师(永济)谢世，泫然有作

通儒鸿笔两兼之，教泽清言俱可思。
霁月照人犹入梦，春风坐我竟无时。
卅年珍秘余空椟[①]，几岁甄陶感导师[②]。
今日侯芭头亦白，江皋吟望只深悲。

一九七二年

口占二首

癸酉暮春，赴宣城峄山农场参加校读书班学习，道中口占二首

一

又向宣州结队行，初阳生树晓风轻。
车窗山色青如染，一路哼诗到敬亭[③]。

二

四轮耳畔起风雷，列岫层林迤逦开。
自笑书生头已白，兼程犹为读书来。

一九七三年

① 卅年珍秘余空椟：予毕业上庠时，君集句书联以赠。后又为予书近作《咏草》词，又为拙著《类书流别》作序，皆遒丽工整。诸件藏之30年，丙午悉散失，思之凄惋。

② 几岁甄陶感导师：予学倚声及作毕业论文皆就君请益，启迪实多。

③ 敬亭山：在芜湖、宣城两县交界处，今为敬亭镇。

呈黎劭西(锦熙)前辈

籍甚声华久著闻[1],噰噰鸣凤下层云。
语坛自昔推元老,诗国于今起异军。
黄纸写书[2]劳结聚,白头奋笔忘辛勤。
上京长记深宵话,何日登堂更论文?

一九七五年

七绝三首

敬挽黎劭西前辈

一

上京高会识温颜[3],福地嫏嬛住茂先;
促膝纵谈清夜永,论交何幸附忘年。

二

瓣香私淑奉南丰,承教欢同绛帐中;
点检青箱遗札在,当年曾费几邮筒?

三

问疾床前半日留,谁知一面忽千秋;
追思执手拳拳意,那得风前泪不流[4]。

一九七九年

北游杂诗八首

一

谈笑仍如一室中,银鹰安稳掠长空;

① 黎老有《廿年纪事诗存》,自为详注,体例多新创。
② 黄纸写书,见《晋书·刘卞传》。“书画平生结聚劳”,吴梅村《杂感》诗。
③ 1964年冬,予晋京开会,得识黎老,一见如故。黎老长予18岁。
④ 1978年3月,予又到京,时黎老已病,住院疗治。闻讯往视,款语久之,不意此晤竟成永诀。

百人同上九千米，列子真当拜下风[1]。

二

曾是朱明祭日坛[2]，苍松黛柏各参天；
名园辟作憩游地，故老能言解放年。

三

视线争攒主席台，两边电炬一时开；
齐鸣万掌欢雷动，知是中央领导来[3]。

四

武达文通两绝伦，元戎威望满乾坤；
煌煌明令惊中外，治世长教治法存[4]。

五

秀出文林笔一枝，多年海内诵君诗。
别来应是奚囊满，妙手新成绝妙辞[5]。

六

仙卉名葩各自妍，云烟满纸好湖山；
琳琊四壁争供眼，未负京华半日闲[6]。

七

依依送别柳丝丝，握手殷勤订后期；
晴日小风南苑路[7]，专机相候已多时。

---

① 1979 年 6 月 13 日，安徽代表团乘三叉戟机晋京，同行者百许人。飞行高度达九千米，时速九百公里。上午 8 时 40 分由合肥起飞，10 时 10 分即到南苑机场。列子御风而行，见《庄子·逍遥游》。

② 代表团下榻全国总工会招待所，门对日坛公园。坛建于明嘉靖九年（1530），为封建皇帝祭大明（太阳神）之所。岁久荒废，解放初大加修治，遂为首都名园之一。代表每晨多往散步。

③ 大会在人民大会堂举行，中央领导同志准时到会。每次到场，大会堂两壁间电灯齐明，与会代表及列席人员均起立鼓掌致敬，气氛极为热烈。欢雷字，见郭沫若诗。

④ 大会开幕、闭幕式均由叶帅主持；会议通过之七项法律，亦以人大常委会委员长令次第颁布。

⑤ 赵朴初同志来访，畅谈甚欢，作此以赠。赵亦安徽代表。

⑥ 7 月 4 日得半日休息，到日坛公园展览厅看天津艺术学院画展，作品以花卉、山水为多。

⑦ 7 月 5 日仍乘三叉戟机南返，总工会及招待所工作人员（包括医务室、邮局、新华书店）送至南苑机场，南苑路即在机场旁。

八

茫茫云海望中平，残月当头尚微明；
虹彩成环天际见[1]，遥知下界雨初晴。

一九七九年

晋京开会作

九衢冬暖夜风轻，车队联翩绕市行。
弥望崇楼相对出，霓灯光绚凤皇京[2]。

一九八二年

谒宋庆龄名誉主席故居

赫赫勋名四海尊，芳徽未远故居存。
画堂清室遗容在，犹想当年笑语温。

一九八三年

游香山公园

缆车来往翠微间，霜后园林分外妍；
我趁暄风丽日到，纵无红叶也欣然。

一九八三年

七绝二首

郑州黄河碑林属题

一

中华发轫自黄河，声教煌煌哺育多。

---

① 归来时，北京晴好；过济南后，天气渐阴；入皖境有雨。凭舷窗外望，景象多变而皆奇丽；尤奇者，虹成环状，不似地上所见为半圆形也。

② "华耀荔枝烛，光绚凤皇京"，（陈）张正见诗。

荟萃鸿辞勒贞石，琳琊金薤任摩挲。

二

游侣跄跄骆岭行，中州胜迹此观成。
鸿都道上喧阗甚，不让西京独擅名。

一九八四年十月

安徽师大语言所新楼建成喜赋两绝句

一

华屋峥嵘仰望时，老犹得见未嫌迟。
新开芳岁刚三日，便赋东风第一诗。

二

几载经营幸落成，后来应念此辛勤。
宏图大展从兹始，伫听铿金戛玉声。

一九八七年

七绝二首

安徽师大校庆贺辞

一

骀荡春光谷雨天①，满园桃李尽争妍；
江城风景增明丽，校庆欣逢六十年。

二

望重中江久著闻，树人为国建殊勋；
而今多士齐声祝，鸣凤高翔更入云。

一九八八年

① 今年校庆适值谷雨节。

代 柬

戊辰岁，八十览揆之辰，适值执教六十周年，猥蒙合肥、芜湖、淮南、屯溪等地友好纷纷致祝，兼惠嘉贶，感刻之余，赋此代柬。

萧爽西风细雨匀，青山红树一番新。
小楼回首平生事，虚拥皋比六十春。
缟苎情深古道存，暖于黍谷喜生温。
渊明病足难趋谢，乞恕衰翁不到门。

一九八八年十月

祝贺淮南市诗词学会凤台分会成立

高岗桐茂凤皇鸣，才吐清音世已惊。
但愿锦囊篇什富，好将词赋颂升平。

一九九零年十月

七绝二首

民盟成立五十周年献辞

一

长忆当年组建时，内忧外患苦撑持；
几多先烈铮铮骨，瑰节真堪百世师。

二

历尽艰危素愿坚，追随我党着先鞭。
千秋史策勋劳在，风雨同舟五十年。

一九九一年三月

贺中国第二届豆腐文化节

凝酥截玉出琼浆，入馔争夸小宰羊①。
今日寰球同脍炙，淮南《万毕》②有仙方。

一九九二年九月

寄题《淮南广播电视报》

百态纷呈一纸中，万家欢乐视听同。
报人更有生花笔，淮甸争传舆诵功。

一九九二年十二月

① 小宰羊：青阳人呼豆腐为小宰羊，见五代陶谷《清异录》。豆腐之名始见于此。
② 万毕：淮南王有《万毕术》。制作豆腐当即其中之一术。

沐晖堂词选

如梦令二首·月夜游玄武湖

一

水色澂明如昼，秋晚凉生襟袖。携酒下台城，解缆湖滨社[1]口。依旧，依旧，几处繁弦迭奏。

二

摇得船唇双桨，荡入香丛曲港。蓦地一声歌，惊起宿鸥三两。堪赏，堪赏，一片月华湖上。

一九二九年

谒金门·西湖暮归

归又晚，不记绕堤几转。微雨催教游客散，湖山闲一半。 行到渡头桥断，越女如花争唤。笑赌东风飞桨急，看谁先到岸。

一九二九年

浣溪沙·白门感旧

又上秦淮载酒船，江南二月便芳妍，繁花缀树草芊芊。 夕照晕红偎岸水，东风催暖腻人天，依稀清景似当年。

一九三一年

---

① 湖滨社：茶社名。

浣溪沙·初入武汉大学自题日记扉页

掩映层峦万树间，縠纹千顷碧于天，玲珑楼阁五云连①。　　试向青箱探采笔，好凭锦瑟记华年，莫教辜负此湖山。

一九三三年

水调歌头·病中记梦

朱鸟破空下，负我上青天。长风飒飒狂啸，吹海浪成山。放眼乾坤辽阔，多少珠宫贝阙，都在水云间。帝子正游戏，龙象色斑斓。　　启金扃，搴珠箔，供华筵。双鬟绰约，倚栏催进藕如船。乐起林鸾对舞，歌彻天花纷落，坐久怯高寒。仿佛不胜酒，梦醒尚醺然。

一九三三年

蝶恋花·拟冯正中

谁道朱颜还似旧？翠袂单寒，都为萧郎瘦。渐近清明风雨骤，愁人又到愁时候。　　花发江南春水皱，落日楼头，处处招红袖。便是归来期已后，门前绿尽无情柳。

一九三五年

浣溪沙·咏梅

一夜天寒雪压庐，平明独出见残株，远山也似二分癯。　　照水仍怜姿态好，倚风微恨影形孤，此时应悔占春无？

一九三六年

---

① 五云连：武汉大学文、法、理、工四院及图书馆五大建筑迤逦相连。

浣溪沙十首

一

兰室初逢忆旧游，鸭炉香细琐窗幽。红娇粉艳不胜羞。　采胜乍翻蝉影动，黛眉微敛眼波流。那时相望抵三秋。

二

偶曳长裾过小桥，惹教风柳妒纤腰，名园露饮记相招。　粉气衣香薰座透，脂光钗泽腻人娇。目成真觉欲魂销。

三

闲画楸枰角两棋，晴窗花影正离离，手谈未许俗人知。　百事输她才思捷，沉吟应劫着不迟，会心翻在解围时。

四

翠竹檀栾欲过墙，开帘风动怯新凉，碧天如水月侵廊。　坐久渐知花气重，语轻微觉口脂香，会心处处耐思量。

五

未觉敲窗落叶多，凉秋美睡足消磨，幽闺日日许相过。　压鬓燕钗从堕枕，动人梨颊欲生涡，为怜梦好不惊它。

六

明月撩人入梦迟，兰情蕙盼系相思，清辉也减似腰支。　浅笑任从留秀靥，轻颦还许上修眉，天教嗔喜总相宜。

七

青鸟能传云外音，红鳞喜未阻秋霖，相思那怕海般深。　锦字排成看宛转，砑绫叠就付沉吟，几行书费一生心。

八

小别还惊沉带宽，见稀多为出来难，春风娇面画中看。　剪翠衫长金缕细，唾花绣窄玉徽圆，从今恣意教君怜。

九

梧影亭亭映画栏，掩帘待得燕飞还，绿芜庭院落花寒。　每爱举杯邀月上，聊因琢句学花间，赏音闺阁有婵娟。

十

落拓江湖未定居，神州何处着青庐？胡尘扑面待清除。　　本为衰亲娱晚暮，敢矜嘉耦似秦徐，同心还欲刈榛芜。

一九四零年

虞美人·送宫玉珊返皖

春生斋里风光好，往事知多少？欢情转眼便凄凉，从此酒徒零落少年场。　　山云又酿无情雨，催送行人去。梦醒断雁叫西风，何日真成归计与君同？

一九四一年

黄山纪行词八首

蝶恋花·黄山宾馆阻雨作

山约流云行复住，卧听涛声，又是天将暮。叠嶂当窗疑无路，望中一片青青树。　　犯暑远来应小驻，多谢山灵，为洒清尘雨。明日放晴扶杖去，会须遍记经行处。

采桑子·文殊院道中

呼朋同上文殊路，百折山程，蹑绿扪青，树杪泉流戛玉声。　　松阴小憩半山寺，绕屋云生，隔壑禽鸣，更向天门坎上行。

踏莎行·文殊台上

当路松迎，穿云石见，盘空仄径千千转。文殊台上午晴初，果然真睹黄山面。　　莲蕊清刚，莲花奇幻，天都雾里时时变。天开胜境待游人，屐痕应踏群峰遍。

浣溪沙·玉屏楼、狮子林道中

直下莲沟万丈长，云梯百步九回肠，横穿鳌洞见天光。　　古树虬枝看宛转，危崖云气接浑茫，三峰高下费平章。

浣溪沙·狮子林

万顷松涛眼底生，夕阳瞬息弄阴晴，清凉台下足烟云。　　黑虎高柯当始信，麒麟清影傍狮林，仙人对弈定谁赢？

浣溪沙·丞相原

石磴回旋下碧空，连桥架涧饮长虹，玉屏遥在众山中。　依约钟鸣云谷寺，扶疏叶认异萝松，明朝归路避眉峰。

浣溪沙·丞相原、汤口道中

丞相原东迤逦行，黄茅苍竹石纵横，九龙瀑老渐无声。　溪树荫浓山鸟乐，农家茗好客心清，孤坟何处问遗民[①]？

浣溪沙·归茅蓬[②]

不上天都下玉屏，曾观西海坐排云，黄山四日促归程。　万壑畅开松世界，群山妙聚石精灵，快游第一数平生！

一九五六年夏

蝶恋花·参观梅山水库

雨后川原如画里，夹道桑麻，迤逦轻车驶。指点梅山何处是？玉龙夭矫凌空起。　云影波光来眼底，翠岫环湖，甘泽流千里。亿度电输功已伟，年年更喜多鱼米。

一九五九年

满江红·读《毛主席诗词》单行本

绝代雄文，谁似此淋漓大笔？挥洒处，天惊石破，鲸铿[③]春丽。滚滚压江云絮乱，嗡嗡碰壁苍蝇急，尽拈来驱遣做诗材，成鸿制。　书万本，流传疾；民六亿，心声寄。看摩空巨刃，还施神力。地上狂澜回既倒，戈头红日扶之起。更万方翘首望京华，东风里。

一九六四年一月

① 遗民：明遗民熊开元，出家后号黄蘖禅师，相传墓在黄山。以地较僻远，未及寻访。
② 茅蓬：黄山宾馆所在地旧名茅蓬。
③ 鲸铿：班固《东都赋》："於是发鲸鱼，铿华钟。"后以"鲸铿"状铿锵如击巨钟。

比梅令·瑞雪未添寒

风物好,时序入新年。满眼殷红旗一色,当头朗照月双圆[①],瑞雪未添寒。

一九六四年

临江仙·游赭山

连日清明风物好,赭山两度登临。游人处处动欢声。珍禽异兽,围看笑言频。　　选胜寻幽同踞坐,全家摄影留真。野餐指点望江城。朱楼绮陌,光景一番新。

一九七一年

临江仙·辛亥岁除

腊尾春头佳节到,全家又聚江滨。日光灯放电如银。喧阗歌笑,一室百欢声。　　靓服小孙初学语,满包压岁钱新。声声爆竹动高城。酒醒鸡唱,六十四年人。

一九七二年

临江仙·癸丑春节

舞逐回风飞瑞雪,大千世界装银。琼楼玉树尽珑玲。朝暾红映,天宇净无尘。　　老少扶将山上去,琉璃软踏声轻。携来快镜趁新晴。轮番留影,都做画中人。

一九七三年

① 月双圆:是年2月春节,有两度月圆。

临江仙·游赭山

雪后园林春似画，来游恰趁芳时。夕阳红处好风吹。登高藉草，围坐看孙嬉。　　绕郭长江天际去，望中云树迷离。中山堂里读诗词[①]。旧居[②]重到，话别不嫌迟。

一九七三年

蝶恋花·悼宋公

小雪轻霜元日近，急电惊传，凄绝申江信。几砚依然缃帙静，倚楼不见清癯影。　　检点鱼书堆几寸，旧约空留，那料文园病？天若有情终太忍，忍教朋好垂垂尽。

一九七三年

清平乐·故国归应早

《参考消息》载美籍中国学者赵浩生所作《我是怎样决定回中国的》一文，颇真挚动人。用其意成小词一首。

倦游将老，故国归应早。作梦不如今日好[③]，蓦地人间换了。　　全民八亿团圆，向隅只有台湾。争取金瓯完固，海天同着先鞭。

一九七四年一月五日

蝶恋花·全家游赭山

晴日柔风池水皱，老少扶携，赭麓登临又。小小孙儿挥小手，凭栏也把猴儿逗。　　眼底江城铺彩绣，楼阁峥嵘，迤逦接云岫。好景

① 中山堂里读诗词：时山上中山堂里有毛主席诗词手迹展览，故云。
② 旧居：下山后便道访更新路旧宅，与老房东许氏母女交谈甚欢。
③ 作梦不如今日好：赵母语。赵浩生乃河南息县人。

留人因坐久，再来还订新春后。

一九七四年一月六日

临江仙·癸酉岁除

亡友宋大鹤先生颇赏予前年所作《临江仙》词，谓可每年作一首，以为故事。予已连作数首，惜宋先生不及见矣。

万户欢腾鞭炮响，小园初绽疏梅。一堂嘉会共传杯，稚孙豪饮，笑道是茅台[1]。　剧院夜阑辞旧岁，过年此例新开。霓虹灯影照春街。好风清雨，一路伴归来。

一九七四年一月二十二日

江城子·敬悼周总理

电波天外播哀音，大星沉，世同惊。旗降乐停，恻恻万千心。永记当年经百战，谈笑里，缚长鲸。　中枢主政更辛勤，为人民，建殊勋。路线坚持，憎爱最分明。八亿化悲成伟力，齐奋起，学仪型。

一九七六年一月九日

定风波·声讨王、张、江、姚四人帮

社鼠城狐啸聚忙，结成反党四人帮。窃位篡权谋复辟，心黑，居然得志便猖狂！　日出冰山顷刻倒，堪笑，痴顽犹自梦黄粱。一击雷霆除大害，欢快，万方同庆党中央。

一九七六年十月二十三日

---

①笑道是茅台：稚孙饮葡萄糖汁，云是茅台。

蝶恋花·纪念毛泽东同志《答李淑一》词发表二十周年，兼悼杨开慧烈士

创业艰难曾与共，岁月峥嵘，痛失丹山凤。世上豪英天上重，月宫桂酒吴刚捧。　　健笔凌云人竞诵，二十年前，为作忠魂颂。争学先驱齐奋勇，试看今日风雷动。

一九七七年

水调歌头·瞻仰毛主席遗容

随安徽代表团晋京瞻仰伟大领袖和导师毛主席遗容，敬谨赋此。

千里来瞻仰，嫋嫋正秋风。京华十载重到，万帜展晴空。纪念堂前伫立，弥望琼楼玉宇，佳气最葱笼。列队入厅里，穆若见遗容。　　似平日，安详[1]卧，百花中。晶棺肃对，悲哽齐迸泪珠红。八亿人民长记，多少丰功伟绩，哀思永无穷。归去应努力，此愿众心同。

一九七七年十月

① 安祥：安静而慈祥，与通常所用的“安祥”含义略有不同。

张涤华先生简历

1909年　6月21日，生于安徽省风台县县城西大街，原名铸安。父张继壎，字雅伯，前清秀才，工书文，晚年以中医为业。

1911年　丧父。父在怀远县行医，病逝，年四十八。

1917年　入城北关岳庙小学读书。1921年，初小毕业；1923年，高小毕业。

1925年　秋，县中创办两年制师范讲习所，与兄张凡中同时考入。

1927年　夏，在师范讲习所毕业，随即在县城平民小学任语文教师。

1928年　在家乡设私塾授书，从学者七八人。

1929年　春，由兄张凡中资助，离开家乡前往南京中学高中部就读。

1932年　春，南京中学毕业。同年秋，在亳县初中任语文教师。

1933年　春，赴风台县阚疃集（今属利辛县）中心小学任语文教师。秋，考入武汉大学中文系，师从刘赜、刘永济、刘异、朱东润等。

1934年　参加勤工俭学活动，主编《华中日报》文艺副刊《鸵鸟》，但时间很短。在《华中日报》上发表翻译的英国短篇小说和英国学者论中国古典诗歌的短评各一篇。

1937年　夏，武汉大学毕业，获文学学士学位。赴湖北钟祥县钟祥中学担任语文教师。

1938年　夏秋间，赴湘西省亲（日寇侵皖，其母等避难至湘西）。因日寇飞机轰炸，归钟祥路断，经常德、沅陵，展转数月，岁暮抵永绥（今花垣县）。

1939年　春，在安徽省国立八中（时避日寇暂迁湖南永绥）初二部担任语文教师。

1940 年 5 月 1 日，与张素心女士结婚。

1942 年 2 月，在安徽省国立八中高二部担任语文教师。秋，赴重庆，在沙坪坝国立中央工业专科学校任语文教师。

1943 年 秋，赴四川万县（今重庆市万州区），在安徽旅鄂中学担任语文教师。

12 月，专著《类书流别》由商务印书馆出版。该书由就读武汉大学中文系时的毕业论文整理而成。1958 年重印，1985 年 9 月出修订本。1985 年 4 月台北大立出版社亦重版其书。

1946 年 夏，由四川返回安徽；8 月。赴安庆，在国立安徽大学中文系任讲师，讲授《国文》、《目录学》等。

1947 年 研究清代阳湖派学者李兆洛的生平与学术，撰写《李养一学谱》，连载于安徽大学文科教师的同人综合性学术刊物《文综》月刊 1–4 期（未刊完）。

1948 年 夏秋间，因母病返凤台家乡，留一月。

1949 年 4 月，安庆解放。

12 月，随学校迁芜湖，在由原安徽大学与安徽学院合并成立的新安徽大学中文系担任讲师，讲授《目录与校勘》、《中国语文学》、《现代汉语》等。

1951 年 12 月，参加中国民主同盟。

1952 年 8 月，晋升中文系副教授。

母亲去世，年八十八。

1954 年 夏，当选芜湖市第一届人民代表大会代表，后又连续当选芜湖市第二、三届人民代表大会代表。

秋，安徽大学更名为安徽师范学院，仍在中文系任教。

1955 年 撰写《现代汉语概论》，由安徽师范学院中国语言‘文学系作为校内教材排印。

1956 年 被评为安徽省社会主义建设积极分子。夏，赴合肥出席表彰大会。

秋，任安徽师范学院中文系主任。

10 月，论文《（别录）的作者及其纂辑的时期》在安徽师范学院《科学研究》杂志创刊号上发表，此是作者目录学研究项目《〈别录〉考索》中的一篇。

1957 年 论文《〈别录〉释名》在《安徽师范学院学报》第 2 期上发表，此亦是作者目录学研究项目《〈别录〉研究》中的一篇。

1958 年 6 月，专著《现代汉语（上册）》由高等教育出版社出版，被多所高校中文系用作教材。1959 年再版。

夏，调至新成立的合肥师范学院工作，担任中文系主任。

秋，9 月，晋升教授。开始招收汉语言文字学专业硕士研究生。

12 月，加入中国共产党；1979 年 12 月转正。

1959 年 革命运动起，受冲击，被诬为“白旗教授”，停止系主任工作。改任合肥师范学院中文系语言学教研组主任。

1960 年 8、9 月间，晋京参加民主党派学习会。10 月，赴长丰县双墩集农村参加“大战三秋”。

1961 年 9 月，所撰写的《毛主席诗词小笺》在《安徽日报》连载，首尾一年。1963 年 1 月安徽人民出版社出版单行本。1991 年 7 月安徽文艺出版社出版修订本，书名改为《毛泽东诗词小笺》。

1962 年 10 月，恢复中文系主任职务。

论文《论〈康熙字典〉》在《江淮学刊》创刊号和第 2 期上连载。发表后屡屡被辞书研究学者所征引。

1963 年 论文《〈别录〉的亡佚及其辑本》在《合肥师范学院学报》第 2 期上发表，此亦是作者目录学研究项目《〈别录〉研究》中的一篇。

1964 年 10 月，当选为第三届全国人民代表大会代表。11 月，赴寿县杨郢参加农村“四清”运动。12 月，晋京参加第三届全国人民代表大会。

1965 年 当选为中国民主同盟安徽省委委员。

1966 年 6 月，文化大革命运动起，受冲击，被诬为“反动学术权威”，遭批斗、抄家，被关入“牛棚”数月。《现代汉语（下册）》、《李兆洛学谱》、《〈别录〉研究》、《历代文学总集选介》、《中学语文教材古典诗文鉴赏》等数部已完成的书稿在抄家中亡佚。

1970年 1月，合肥师范学院撤销，并入芜湖安徽师范学院，校名更改为安徽师范大学。在中文系任教。

1975年 《汉语大词典》编纂工作启动，参加安徽编写组。

1977年 被评为安徽省先进教育工作者，出席安徽省委召开的全省先进教师代表大会。

1978年 1月，当选为第五届全国人民代表大会代表。

2月，恢复中文系主任职务。

4月，安徽省语言学会成立，担任主任(会长)。

当选安徽省哲学社会科学联合会副主席。

7月，安徽师范大学语言研究所成立，任所长。

1979年 9月，参加在苏州召开的《汉语大词典》编纂委员会第一次会议，任副主编。

11月，主编的《现代汉语》由安徽人民出版社出版，亲自撰写了其中“绪论”、“文字”部分。

12月，当选为安徽省第五届人民代表大会常务委员。

1980年 5月，赴屯溪，参加安徽省语言学会语法教学和语法研究会座谈会。

10月，赴武汉，参加中国语言学会成立大会，当选为常务理事。

1981年 安徽师范大学中文系与语言研究所分立，不再担任中文系主任，专任语言研究所所长。

4月，赴铜陵，参加安徽省高等师范学校现代汉语研究会年会。

1982年 6月，受聘兼任中国科学技术大学中国文学教研室主任。

9月，赴铜陵，参加安徽语言学会第二届年会，继续担任会长。

1983年 5月，当选为第六届全国人民代表大会代表。

7月，专著《张涤华语文论稿》由安徽教育出版社出版。该书收论文10余篇。

文革期间停刊的《学语文》杂志复刊，担任主编。

9 月，赴厦门，参加《汉语大词典》编辑委员会第三次（扩大）会议。

1984 年 改任安徽师范大学语言研究所名誉所长。

11 月，赴滁州，参加安徽语言学会第三届年会，继续担任会长。

1985 年 6 月，安徽省太白楼诗词学会成立，为主要发起人之一，当选为名誉会长。

7 月，专著《古代诗文总集选介》由上海古籍出版社出版。。

1990 年，台湾国文天地杂志再版，书名更改为《历代诗文总集选介》。安徽省语言文字工作委员会成立，任顾问。

1988 年 6 月，与胡裕树、张斌、林祥楣先生共同主编的《汉语语法修辞词典》由安徽教育出版社出版。

1991 年 7 月，被国务院授予“有突出贡献的专家”称号，享受国家特殊津贴。

1992 年 4 月，主编的《全唐诗大辞典(第一卷)》由山西人民出版社出版。

12 月 22 日，因病在芜湖弋矶山医院逝世。老师学生书写的挽联“去矣满袖清风自有文章盖世，伟欤终生业绩偏多弟子传薪”，表达了同事、弟子对他敬仰与爱戴之情。其遗著《张涤华目录校勘学论稿》2004 年 2 月由台湾学海出版社印行。

后　记

家父张涤华先生离开我们已经十七个年头了，这十七年来，他原先的同事、朋友和学生，一直希望能把他的著作和文章结集出版，通过对他学术思想的整理来纪念他，同时也借以寄托大家对他的怀念之情。今年是父亲百年诞辰之年，安徽师范大学文学院的同志们早在两年前就在筹划举行纪念会，出版父亲的文集。相对于举办纪念会，出版文集的任务更重，难度也更大。因为父亲的著作和文章，有一些是在上个世纪四五十年代写的，时间久远；有一些则散见于各种报刊，经过"文革"的浩劫，收集起来已很不易。加之著作和文章中所引用的参考文献，有一些现在已很难寻觅，校对起来特别费时费力。文学院汉语言文字学专业的同仁们总领其事，以极大的热忱投入了这项工作，从编辑、誊录到校对，孔令达、储泰松、詹绪佐、崔达送、胡德明诸位先生付出了大量的精力和时间。合肥师范学院的曹小云先生、安徽大学的博士生陶智等也作了很多的工作。在文集即将问世之际，我代表亲属向上述各位先生以及其他参加文集编辑整理的同志们致以诚挚的谢意。向一切关心这部文集编辑出版的师长、朋友们表示衷心的感谢。

关于这部文集，我还想作四点说明：第一，文集所收录的著作和文章，大部分是以前曾经公开出版或发表过的。对于这一部分，我们主要是做了一些校对工作，纠正了过去排印过程中出现的差错；补注了部分所引文献的版本；对文章的极个别地方，作了适当的调整。另一部分，则是依据一些内部刊物（如编撰《汉语大词典》时刊印的《工作简报》）上刊登的文章和父亲笔记手稿（如《李兆洛评传》、《沐晖堂随笔》等）整理的。这一部分主要是我做的，由于我才疏学浅，阅历不广,这里面可能会有一些地方有违父亲原意,甚至是不当之处,这里事先向读者表示歉意。第二,父亲的著作和文章大部分写于改革开放之前,其中的一些用语和引例,明显带有时代的印记。我们以为这是那个时代几乎所有人的著作和文章都不可避免的现象,这次出父亲的文集,不是出修订本,所以为了尊重历史,议定一般一仍其旧,不作改动。父亲一些早期的文章,行文的格式也带有当时的特点,基于同样的理由,我们也不作变更。第三,父亲生前曾担任《汉语大词典》副主编,《汉语大词典》是一部大型的中文工具书,收字收词面很广,现在通常情况下已不使用的繁体字、异体字和某些异形词,也都在收录范围内。文集中收录的一些文章是父亲为编撰《汉语大词典》写的,因此里面不可避免地要出现一些繁体字、异体字和异形词,如果把它们都改成现在通行的字形词形,一些问题就无法说清楚。另外,一些谈汉字汉语发展变化的文章,也存在同样的问题。因此,在这一类文章中,我们不得已仍然保留了部分现在通常已不使用的繁体字、异体字和异形词,这一点,还请读者予以谅解。此外,关于汉字简化方案中的偏旁类推简化的范围,学术界尚有不同看法,这次我们主要是依据《汉语大字典》、《汉语大词典》是否收录,来决定偏旁类推简化的范围,若有不妥,也请读者批评指正。第四,一些先生和朋友力主出全集,但由于"文革"的原因,父亲的文章散佚不少,一时难以搜集齐全;一些残存的手稿整理起来,也颇费时日,所以我们考虑再三,决定还是出选集性质的文集,以后有机会再将其他著作文章整理刊行。

最后,我还要特别感谢安徽师范大学出版社的同志们,感谢他们毅然决定承担出版文集的重担;感谢他们为了精益求精,而不厌其烦一再出校样,以确保文集质量。安徽师范大学出版社同志们竭力弘扬学术的职业精神和认真负责的工作态度,我们将铭记在心。

张劲秋

2009.10